功利主義をのりこえて

経済学と哲学の倫理

アマルティア・セン／バーナード・ウィリアムズ 編著
後藤玲子 監訳

ミネルヴァ書房

はしがき

本書所収の論文は、功利主義とその批判および代替案について議論し、道徳・政治哲学のみならず経済学・社会的選択の理論にかかわる論点を提起する。本論文集の寄稿者には、主に哲学の専門家から経済学の専門家までが含まれる。彼らの多様な見方と議論の様式を比較することが、こうした論点の理解に役立つことを期待している。

論文は二本を除いて書きおろしで、本書が初出である。例外はヘアとハルサニーの論文で、本書にこれらを収録した理由は、功利主義におおむね批判的な本論文集の背景として役に立つと考えたためである。これらは功利主義の見方を擁護する名高い現代的見解である。再掲を許可してくれた執筆者と論文の寄稿者全員に感謝する。

編者である私たちの貢献は序章の形をとるが、そこでは諸論文の要約ではなく、私たち自身の意見の主張に努めた。議論の多くは収録された諸論文で提起された点を中心に取り上げるが、他の論文では議論されていない興味深い点についても考察した。

序章と諸論文で挙げられている参考文献は、著者の名前と出版年という標準的な省略形で示されている。完全な詳細は、本書末尾の参考文献一覧表にまとめる。作成を支援してくれたマーク・サックスに感謝したい。

A. K. S.
B. A. O. W.

功利主義をのりこえて——経済学と哲学の倫理

目次

はしがき

序章　功利主義をのりこえて

アマルティア・セン／バーナード・ウィリアムズ

本書所収の諸論文は、功利主義に対する賛否両論を力強く提示する。すべての著者が功利主義を「のりこえ」たいと思っているわけではまったくない。功利主義に批判的な人たち（多数派）の目指す方向もずいぶんと異なっている。一部の人（たとえばハーンやダスグプタ）は、功利主義の特定の難点を指摘し、功利主義的な見方の頑固な視野狭窄を緩和するよう求めるが、アプローチ全体を拒絶するわけではなさそうだ。他の人（たとえばハンプシャーやテイラー）は、功利主義とはまったく異なる道筋を主張している。彼らの射程は、帰結主義的な分析にも効用概念それ自体にも縛られず、（他の外見とならんで）功利主義を特徴づける非人称性の要請に固執することもない。

本論文集のタイトル『功利主義をのりこえて』がもっとも自然に含意するのは、功利主義による解決では十分ではなかった問題を、より洗練され、より包括的で、より満足のいく形で解決する試みである。しかし、そのような含意はある意味で誤解を招く。というのも、ハンプシャーやテイラーのような論者によれば、功利主義が答えようとする問題は、適切なものではないか、その種の答えを要するような問題ではないからである。そのような論者にとって、適切なスローガンはむしろ「功利主義もほどほどに」ということになるのかもしれない。彼らにとって、功利主義が個人の選択や公共選択の問題に与えようとする答えは、包括的で大々的すぎるのである。ただし、それは功利主義に限ったことではなく、それほど野心的な理論はどれもそうだと彼らは感じているのである。

個人道徳と単一基準

功利主義は、これまで常にそうであったが、本書でも二つの異なる役割で論じられている。一つは個人道徳の理論であり、もう一つは公共選択[1]または公共政策に適用される基準にかんする理論である。功利主義について書かれたものの多くは、これら二つの役割に対して中立的であり、提起される問いはもちろん重なり合っている。しかし、重要な違いもいくつか存在し、それらはたった今提起された問い、つまり功利主義と同じくらい大々的な射程をもつ理論がそもそも必要とされるのか、という問いにも影響を与える。

個人道徳や個人合理性の理論では、個々の主体が正しい行いをしばしば決定し、少なくとも時々は道徳を考慮すると仮定しさえすれば、さほど大きな問題は問われない。大きな問題が問われるのは、主体が合理性によりあらゆる決定を単一の意思決定基準のもとで下すと仮定する場合であり、さらにまた、合理性の要請により、いかなる意思決定基準も他を凌駕する単一の基準で正当化されなければならないと仮定する場合である。合理的な主体は「直観主義的」に（最近ロールズが普及させたような意味で、認識論的ではなく方法論的な含意をもつ）意思決定を下すべきではないという理由を示す議論は必要となろう。人は多数の価値や原理をもつかもしれず、それらは、程度や様態の違いはあれ、互いに通約不可能であるかもしれない。この可能性はテイラーの論文で議論されている。はたして、個人にとって、功利主義やそれと同じくらい一般的な倫理学説がそもそも必要なのかという疑問が残される。

公共選択と単一主権

しかし、公共の場合、個人の場合よりもさらに一段階さかのぼって問うべき問題がある。個人主体であれば、自分がなすべき正しい行為を一定の期間内で決定しても大きな論争にはならない。個人が合理的であるためには将来にわたって永遠に熟慮すべきだという見解にコミットする必要もない。しかし、公共の場合、あらかじめ何らかの意味ある政治的仮定を置かなければ、社会全体にとって（たとえ限られた期間内でも）何が正しいのかを決定する唯一最高の意思決定の中枢があるとか、あるべきだとか考えることはできない。

功利主義は、いわゆる〔後述する〕「厚生主義[2]」にとどまらない。それは「社会はどんな調子か」といった類の質問に答える方法から公共的活動のための基準までを提供する。そこで社会全体の一般的状況を選ぶ最上位組織、すなわち公共的主体が想定される。この公共の文脈では、私的な文脈の場合と同じ次の疑問が生じる。つまり、そのような主体があったとして、単一の活動基準を使わなければならないのだろうか？　この疑問は、私的な場合よりも公共の場合において、一般理論により好意的な答えを得るかもしれない。なぜなら、公共的合理性という考え方は、それが複雑かつ現代的で開かれた社会に適用されるならば、一般的な説明力のある規則を自然に要請するが、私的合理性にはその必要がないからである。（「合理性」の考え方は、特に功利主義者が一般理論を要請する際に援用するが、実際には、純粋に抽象的な要件と見るべきではなく、ある種の社会秩序にふさわしい公共的正当化の形を表現していると見るべきである。）

しかしながら、公共の場合、それに先立つ別の疑問がある。それは、そもそも最高の単一主体が存在すべきか否かである。主権にかんするよほど素朴な理論でなければ、そうした意思決定の中枢が国家の概念的必然だとは考えないだろう。国家は、ある程度の分権化と両立しうる。私的な決定において自己がもつ役割を担う主体が国家にはないともいえるだろう。社会的な場合には、功利主義やそれと同様な形態で主義主張をなす一元主義（monism、モニズム）

を退けて、価値のみならず主体についても多元主義（pluralism）をとることが妥当である。（主権的選択者という功利主義的な考え方をめぐる論点がダスグプタの論文で検討されている。）

功利主義者のなかには、単一の公共的主体を仮定する必要はないという人もいるだろう。むしろ、功利主義の基準自体が多元的かつ分権的で、そしてひょっとすると伝統主義的な社会編成を正当化するかもしれない。特に、個人道徳との関連でおなじみの間接功利主義の議論は公共の場合にも利用できる。この点で、公私という功利主義の二つの異なる適用が招く問題は、軌を一にする傾向がある。というのも、個人道徳の文脈で間接功利主義に重くのしかかる問題、すなわち、非功利主義的な道徳規則や傾向性を最終的に功利主義的な論理で正当化する場（location）の問題とは、とりも直さず、社会についての問題だからである。間接功利主義については、この序章で簡単に後述する。

厚生主義と帰結主義

このような非常に野心的な射程をもつ理論が何であれ必要であると想定しよう。それらのなかでの功利主義の特殊性は何であろうか。すでに暗に言及したように、功利主義は二つの異なる種類の理論の結節点とみなせる。一つは、社会状態を評価し、社会状態に価値を付与する正しい方法についての理論であり、評価の正しい基礎は厚生、満足、あるいは人々が好むものを手にしているかどうかであると主張する。この理論は、功利主義の一つの構成要件をなし、厚生主義と呼ばれてきた。他の構成要件は、正しい行為についての理論であり、行為の選択の基礎はその帰結にあると主張する。これは帰結主義と呼ばれてきた[3]。功利主義は、その中核的形態としては、帰結に基づく行為の選択と厚生の観点からの帰結の評価を勧める。功利主義はしたがって厚生主義的帰結主義の一種であり、その具体的形態として、帰結を評価する際に個々人の厚生や効用を単純に足し合わせることを要請する。この要請はときに総和主義と呼ばれる[4]。これらが少なくとも功利主義の直接的形態の説明である。前段落で言及した間接的形態を取り扱うには、少しばかり変更が必要であろう。

情報と人格

道徳原理とは、ある種の情報の利用を排除する要請であると解される。功利主義は、とりわけ道徳的判断を下すにあたって、厳しい情報制約を課すことになる[5]。すなわち、道徳的判断に至る過程で大量の情報を除外する。このことは、道徳的評価の文脈で、人であるということに対してきわめて狭い見方をもたらすことになる。

本質的に、功利主義は人を効用の場とみなす。それは、欲求や快苦を感じるといった活動が起こる場所である。ある人の効用がいったん入手されれば、功利主義はもはや彼にかんする他のいかなる情報にも直接的な関心を示さない[6]。ある人に対するこのような見方は、規則功利主義や傾向性功利主義といった間接形式を含め、多様な形態の功利主義に共通する特徴である。というのは、何が重要な選択変数となろうとも、状況、行為、制度などに対する判断はすべて最終的には、生み出される効用と不効用の量だけに基づくことになるからである。ここで、人が個人として重要とみなされないのは、国の石油消費量の分析において個々の石油タンクが重要でないのと変わりない。

先述したように、功利主義は厚生主義、総和主義、帰結主義の組み合わせであり、これらの構成要件の一つひとつが人に対するこのような狭い見方に寄与している。厚生主義のため、ある状態を判断するための基礎はその状態と関係のある効用情報に限られる。つまり、その状態にいる n 人の個人にかんする多様な情報は n 組の効用に還元され、すべての重要な情報が n ベクトルの効用で与えられることになる。

続いて、総和主義は個々人の効用を足し合わせて一つの合計値とする。その過程で個々人のアイデンティティや別個性が失われる。効用ベクトルの分配にかんする特徴も失われることになる。ここまでくると、状態の評価から人格としての人が完全に抜け落ちることになる[7]。

次に、帰結主義はこの情報制約を社会状態の判断からあらゆる変数（行為、規則、制度など）の道徳的評価にまで及ばせる。というのも、すべてが最終的には状態の善さによって判断されるからである。たとえば、ある行為を判断する際に、その行為を行う人とその行為から影響を被る人の効用以外の情報には、何ら内在的関心が示されない。その行為が非人称的な効用の総和に及ぼす（直接・間接の）影響がわかりさえすれば、誰が誰に何をしているかは知る必要がないのである。

使える情報をこのように極端に制限すると、当然ながら犠牲が生じる。とはいえ、そのすべてが功利主義に固有なわけではない。人の帰属や結びつきを無視する傾向はカント主義にも共通している(8)。こうした情報制約は功利主義の射程をはるかにこえた深刻な問題を提起する。本書所収のハンプシャーの論文は、このより広い論点を扱う。

功利主義に、より特徴的で、その帰結主義の構造と密接に関連しているのが、人の自律性を無視する傾向である。そして、人の統合性への関心の欠如も甚だしい。これらの問題は別の場で論じられてきた(9)。個々人の別個性とアイデンティティへの無関心、つまり彼らの目的、計画、野心への無関心、さらには主体性と活動の重要さへの無関心が人の自律性を無視する傾向に寄与しているのである。

効用と道徳的重要性

困難が生じるのは、人の効用がその人の帰属や結びつき、目的、計画、主体性などから独立しているからではない。典型的には、効用はこれらの要因から独立ではない。問題は、たんにこれらの要因が重要であるか否かだけでもない。むしろ、これらがいかに重要なのか、なぜ重要なのかが問題となってくる。功利主義の見方では、その人の帰属や結びつき、目的、計画、主体性などは、それ自体は価値のないもので、効用に影響を与える限りにおいてはじめて価値を帯びる。それらは、効用という匿名の尺度で偶々把握される以上に重要なものではないのである。

効用を通じて道徳的重要性を測定することに対しては二種類の反論が可能である。第一に、何かが重要であるためには、誰かの欲求の対象とならなくてはいけない（あるいは快楽を与え苦痛を減らす、つまり何らかの意味で効用を生み出さなくてはならない）ことを受け入れるとしても、依然として、効用を尺度とすることの適切さは疑問が残る。誰かの欲求の対象となることを、何かが価値をもつための必要条件とすること（つまり効用が道徳的重要性のための「前提条件」となること）と、道徳的重要性を欲求の程度あるいは生み出される快楽と同一視すること（つまり効用が道徳的重要性の評価基準となること）との間にはかなりの違いがある。後ではなくて、前の考え方が受け入れられるなら、たとえば、「他者配慮的」な活動よりも「自己配慮的」な活動でもたらされる効用をより重視したり、「外的選好」よりも「私的選好」により高い価値を置いたりすることができるだろう。[10] これは〔他者配慮や外的選好にも価値を置くので〕厚生主義とは異なる見方であるので、自ずと功利主義の拒絶を意味することになるが、道徳的判断において効用にきわめて特別な役割が与えられているという点では何ら変わるところがない。

ただし、効用を道徳的重要性の「前提条件」とする見方の難点は、それが「不連続性」を生み出すことにある。効用の値が（どんなに小さくても）正である限り、効用の大きさに関係なく、きわめて高い価値をもつことのできたものが、効用の値がゼロになったとたんに、まったく価値のないものに転化してしまう恐れがある。[11]

第二の反論はより根源的なもので、誰にも望まれなくとも価値のあるものが存在しうるという主張である。きわめて抑圧的な体制下では、人は自由を望む勇気をもたないかもしれず、[12] あるいは経験不足や社会的な条件づけにより、自由を望むことには頭が回らないかもしれない。さらに、人の経験がその人の望みうるものに影響を与える可能性もある。エルスターの論文がこの点を取り上げている。例えば、人が「公正な扱い」を受けることは、本人がたとえそのような扱いを望まない場合でも重要であろう。

効用を通じて道徳的重要性を測ることが特に問題となる一つの分野に、権利の問題がある。A（男）は自分がある本を読まないことよりも、B（女）がそれを読まないことをはるかに強く望むかもしれない。しかし、だからといって後者の望みの方が前者よりも道徳的に重要だということにはならないだろう。前者の望みはA自身の読むという行為にかんするものであるから、彼が権利をもつといえるかもしれないが、後者の望みはその範囲外、つまりBの読むという行為に対するものであり、さらにそれはB自身の権利行使に抵触するかもしれないからである。権利に基づくこの種の考慮は、功利主義および厚生主義に反するのみならず、パレート最適性（おそらく効用に基づくもっとも緩い条件で、経済学でもっとも広く用いられる厚生基準）とすら衝突する可能性がある。[13]

この「パレート派リベラルの不可能性」について、本書所収の論文では二つの異なる論点が取り上げられている。第一は、人々が自らの人生に深くかかわる事柄について決定権を与えられるとしたら、必ずしも結果がパレート最適的である必要はない、ということである。レーヴィの論文は、それでも、信念に基づくあるタイプの行動のもとではパレート効率性がもたらされるしくみを分析している。

第二は、パレート効率性の道徳的重要性についてである。効用が唯一の価値であり、唯一の価値の尺度であるならば、明らかにパレート効率性は重要でなくてはならない。しかし、かりに権利がそれ自体として価値をもつなら、あるいは権利が効用の道徳的価値を左右する（たとえばAが何を読むべきかにかんするAの望みの重要性を増し、Bの読むべきものに対するAの望みの重要性を減らす）ならば、効用の単純計算を扱うにすぎないパレート効率性を拒否する必要があってもおかしくない。マーリースはこの点を部分的に受け入れ、たとえばAがBの読書について「気分を害さないようにすることができる」ならば、「ある種の外部効果は無視する」ことを提案し、「功利主義を受容可能な原理にするような、効用のかなり弾力的な意味を認めるという条件がつく」こと（本書一〇九頁）を推奨している。ハモンドはさらに進んで、とりわけ権利の問題を考慮するためには選好に基づく評価をいかに見直さなくてはならないかを示している。彼は再定義された価値を依然として「効用」と呼び続けているものの、それは「個人の選好とはほとんど関係がないかもしれない」と説明する。

功利主義の装置

ハモンドの手続き論が提起する問題は、たとえば「効用」の再定義による功利主義理論の見直しがどれほど妥当であり、特により豊かな情報の入力によって実質的に異なる理論となったものを古い名前で呼び続けることがどれほど妥当か、ということである。功利主義を「のりこえる」ためにはどれほどのりこえて、どの方向に進まなくてはならないのか？　結局のところ、功利主義的な見解の基本的な特徴と問題関心が問われてくる。

これに関連して重要なのは、今日多かれ少なかれ功利主義的であるとされている理論が効用をどのように扱っているかを検討することである。功利主義的なアプローチを勧めるもっとも初歩的で直観的な考え方は、人々が欲するもののごとをもたらすのは賢明だという発想であるとされる。本書でスキャンロンが主張しているように、この考え方は道徳の主題と問題関心の双方を説明するように見える。

ただし、「人々が欲するものごと」の功利主義的な取り扱いは、この初歩的な考え方が示すほど単純でも直観的にも明らかでもない。私たちは、程度の差はあれ、功利主義理論を特徴づけている、欲求や選好の取り扱いに関する三つの装置を検討する。第一は還元と呼ばれ、あらゆる功利主義理論に欠かせない。第二は理想化と名づけられ、使われる程度は功利主義理論の間で異なっている。第三の抽象化はとりわけ間接功利主義に対して問題を提起する。

還　元

還元とは、あらゆる利益、理想、切望、願望を、同じレベルの選好として表現できるとみなす装置であり、それらの強度は異なるかもしれないが、その他においては似たようなものとして取り扱う。これはヘアの論文で顕著に示されている。まずは利益に対する配慮の平等を説き、次にこれを理想の選好を含めた選好一般に拡張する。目的次第で、この程度の同化が適切であるような心理学的説明あるいは解釈が存在するであろうが、正当化したり、批判したりする現実の討議の文脈でそれが適切であるかどうかは、功利主義とその批判者の間で根本的に対立する問題である。ここには少なくとも二つの原因がある。一つは、利益、欲求などが結びつけられる道徳的な概念の多様さに見られる。たとえば、権利の観念を用いる道徳的見解は、たんなる個人の欲求とは異なる形で、少なくとも部分的には、権利の観念を個人の利益に結びつける。パレート派リベラルのパラドックスや、功利主義その他の効用アプローチにおける個人の状況にかんする情報制約を考える際に、すでにこの点にふれた。

他の一つは、異なる種類・タイプの動機に対する行為主体自身の批判的・実践的な関係それ自体の多様さに見られる。一部の人が好む用語法を使うと、(14) 行為主体によるさまざまな種類の動機に対する二階の選好の反応は異なるだろう。まともな人なら、自分のたんなる「選好」でしかないものについては、その一部を批判し、拒絶し、差し控えることができるが、自分自身の理想（これ自体がある面で二階の選好である）を批判することははるかに大きな困惑をもたらす。こうなると、功利主義の心理的現実についての実質的な理論が必要となり、それが前提とする合理性の概念が大きく問われることになる。

理想化

功利主義は、何を選好として認めうるかについてきわめて寛大であるが、同時に、（道徳原理の基礎として）認めうる選好についてはかなり注文の多いことがある。ヘアの見解によると、正しい原理は、行為主体の現実の選好ではなく、「完全に慎慮ある選好」（人が十分に情報を得て、混乱していない場合に望むものごと）に基づかなくてはならない。ハルサニーとマーリースは似た立場を採用している。ハルサニーは、「ある個人にとって何が良いか、何が悪いかを決める際の究極の基準となるのは、彼自身の欲求と選好以外にない」という趣旨で選好の自律性という「重要な哲学的原理」を受け入れるが、これは「彼自身のもっと奥深いレベルの選好は、彼がいま成し遂げようとしているものごとと衝突する」可能性を認めなくてはならない。ハルサニーによると、「必要なのは、個人の明示された選好と真の選好を区別することだけである」。ここで、「真の」選好とは、「関連する事実をめぐるすべての情報をもち、常に細心の注意を払って推論し、合理的選好をもっとも導きやすい心理状態にあったとしたらもつはず」の選好である（本書七二〜七三頁）。

　実際、ハルサニーはこれにとどまらずに選好を「訂正」する。「不合理な選好」をすでに駆逐した、選択に基づく効用から、彼はさらに、「サディズム、羨望、憤慨、悪意といった明らかな反社会的選好はすべて除外すべきである」（本書七三頁）という。こうした「反社会的選好」をすべて取り除きつつ効用の尺度を維持する際には、一定の数学的配慮を要する。というのも、尺度調整は一貫して行われるが、一つの統合された選好の集合から悪意、憤慨などの要素を除けば一貫性は一般に維持しがたいからである。たとえ、一貫性が維持できたとしても、排除のステップを踏む理由と、そもそも何が「反社会的」選好と認められるのかの双方について、重要な問題が残る。たとえば競争において、自己の欲求を満足させると自動的に他人の満足を下げることになる選好を見境いなく除外するわけではないだろう。そうかといって、「反社会的」選好は他の人の選好に否定的に関係する選好だけを含むともいえないのではなかろうか？　その定義については、間違いなくさらなる精緻化を必要とするだろう。というのも、偶々ハルサニー自身が例示している羨望を含めて、広範囲の心的態度に当てはまりうるからである。総じて、こうした排除の基準は単純な道徳的事項に見えながら、選好に対する純粋に形式的な制約によって捉えられるものではない。むしろ、「他者に対する私たちのあらゆる道徳的コミットメントの根源的な基礎は、一般的な善意と人間的な同感である」（本書七三頁）という。

この見解では、理想化がかなりの程度なされ、道徳的に重要なのは不偏的な慈愛のみであるという考え方が道徳理論の形式のみならず、そもそも何を選好にカウントするかをもある程度、左右することになる。

ヘアやマーリースが示唆する理想化は、これほど根本的なものではなく、選好を内省とより豊かな情報のもとで好まれるものに修正することを要求するのみであるが、いかなる理想化であれ、「真の」選好は必ずしも現実の選好であるとは限らないという事実は残る。この事実は功利主義に対して次の問題を提起する。現実の選好は「真の」選好ではない可能性をいかに考慮すべきなのか（シックの論文はこの問題も議論している）。合理的に望まれるはずのものごとを人々が結局は望まないとしたら、正しい政策の結果に人々はけっして満足しないかもしれず、これは功利主義の直観的正当化が約束するところからはかけ離れている。実のところ、還元と理想化の間には精神の衝突が存在するのだ。還元による単純化が、世界とそこに見られる欲求をそのまま受け入れたいという頑固な願望の産物であるのに対し、理想化はすでに最初からそれらをあるべき姿に近づけようとする。

そのうえ、入力情報から排除する対象は、最低限の理想化の場合のように個々の主体にとって「不合理な」選好と、あるいは、より野心的なケースであるが、悪意や羨望といった反社会的な欲求にとどまらないかもしれない。その対象は、功利主義と矛盾するあらゆる選好に及ぶべきだと主張すること、さらには非功利主義的な見解の産物であるあらゆる選好を含むべきであると主張することも可能である。[15]　ほとんどの功利主義者が、非功利主義的な見解は混乱しているとみなす。なかには功利主義をほとんど道徳の定義そのもののように扱う論者もいる。例えば、ハルサニーは、「道徳的選好は、個人的選好とは異なり、定義により常に、自分を含むすべての個人の利益に等しい重みを割り当てる」（本書六三頁）はずだと言ってはばからない。ここで、「利益」が一般に選好を表すことは明らかである。もしも非功利主義の理論や道徳が（道徳の本性についての）十分に明晰でない思考の産物であったり、選好が混乱した思考に基づくものとして割り引かれるべきならば、非功利主義的な考え方に由来するいかなる選好もここでは認められないことになる。

選　好

還元と理想化の技術も、選好の上に築かれた現代功利主義理論の土台について、深い疑問を投げかける。この問題は、功利主義の正しい定式化のみならず、その道徳的な適切さにも関係する。

ここで、ヘア、ハルサニー、マーリースのそれぞれが功利主義を擁護する際に示す、効用に対する異なる見方を比較検討することは有用だろう。違いは、効用の定義に加えて、何が効用に（あるとされる）道徳的な力を付与するのか、に現われる。ヘアの見解は、欲求とその充足という観点から効用を眺める功利主義の伝統に完全に沿うものである。欲求アプローチは効用を快楽と苦痛によって記述するベンサムのものとは異なるが、それ自体長い伝統となっている。特に、欲求とその充足が、利益と同一視される場合には、先に述べたような功利主義の直観的正当化の根拠をなす。ヘアによるこうした効用の特徴づけに何ら奇妙なところはない。彼は功利主義の中身を再定式化したというよりは、古い伝統を擁護する新たな議論を提供したといえよう。

選択と評価

しかしながら、ハルサニーとマーリースは、他の多くの現代の論者と同様、古い功利主義の伝統から離れ、効用を選択の観点で定義する。ただし、こうした伝統からの離脱の勢いは、人々が実際にはどのように選択を行うのかについての経験的な仮定によっていくらか削がれる。効用を完全に選択を通じて定義するにもかかわらず、ハルサニーとマーリースはともに効用を二重に特徴づけているといってさしつかえない。それは、一方で選択にかんする特徴を、他方で内容にかんする特徴を反映している。選択的特徴と内容的特徴の双方に対する二人の見方は異なるが、両者がともに効用を二重に特徴づけていることは、それぞれの功利主義の道徳的な力を分析するうえで重要である。道徳的な力は世界の経験的な解釈に部分的に依存するからである。

ハルサニーにとって、効用は選択を反映し、基数化は不確実な状況下での選択に基づいて行われ、同時に、効用指標は、「さまざまな経済的（および非経済的）選択肢に付与する相対的・個人的な重要性を測るための基数的効用尺度」（本書七〇頁）を提供する。マーリースにとって、効用は選択を反映し、基数化は選択の「分離可能性」から得られ、同時に、効用は各個人の福祉をも反映する。マーリースは、「効用」という言葉で福祉の「認識」ではなく福祉それ自体を記述するのが便利であるとも主張するため（本書八六頁）、「効用を個人の嗜好に完全に依存させるのは正しくない」（本書九二頁）という立場に導かれる。

ここで浮かび上がってくるのは、またしても、選択に基づく効用の手直しや理想化であり、その根拠は、「本人にとって良いはずのことを、たとえその人が認識していなくてもさせようとすることが原則的に間違っているはずはない」というものだ。背後には「十分な理解があれば、彼は変更された効用関数、いやむしろ基底的な選好の正しさを受け入れるようになるだろう」（本書九二頁）という希望的観測がある。[16] かくして、マーリースの効用の観念は「完全な理解のもとでの」選択と本人の「福祉」それ自体の双方を反映することになる。

現代経済学には今や確固たる伝統が存在し、効用を完全に選択の観点で定義すると同時に、効用は最大化の対象として特定の内容をもたなくてはならないと主張する。選択に基づく特徴づけは明示的な定義（たとえば「顕示選好」）[17]に由来するが、内容に基づく特徴づけは、通常、本人の「自己利益」あるいは「福祉」の最大化という形をとり、自己利益や福祉を最大化として定義する（よってトートロジーの形で使われる）ことを通じて、または、人々の実際の（あるいは何らかの「理想的」状況のもとでの）選択についての明示的ないしは暗黙の経験的仮定を通じて導入される。[18]「選好」という言葉の曖昧さが効用のこうした二重の構図を促している。というのは、言語的慣行として、「選好する」というとき、人が（実際に）「好む」ものごとはその人の状況を改善することがらだという理解に加えて、選ぶことがらだという解釈も許されると思われるからである。厚生経済学的な議論で双方の特徴に訴えることは珍しくないが、これは人々の実際の（または「理想的」条件のもとでの）選択にかんする強い経験的仮定を含んでおり、この仮定にかんする経験的証拠はまったく確定的とはいえない。

これら二種類の特徴を切り離した場合、（効用が完全に選択の観点で定義されると仮定して）選択という特徴がそれ自体としていかなる道徳的な力を効用に与えるのかを問わなければならない。誰かが何かを選ぶという事実だけで、選ばれたものに価値が備わるのだろうか？　選ぶことと評価することの関連性を考えることは自然であるが、この説明においては結びつきの方向が逆転しているという疑いを避けがたい。「私は何を選ぶべきか？」という問いに対して、「何であれもっとも価値あるものを」と答えることはまったく理不尽ではない。しかし、「何がもっとも価値あるものか？」、さらに「私にとって何がもっとも価値あるものか？」という問いに対して、「何であれ私が選ぶものがそうだ」と答えるのは、評価するという概念からその内容を奪っているように見える。これは、「理想的な状況下の」とか「完全な理解のもとでの」といった形の留保が想定される選択に付け加えられても、ということである。評価するから選択するというのはある意味で説得力をもつが、選択するから評価するというのは違う。

選ばれたものの重要性を選ばれたという事実に帰着させることと、人々の選択能力それ自体を重要であるとみなすことを混同してはならない。価値としての「自律性」は後者に関係するが、功利主義とはまったく異なるアプローチに属し、選ばれたものの評価よりもむしろ選ぶケイパビリティの評価に関係する。自律性を評価することは、選択を直接、後押しすることになるが、それは、選択によって定義される効用付与性（utility-giving property）の増加を通じた、選択対象の価値の向上によるものではない。

ハルサニーの場合、すでに議論した「反社会的」選好の除外は、（選択の望ましい内容ではなく）たんなる選択に基づく効用の力に対するかなりの疑念を表しているように見える。ただし、彼の枠組みは選択に基づいており、誰が誰になるのかが「あたかも」不確実であるような形をとっている。マーリースの枠組みでは選択の力がいささか強いように見え、許される理想化でさえ、「完全な理解のもとでは」何が選ばれるだろうかという仮説を通じて正当化されている。しかし、選択が評価の基礎となっているのか、評価されるものを選ぶように個人が勧められているのかを決定するのは難しい。議論の初期段階では、一定の条件下で「個人が何を選ぶかを考えるように促すことを想像でき」、「異なる状況下の代替的な自己の消費に効用を割り当てることを期待できるのである」（本書八九頁）と説明されている。しかし、「諸個人の誰にとっても、効用の総和は、本人の代替的な自己の人生にかんする熟慮を経た選好を記述し」、「したがって、彼自身だけのために結果を選ぶ（他の全員にとって結果は同じである）際に、彼は最大の総効用を伴う結果パターンを選ぶべきである」（本書九四頁）、と述べた後にこの関係は逆転している[19]。自らが実際に選ぶものを選ぶべきだということが正しい場面は確かにありえるが、そう主張するにはもちろん正当化が必要である。

実際、マーリースが選択の中身、そして福祉の促進という道徳的な力にかなり頼っていることは明白である。アイデンティティの形成を支える経験的仮定は、彼が論証の過程で用いた他の経験的仮定と同様に、彼の道徳観に依拠する。すなわち、強い意味での「分離可能性」が「選好」において（つまり福祉の特徴づけと同様に選択においても）成立することと、マーリースのいう選好の「同型性」に依拠する。このように、異なる福祉の概念、異なる個人的利益の見解の衝突は、効用を選択としてみる視点を採用することで解決されるわけではないのだ。[20]

抽象化

これまでに議論してきた還元と理想化の技術は、厚生主義的評価の入力情報の中身にかかわるものだった。第三の装置である抽象化は、その情報の場にかかわってくる。功利主義の伝統には強い傾向があり、（それは当初から連綿と続く理想的観察者というフィクションにきわめて明快に表現され、ハルサニーも言及しているが）、この情報自体は情報が言及する社会的世界から超越しており、まったくその世界内に存在するものではないという。だがこれはフィクションである。かりにこの情報が存在するとしたら、それはどこかに存在しなくてはならず、またそれが功利主義的な見せかけによって要求される程度の詳細さと社会科学的頑健性を含むとしたら、かなりの戦略的な研究努力によって維持されなくてはならない。そうした情報、よってそうした努力が、いかなる具体的な社会的意味においてであれ、存在するということ自体、ある特定の制度を必要とするのであって、いかなる恣意的な形の社会組織や公共意識とも両立するわけではない。とりわけ、それが伝統主義的な取り決めと両立すると考える理由はまったくない。

理想化の過程に対する要請を先ほど議論したが、ここでもそれと同じ論点が浮上する。かりに市民の「真の」選好についての諸仮定がたんなるドグマではないとしたら、真の選好について何らかのことが知られ、その含意も、おそらくは、発見されなければならない。さらに、選好を形成し変更する制度も要請されることになるだろう。制度化され、実現された社会的分配や政策の過程はすべて、エルスターが彼の論文で強調するように、選好に修正を加える。抽象化とは、功利主義の作動の基礎となる選好が（少なくともすべての重要な目的にとって）所与であり、功利主義的に営まれる過程自体から、社会が独立していると仮定することを意味する。だがこの仮定は、以下の点を考慮する覚悟をした途端に、危ういものに見えてくる。すなわち、功利主義は何らかの具体化を必要とし、功利主義的な社会とは、たんに功利主義的な要請を偶然満たす社会ではなく、そうした要請にしたがって営まれる社会だという点である。

二層理論

この非常に基本的な考察が、間接功利主義の有効性に重大な疑問を投げかける。この疑問は公共政策としての功利主義に当てはまるのと同じくらい、個人道徳としての功利主義にも当てはまる。(21) ヘアの論文は、間接功利主義の決定版を提示し、道徳的思考の二つのレベルを探究する。第一のレベルで、人は幼少時に教え込まれた非常に単純な諸原理を利用するが、それらは（実質的な）功利主義的思考の第二のレベルにおける省察によって、批判的に精査される。第一のレベルで用いられる原理はたんなる経験則ではない。行為につながる性質・傾向として内面化されており、それからの乖離は「最大の嫌悪感」を伴わざるをえない。また、他者によるその侵犯は「最高の憤慨」を引き起こす。要するに、第一のレベルの要請は、主体にとって何らかの意味のある原理、彼（彼女）の世界観を構成する原理、そして主体が信じる何かで構成される。このレベルの要請は自然と、ヘアの言及する人間の生や社会の「理想」を表現し、それらと関係すると期待される。そして「特に緊迫した状態における実践的な道徳的思考」の問題に対処するためには、そうした原理を道具として正当化する功利主義的な省察と共存しなくてはならないとされる。ここで、功利主義的な省察は（私たちのいう「還元」のもとで）人間の生や社会の理想を数あるなかの一組の「欲求」や「好み」に一致させる。だが、いかにして、そしてどのような場でこれら二つのレベルの思考が共存するのであろうか？

ヘアの論文では、あるいは、より一般に功利主義の伝統では、この問いに対して二つの異なる（ただしもちろん両立する）答えが示唆されている。一つは、時間と状況によって二種類の思考を区別するやり方である。そこでは、功利主義的思考の第二のレベルは「冷静な時間」、つまり「事実をくまなく調べる時間」があり、「特別な弁解がない」ときに適切とされる。他の一つは、むしろ二種類の個人を区別するやり方である。一方に、「そうした事例に対処するようにはできていない原理にしたがう一般人」がおり、他方に、より哲学的であるか探究心に富む人々がいて、後者に自分自身や他者の性質・傾向の功利主義的正当化について省察することが期待される。こうしたモデルが、可能な心理的または社会的現実の特定法として真剣に受けとめられると、つづいて、こうした区別がどれほど実現可能で安定したものであるかという重要な問いが生じる。[21] 心理モデルの採用は、哲学的省察を促すと同時に浮上する経験的な問いを浮上させるのだ。冷静な時間の考慮が本人の道徳的性質と理想に対してどれほど中立でいられるのか、あるいは逆に、そうした性質や理想が、基本的には手段的道具である意識によってどのくらい煩わされずにすむか、といった疑問である。

社会的な観点からすると、ここで要請される区別はいわゆる「総督府功利主義」の語に自然に表現される。それは、功利主義エリートが社会を支配し、彼らの信念を多数派が必ずしも共有しないような社会編成を好む見方である。過去には一部の功利主義者がそうした編成を推奨し、実際に参加した人たちもいた。他の見方をとる功利主義者たちも、のちに現われるには現われたが、残念ながら他の選択肢をほとんど残さなかった。私たちの見解では、そうした制度を歓迎する功利主義者はほとんどいないだろうし、ましてや、もっともな理由で歓迎する人は皆無である。そうだとしたら、差し迫って探究すべき問題は、「抽象化」が拒否され、[22] しかも、間接功利主義は何らかの具体的な社会形態をとるべきだとすると、他にどんな選択肢がありうるのかである。

多元主義と合理性

先述したように、功利主義の批判者のすべてが、功利主義を「のりこえ」たい、つまり功利主義に匹敵する広い射程をもちながら、それよりも優れた何らかの一般理論を構築したいと考えているわけではない。実際のところ、彼らはそれほどの野心を示すいかなる理論に対しても批判的である。しかしながら、功利主義の野心的な性質それ自体がその魅力の源泉になってきたことも事実である。ある統一された究極の基準に基づいてあらゆる道徳問題を解決すると約束することで、功利主義は際立って「合理的な」道徳理論であるとみなされてきたのだ。功利主義がその基準を適用するために利用するいくつかの装置についてはすでに述べた。それらは功利主義の素朴な直観的魅力からは距離を置くような装置である。しかし、形式的に述べると、ある同質的な数量を最大化するすっきりしたモデルは、どのような多元的道徳理論にも達成できないと思われる程の整合性と完備性（すべての選択肢の序列づけ）の基準を充足する。それに対して、功利主義に対抗する道徳理論は、必ずしも多元的である必要はないが、実際にはしばしばそうであるので、多元主義と合理的選択の両立可能性という論点については詳細に検討する必要があろう。

　合理性の特徴を明らかにすることは、（個人の利益にかんする）慎慮的な理論にとってさえ容易ではなく、ましてや道徳理論の評価において問題が簡単でないことは明白である。とはいえ、判断や選択の不整合を非合理性とみなす確固とした伝統が存在する(23)。実のところこの基準自体は十分な説得力をもつものではない。不整合が生み出された経緯が違いをもたらしうるからである。それでも、整合性の問題から始めるのが便利であろう。いくつかの異なる数量の最大化を同時に求める多元的理論では、当然、不整合が生じる可能性がある。しかし、ここでの犯人は多元主義自体ではなく、最大化が一貫性を伴わない形で採用されることである。実際、いかなる複数数量の最大化問題の基礎にも、「支配」という整合性のある部分順序を見つける可能性は残されている。すなわち、xがyを弱い意味で支配するのは、どの次元においてもxがyよりも小さくない場合であり、その場合に限られる。加えて、xがyよりも大きい次元があれば、xはyを厳密に支配する。このように定義された、非階層的な多元主義は潜在的に不完備ながらも、整合性のある順序に自然とつながるのである。

　では、合理性は完備性を要請するだろうか？　そのはずだということを理解するのは難しい。順位づけができないのは苛立たしいかもしれないが、それ自体が合理性の失敗になるわけではまずない。「顕示選好」理論に先導されて以下のように主張すると、選択に対して不自然な限定が課されることになる。すなわち、（完備順序に基づく）合理的選択の要請によると、yが選択可能である場合にxを選ぶことができるのは、（すべてを考慮して）xがyと少なくとも同程度によいとみなせるときのみとなる。ビュリダンのロバの真の「不合理」は、二つの干し草の山を順位づけできないことではなく、一方が他方よりも（厳密に、または少なくとも同程度に）よいということに確信がもてない限りいずれも選ばないことにあった（これは「合理的選択」の奇妙な理論に忠実であろうとするあまり飢えてしまう愚かな試みである）。これに対して、不完備順序に基づく合理的選択が要請するのは、他よりも劣った選択肢が選ばれないことのみである。その場合、ビュリダンのロバに求められるのは、どちらかの干し草を選ぶことであって、どちらとも拒否することではない。後者は明らかに劣った選択肢である。

完備性がしばしば長所とされることはもちろん事実であり、その特性を功利主義は享受しているように見える。ただ、その見せかけには根拠が十分ではない。というのも、効用の個人間比較の性質によっては、功利主義による順位づけが完備となるかどうかわからないからである。完全な基数的比較可能性（より技術的には「単位比較可能性」以上）という特殊な場合のみ、功利主義は完備な順序をもたらすが、より緩やかな個人間比較の枠組みにおいては、状態（行為や規則など）の部分順序をもたらすにとどまる[24]。

完備性を本当に美点とみなすべきかということも自明とはいいがたい。多次元にわたる道徳的対立において、ランクづけの完備性の推定はかなり作為的となっても不思議はない。実際、「命の評価」のようなテーマに適用される費用便益分析で完備性に固執することは、下品であることはさておき、理論的に問題があることが示されている[25]。

完備性自体は美点でも欠点でもないと主張するのが理にかなっていると思われる。かりに、多元的な道徳理論が一定の根拠に基づいて受け入れられるとして、不完備性が生み出される可能性を根拠にしてその受容を拒絶したり、逆により強く肯定したりする特別な理由はない。不完備順序と整合的な合理的選択という論点はもちろん残るが、すでに述べたように、それが驚異的な挑戦になることはない。

付記すれば、多元的な道徳の多くは不完備性を実際に許容するが、必ずしもそうである必要はない。異なる基準が対立する場合には、（たとえばロールズの正義の二原理のような）基準の階層構造や解消ルールが存在する可能性がある。そうした場合、功利主義のような「一元主義」道徳との相違は、完備性自体ではなく、完備性が達成される場合にそれが「どのように」達成されるかにある。功利主義の場合、完備順序は、何らかの同質的で記述的とされる数量（正確には総効用）を単純に表示するという形をとるのに対して、完備な多元的道徳においては、そうした独立の記述内容をもつ同質的な数量は存在しない（「道徳的な善さ」は当然そのような記述的内容をもたない）。

これは興味深い論点ではあるが、何らかの同質的で記述的な数値順序と適合的であることを、合理性の条件とする明らかな理由は存在しないというべきだろう。道徳的な善さや正しさを何らかの同質的で記述的な数量に対応させるかどうかは、道徳理論の実質的内容にかかわる問題である。それを先験的に要請すると、間違いなく重要な疑問が生じる。分別のある判断を下し、合理的な選択を行う人というのは、やはりたんなる計算係ではないであろう。

このように、功利主義が合理的な判断および選択の要請にとりわけ合致するという主張は支持しがたい。この結論は、①整合性、②完備性、または、③何らかの同質的で記述的な数量との合致性、という観点から、多元主義との対比をどれほど追求しようとも変わることがないのである。

基本財と権利

多元的な形式がきわめて肝要となる一つの領域は権利の領域である。集計的効用という功利主義的概念とは対照的に、異なる人々の権利は、同質的とされる何らかの総量に融合させることはできない。義務論的制約（たとえばノージックの体系[26]）の形で権利を定式化するとき、異なる人々の権利は互いに通約不可能であり、各権利が全員の行為に制約を課す。そのような定式化では異なる種類の権利間に「トレードオフ」が存在しないことがハーバート・ハートらによって批判されてきた[27]。しかし、たとえトレードオフが許される場合でも[28]、異なる人々、異なる種類の権利はある同質的な総体に融合されることはなく、そうした数量の最大化に基づく「一元主義」道徳をもたらすわけではない。むしろ、異なる権利の各々が道徳的価値をもつとみなされ、それらが組み合わされれば（さらには道徳的重要性の観点で互いに比較衡量されれば）、この集計は本質的に多元的なアプローチの範囲内に収まるのである。

たとえ権利が帰結の評価の一部とされても、[29]多元的な特徴は残る。状態の善さの測定基準は、そのような定式化においては、権利とその実現および侵害を体系的に考慮することになるが、状態の道徳的な善さというものは、「総効用」と同様な記述的数量には対応しない。実際、他の目的とともに権利の実現という目的を含む帰結の評価は、不完備性や比較可能性における制約を大いに認めることとさえ可能で、それは状態の部分順序しかもたらさないことになる。

多元主義という特色とは別に、権利に基づく道徳理論は、機会が実際に利用される価値よりも機会それ自体に関心が集中する点でも功利主義と異なる。本書所収の論文で、ジョン・ロールズは「（社会的）基本財」が提供する機会と結びつけて基本財に焦点を当てることを支持している。その際、市民が自分自身の権利や機会をどう利用するかは本人の責任とされる。というのも、彼らは「自らの目的に責任を負う」（本書二三四頁）からである。[30]

ロールズ自身は、基本財を利用する人々の能力に障がいや他の相違があるとき、どのように明示的に対応するかという問題を棚上げしているが、機会をめぐる究極の関心は、ロールズの体系を拡張し、基本財自体ではなく人々の基本的「ケイパビリティ」（たとえば栄養の必要量を満たす能力や自由に移動する能力など）に焦点を当てることで、より直接的に扱えるかもしれない。この定式化の利点は人々の「ニーズ」の違いに敏感であり、その違いは財をケイパビリティに変換する際の違いに反映される点にある（たとえば、大きな人がより多くの栄養を必要とし、障がい者が移動におけるより大きなニーズを有することなどに敏感となる）。[31]これはいわゆる「積極的」自由を扱うための一つの方法であり、基本財は自由を達成するための一手段とされる。焦点は基本財自体にはなく、基本財が提供する現実のケイパビリティに置かれる。ここで問題となるのは、基本財を現実の自由に（たとえば、栄養上のニーズの相違を念頭に置きつつ、栄養不足から逃れる自由に）変換させるうえでの個人間の相違であり、（個人的特徴の違いを念頭に置きつつ）「自尊の社会的基礎」を、自尊を保つケイパビリティに変換する際に表出する個人間の相違である。この問題はロールズの基本財のリストへの関心を明らかに超えるものではあるが、自由の利用に付随して発生する効用にもっぱら着目し、その視点から自由を判断するような功利主義的伝統を拒絶する、という点ではロールズにしたがうものである。

功利主義をのりこえて

一般的な選択理論でなじみの合理性の基準によると、多元主義的理論は功利主義や他の一元主義的理論と同じくらい「合理的」でありえるし、はるかに現実的である可能性がある。もちろん依然として問題は残り、そもそも「理論」が求められているのかということのみならず、はたして理論がどの程度の決定力をもつと期待できるのか、すなわち、ある文化の内部で、また、さまざまな文化をまたいで、理論がどれほどの射程をもちうるのかが問われる。ハンプシャーの論文は、道徳的思考の二つの異なる次元を区別せよと主張する。一連の考慮事項（大まかにいえば正義論）は普遍的に適用されると考えられるが、そうした考慮の枠内に、他のより局所的な道徳生活の構成要素があり、それらは独自の歴史的構築物であるため、想像力を使わなければ、とても理解することができない。

スキャンロンの論文は功利主義に代わる一般的な基礎理論の必要性を主張する。それは契約論を体現し、制度、規則、行為は、他者が正当な理由で拒否することのできない根拠に基づいて他者に対して正当化できるか否かという問いによって試されるべきであるという。スキャンロンによると、そのような基礎理論は道徳の主題について功利主義に代わる見方を提供するとともに、心理学的に認識できるような、異なる道徳的動機についても言及するという。それは同時に、間違いなく、文化の道徳思考の枠内でかなりの多元主義を容認するとともに、文化間においても妥当で理解できる多様性を認めるものである。

功利主義に取って代わるものが理論的にどれほど野心的であるか、あるいは控えめであるか、また、どの程度、多元的であり、文化間で道徳的に許容できる多様性の余地をどのくらい残せるかは、わからないとしても、それは信頼できる心理学、信頼できる政治学の概念、さらには政治学と道徳的省察の関係についての概念と、少なくとも両立しなければならず、できれば、両立のあり方を提示すべきである。

この序章で行った功利主義に対する批判のいくつか（「抽象化」にかんするものはその一領域）は、功利主義が、道徳原理としてであれ社会原理としてであれ、心理学と政治学を欠いているという考えに要約できる。追求すべき問いは、「いったい誰がそれを生きることができるのか?」、「それはどんな制度を、特に私たち自身が形成したり、適応したり、導入したりできる制度を必要とするのか?」。そうした問いの一つで中心的なものが、ガットマンの教育にかんする論文で提示されている。「功利主義的社会は学習を通じていかに自己複製ができるか?」。

功利主義はある特有の心理学理論と（ある程度）政治学に対する特有の態度から生まれたが、その発展の初期においてすら、相反する保守的な応用と革新的な応用があった。奇妙ながらきわめて驚異的な事実は、より最近の傾向として、功利主義は道徳理論・経済理論に貢献する一方で、心理学的・政治的現実との結びつきを失ったことである。この事実は、功利主義の信頼性のみならず、いったい何がそれに取って代わるのかという論争の様式にも含意をもつ。多くの功利主義者が他の理論を「偏見」「独断」「不合理な伝統」などと糾弾している。また、理論ではなく道徳的信条や感情のみを主張する一部の人々にも同様の非難を向けている。だが、功利主義的な生の心理学と政治学について何らかの具体的な説明がなければ、そのレトリックはまったく空虚で、重みを欠き、何の効果ももたらさない。

個々の功利主義の主張は明らかにそれ自体で重みをもつ。世の中には不合理な偏見といったものがあり、斬新的で、より広範性のある要求を、身勝手かつ満足げに拒否するといった事例は枚挙にいとまがない。だが、重要な問いはそういった問題を認識した後にあらわれる。はたして、功利主義がそのような認識を表現したり、それへの対応を可能にしたりするのにことさらに適しているのか、ということである。本書への寄稿者の多くと同様に、答えは否定的であると私たちは考えている。ほとんどの人が、これまで、功利主義では提供することも説明することもできないような概念の使用を必要としてきたし、これからもそれらを確実に必要とするだろう。

注

（1）その現代的な形式はアローの先駆的な業績に負うところが大きい。Arrow 1951 を参照。
（2）Sen 1979b を参照。この区別は以下でさらに考察される。
（3）この便利な用語はG・E・M・アンスコームによって紹介されたようである。Anscombe 1958 を参照。
（4）厚生主義的帰結主義でありながら総和主義を利用しない一例が、ロールズ格差原理の効用に基づく解釈であり、これは経済学でよく用いられる。行為は完全に帰結の観点で判断され、帰結は完全に最悪の境遇にある人の厚生水準で判断される（たとえば Phelps 1973 を参照）。総和主義の異なる公理化については以下を参照。d'Aspremont and Gevers 1977; Deschamps and Gevers 1978; Maskin 1978; Roberts 1980b。
（5）情報の側面の検討については Sen 1977a を参照。
（6）本書所収のロールズの論文はこの問題をある程度深く考察している。
（7）これは「古典的」功利主義と「平均」功利主義の双方に当てはまる。後者は総効用を人数で割るが、当然、失われた情報は取り戻されない。
（8）この点については Williams 1976a を参照。
（9）Williams 1973; 1976b を参照。
（10）Dworkin 1977 を参照。
（11）効用に対して、前提条件よりも強く、厚生主義よりも弱い役割を与えることが可能である。たとえば、一群の「効用に支持された道徳」である（Sen 1981 を参照）。
（12）この問題はアイザイア・バーリンが論じている。Berlin 1969: 139–140 を参照。
（13）この衝突の数理的な分析と言葉による議論については Sen 1970b, 1976, 1979a を参照。

（14）Frankfurt 1971; Sen 1974; Jeffery 1974; Körner 1976; Hirschman 1982 を参照。

（15）これは功利主義における伝統的な論点である。ジョン・スチュアート・ミルと関係する議論について、Wollheim 1973 を参照。

（16）ハルサニーは同様な訂正を論じている（本書七三頁）。

（17）最初に論じたのはポール・サミュエルソンである。Samuelson 1938 を参照。

（18）この点については Sen 1977b; Broome 1978a; Hahn and Hollis 1979 を参照。

（19）総効用に、選択の正当化とともに選択の記述の役割まで与えると、効用の他の定義に基づく議論の評価に曖昧さが生じる。このことは、人が（効用の時間的配分に関係なく）生涯にわたる自らの効用の総和を最大化しないとしても正しいのかもしれないという議論に対するマーリースのコメントにも見て取れる。この議論で用いられた効用の定義は、各時期における快楽と苦痛あるいは欲求充足の観点からであった。マーリースによると、かりにマーリースの用いた枠組みにこの「セン流の議論が適用される」ならば、その道徳的直観が「個人の選好と衝突する懲罰的道徳として」表れるだろう（本書九四頁）。しかし、事実としてその個人が自らの生涯にわたる快楽の総和ではなく何か他の量を最大化する傾向があるとしたら、新たな選択も（選択に基づく効用の定義のもとでは）「総効用」の最大化を反映することになる。

（20）人々の「包括的厚生（all-in welfare）」や「全般的成功（overall success）」を比較する際に、いかなる種類の選好の考慮を認めるべきであるか、といったさらなる深刻な問題（たとえば、高価な嗜好の問題）にとっても役に立たないだろう。ドゥオーキンは、「もっともな後悔」といった観念がここでは必要になると強力に主張している。こうした観念は、彼によると、すでに公正の考え方を含んでいなければならない。Dworkin 1981 を参照。

（21）上記二頁を参照。

（22）間接功利主義の社会的具体化と、特に功利主義エリートという観念について、さらなる詳細は Williams 1973: 138–140 を参照。

（23）Arrow 1951, chapters 1 and 2; Hahn and Hollis 1979 を参照。

（24）Sen 1970a, chapters 7 and 7* を参照。Basu 1979 および Levi 1980 も参照。

(25) Broome 1978b を参照。

(26) Nozick 1974.

(27) Hart 1979.

(28) Thomson 1976 および Mackie 1978 を参照。

(29) Sen 1982.

(30) ロールズは以前の論稿（たとえば Rawls 1971）でこの議論を提示していたが、この点の強調は本論文でより明らかになっている。

(31) こうした定式化は Sen 1980 で提示・擁護されている。

訳注

(i) these are は there are の誤植と思われる。

（後藤玲子訳）

第1章　倫理学理論と功利主義

R・M・ヘア

一九四〇年代以来の道徳哲学の流れをよく知る者たちの目には、現代の道徳哲学は奇妙なものに映る（もちろん英国のそれも例外ではない）。四〇年代以降、分析的な伝統に立つ道徳哲学者たちは、道徳語の意味と、道徳的な問いについての妥当な推論の形の分析にかかわる根本的な問いに答えることに、その研究人生を捧げてきた。確かにそのなかには、哲学的論理学という分野への内在的な理論的関心からそうした研究を行ってきた者もいるだろうし、実際それらの分野は興味深いものだ。だが、私も含めて大部分の研究者たちは、別の動機からこうした問いについての研究を行ってきた。すなわち、私たちはこの研究を進めることが、私たちを悩ます実践的な道徳的問題の解決のために、哲学者ができる最大の貢献だと捉えていた。問題を表している当の言葉の意味を理解せずして、どうやって問題の根本に到達できるだろうか。少なくとも、私自身は自分の著作のなかで、こうした動機を明示してきたし、実際に実践的な問いにかかわる多くの論文を発表してきた。[1] しかし、より多くの哲学者たちがそのような貢献をなす必要に気づき、哲学の実践への応用を専門に扱うまったく新しい雑誌が創刊されるようになった昨今、彼らが行っていることは四〇年代からの道徳哲学を知る私たちの目にいったいどんな風に映っているか。彼らの多くは、一連の分析的な探求から何も学んできていないように見える。いうなれば、一九三六年あるいは一九〇三年からこのかた、十分な道徳的議論をそうでない議論から区別する方法が、まるで何も明らかにならなかったかのようだ(1)。

私自身はといえば、それほど悲観的になる必要があるとは思っていない。また論理学が道徳的論証にとっての助けになると考えているのは私だけ、というわけでもない。しかし、驚くべきことに、多くの哲学者たちは、実践的な問いにとりかかるやいなや、自分たち哲学者に特有のやり方を完全に忘却し、市場の問題を解決しうるのは市場のやり方だけだ、たとえば偏見（直観とも呼ばれる）とレトリックを組み合わせたものだけだと考えてしまう。だが、そのような議論についても、哲学者が特別になしうる貢献とは、自分たちがもっているとされる能力を使うことである。すなわち、議論のなかで用いられている概念（とりわけ、道徳的な概念それ自体）を明晰化し、そこから、それらの論理的な性質を明らかにすることによって、当事者に代わって議論の誤りを示し、妥当な論証に置き換えることである。そして、これは道徳語の理解（あえて理論、といってもよい）無しには、なしえないことであり、それこそが私たちがこの数十年追い求めてきたものなのである。それにもかかわらず、著者が道徳的概念や道徳的推論の規則をどう理解しているかがまったく不明瞭な哲学書が非常に多い(2)。彼らが道徳的概念と非道徳的概念を等しいものとみなす自然主義者なのか、読者に何らかの道徳感情を共有してもらうことに訴えるばかりの直観主義者なのか、それを見分けることすら困難であることがしばしばである。彼らの多くは何らかの種類の記述主義者であるように見える。しかし、非常にあいまいな自然主義を経由しつつ、ほとんど認めがたいような直観主義へと後退していくなかで、彼らの見解において道徳的言明が伝えるものとは何なのかはどんどん曖昧になっていき、最後には、彼らの立場を受け入れるべきなのか、あるいは受け入れるべきではないのかをどうやって決めればよいのかすら、ぼやけていく。合理的な学としての哲学はどこかに置き去りにされてしまっている。

この論文の目的は、道徳語の意味についての理論はいかにして規範的道徳的推論の理論にとっての基礎となりうるかを示すことである。その概念的な理論は非記述主義的なものでありながら、かつ合理主義的なものである(3)。このような理論が道徳的推論の説明の基礎を提供すると主張しうるということを逆説的に感じるのは、ある種の偏見をもった人と、カントを読んだことがない人だけであろう。私がここまで不満を述べてきた問題につながっているのは、まさにこの偏見である。すなわちその偏見とは、道徳の合理的基礎を与えうるのは記述主義的理論のみであるという信念であり、それゆえ非記述主義者になって非合理主義と主観主義の汚名を着るくらいなら、袋小路で右往左往していた方がマシだという信念である。

私がこれから擁護しようとしている規範理論は功利主義ときわめて似通ったものである。もし功利主義の現状、すなわちその名があまりにも広く多様な見解にまたがってしまっていて、偏見の対象となっても仕方がない粗雑なものすべてをも含んでしまっているという現状がなかったなら、私はためらうことなくこの自分の規範理論を功利主義的なものと呼ぶつもりである。その際、読者の皆さんにお願いしたいのは、どうか私の理論それ自体を見て欲しいということであり、この理論自体が他の種類の功利主義に向けられてきた批判を回避できているかどうかを問うて欲しいということである。私はこの論文のなかで、自説が少なくともそうした批判のいくつかを回避できていると示したい。そして、もし私が非記述主義者かつ功利主義者であり続けたままで、中傷から逃れることができたならば、いうことなしというものである。

私はロールズ教授の著作に対する批評のなかで、(4) 彼のもののような合理的契約者理論と、多くの論者によって支持されているような理想的観察者理論、(5) そして私自身の普遍的指令主義者の理論の間には、緊密な形式的類似性が存在すると述べた。そして私はまた次のようにも述べた。この形式の諸理論はある種の功利主義へと非常に自然につながりうるのであり、ロールズがこの帰結を避けえたのはただ、彼の理論中の合理的契約者らを非功利主義的な契約にいたらせるために、自分の直観を好き勝手に利用したからである。ロールズは自説を功利主義への対案として擁護した。私がこれから描きだそうとしているシステムが功利主義的とみなされるべきかどうかは、広くは、用語法の問題である。すでに述べたように、そこで用いられる論証の形式は、ロールズのものと形式面ではきわめて似通っている。しかしながら、実質的な結論は著しく異なる。私は自説をブラント教授の表現を借りれば、「信頼に足る形式の功利主義」[6]と考えたい。もちろん、ロールズならこの功利主義もまた信頼できない部類として片づけるだろうということには疑いの余地がないが。また、これはロールズの立場ともっと普通の種類の功利主義の折衷案ではないかという人もいるかもしれないが、そうした分類自体はたいした問題ではない。

　私はロールズと違って、自説を道徳の言語の論理的な研究によって明らかにされる道徳概念の形式的性質のみに完全に基づいたものとしたいと考えている。そして、とりわけ、私たちがこれから考察するような典型的な使用においてあらゆる道徳語がもつと考えられる、指令性と普遍化可能性という二つの特徴に基づいたものとしたいのだ。これらの二つの特徴によって、ロールズが案出した非常にドラマチックな装置と形式的には同じ道徳的推論の枠組みが得られる。しかし、私は議論をロールズのような方向で進めずに、彼がこっそり行ったことをはっきりとした形で行ってみたい。それはつまり、虚構上の合理的な契約者が特定の制約のもとで特定の立場に置かれたならば判断するだろうことについて思いを巡らすのではなく、ロールズが事実上行っているように[7]、特定の（形式的に類比的な）制約のもとで、（想像上の）自分自身を特定の立場において実際に判断をしてみよう、ということだ。立場と制約は形式的に類比的であるので、このことは何の違いも生み出さないはずだ。

　この立場において、私は自分が今考察している一つの状況とちょうど同じすべての状況について普遍的に指令する。したがって、それらのすべての状況において、状況に含まれる人々のなかのあらゆる役割を、私は自分自身で担いうる。それゆえ、状況のなかのどの役割を担う人にかんしても、私は等しい利益には等しい重みを与えるだろう。そして、これらの役割を担う人のどの一人も私でありうるのだから、この重みは前向きのものとなるだろう。したがって、ロールズの「無知のヴェール」の目的である不偏性は、純粋に形式的な手段によって達成される。また、ロールズ説のなかの契約者たちは合理的である、たとえば慎慮をもつ（prudent）、というロールズの執拗な主張の目的も達成される。それゆえに、よく練り上げられた、そして同時に、私の思うところではあまりしっかりとした基礎をもたない

〔原初状態という〕装置を利用してでもロールズが得たいと思っていた立場と同じくらい強固な立場に、私たちは道徳概念の論理の考察のみによって到達するのである。

さて、ここからはこれらの道具を活用していくとしよう。ロールズ自身も理想的観察者理論は功利主義につながると述べており、私が描いた形式的装置についても同じことが当てはまるはずである。では、あらゆる当事者らの等しい利益に等しい重みを与えることは、いかにして功利主義へとつながるのだろうか。そしてまた、どのような種類の功利主義へとつながるのだろうか。もし私がある状況においてすべての当事者らの等しい利益に等しい重みを与えようとするなら、私は一人の当事者に与えられた利益または危害を、任意の他の当事者に与えられた同等の利益または危害と、等しい価値をもったもの、あるいは等しい負の価値をもったものとみなすのでなければならない。もし私が人類全体の利益の総量を最大化しようとするなら、上のことが意味するのは、私は当事者ら全員に等しい重みを与えながら、彼らの利益を最大限促進しようとするだろう、ということだと思われる。これは古典的功利原理である。人口が固定されていれば、総量ではなく平均効用を最大化するよう命じる平均効用原理と、この古典的功利原理は実践的に一致する。人口それ自体も決定による影響を受けるなら、二つの原理は道を違えることになるが、私自身が古典的効用原理ないし総量説の方を好む理由は、ロールズの著作の批評のなかで述べておいた。一連の計算のなかでは、利益は危害の減少も含むものとされる。

しかしながら、私は自説を利益の増大や危害の減少によって論じようとは思わない。というのも、これらの語を使うことが引き起こす困難を私は避けて通りたいからだ。そうしたものではなく、功利原理が私に要求するものは、私が自分の行為によって影響を受けるそれぞれの人と正確に同じ状況にあるという仮定的な状況において、私が自分のためになされてほしいと願うことをなせ、ということであると考えよう。私の行為の影響が二人以上の人に影響を与えるなら（ほとんどいつでもそうだが）、私が彼らの状況のすべてを占める仮定的な状況において（もちろん同時にではなく、いうなれば、順不同で）、全体として私のためになされてほしいと私が願うことをなせ、となる。

このように問題を考えるやり方は、C・I・ルイスに拠るもので(8)、私が全員の等しい利益に同じ重みを与えねばならないということを強調するものである。そして忘れてはならないこととして、私も影響を受ける人物の一人である以上は、私自身の利益も同じだけの、同時にそれ以上ではない、重みを与えられねばならない。これはつまり、私自身の現実の状況も、私が順不同で占めていくと想定せねばならない状況の一つに含まれる、ということである。

ここで、この提案にいくつか付言をしておくのがよいだろう。第一に、正義は効用とそりが合わない、と主張されることがある。しかし、利益が競合するさまざまな人々の間で正しいことをしているといえるのはどんな場合かと問う場合、全員の等しい利益に対して、偏りなく等しい重みを与える場合だということ以外の答えを与えることは難しいように思われる。そしてこの答えはまさに、功利原理を生み出すものである。もちろんだからといって、結果としての配分まで必然的に等しくなるわけではない。確かに、功利主義には配分においても平等を追求する十分な理由があるとはいえ、正義はある意味で別格のものである。功利主義者は効用の総量が等しいのであれば、配分が平等なのか、不平等なものかということに無差別的だ、といわれることがある。確かに、その通りである。だが、この言い方は、功利主義にはきわめて高い程度での現実の財の平等を支持する二つの重要な根拠があることを覆い隠してしまう(もちろん、ロールズのものも含めてほとんどのシステムでも、穏やかな不平等がもたらすさまざまな利点によって調整は行われる)。まず、あらゆる商品や金銭について限界効用の逓減があり、それは平等を目指すアプローチの方が効用の総量を増やす傾向があるということを意味している。次に、不平等は、教養ある社会でも少なくともある程度の、妬み、憎しみ、悪意を生み出す傾向があり、それがもつ負の効用はいうまでもない。これらの二つの要素を考慮に入れれば、功利主義は現実の現代社会での配分における重大な不平等を支持しうるという非難を恐れなくともよい、と私は確信している。功利主義者がそうした不平等を支持せざるをえないような空想的な仮説的事例を反功利主義者たちが創作できるのはもちろんだが、以下で見るように、それは不適切な論証形式である。

付言しておくべき第二のことは、利益による定式化から欲求ないし指令による定式化への移行、あるいはその逆の移行は、およそ容易な道筋ではないということである。どちらの定式化も、この論文の範囲を超えた問題を生み出す。利益によって功利主義を定式化するなら、ある人の真の利益とは何かを決定するという問題に行き当たる。道徳的考慮を慎慮の問いにもち込んで問題を混乱させる愚を犯さずとも（たとえば、道徳的により善くなる、あるいはより悪くなることは、それ自体として人の利益に影響を与える、など）[9]、なお私たちは、現実のものであれ、仮定的なものであれ、好みや欲求などの心の状態で利益にかかわる言明を表す方法を見つけ出さなければならない。こうした理由から、心の状態によって直接に定式化を行った方が、功利主義はより明瞭なものとなるはずである。しかし、二つの難しい問題がなお残っている。第一に、現在の欲求や好みは未来の欲求や好みに対してどのように重みづけられるべきか、そして現実の欲求や好みは特定の別の行為がなされたときに経験されるだろう欲求や好みに対してどのように重みづけられるべきか。第二に、功利主義の定式化において欲求はそもそも言及される必要があるのか、好みへの言及で十分ではないのか。私が試みているように、普遍的指令主義を通じて功利主義に到達したのなら、私は好みよりも欲求による定式化を支持したい。なぜなら、その語に要求される意味において、欲求は指令への同意であるからである。こうしたすべての問題は慎慮の理論のなかでの問題であり、規範的道徳理論に欠かせない助けとなるものであるが、この論文中ではこれ以上扱わない[10]。

しかしながら、私の行為によって影響を受けるそれぞれの人物に対して、私は自分になされてほしいと願うことをしなければばならないという上述の私の発言は不正確なものであった、ということも述べておかねばならない。三三頁で述べたような判断を行うとき、私は可能な限り合理的にその判断を下すのでなければならない。私が道徳判断をなそうとしているのであれば、この合理的にということは普遍的に指令するということを含む。つまり、私が合理的であるなら、指令をなす際に（たとえ普遍的にであろうとも）私は慎慮を完全に無視することができないのだが、この慎慮を私は普遍化しなければならない。もっとはっきりいえば、このことが意味するのは、私が自分自身の利益において指令するのであれ、誰か他人の利益において指令するのであれ（次の段落を見よ）、私は自分または彼が何を現在現実に願っているかではなく、慎慮の観点からいって私たちが願うべきものは何かを問わねばならない、ということである。私が普遍的指令を行わねばならないというのは、まさにこの合理的観点（慎慮という意味での「合理性」）からである。換言すれば、私は合理的な者として判断を下さなければならない。ここには、少なくとも、自分が述べていること、ならびに私が行っている指令が私および他者にもたらす現実の帰結、これらについての明晰で混乱のない観念をもって、判断を下すということが含まれる。あるいはまた、他者の欲求を考慮している際には、その他者が完全に慎慮をもっていたならばもつだろう欲求を考慮する、ということもここには含まれる。たとえば、彼らが十分に情報を得ていて、混乱していない場合に彼らが欲求するものを欲求するのでなければならない。したがって、少なくとも功利主義者にとって道徳とは、慎慮のうえにのみ基礎づけられるものであり、またその慎慮は普遍化されねばならないものである。これらのことはここでこれ以上議論することができないが、以降で私が「欲求する」「指令する」等という場合には、「彼自身の利益があって、しかも慎慮をもった人物の観点から欲求する、指令する、等々」という意味でそういっているということを覚えておいてほしい。自分自身の欲求について語っているにせよ、他人の欲求について語っているにせよ、常にこの制限を加えておくことは重要である。とはいえ、耐えがたいほど文章が長ったらしくなるので、以下ではそれは省略する。ただし、次のパラグラフに限っては、必要に応じて「欲求」などの語に「p」を補うことで、省略を強調するものとし、それ以降では補うこともやめる。読者の方々に慣れてもらうには、一段落もあれば十分だろう。

さて、第三の付言であるが、さまざまな当事者の「状況（situations）」について語る場合、私たちはその状況にある当事者たちがもっているすべての欲求p、好みp等を、その状況のなかに含めるのでなければならない。つまり、私が今もっている好みではなく、私が彼らの好みpをもっていたならば私が自分にしてほしいと願うことpを、私は他人に対して行うべきである。そして同様に、（ある状況において私が願うことpがなされるべきかを問う場合）私は自分自身の現在の欲求p、好みp等を考慮に入れるべきではない。ただし、ここには一つ例外がある。私が考慮すべき状況の一つには私自身の現在の状況がある、と私は述べた。私は自分の隣人に対して、自分自身として、ただしそれ以上でもそれ以下でもなく、愛情pをもつべきであり、同様に、自分のために他人に何かをしてほしいという自分の願いpに応じて、他人に何かをしてやるべきである。それゆえに、自分がXの状況にあればしてほしいと願うものpを私が考えるとき、Xが他人であれば、私は自分自身のものは差し引いて、彼の欲求p、好みpを含めた状況について考えねばならないのと同様に、Xが私自身であるような一つの事例では、私は自分の欲求p、好みp等を考慮に入れねばならない。言い換えれば、私は道徳的な決定を下すものとして、私は自分自身の欲求p等を差し引かねばならず、ただ影響を受ける当事者の欲求についてのみ考えねばならない。しかし、（普通はそうであるように）私自身が影響を受ける当事者の一人であるなら、他のすべての当事者の欲求pと同等に、私は当事者として自分の欲求pについて考えねばならない[11]。

次のように問う人もいるかもしれない。道徳的決定を下すものとして、私からすべての欲求と好みをはぎ取ったなら、いったいどのようにして私は決断を下すことができるだろうか。答えは、当事者として考慮に入れられる人々の欲求と好みによって、である（すでに述べたように、ここでの人々には私自身も含まれる。ただし、決定者としてではなく、当事者としてである）。実際、私は自分が彼らの状況にあったなら、自分に何がなされるべきだと願うかを問わねばならない。しかし、私がもし彼らの状況にあったなら、私は彼らの欲求等をもつはずなのだから、私自身の現在の欲求は忘れて（上述の例外は除いてである）、彼らが有する欲求のみを考慮しなければならない。もしこのように考えるなら、私が実際に願うことは彼らの欲求の満足となるだろう。

私のこの定式化は、かつて取り扱いが非常に難しかった狂信者の問題をきわめて明瞭に解消できる、ということも指摘しておきたい[12]。これまで論じたところでは、普遍的に指令するために、私は（道徳的決定を下すものとしての）自分の現在の欲求等を捨て去らねばならず、とりわけ自分がもっているすべての理想を捨て去らねばならなかった。というのも、理想とは（私が使っているような広い意味での）欲求や好みの一種だからである。それは、アリストテレスの言葉でいえば、オレクシス（orexis）である。[13] これは理想をもつことを諦めねばならないということではなく、道徳的決定をするときには、自分の理想を考慮することをやめねばならないということでもない。このことが意味するのはただ、道徳的決定をするものとして自分の理想に配慮することは、私には許されていないということである。そのため、他者らの一人として当事者である自分の立場を考慮する際には、影響を受ける他の当事者ら全員の理想と同等に、自分の理想に配慮することが許されている。これはつまり、その理想を誰がもっているかは、道徳的決定という目的にとって問題にならない、ということだ。それが意味するのは、私たちは自分たちと他の人たちの理想に不偏的な配慮を行わねばならないということである。とはいえ、自分自身の理想の追求が他者の利益についての理想に何の影響も与えないのなら、私たちは理想の追求を許されるばかりか、その追求を奨励されもするだろう。

　これらが正しいとすれば、私たちを悩ますだろう狂信者とは、その理想をきわめて強力に追求しており、この理想のもつ重みが、不偏的な観点から見ても、その達成と衝突するすべての理想、欲求、好み等を合算した重みを凌駕する、そういう狂信者のみとなる。たとえば、まわりにユダヤ人がいてほしくないというナチ党員の欲求が、ユダヤ人を排除することによってユダヤ人が被るすべての苦痛を凌駕するほどに強いとすれば、この種の功利主義においては、同様の形式的構造をもったあらゆる理論と同様に、その欲求は充足されるべきである。このような問題を解決するための第一歩は、そんなにも壮大な強さの欲求をもった狂信者に出くわすことはありそうもないと指摘することである（思うに、そのような強烈な欲求をもったナチ党員は現実には存在しない）。そして次に、後でも示すように、現実に起こりそうもない事例は、普通の人間の考え方――その諸原則はそのようなありえない事例に対応するように準備されたものではない――を公正に扱うものとはなるべくもないことを、思い返すことである。それゆえ、「この想像上の狂信的なナチ党員に彼が望むものを与えることは正しい、と私たちに信じるよう命じるなんて、とんでもないことだ」といって私が上述した理論を攻撃するのは不当である。この論証は、以下で見るように、普通の人の直観が対応していない事例についての、普通の人の判断への訴えに依存してしまっているのである。

別の論難についても、同じ応答が可能である（これはたとえ、私たちの推論に登場する欲求はすべて欲求 p、たとえば完全に慎慮をもったうえでもつ欲求である、という正当な事実を利用せずとも可能である）。たとえば、悪い欲求（被害者を拷問したいというサディストの欲求など）にもその強さに応じて重みが与えられてしまう点で、功利主義は誤っているといわれることがある。彼らがいうには、そのような欲求にはまったく重みが与えられないか、むしろ負の重みを与えられるのが常識である。しかし、常識とは、私たちが実際に出会うことがあるような事例を扱うために育てられるものである。そして、私たちがその強さに応じてサディスティックな欲求に重みを与えたとしても、サディストに拷問をさせてやることによって効用が最大化するような事例に出会うなどということは、まったくありそうにない。なぜなら、まず被害者の苦痛は普通、サディストの快よりも強烈だろう。そして次に、サディストは別の快を得たり、そうした欲求を宥められたりできるだろう。さらに、サディストに望み通りさせることの副作用は甚大である。こうしたことから、詳細に説明を加えていけば、なぜ今挙げたような負の効用が生じないような空想的な事例を、この種の論証において正当に利用することはできないのか、なぜ悪い欲求に重みを認めてもまったく何の問題もないのか、これらへの答えは明らかだろう。

そうしたこともあるので、私たちはここで道徳的思考の二つの種類、もしくは二つのレベルの間のある重要な区別を導入しなければならない。この区別は、ロールズが「規則の二つの概念」（ここではロールズは功利主義を擁護しようとしていた）において行った区別と、[14] 同じではないにせよ、密接な関係をもち、デイヴィッド・ロス卿やその他の論者にも多くを負うものである。[15] 私はこの区別を思考のレベル1とレベル2の違い、あるいは二つのレベルにおいて用いられる原則の違いと呼びたい。[16] レベル1の諸原則は、実践的な道徳的思考、特にストレスのかかる状況下での道徳的思考で用いられるものである。これらの諸原則は教育（自学も含む）によって伝えることができるほどに一般的なものでなければならず、また「緊急時に適用する準備があるような」[17] ものでなければならない。とはいえ、これは経験則とは混同されてはならない（経験則は破っても後悔の念を引き起こさない）。レベル2の諸原則は、事実についての完全に適切な知識をもっているときに、十分な時間的余裕をもってなされる道徳的思考によって、個々の事例における正しい答えとして到達されるものである。このレベルでの諸原則は普遍的なものであるが、必要に応じて、同時に明細的なものでもありうる（明細的は「一般的（general）」の反対であって「普遍的（universal）」の反対ではない）。[18] レベル1の諸原則は道徳教育によって教え込まれる。しかし、この目的のためのレベル1の諸原則の選択は、個別的に考慮されたレベル2の諸原則に行きつくような、十分に時間をかけた思考を指針としてなされるべきであり、特にここでの目標とは、その一般的受容が現実に出会うほとんどの状況において最善のレベル2の諸原則に合致する行為につながるようなレベル1の諸原則を身につけるというものである。したがって、空想的な事例やあまりにも異常な事例は、この目的のためには考慮する必要がない。

この区別については他で詳細に論じたので、[19] ここでは関連するいくつかの個々の要点に触れるだけでよいだろう。ここまで本稿で論じてきた思考、そして実のところ最近にいたるまでの哲学的な著作のほとんどで私が論じてきた思考はレベル2のものである。道徳判断の普遍化可能性のゆえに、この思考は行為功利主義の一種に行きつくのだが、ここでの行為功利主義は、その規則が必要にあわせていくらでも明細的となってよいような規則功利主義と、実践的に等しいものである。そのような思考が適切となるのは、事実について無制限に探求するだけの時間があり、自分本位の議論を行う誘惑がないような、「冷静な時間」においてのみである。空想的な事例を含めた仮説的な事例を用いてもよい。事実についての超人的な知識を前提とするなら、この思考は原理的に、人が記述しようとするあらゆる事例において何をなすべきかについての答えを出すことができる。

功利主義を批判する者たちが弄する策のなかでもっともよく見られるものは、通常は空想的な事例を扱うために用いられる思考の例を取り上げ、それを普通の人が考えていることと突き合わせることである。このような策は、功利主義者を道徳的な怪物に見せる。しかし、反功利主義者の道徳的推論にかかわる思考は、私がレベル1と呼んでいる日常の場面、たいていがストレスに満ちて情報も不足した場面で行われる思考に限定されている。そのため、このような慎重に作りこまれた例について、大天使の立場という、戸惑いを引き起こすような馴染みのない観点から常ならざることをいう功利主義者と普通の人が対立したとすれば、後者の味方となるのは自然なことである。

しかし、このような議論の運びは、道徳哲学に対して道徳教育の研究がもつ重要性を完全に無視するものである。完全な情報をもった大天使のような功利主義者が、自分の子どもたちをどうやって育てようかと考えているとしよう。自分が大天使のように考察できるからといって、子どもたちが道徳的な問題に直面したときにも同様の大天使の思考を実践するよう、当の自分の子どもたちを育ててあげるなどということがないのは明らかだろう。もし、彼の子どもたちが普通の子どもであるなら、うまくいかないことはわかりきっているからだ。子どもたちはしっかり考える時間も情報ももっておらず、自己の利益のための自己欺瞞を避けられるほど自分を統制できているわけでもない。これは、空想的なヴェールとは正反対の現実の無知のヴェールであり、それこそが私たちの道徳の諸原則を決定する。

そのため、功利主義者が行うのは次の二つのこととなろう。第一に、彼は子どもに一組のよい一般的原則を植えつけようとするだろう。「植えつける（implant）」という語を使ったのはあえてである。これらの諸原則は経験則とは違って、破れば最大の嫌悪感を覚えずにはいられないような原則であり、また他人がそれを破れば子どもたちのうちにそれ以上ないほどの義憤を生じさせるものである。子どもたちが通常のレベル1での道徳的思考において、特にストレスのかかる状況下で用いるのは、これらの諸原則である。第二に、その功利主義者とて常に子どもと一緒にいてやれるわけではなく、そのうえで彼らが育てねばならないのは自分自身の子どもである以上、自分自身も勉強し続けるのとともに、可能な限りで、子どもたちにも自分が行っている思考法を教えるだろう。この思考法には三つの機能がある。まず、よい一般的原則が個々の事例のなかで衝突する際に、この思考法は用いられる。諸原則の選択がうまく行っていれば、そのような衝突は滅多に起きないのだが、時にはそうなることもある。次に（これも滅多に起きないが）、一般的諸原則の間に衝突はないとしても、それらの原則で処理することが本当に適切なのかと疑問に思わせるようなあまりにも異常な事例というものがありうる。しかし最後に、そしてもっとも重要なことだが、このレベル2

の思考は、子どもたちやそれに続く世代に教えるべき一般的諸原則を選択するために用いられる。一般的諸原則とは変わりうるものであり、また変わるべきものである（環境が変化するため）。そして注意してほしいのだが、もし教育者が（私たちが想定してきたような）大天使ではないのなら、そもそもレベル1の最善の諸原則を教えられるという想定すらできない。おそらく、そこでの諸原則も改良され続けるものとなるだろう。

では、どのようにして一般的諸原則の選択は行われるのだろうか。その答えは、レベル2の思考を用いることで、現実のものであれ、仮説的なものであれ、対抗しあう一般的諸原則の間の対立をはっきりと描き出し、判定を下すことの助けとなるような事例を考察することによって、というものである。とはいえ、現実の状況で使用するための一般的諸原則を選んでいる以上は、個々の事例に与えられる重みは、その原則を使おうとしている人々の生活において、それが実際に生じる蓋然性と慎重に釣り合いをとられたものでなければならない。したがって、反功利主義者たちが好む空想的な事例は、この種の思考ではほとんど出る幕がない（哲学者の気晴らしの場合と、純粋に論理的な論点を示そうとする場合を除く。後者は時には必要なものである）。実践での使用をめぐって対抗しあう一般的諸原則の尺度を与えるものとしては、滅多に起きない空想的な事例はまったく役に立たないのである。結果として選択されることになる一組の一般的諸原則は、進化し続けるものでありながら全体としては安定したものとなり、自己の教育を含めて道徳教育において用いられたならば、そして結果として社会で広く受容されたならば、大天使の思考が指令するものにほぼ近似したものとなるだろう。それらは最高の受容効用をもった一組の諸原則となるだろう。

ここで、さらにいくつかの区別を導入する必要がある。ただし幸いにも、それらはすべてすでに別の場所で行った区別であるので、ここでは要約で済ませることができよう。第一の区別は、すでに暗に触れたものではあるが、明細的な規則功利主義（これは実践的には普遍主義的な行為功利主義と等しいものである）と一般的な規則功利主義の間のものである。[20] 両者は入念な役割分担がなされれば、ともに行為功利主義と両立可能である。明細的な規則功利主義はレベル2の思考に、一般的な規則功利主義はレベル1の思考に適している。それゆえに、明細的な規則功利主義での規則はどれだけ明細的であってもよいが、一般的な規則功利主義でのそれはその役割に応じて一般的なものでなければならない。そのため、我らが大天使の思考は明細的な規則功利主義者が行うようなものとなるだろう。そして教育を受けた普通の人々の思考は大部分、一般的な規則功利主義者のものとなるだろうが、必要な場合には、あるいはあえてそうしようと決める場合には、可能な限りでの大天使の思考によってそれを補おうとするだろう。

第二の区別は、スマート教授が（道徳的に）「正しい（right）」行為と（道徳的に）「合理的な（rational）」行為と呼ぶものの間のものである。(21) スマート本人もわかっているように、彼の行った区別はあまり適切なものとはいえないが、簡略化のために私も彼同様にこの区別を採用したい。上述の受容効用との関係で、どちらの行為についてもここでは最初に思われたよりも蓋然性にかんしてより洗練された計算が要求される。しかし、ここでは簡潔さをより重視して、以下のように述べておくことにしよう。すなわち、ある行為が合理的であるのは、その行為が正しいものである可能性がもっとも高いときであり、これは行為の時点では知られていなかったすべての事実が明らかになったときに、結局は正しい行為ではなかったことがわかるとしても、そうである。私たちが記述してきたような社会では、（道徳的に）合理的な行為とはほぼいつでも、レベル1のよい一般的諸原則にしたがったものであるだろう。というのも、まさにそうなるように、そうした諸原則は選択されているからである。すべてのカードがめくられてみれば、そのような行為がスマートのいう意味で常に（道徳的に）正しいものであるということにはならないかもしれない。しかし、その行為をした人物はそのことによって責められるべきではない。

ではこれらのレベル1の諸原則はいったいどれくらい単純で一般的であるべきなのか、というのは難しい問いだ。社会全体を通じて教え込まれるべき諸原則についていうならば、その答えは、その社会の成員たちがどれくらい、すでに述べてきた危険に陥ることなく、比較的複雑な諸原則を把握し応用できるほどに、洗練されていて道徳的に自己を律することができるかということに依存する。複雑な諸原則を扱う能力に応じて、社会のなかに副次的な集団を作り、そのなかの個人を選り分け、さらには同じ個人でも発達段階ごとに区別を行う、などということもあるかもしれない。ほとんどの人のレベル1の諸原則は、彼らが困難な状況を扱う経験をつむにつれて、何らかのより複雑なものになっていき、言語化を受けつけないほどに複雑なものにもなりうる。しかし、古い簡潔な格率がもつ価値もまた改めて賞賛されるようになるかもしれない。いずれにせよ、レベル1の諸原則は、その役割の切迫性からして、レベル2の諸原則に許されているほどには複雑なものとはなりえない。

第三の区別は、善い諸行為（good actions）と正しい行為（the right action）の区別である。[22] 正しい行為とは、個別の事例についての網羅的で完全な情報を得たうえでの、明晰な思考によって到達されるレベル2の諸原則に合致した行為である。善い行為とは、たとえ正しくなくとも、善い人がする行為のことである。一般に、この行為は道徳的に合理的な行為と同じものであるが、その人の動機づけが考慮に入れられねばならないという点でより複雑なものである。時には教えられてきた諸原則に疑問をもったり、それに修正を加えたりする能力をもち、進んでそうすることがあるものの、善い（たとえば、道徳的に十分な教育を受けた）人は、子どもから大人に育っていくなかで、そうした原則を破ることが本人の性分にひどく反するものとなるような、一群の動機や気質を獲得しているだろう。この人の性格がまさに善いものであるということが、当人をして大天使の指令とは合致しない行為をなすようにさせることもあるだろう。ここには少なくとも二つの事情があるかもしれない。第一には、行為の時点で、彼は自分が完全な情報をもっていないこと、自分には道徳的なそして知性的な弱さがあること、それらのことを自覚して、そこから自分のレベル1の諸原則にしたがうことが道徳的に合理的であると考え、結果としてその出来事においては後に道徳的に正しくはなかったとわかるようなことをしてしまったというような場合がある。第二には、彼が直面している当の異常な事態では、道徳的に合理的な行為が自分の性分となっている諸原則に背くようなものであると知っており（たとえば、親友を失望させることを要求する）、それがあまりにも自分の性分に反するものであるがゆえに、その合理的な行為を行うことができないということがあるかもしれない。第一の事例では、彼が行ったことは合理的であり、かつ道徳的に善い行為である。第二の事例では、彼の行為は道徳的に善いが誤ったものである。言い換えれば、最善の動機からなされた不正なそして実のところ不合理な行為である。もちろん，他にも可能性はある。

私たちは自分たちを教育してくれる大天使をもたず，かわりにさまざまな評決，哲人王のものなどではなくアリストテレス主義でいうところのフロニモイ（phronimoi）――その卓越性にはずいぶん幅があるとしても――の評決に頼っているという点を除けば，私がこれまで描いてきた状況は私たち自身の状況をいくらか様式的な形で表したものである。もし多くの道徳哲学者たちがこうした事情を考えなかったなら，いったいどうなるだろうか。レベル1の思考は，善い人の道徳的思考の大部分を形成し，特に，善い人のなかで自分のうちに哲学者の精神をもたないもの――同業の哲学者たちにもそうした者はいるが――の道徳的思考についてはそのほぼ全体を形成することになるだろう。そうした人たちは直観主義者であり，彼らにとって，自分の性分となっている善い諸原則は，疑問の余地のない知識の源泉であるように見える。周囲の聞きたがりのひねくれ者がなぜそれらの直観を受け入れるべきなのかと問うても，満足のいく答えは何ら得られない。そこで，彼も結局のところ常識には何の根拠もなく，何をなすべきかを決定する唯一の方法はそれぞれの状況で推論するということしかないのだな，と結論することになるだろう。そのような人々の考え方はせいぜいよくて粗野な行為功利主義どまりだろう。これらの二つの哲学者の集団の間には長らく馬鹿馬鹿しい論争が重ねられてきたし，私たちも多くのそういった論争を目にしてきた。状況をよりよく理解している哲学者は，両者が大部分においては正しいのであって，無駄な対立からは手を引くべきだと見て取るだろう。両哲学者らは異なるレベルの思考について論じているのであって，場面に応じてそのどちらも必要なものとなるのである。

こうした理解ある哲学者とはいったいどんな人たちだろうか。彼らは何らかの形の功利主義者なのだろうか。そうであってはならない理由はないと私は思う。というのは，私たちに必要な思考の一つであるレベル2の思考が，そもそも，功利主義的であるのみならず，行為功利主義的な思考だからである（ここまで見てきたように，このレベルでの明細的な規則功利主義的思考と普遍主義的な行為功利主義は実践的に等しいものであるため）。そして，教育者にとっては自分の教え子たちを，ほとんどの場合にはレベル1の思考――質の高いレベル2の思考によって選択された一組の諸原則に基づいた思考――にしたがうよう育てることには、優れた行為功利主義的理由がある。このことは自学の場合にも同様に当てはまる。したがって少なくとも、教育、自学と呼ばれるような活動はすべて、強固な行為功利主義的な基礎をもちうる。自分や他人をレベル1の諸原則において教育することはもっとも善いことであり、それがわからないのは粗野な行為功利主義者だけである。そしてまた、ほとんどあらゆる場面において、善い一般的諸原則にしたがうことには、十分な行為功利主義的な理由があるだろう。そうすることは合理的であるだろうし、正しいものになる可能性ももっとも高いだろう。そして、何をなすべきかを選択する際に、どのようにして考えを進めるべきかを述べる段にあっては、行為功利主義者であったとしても、私たちは選択の際には何が正しいことであるかを知らないのだから、もっとも正しいことである蓋然性がもっとも高いことをせよということしかできない。

すでに述べたように、首尾一貫した行為功利主義者によって（善い一般的諸原則に基づいて）育てられた人がのちに正しくはないとわかるような合理的行為をするような場面もあるだろう。そして、合理的でも正しいものでもないが善くはあるような行為をするような場面さえもあるだろう。なぜなら、この異常な場面では、善い一般的諸原則に反して行為することが正しいことであると知りえたとしても、それがあまりにも自分の性分に反したものであるがゆえに、そのように行為することを真剣に検討することができないということがあるからである。そして人間本性を前もって調整することなどできないのだから、行為功利主義者の教育者は、もし自分の諸原則がうまく選択されていればそのような事態はほとんど起きないという保証のもとに、そういった事態が生じる可能性を受け入れるのでなければならない。というのも、こういった事態においてさえ合理的なことをするように人々を教育するということは、数多くのその他の事態において不正となる可能性がきわめて高い行為へとつながるような条項を、彼らの諸原則のなかに付け足すことによってしかなしえないからだ。道徳的な教育は、生徒の側の見識が不足しているということと、一介の人間である彼の教育者が生徒の巻き込まれうる厄介ごとを正確に予測しきることはできないということとが課す妥協からなっている。

私が上で行ったと考えるような、あまりにも異常な事例をこの議論から排除することが、この種の功利主義についての私の擁護論のなかでも中心的な主張である。加えて補助的な主張もある。そのうちのいくつかはすでに述べたことであり、またいずれもなじみ深いものである。功利主義にしたがえば何らかの異常な事例で道徳的に正しくしかも道徳的に合理的であることをするためには悪人になる必要がある、などという行為功利主義に対する反論は成り立たない。善い人とは、ほとんどすべての現実の事態において正しいことにつながるような諸原則に身を捧げるような人物なのであって、異常な事態においては適度に善い人が不正なことをしてしまうことは避けられない。大天使の立場に近づけば近づくほど、異常な事例においてもリスクを負って自分で考え、自分の諸原則に反してでも自分が正しいと考える行為をなすことができるようになる。それでも、結局、私たちはみな普通の死すべき存在なのだから、よくよく注意しておくのが賢明だろう。アリストテレスも述べたように、それが自分たちにとってより魅惑的なものであっても、私たちは極端な悪徳を避けて、自分たちにとってより危険が少ない悪徳の方に向かう傾向性をもつべきである[23]。現在の文脈でいえば、確かにレベル1の諸原則を厳密に適用することの方がより危険であるような人もいる。しかしおそらく、それ以上に多くの人々（私もその一員だと思う）にとっては、それらの諸原則からやたらと逃れようとしたがることとの方が危険だろう。これは気性の問題である。私たちは自分で自分自身のことを（経験的に）知らねばならない。哲学者が一人ひとりにどちらがより危険であるかを伝えてまわることはできないのだ。

以上の主張は、さまざまな文献でよく知られた種々の事例にも当てはまると思う。たとえば、ある男が電力危機の際に、政府の指示に反して、功利主義的な根拠から電気を使いたいという誘惑に駆られている場面や、他の人たちの投票で十分だという信念から投票に行かない有権者の事例などがあろう。いずれの事例においても、彼らがこうした卑しい行為をなすことでいくらかの効用が増える一方で、失われる効用はない、といわれることがある。おそらく他人がしそうなことにかかわる知識の程度が普通とはいえないものの、表面的にはこれらの事例は空想的でも異常でもない。しかし、道徳教育において、最高の受容効用をもつレベル1の諸原則を探しているのなら、このように振舞うよう人々を育てることは賢明ではないだろう。もしそんなことをしようとすれば、その結果はほぼすべての人がこの条件下で電気を使い、投票に行く人はほとんどいないというものになるだろう。しかしながら、これらの事例に対する主たる応答は、私が別の論考で、車を押す例と死に際の約束の例を詳しく論じ、扱ったときに用いた応答と同じである。[24]つまり、最初から論理的に考えなおして、私には次のように指令する、あるいは次のことを許容する用意があるか、と問うてみるのがもっとも善い取り組み方だということだ。すなわち、他の人たちは(a)私が電気を使わないでいるときに、私の遵法精神を利用して、電気を利用すべきだ。(b)私が不便を押して投票しているときに、私の公共的精神を利用して、投票を棄権すべきだ。(c)車を押して始動させるために私がヘルニアになりそうなときでも、押すふりだけをすべきだ。(d)死に際の私と約束をしたうえで(子どもたちの面倒を見る、など)、およそそれを顧みるべきではない。私はこれらのいずれに対してもためらうことなく「そんな指令はできない」と答える。そして、私が完全な慎慮を備えていて、完全な慎慮を備えた影響を受ける当事者たちを含む形で自分の指令を普遍化しようとしているとしても(三五〜三六頁参照)、私は同じように答えると思う。というのも、自分にとって大事な欲求を充足しようとすることは慎慮を欠いたことなどではなく、たとえそれが充足されたかどうかを私が知ることはないとしても、むしろ慎慮にかなったことだからである。完全な情報をもっていて明晰に判断できる人物が、とりわけ自分の子どもが自分の死後も飢えないようにと欲することを妨げるものは、原理的には何もない。そしてこのことが彼の何より欲することであるなら、それを達成するだろうことを求め、指令することは慎慮にかなったことである。

この答えを生み出したのは私の功利主義が依拠している論理的な機構であり、それゆえにその機構に基づいた功利主義も同じ答えを出すはずである。それでも、どのようにして? と問う価値はある。その助けは、私の欲求が充足されないことは、たとえ私はそれが充足されていないと知らないとか、私が死んでいるといった場合でも、私の利益に反するという考え方のうちにある。そのことに同意してもらえない人に対しては、上の論理的な装置を直接に適用し、利益については忘れるようお願いしたい。この点こそ、全員の慎慮にかなった指令と欲求に等しい重みを与えることに基づく、私のカント的ないしキリスト教的な功利主義が普通の功利主義と道を分かつ場所であり、それゆえにもはや私の考えは功利主義の一種と呼ばれるに値しない、といいたい者もいるだろう。私自身は用語法の問題にはあまり関心がない。しかし、ここでの真偽はさておき、私は以下の自分の意見を記しておきたい。結ばれた約束がその後に破られるなら、死に際の男の利益は現に害されるのである。人々が私を騙すのなら、そのことを私が知らなくても、私の利益は害されるのである。後者の場合に私の利益が害されるのは、そんなことが起きないことを私が非常に強く欲しているからである。そして、そんなことが起きてはならないという私の欲求は正義についての私のレベル1の感覚によって強化される。この感覚は、私を育てた功利主義者の教育者たちが賢明にも私に教え込んでくれたものである。

いずれの仕方で表現するとしても、つまり、普遍的に（それゆえに私が被害者であるである場合にも）指令する、もしくは許容する用意があるものの点からの場合でも、影響を受ける当事者全員の利益の間の平等という点からの場合でも、私が挙げた行為は行為功利主義的な計算によって不正とされるだろう、と私は結論する。それは裏切られた人々の利益に対してなされた危害のためであり、人々が非常に大事にしていると想定できそうな指令が充足されないためである。この主張に先の空想的な事例を排除する主張を付け足し、また行為者の性格についての判断と、行為の道徳的合理性についての判断と、結果によって示される道徳的な正しさについての判断の区別を明確にするなら、この形態の功利主義は私が取り上げたさまざまな批判に応答できると私は思う。もちろん、論じなければならないことはまだまだある。この論文は始まりに過ぎないし、そもそもそれほど独創的なものでもない[25]。私が本稿を発表したのはただ、倫理学理論が規範的な道徳的問いに答える助けとなるような道筋について、多少の示唆を与えるためであり、信頼できないことがわかりきっているようなものではなく、信頼に足る形式の功利主義を中心において議論を行うためなのである。

H.D. Lewis ed. *Contemporary British Philosophy*（London : Allen and Unwin）1976より再録。なお、本稿で示された見解をより完全にその後展開したものとしては、拙著『道徳的に考えること』（勁草書房）を参照のこと。

注

（1）たとえば、Hare 1963: ch. 11; 1972a; 1972b; 1973a; 1975a; 1975b を見よ。

（2）Hare 1975a の導入を見よ。

（3）これは Hare 1963 で実質的に提示されている。非記述主義と主観主義の区別については Hare 1974 を見よ。

（4）Hare 1973b. Hare 1972b; B. Barry 1973: 12-13 も参照のこと。

（5）たとえばR・ファースとR・B・ブラントの論争を見よ（Firth 1952, Brandt 1955）。Haslett 1974 も参照せよ。

（6）Brandt 1963.

（7）私のロールズ批評（Hare 1973b）の二四九頁を見よ。

（8）Lewis 1946: 547. Haslett 1974: ch. 3も見よ。

（9）プラトンの『国家』三三五を参照。

（10）慎慮の理論は Richards 1971; Haslett 1974; Brandt 1979 で見事に扱われている。

（11）バーナード・ウィリアムズ教授がいうには、「そのような人に向かって、他者のプロジェクトが一部を決定する効用ネットワークから勘定が送られてくるから、自分のプロジェクトから一歩退いて功利主義的計算が求める決定を承認するように、というのは不条理な要求である」（Williams 1973: 116; 117n も参照せよ）。そうするとキリスト教における謙虚さ、アガペー、人道性といったものはすべて、ウィリアムズの規準によれば不条理な要求になってしまう（驚くことではないかもしれないが）。本当に驚くべきことは、ある人自身のプロジェクトの自己中心的な追求を「統合性（integrity）」と名づけ、これと衝突しうることが功利主義の誤りであると説明する、ウィリアムズの説得的定義の粗雑さである。

（12）Hare 1963: ch. 9. Hare 1972c 所収の 'Wrongness and Harm' を参照。

（13）『魂について』433a 9ff.

（14）Rawls 1955.

（15）Ross 1930: 19ff.

（16）私のロールズ批評の一五三頁を見よ（Hare 1973b）. Hare 1972/3; 1972b; 1963: 43-45.

（17）エドマンド・バーク。Hare 1963: 45も見よ。

（18）Hare 1972/3 参照。

（19）注16参照。

（20）Hare1972/3 を見よ。

（21）Smart and Williams 1973: 46f.

（22）Hare 1952: 186を見よ。

（23）『ニコマコス倫理学』1109 b1.

（24）拙著 'The Argument from Received Opinion'（Hare 1972d: 128ff. 所収）および、Hare 1963: 132ff. を見よ。

（25）多くの人々の考えから学ばせてもらったが、特にリンダ・シャープ（リンダ・パイン）博士の「功利主義の形式と批判」（オックスフォード、ボードリアン図書館所蔵）を挙げておきたい。本稿の論点のいくつかはここでより詳細に論じられている。

訳注

（ⅰ）一九三六年はA・エイヤー『言語・真理・論理』、一九〇三年はG・E・ムーア『倫理学原理』が出版された年。

（佐藤岳詩訳）

第2章　道徳性と合理的行動の理論

ジョン・C・ハルサニー

1　歴史的背景

本論文で私が説明する倫理学理論は、道徳哲学における三つの由緒ある知的伝統に基づいている。それはまた、はるかに起源の新しい偉大な知的業績、すなわちリスクと不確実性のもとでの合理的行動にかんする現代ベイズ理論、(i)を本質的な形で利用する。

私が影響を受けている三つの道徳的伝統の一つは、アダム・スミスに遡る。彼のいう道徳的な視点とは、不偏的だが同感力に富む傍観者（または観察者）の視点に等しい(1)。いかなる社会状況においても、各当事者がさまざまな問題を見つめる視点は、自己中心的でしばしば感情的に偏り、かなり一方的かつ党派的なものになりがちである。反対に、誰であれ状況を道徳的な視点から、正義と衡平性のある基準に照らして評価したいのであれば、本質的に、結局のところ、不偏的だが人道的で同感力に富む観察者の立場で状況を見ることになる。興味深いことに、子どもの道徳的観念の発達にかんする現代心理学の研究は、これに非常に似た道徳的価値判断のモデルを見出している(2)。

私が恩恵を受けてきたもう一つの知的伝統は、カントである。カントの主張によると、道徳規則は、ある種の形式的基準、とりわけ普遍性の基準（これは相互性の基準とも呼べよう）によって、他の行動規則から区別することができる[3]。たとえば、他の人々は私から借りた金を残らず返すべきである、ということを私が固く信じるのであれば、私は、似たような状況で他の人々から借りた金は残らず返す、という同様な道徳的義務を負うことを認めなければならない。このように、倫理の内容においてカントの普遍性原理が述べることは、聖書の黄金律とほぼ同じである。「あなたが自分にしてもらいたいと思うことを他人にしなさい」。現在の著述家たちのなかでは、オクスフォードの道徳哲学者ヘアが、とりわけカント流の普遍性要請（彼はこれを「普遍化」要請と呼ぶ）に基づく道徳理論を唱導している[4]。

しかしながら、私がもっとも知的な恩義を感じるのは、ベンサム、ジョン・スチュアート・ミル、シジウィック、エッジワースの功利主義的伝統であり、それは社会的効用の最大化を道徳性の基本的基準とした。ここで、社会的効用は、社会の全個人の効用水準の総和または算術平均と定義される[5]（彼ら古典的功利主義者が「社会的効用」と呼んだものは、現代厚生経済学ではしばしば「社会厚生関数」と呼ばれる。しかし、多くの場合、「社会厚生関数」という用語は現在もっと曖昧な意味で、功利主義的な含みをもたずに使われている）。

古典的功利主義の立場にかんする多くの詳細な点は、今日の私たちにとって受け入れられないかもしれないが、彼らがいかなる基本的な政治・道徳原理を求めて闘っていたかを忘れてはならない。基本的に、政治と倫理の双方において、彼らはたんなる伝統、独断、既得権益に対抗し、理性のために闘ったのである。政治において、彼らは既存の社会制度を不偏的な合理性テスト、つまり社会的効用のテストによって判断するという革命的なアイデアを抱き、そうした制度の多くがこのテストにまるで合格しないと感じた場合、躊躇することなく、そのことを明快かつ誤解の余地のない言葉で表明した。同様に、倫理においても、彼らは一般に認められていたすべての道徳規則に合理性と社会的効用のテストを課すことを提案したのである。

道徳哲学における彼らの主な対抗馬は直観主義者であった。後者の主張によれば、基本的な道徳規則を直接的な直観によって発見することが可能で、すると当然、そうした道徳規則のいかなる合理的評価も不可能かつ不要になる。一見、彼ら直観主義哲学者たちは、以下のよく知られた経験的事実にあまり悩まされなかった。すなわち、人々の「道徳的直観」が、本人の育ちという偶然や、より根源的には、ある特定の社会で育ったという偶然にかなり依存するように見えるのである。顕著な例外は多数あったが、好戦的な社会、奴隷制社会やカースト制社会で育ったほとんどの人は、自らの社会の社会的慣行が道徳的に十分に正当化できるという明快な「道徳的直観」があることを常に主張していた。既存の社会的慣行をこのように無批判に受け入れていたことこそ、功利主義者たちが闘いの対象とし、すべての道徳的信念に合理性テストを課すように主張した根拠であった。

私たちの時代には、倫理におけるこうした粗野な形の反啓蒙主義はほぼ消え去った。しかし、依然として正しいと思われるのは、古典的功利主義の改訂版こそ、以下の原則に一貫してしたがう唯一の倫理学理論だという点である。すなわち、道徳の問題は合理性テストによって決定されるべきで、道徳的行動自体は合理的行動の特殊形態であるという原則である。容易に示せるであろうが、非功利主義的な道徳理論はすべて、ジョン・ロールズの非常に影響力のある理論(6)やその他いくつかを含め、何らかの点できわめて不合理な道徳的選択をしており、それは人間の人道的な共通利益の合理的な追求（これこそまさに私の見解では道徳性の真髄である）からの大幅な逸脱を意味する。

それでも、非常に重要な知的偉業にもかかわらず、古典的功利主義に対してはいくつかの重大な反論があった。そうした反論のほとんどに決着をつける最重要の一歩を踏み出したのは、ケインズの友人でオクスフォードの経済学者ハロッドであり、彼は行為功利主義に対する規則功利主義の優位性を指摘した最初の人物であった(7)（しかし、彼が実際にこの用語を使ったわけではない。「行為功利主義」および「規則功利主義」という言葉を導入したのはブラントに他ならない(8)）。行為功利主義とは、各個別の行為が直接、功利主義の基準によって判断されなければならないという見解である。よって、道徳的に正しい行為とは、行為主体が実際にいる状況のなかで社会的効用を最大化する行為である。対照的に、規則功利主義とは、功利主義の基準が適用されるべき対象は個別の行為ではなく、まずそうした行為を統御する基本的一般規則でなければならないという見解である。よって、道徳的に正しい行為とは、この種の状況に適用される正しい道徳規則に合致する行為であり、他方、正しい道徳規則とは、かりにこの特定の種類の社会状況すべてにおいて全員がしたがうならば社会的効用が最大化されるような特定の行動規則である。

これら二種類の功利主義理論の道徳的含意については第九節で論じる。後に主張するように、人々の行動は道徳的権利と道徳的義務のネットワークによって抑制された方が社会的に望ましいということの理由を説明できるのは規則功利主義だけであり、そうした権利と義務は、極端な緊急事態を除いて、たんなる社会的な便宜の考慮に基づいて侵害されてはならない。規則功利主義理論が出現するまで、功利主義者たちは、超マキャベリ流の道徳を唱導しているという非難に対して、説得力をもって自らを擁護することができなかった。それは、ある狭く定義された社会的効用の名のもとに、あらゆる個人的権利や制度的義務の侵害を許すものだったのである。

私が提示する倫理学理論の道徳的内容は、ほぼすべてがこれら三つの知的伝統に起源をもつ。アダム・スミス、カント、そして功利主義学派である。それでも、これらの断片すべてをまとめて知的に満足のいく道徳理論にすることができたのは、現代の合理的行動理論、とりわけリスクと不確実性下における現代の合理的行動理論（通常、ベイズ意思決定理論といわれる）が出現し、広範な利用が可能になってからである。ベイズ的な合理性概念は私の理論の必要不可欠な要素である。

2　合理的行動の一般理論の一部門をなす倫理学

現代意思決定理論の出現によって、倫理学は合理的行動の一般理論の有機的な一部分になったということを私は主張したい。合理的行動（実践的合理性）という概念は、それ自体としても、また理論的合理性と密接に結びついているという理由からも、哲学的に重要である。それは経験的社会科学でも非常に重要な役割を果たす。主に経済学であるが、（少なくとも分析的な指向の強い）政治学や社会学においてもそうである。私たちの目下の目的にとってより重要なのは、合理的行動という概念が、意思決定理論、ゲーム理論、そして（これから主張するように）倫理学といった規範的学問領域のまさに土台となっていることである。

合理的行動という概念は、人間の行動がかなりの程度まで目的に導かれるものであるという経験的事実に由来する。基本的に、合理的行動とは、ある明確に定義された目的を一貫して追求する行動にすぎず、目的の追求はある明確に定義された選好や優先順位にしたがう。

周知のように、経験的事実として、たとえ人間の行動が通常は目的に導かれるとしても、その目的やさまざまな目的に割り振られる優先順位が、完全な合理性という理想に近づくほど十分に一貫性をもつことはほとんどない。それでも、人間の努力のさまざまな領域において、たとえば経済生活のほとんどの分野、（国際政治を含む）政治の多くの分野、そして他にも一部の社会的交流の分野において、人間の行動は十分に高度な合理性を確かに示すため、完全な合理性を仮定する分析モデルが驚くほどの説明力と予測力をもつのである（もちろん、サイモンの限定合理性の理論にしたがって、人間の合理性と情報処理能力の実際の限界にもっと注意を払えば、私たちの理論の説明力と予測力をさらに向上させることは現実に可能であろう）(9)。

そのうえ、人々の実際の行為が合理的であろうとなかろうと、彼らはしばしば自らの行動の合理性を高めることに関心をもっている。さらにまた、さまざまな状況で完全に合理的に行動するとはいったいどのような意味であるのかという概念的問題にも興味を抱いているのである。人々がより合理的に行動することを助け、合理性の実際の意味をよりよく理解させることは、意思決定理論、ゲーム理論、倫理学といった規範的学問領域の任務である。

目下の理由により、私はこれら三つの領域を同じ合理的行動の一般理論の部分と考えることを提案する。よって、この一般理論の一部は次のようになる(10)。

（1）個人的合理的行動の理論。これ自体、合理的行動の諸理論からなる。

（1A）確実性下

（1B）リスク下（すべての確率が既知の客観確率である）

（1C）不確実性下（一部またはすべての確率が未知で、客観確率として定義されてさえいない可能性がある）

（1A）（1B）（1C）は合わせてしばしば効用理論と呼ばれ、（1B）（1C）は合わせて意思決定理論と呼ばれる。

合理的行動の一般理論の他の二部門は、いずれも社会的状況における合理的行動を取り扱う。それらは、

（2）ゲーム理論。二人以上の個人間の合理的な相互作用の理論であり、各人は、自己の目的を合理的に追求する他の個人に対して、自らの目的を合理的に追求する。いかなる個人の目的も、利己的または非利己的であってかまわず、それは本人の効用関数によって決まる（利他主義者たちが一部または完全に食い違う利他的目的を追求する限り、有意味なゲーム的状況は、利他主義者の場合も利己主義者の場合と同じく容易に発生しうる）。

（3）倫理学。社会全体の共通利益を目指す合理的行動の理論。

私の考えでは、（1）（2）（3）を同じ基礎学問領域内の部門とみなすと便利であり、それは以下の理由による。①三つの規範的学問領域はすべて本質的に同じ方法を用いる。それぞれ最初に、ある公理の集合や構成的意思決定モデルによって、自らの領域における合理的行動を定義する。いずれの場合も、この当初の定義はこの特定領域における合理性の一次定義と呼ぶことができる。そして、この一次定義から、それぞれが合理性の二次定義を導出する。後者は、実践的応用やさらなる哲学的分析の双方にとって、公理的ないし構成的な形をとる一次定義自体よりも通常

はるかに便利である。たとえば（1A）の場合、合理性の二次定義は効用最大化であり、これは、多くの目的にとって、通常の公理（完備前順序の要請と連続性公理）による一次定義よりも、確実性下における合理的行動のはるかに便利な特徴づけである。

（1B）と（1C）の場合、合理性の二次定義は期待効用最大化である（（1B）の場合は客観確率で、（1C）の場合は主観確率で重みをつける）。

ゲーム理論の場合（2）、二次定義はさまざまなゲーム理論的な解の概念によって与えられる。

最後に、倫理学の場合（3）、後に見るように、合理性（または道徳性）の二次定義は、社会の全個人の平均効用水準の最大化による。

これらの規範的学問領域が用いる共通の方法は、哲学的分析と数学的推論の独特な組み合わせを表現する。それぞれの場合に、合理性の一次定義から二次定義への動きは、単純な数学的問題である。しかし、適切な一次定義の発見は、常に本質的には哲学的な（つまり概念的な）問題である（が、（1A）の場合が例外となる可能性はあり、そこでは問題の哲学的次元の重要性は低いように見える）。これらの分野の研究に詳しい人々は、哲学と数学の問題のこうした珍しい相互依存から生じる特別な困難のことを承知している。これらは、哲学との混合をまったく含まない数学を好む人、あるいは数学との混合をまったく含まない哲学を好む人のための分野ではありえない。

②意思決定理論、ゲーム理論、倫理学で用いられる諸公理は、数学的にきわめて密接な関係にある。三つの領域すべてにおいて、それらは効率性、対称性、被支配戦略の回避、連続性、効用最大化、順序を維持する効用の一次変換にかんする不変性などの数学的性質に基づく。

③とはいえ、三つの領域の間のもっとも重要な結びつきは以下の事実に存在する。すなわち、近年の研究によって、ゲーム理論および倫理学の基本問題の一部を部分的あるいは完全に意思決定理論の問題に帰着させることがますます可能になっているのである。[11]

3　道徳的価値判断のための等確率モデル

二つの導入節を踏まえて、ここで私の道徳理論を説明しよう。この理論の基礎にあるのは、道徳的価値判断のためのモデルである。

いかなる道徳的価値判断も選好の判断であるが、それは非常に特殊な選好判断である。誰かが私たちに告げるとしよう。「私はいかなる社会主義体制よりもわれわれの資本主義体制をはるかに好む。なぜなら、資本主義体制下で、私は偶然にも大富豪で、非常に満足のいく人生を送る一方、社会主義体制下では、せいぜい安月給の下級役人にすぎないことがほぼ確実だからである。」これは彼自身の個人的な視点からはおそらく非常に妥当な個人的選好判断である。しかし、これを道徳的価値判断と呼ぶ人はいないであろう。なぜなら、これが主として自己利益に基づく判断であろうことは明らかだからである。

これと比べてほしい状況は、ある人が、どちらの体制下でも自分が占めることになる特定の社会的地位を前もって知ることなく、社会主義体制よりも資本主義体制を好むと表明する場合である。より正確には、彼は、いずれの体制でも、可能性のある任意の社会的地位を等しい確率で占めることになる、という仮定のもとで二つの体制間の選択を行うとしよう。この場合、彼の選択は道徳的に無関係な利己的考慮から独立のはずである。したがって、二つの体制間の選択（ないし選好判断）は純粋な道徳的価値判断となるであろう。

もちろん、資本主義と社会主義の相対的利点を道徳的に評価する人が、各体制下で自らが占める（ことになる）実際の社会的地位について、文字通り無知である必要は必ずしもない。しかし、彼は道徳的評価を行うとき、道徳的に無関係なこの情報を無視するように少なくとも最善を尽くす必要がやはりある。そうでなければ、彼の評価は純粋な道徳的価値判断とはならず、むしろたんなる個人的選好判断になる。

手短に言及するため、可能性のある任意の社会的地位を占める確率が等しいという架空の仮定を等確率仮説と呼び、この仮定に基づく前述の意思決定モデル全体を道徳的価値判断の等確率モデルと呼ぶことにしよう。

このモデルの含意をよりよく理解するためには、意思決定理論の分析を加えるとよい。かりに、私たちの考える社会はn人の個人からなり、個人1、2、……、nはそれぞれ所与の社会体制で一番目（最高）、二番目（次に高い）、……、n番目（最低）の社会的地位を占めるとする。U_1、U_2、……、U_nはこの体制下で個人1、2、……、nが享受する効用水準を示すとしよう。資本主義と社会主義の相対的利点について道徳的価値判断を下したい個人を個人iと呼ぶ。等確率仮説により、個人iは、いかなる特定の社会的地位を占める可能性に対しても、したがって彼の効用が効用水準U_1、U_2、……、U_nのいずれかに達する可能性に対しても、同じ確率$1/n$を割り当てたかのように振る舞うことになる。

さて、こうした前提条件のもとで、ベイズ意思決定理論によると、合理的個人は彼の期待効用を最大化するような社会体制を常に選ぶことになる。期待効用とは、

$$W_i=\frac{1}{n}\sum_{j=1}^{n}U_j \tag{1}$$

であり、社会における全個人の効用水準の算術平均を表す。この結論を別の表現で述べると、合理的個人は常にこの平均効用を自らの社会厚生関数として用いるといえる。あるいは、彼は功利主義者となり、社会的効用を（個人的効用の総和とした多くの功利主義者とは異なり）個人的効用の平均として定義する。[12]

もちろん、この結論が意味をもつのは、異なる個人の効用を加算することが数学的に許されると仮定する場合のみである。つまり、効用の個人間比較が意味のある知的操作であると仮定する場合である。私はそれが実際に正しいことを後に示そうと思う。

この等確率モデルの記述に際して、私は、二つの異なる社会体制の利点の道徳的価値判断を下す個人iが、当該社会のn人の構成員の一人であると仮定してきた。しかし、彼が構成員ではなく関心を寄せる部外者であったとしても、まったく同じ推論が適用されるだろう。実際、目的によっては、この異なる仮定のもとでモデルを言い換えた方が、発見を促すという点でしばしば好ましい。ただし、いったんこれを行うと、私たちのモデルは、不偏的で同感力に富む観察者というアダム・スミスの理論の現代的な言い換えになる。彼の不偏性の要求が私の等確率仮説に対応する一方、同感の要請は、社会のさまざまな構成員への感情移入（共感）に基づく効用の個人間比較という観点から個人iが選択を行う、という私の仮定に対応する（第五節を見よ）。

道徳的価値判断にかんするこの等確率モデルは、実践的な道徳問題に結論を出すための強力な分析基準と非常に便利な発見基準の双方を提供する。二つの道徳基準AとBの間で決定を下したいのであれば、次のように自問するだけでよい。「私は基準Aにしたがう社会と基準Bにしたがう社会のどちらに住みたいだろうか？　ただし、いずれの社会でも、私の実際の社会的地位がどのようなものになるかは前もってわからず、むしろ、可能な地位のいずれにも落ち着く等しい見込みがあると仮定しなければならない」。

明らかに、この基準は（というより想像可能ないかなる道徳基準も）、依然として、それによって二つの道徳基準の間で実際に選択を行うという大きな道徳的責任としばしば非常に困難な知的作業を私たち各人に負わせる。しかし、この基準を用いることで、私たちは少なくとも選択を通じて自らが解決しようとしている現実の知的問題が何であるのかを知ることができるのである。

私の等確率モデルが初めて発表されたのは一九五三年で、一九五五年には拡張された[13]。ヴィクリーが同様なアイデアを示唆していたが[14]、私の研究は彼のものとは独立であった。後にはジョン・ロールズが非常に似たモデルをやはり独自に提示し、それは「無知のヴェール」に基づく「原初状態」と呼ばれた[15]。しかし、私自身のモデルが功利主義理論の基礎となった一方で、ロールズは自らのモデルからきわめて非功利主義的な結論を引き出した。ただし、違いは二つのモデルの性質にあるのではない。それらはほとんど同じ定性的な仮定に基づいている。むしろ、違いは二つのモデルに適用される意思決定理論的分析にある。一つの違いは、ロールズが確率の数値の利用を完全に避けていることである。しかし、主要な違いは、ロールズがきわめて不合理な意思決定規則（マキシミン原理）に分析の基礎を置くという技術的間違いを犯していることである。マキシミン原理は、三〇年前にはかなり流行っていたが、数年後にはそのばかげた実践的含意が理解されると魅力を失った。(16)

道徳的価値判断にかんする私たちのモデルは、以下のように記述することもできる。各個人は二つの非常に異なる選好の集合をもつ。一方で、個人的選好は、人の日常的行動を導き、効用関数U_iで表現される。たいていの人の個人的選好は、完全に利己的なものにはならない。しかし、自分自身の利益と家族、友人、他の個人的仲間の利益をまったく見知らぬ人の利益よりも重視するだろう。他方、各個人は同時に道徳的選好をもち、それは人の日常的行動に大きな影響を及ぼすかどうかはわからないが、匿名かつ不偏的な特別の態度、すなわち道徳的な態度を自らに課すという（おそらくは非常にまれな）機会に人の思考を導くことになる。道徳的選好は、個人的選好とは異なり、定義により常に、自分を含むすべての個人の利益に等しい重みを割り当てることになる。こうした道徳的選好は、彼の社会厚生関数W_iで表現される。通常、異なる個人は非常に異なる効用関数U_iをもつが、式(1)からわかるように、理論上、彼らは同じ社会厚生関数をもつ傾向がある。ただし、それは個人の効用関数U_iの性質と（個人間効用比較によって定まる）異なる個人の効用の変換率にかんする事実前提について彼らが合意できる場合のみであり、もちろん、そうなるとは限らない。

定義により、道徳的価値判断は常に人の道徳的選好の表現である。人が述べるいかなる評価も、本人の個人的利益や個人的選好によって過度に影響を受けるならば、道徳的価値判断という地位を自動的に失うことになる。

4　功利主義理論の公理的正当化

これから私が提示するのは、功利主義理論のもう一つの、公理的な正当化である。この公理的アプローチは、道徳の性質について等確率モデルほど多くの哲学的に興味深い情報をもたらさないが、その利点は、はるかに弱い（ほぼ自明な）哲学的仮定に基づくことである。それは、道徳の性質について非常に特殊な哲学的仮定を用いる代わりに、パレート最適性とベイズ合理性仮説に依存するのみである。

必要なのは三つの公理である。

公理1：個人的合理性。社会におけるn人すべての個人的選好がベイズ合理性仮説を満たす[17]。

公理2：道徳的選好の合理性。少なくとも一人の個人（個人i）の道徳的選好がベイズ合理性仮説を満たす。

公理3：パレート最適性。少なくとも一人の個人j（$j=1, \dots, n$）が選択肢Bよりも選択肢Aを個人的に選好し、逆の個人的選好をもつ人がいないとしよう。このとき個人iは選択肢Bよりも選択肢Aを道徳的に選好する。

公理3は非常に弱く、ほとんど反論の余地のない道徳的仮説である。公理1はかなり自然な合理性の要請である。公理2は同様に自然な合理性の要請であり、私たちは社会の共通利益が何であるかを決める際には、自分自身の個人的利益を扱う場合（公理1）と少なくとも同程度に高い合理性の基準に当然したがうべきであるとされる。

公理1は、各個人j（$j=1, \dots, n$）の個人的選好が、フォン・ノイマン＝モルゲンシュテルン（＝vNM）効用関数U_jで表現できることを含意する。公理2は、個人iの道徳的選好が社会厚生関数W_iにより表現可能で、それが数学的にvNM効用関数の性質を併せもつことを含意する。最後に、三つの公理を合わせると次の定理が導かれる。

定理*T*：個人iの社会厚生関数W_iは次の数学的形式をもたねばならない。

(2)　$W_i=\sum_{j=1}^{n}a_jU_j \quad with \quad a_j>0 \quad for \quad j=1, \cdots, n.$

この結果[18]は、四つめの公理を加えて強めることができる。

公理4：対称性。社会厚生関数W_iはすべての個人的効用の対称関数である。（つまり、異なる個人が等しく扱われなければならない。）

この公理を用いて、次のように結論づけることができる。

(3)　$a_1=\cdots=a_n>0.$

式(2)と(3)を合わせると、本質的に式(1)に等しい[19]。

等確率モデルを正当化するために用いたかなり抽象的な哲学的議論に違和感を抱く人がいる可能性は承知している。対照的に、本節の四つの公理は非常に弱い哲学的仮定を置くだけである。それらは、ベイズ合理性、パレート最適性、そしてすべての個人の平等な待遇を信じるあらゆる人の心に訴えるはずである。それでも、こうした非常に弱い公理だけで、功利主義的な道徳理論を導き出すのに十分であることが判明する。

5　個人間効用比較

日々の生活で私たちは常に個人間効用比較を行うか、少なくともそれを試みる。旅行の終わりにナッツが一つだけ残ったとき、家族の誰がちょっとした腹の足しをもっとも必要としているかを決めなければならないかもしれない。また、特定の友人に、本、コンサートのチケット、ワインの試飲会への無料招待券を譲る際には、その人の方が他の人よりもこれらを楽しむだろうと信じているのかもしれない。人々がこうした比較を行う能力にしばしばかなりの自信をもつという明らかな事実を否定することは、哲学者や社会科学者の任務であるとは思われない。むしろ、彼らの任務は、私たちがいかにしてそうした比較を曲がりなりにも行ってきたのかを説明することである。

少し考えればわかることであるが、そうした個人間比較の基礎となる知的作業は、想像力による感情移入（共感）である。私たちは自らが別の人の立場にあることを想像し、自問する。「かりに私が今、実際に彼の立場にあったとして、彼の嗜好、彼の教育、彼の社会的背景、彼の文化的価値観、彼の心理的傾向を有していたとしたら、さまざまな選択肢の間の私の選好はどのようなもので、任意の選択肢から私はどれくらいの満足や不満足を得るだろうか？」（ここでいう「選択肢」とは、経済財の一定の組み合わせに、健康、社会的地位、仕事の状態、家族の状況などのさまざまな非経済変数にかんする一定の立場を加えたものである）。

言い換えると、いかなる個人間効用比較も、私が類似性仮定と呼ぶものに基づいている。その定義は、私と別の人の間で、嗜好や教育等の経験的に与えられる違いをいったん適切に考慮すれば、いかなる所与の選択肢に対する基本的な心理的反応も（そうした差異以外の点では）ほとんど同じになると無理なく仮定できるとする。もちろん、この類似性仮定はきわめて容易に誤用される。たとえば、私は嗜好の違いを適切に考慮せず、魚の大好きな人が魚を食べることから得る満足を、いかなる魚介類も大嫌いな私の好みで判断しようとするかもしれない。もちろん、分別のある人々はそのような明らかな誤りはめったに犯さない。しかし、根本的には同種のはるかに微妙な誤りを犯すことがあるかもしれない。

一般に、ある特定の人について十分な情報があり、想像力を駆使してその人に感情移入（共感）しようと努力すれば、彼がさまざまな選択肢から得る効用と不効用をわりとうまく推定できるだろう。しかし、彼についての情報がほとんどなければ、推定は大きく間違う可能性がある。

いずれにしても、功利主義理論は、人々が個人間効用比較を非常にうまく行うという仮定を伴わない。必要になる仮定は、多くの場合、人々はある種の道徳的決定を下すためには、（どんなにひどいものになろうとも）個人間比較を行わざるをえないという仮定のみである。私の家族のうち食べ物がもっとも必要なのは誰かを決めようとしているとき、私は状況判断をひどく誤ることがあるかもしれない。しかし、私はとにかく何らかの決定を下さざるをえないのである。個人間比較を行うのは哲学的に後ろめたく、決心することができないからといって、私は家族全員を空腹にさせるわけにはいかない。

　それでも、個人間効用比較は重要な哲学的問題を確かに提起する。特に、類似性仮定と呼んだものの利用が求められるという問題である。ただし、この仮定は、その性質からして、いかなる直接的な経験的テストにもなじまない。おそらくは、嗜好や教育などの違いがいったん考慮されれば、異なる人々がいかなる所与の状況についても似通った心理的な気持ちを抱くだろうと仮定することになる。しかし、直接的な観察によってこの仮定を検証することはけっしてできない。人々の内なる気持ちに直に触れることはできないからである。

　したがって、類似性仮定は非経験的で先験的な仮定に分類されなくてはならない。しかしもちろん、個人間効用比較だけが経験的仮説のなかで非経験的仮定に依存するというわけではけっしてない。実際問題として、私たちがさまざまな経験的仮説から選択を行う際には、常に何らかの非経験的な選択基準に依存している。なぜなら、経験的事実は常に無限に多くの異なる仮説と整合的で、それらのなかから私たちが選ぶための唯一の方法は、簡便さ、節約の原理、「もっとも恣意的でない」仮説の選好などの先験的・非経験的な選択基準の利用だからである。

　類似性仮定は、同じ一般的な種類の非経験的仮定である。その直観的正当化理由は以下の通りである。かりに二人の個人がまったく同一の行動を示すならば、または、異なる行動を示すものの、彼らの観察可能な行動の違いが適切に考慮されるならば、彼らの心理状態にさらなる隠れた観察不可能な違いを前提するのはまったく恣意的で不当な仮定であろう。

　この類似性仮定というものは、個人間効用比較を行う場合のみならず、そもそも他の人々に人間的な気持ちや意識的な経験をあてがう場合にも用いられる。純粋に経験的な視点からは、私だけが現実の意識的な経験をもてる唯一の人物で、他の人々はすべて心のないロボットであるような世界は、人の身体を伴うすべての個人が意識を有する人間である実際の世界からまったく区別できないであろう。（それどころか、私だけが存在し、他のすべての人や物理的宇宙全体が私自身の夢にすぎないような（独我論的）世界でさえ、私たちが実際に暮らす世界から経験的には区別できないであろう。）私たちが実際に暮らす世界には自分とまったく同じように実在し意識をもつ何百万もの他の人間が住んでいるという仮定を選ぶとき、私たちは同じ類似性仮定に依存しているのである。要するに、異なる人々の間に高度な基本的類似性があることを考えると、一人を意識のある人間とする一方で他の人々をたんなるロボットとしたり、一人を実在の人物とする一方で他の人々をたんなる夢のなかの存在としたりして、人々の間に根本的な隠れた違いを仮定するのは馬鹿げているだろうと述べているのである（厳密にいえば、人間に見える人が後に無感情のロボットであると判明する可能性は排除できない。しかし、彼がロボットであるという証拠が圧倒的なものになるまでは、彼をロボットのように扱うための科学的・道徳的な正当化理由は存在しない）。

他人はたんなるロボット（ないしはたんなる夢のなかの存在）であるという仮説を類似性仮定によって却下しておきながら、同じ類似性仮定に基づく個人間効用比較に抵抗することは、論理的に正当化できない。他の人々が実際に感情をもち、したがって私たちと同じように美味しい食事からいくらかの満足を得るということを認める一方で、彼らが美味しい夕食から実際に得る満足の量、すなわち彼らにとって美味しい夕食がもつ個人的な重要性は、私たち自身の場合とほぼ同じはずである、という定量的仮説に抵抗するのは、端的にいって非論理的である。ただし、私たちの嗜好、身体が要する食物、健康状態などの違いを適切に考慮した後で、ということであるが。個人間比較をいとわずに行う態度は、具体的な詳細において人々の間に存在する否定しようのない個人的差異にもかかわらず、他の人々が私たちとまったく同じように実在し、私たちと同じ人間性を共有し、満足や不満足に対する基本的能力を同じようにもつということを認めているにすぎない。

長年にわたって多くの哲学者や社会科学者が個人間効用比較に反対してきたが、それは論理実証主義の初期にまで遡り、その頃は、類似性仮定のような非経験的・先験的原理がさまざまな経験的仮説の選択に果たす役割への理解はきわめて乏しかった。論理実証主義者たちが、厳格な経験主義と現代論理の厳格な数学的厳密さとを結びつけることによって、哲学を真に科学的な基礎のうえに築こうと絶えず努力したことから、私たちは計り知れない知的な恩義を受けている。しかし、彼らの具体的な哲学的見解の多くがひどく誤っていたこと、そして初期の彼らは先験的原理の重要性や、より一般に、経験科学における理論的アイデアの重要性をほとんど理解していなかったことは否定できない。

これほど長い年月が過ぎ、とっくに時代遅れになった論理実証主義の通説という窮屈な束縛を逃れて、個人間効用比較の問題を新たな目で見直すときが来ていると思われる。

6　フォン・ノイマン＝モルゲンシュテルン効用関数の利用

私が提示してきた功利主義理論には、フォン・ノイマン＝モルゲンシュテルン（＝ｖＮＭ）効用関数の利用が不可欠である。多くの批評家は、いかなる場合にもｖＮＭ効用関数の利用は不適切であると主張してきた。なぜなら、それは賭け事に対する人々の態度を表現するだけで、そうした態度はまったく道徳的意味をもたないからだという。[20]この反論はｖＮＭ効用関数に対するかなり一般的な誤解に基づいている。この効用関数は、（賭け事、保険の購入、投資や同様な活動において）リスクを負うことに対する人々の態度を確かに表現する。しかし、たんにそうした態度を記録するだけではない。それはむしろ、貨幣ないし他の経済的・非経済的資産の得失の可能性に対して人々が付与する相対的重要性（相対的効用）という観点から、そうした態度を説明しようとするのである。

たとえば、X氏は、一〇〇〇分の一の確率で一〇〇〇ドルが当たる富くじに五ドルを支払う意思があるとしよう。

すると、このようなきわめて分の悪い賭けに対する彼の意思を次のように説明することができる。彼は五ドルを失う不効用と比べて、一〇〇〇ドルを得ることから異常に高い効用を享受するに違いない。実際、これら二つの金額の比率は一〇〇〇対五＝二〇〇対一でしかないが、対応する効用と不効用の比率は一〇〇〇対一以上でなくてはならない（私たちは*X*氏の個人的境遇を知っていれば、この説明をさらに一歩ないしは数歩、進めることがしばしばできる。たとえば、一〇〇〇ドルを当てることに対する彼の強い欲求は、彼がぜひとも欲しがっている車の頭金か他の非常に重要な高額かつ分割不可能な支出にその金が必要であるという事実から生じているとわかるかもしれない。他方、五ドルを失うことに彼が比較的無頓着なのは、そうした損失があっても、基礎的な必需品（食費、住居費など）に対する彼の支払い能力が深刻に脅かされることはないためである(21)）。

言い換えると、ある人のｖＮＭ効用関数は、常にリスクと不確実性下における彼の行動に基づいて推定されるが、この推定手続きの真の目的は、彼がさまざまな経済的（および非経済的）選択肢に付与する相対的・個人的な重要性を測るための基数的効用尺度を手にすることである。

確かに、社会的効用は人々のｖＮＭ効用関数で定義されるため、功利主義理論が社会的に高い優先順位を与える個人的欲求は、それを満たすために人々がかなりのリスクを積極的に取るようなものになる傾向がある。しかし、これはまさにそうあるべきなのである。他の事情が等しければ、私たちは熱烈に感じられる人間的欲求に高い社会的優先順位を与えるべきである。そして、ある人が特定の欲求対象に強い気持ちを抱いている兆候の一つは、それを手にするために彼が大きなリスクを取ろうとする積極性である。例として、ある人が大学教育を受けるために命の危険を冒した（たとえば、彼をあらゆる高等教育から排除しようとした独裁政府から逃れるなどして）ということがわかれば、これは彼が大学教育に非常に高い個人的重要性（非常に高い効用）を付与しているほぼ確実な印であると考えられる。そして、この種の証拠に基づく彼の進学の援助を社会的に優先することには何の問題もないと思われる。

7　選好功利主義、快楽主義、理想的功利主義、不合理な選好の問題

私が提示してきた功利主義理論は、社会的効用を個人的効用によって定義し、各個人の効用関数を本人の個人的選好によって定義する。つまり、最終的に、社会的効用は人々の個人的選好によって定義されるのである。このアプローチは選好功利主義と呼べるだろう。それは一九世紀の功利主義者たちが用いたアプローチと同じではない。彼らは快楽主義者（快楽主義的功利主義者）であり、社会的効用と個人的効用関数の双方を快楽と苦痛の気持ちによって定義した。第三のアプローチは理想的功利主義と呼ばれ、ケンブリッジの哲学者ムーアによって提案された。彼は社会的効用と個人的効用の双方を「内在的価値のある意識状態」の量によって定義した。それはたとえば、哲学、科学、芸術作品の美的鑑賞、個人的友情の経験などに伴う意識状態である(22)。

快楽主義的功利主義と理想的功利主義は、どちらも深刻な反論に直面する。前者は、今や完全に時代遅れとなった快楽主義心理学を前提している。私たちの行いはすべて快楽を得て苦痛を避けるためであるということは、けっしてわかりきったことではない。少なくとも主張できるのは、多くの場合、私たちがより関心を寄せるのは、何らかの客観的な状況の実現であって、その実現がもたらす自分自身の主観的な快苦の気持ちではないということである。私が友人に贈り物を渡すとき、私の主な目的は、私自身に快楽をもたらすことよりも、彼に快楽をもたらすことであろう（ただし、前者が二次的な目的になることは十分にありうる）。たとえ私が自分自身のために何かを実現したいとしても、私の主な目的が、自分自身のなかに快楽の気持ちを生み出すことであって、何らかの客観的状況（たとえば、良い職に就く、問題を解く、ゲームに勝つなど）の実現ではないということは、けっして自明ではない。いずれにしても、いかなる道徳理論であれ、人々は常に快楽を追求するのか、あるいは他の目的ももつのか、という論点について早計な判断を試みるべき理由はまったくない。

理想的功利主義にかんして、人々の人生における唯一の目的が「内在的価値のある意識状態」の獲得であるというのは、経験的観察としてまったく事実に反する。しかし、それが実際には正しくないとして、その場合でも、人々は実際にはそのように行動しないかもしれないが、そのように行動すべきである、ということをいかに証明できるかは理解しがたい。さらに、「内在的価値のある意識状態」を他の種類の意識状態から区別する基準は極端に曖昧である（それらは何か特別な「非自然的性質」をもつ点で他の意識状態とは異なるというムーア自身の説は、きわめて説得力に欠ける時代遅れの形而上学的仮定であり、いかなる証拠に支持されるものでもない）。

より根本的なことは、選好功利主義だけが、選好の自律性という重要な哲学的原理と衝突しない功利主義の形態だということである。この原理が意味するのは、ある個人にとって何が良いか、何が悪いかを決める際に究極の基準となるのは、彼自身の欲求、彼自身の選好以外にない、ということである。もちろん、以下で私自身が論じるように、人は非常に「自分にとって悪い」ものごとを不合理に欲する可能性がある。しかし、このような表現が意味をもつためには、何らかの適切な意味において、彼自身のもっと奥深いレベルの選好は、彼が今成し遂げようとしているものごとと衝突する、ということが実質的に主張されていると解釈する他はないように思われる。

良識ある倫理学理論ならば、合理的な欲求と不合理な欲求、あるいは合理的な選好と不合理な選好を区別しなければならない。私たちは他の人々のきわめて妥当な欲求の満足を手助けする道徳的義務を負うのと同様に、彼らのまったく法外な欲求の満足を手助けする道徳的義務を負う、と主張するのは馬鹿げているだろう。快楽主義的功利主義と理想的功利主義は難なくこの区別を維持できる。合理的欲求の定義を、快楽を生み出す真の能力ないし「内在的価値のある意識状態」をもたらす真の能力をもつ対象に向けられる欲求とすればよい。そして、不合理な欲求とは、この能力を欠く対象に向けられる欲求であると定義することができる。しかし、快楽主義的功利主義と理想的功利主義が選好功利主義に置き換わるや否や、この区別は失われるように見えるかもしれない。

実際問題として、たとえ本人の個人的選好以外の何らかの基準に訴えずとも、この区別は難なく維持できる。人の明示的選好と真の選好を区別するだけでよいのである。明示的選好とは、観察される行動によって明示される実際の選好であり、それは、事実にかんする誤った信念、不注意な論理分析、または合理的選択を一時的に大きく妨げる強い感情などに基づく可能性のある選好を含む。対照的に、人の真の選好とは、関連する事実をめぐるすべての情報をもち、常に細心の注意を払って推論し、合理的選好をもっとも導きやすい心理状態にあったとしたらもつはずの選好である。こう区別すると、人の合理的欲求とは、彼の真の選好と整合的な欲求であり、したがって、関連する事実をめぐるあらゆる情報とその情報に対する最高度の論理分析と整合的なものである。他方、不合理な欲求とは、このテストに落ちるものである。

私見によれば、社会的効用は人々の明示的選好ではなく真の選好の観点で定義されなくてはならない。しかし、人の不合理な選好から潜在的な「真の」選好に訴えることはごく自然であるものの、彼の真の利害が何であり、彼にとって真に良いのは何であるかということを判断する際の最終的な基準としては、常に彼自身の選好を適切な形で用いなければならない。

8　反社会的選好の除外

社会的効用という概念の定義に際しては、人々の不合理な選好をいわゆる真の選好に置き換えなければならないと私は主張してきた。しかし、私たちはこれをさらに押し進めるべきであろう。一部の選好は、私の定義では「真の」選好であるといってよいが、それでも社会的厚生関数からは完全に除外しなければならない。特に、サディズム、羨望、憤慨、悪意といった明らかな反社会的選好はすべて除外すべきである。(23)

功利主義理論によると、他者に対する私たちのあらゆる道徳的コミットメントの根源的な基礎は、一般的な善意と人間的な同感である。しかし、私が個人Xにどれほど善意を抱こうとも、彼がたんなるサディズム、悪意、敵意から第三者である個人Yを傷つけることを助ける道徳的義務が私に課されるわけではない。功利主義の倫理は、私たち全員を同じ道徳共同体の構成員にする。他者に悪意を示す個人は、この共同体の構成員であり続けるが、彼の全人格が受け入れられるわけではない。こうした敵対的な反社会的感情を抱くような彼の人格の一部は、構成員の資格から除外されなくてはならず、社会的効用という概念を定義する際には聞き入れられないのである(24)。

9 規則功利主義 vs. 行為功利主義

他の道徳的決定を下すときと同じく、規則功利主義と行為功利主義の間の選択を行う際にも、私たちは以下の基本問題を問わねばならない。どちらの功利主義が社会的効用を最大化するのだろうか？　社会はいずれのもとでよりうまく行くのだろうか？　このテストは規則功利主義の優位性をきわめて明確にする。

以前の論文(25)で、私は二つの功利主義理論の道徳的含意を検討するため、以下の意思決定理論モデルを提案した。ここで考えたいのは、道徳的意思決定の問題であり、つまり、ある所与の状況ないしは一連の状況で、道徳的に正しい行為とは何かを決定する問題である。じつのところ、分析的にはこの問題を再定義して、道徳的に正しい戦略を選ぶ問題とする方が望ましい。ここで「戦略」という用語は、通常の意思決定理論的、ゲーム理論的な意味をもつ。よって、戦略とは、あらゆる可能な状況に対して特定の行為を割り当てる数学的関数であり、その際にしたがうべき要件は、行為主体がある状況を別の状況から区別するための十分な情報をもたないなら、彼のいかなる戦略も双方の状況に対して同じ特定の行為を割り当てなければならないというものである（専門的に述べると、同じ情報集合に属するすべての選択点は、同じ特定の行為を割り当てられなければならない）。

二つの功利主義理論は、異なる決定規則を用いてこの道徳的意思決定問題を解く。双方の理論にとって、道徳的意思決定の問題は、同じ数量、つまり社会的効用の最大化を含む最大化問題である。しかし、二つの理論は、この最大化問題に対して非常に異なる数学的制約を課す。行為功利主義的な道徳主体は、他のすべての道徳主体の戦略を（他のすべての功利主義的主体の戦略も含めて）所与と仮定し、自らの任務は他のすべての戦略が一定に保たれる場合に社会的効用を最大化するような自分自身の戦略を選ぶことだけであると仮定する。対照的に、規則功利主義的な道徳主体は、自分自身の戦略のみならず他のすべての規則功利主義的主体の戦略も変数とみなし、それらは社会的効用を最大化するための最大化の過程で決定されるとする。この最大化過程は二つの数学的制約にしたがう。まずは、すべての規則功利主義的主体のために選ばれる戦略が同一でなくてはならない（なぜなら、規則功利主義の定義により、すべての規則功利主義的主体は常に同じ一般的道徳規則にしたがうことを要求されるからである）。さらには、すべての非功利主義的主体の戦略が所与とみなされなければならない（この最後の点には双方の功利主義理論が同意する。功利主義哲学を信じていないとされる人々が戦略を選ぶ際に社会的効用の最大化を目指すことは期待できない。彼らは伝統的道徳や他の何らかの非功利主義的道徳にしたがうかもしれず、またはたんに自己利益を追求するだけかもしれない。しかし、いずれにしても、功利主義的な意思決定問題の目的にとって、彼らの戦略は体系の外側から与えられるとみなされなければいけない）。

二つの功利主義理論が用いる意思決定規則のこうした違い、とりわけそれらが功利主義的最大化問題のための制約を定義する方法の違いには、重要な実践的含意がある。一つの含意は、規則功利主義の方が異なる人々の間の協力と戦略調整を組織するうえではるかに有利だということである（調整効果）。

たとえば、投票において重要な法案が対象となっているものの、投票にいくらか不便が伴う場合の問題を考えよう。この法案を強く支持する有権者が一〇〇〇人いるが、八〇〇の反対票がほぼ確実に見込まれるとする。法案は全投票の単純多数の支持で通過する。二つの功利主義理論はこの問題をどう扱うだろうか？

まず、法案を支持する一〇〇〇人の有権者すべてが行為功利主義者であるとしよう。すると、各有権者がわざわざ投票するのは、自らの投票が法案の通過を確実にするうえで決定的であると考えるときだけ、つまり法案を支持する他のちょ<ruby>う</ruby>ど八〇〇人が投票すると予想するときだけである（というのも、この場合、多数に要する八〇一票に届くために、彼自身の票が必要になるからである)。しかしもちろん、各有権者は自分自身の票がこの意味で決定的になる可能性はきわめて低いことを知っているだろう。したがって、ほとんどの行為功利主義的な有権者はわざわざ投票するにいたらず、法案は失敗に終わり、社会にとって悲惨な帰結をもたらす可能性がある。

対照的に、法案を支持する一〇〇〇人の有権者が規則功利主義者であれば、全員が投票することになる(混合戦略が認められない場合)。なぜなら、規則功利主義的な意思決定規則が二つの可能な戦略の間の選択しか認めないからである。一つは全員が投票することを要求し、もう一つは誰も投票しないことを要求する。前者の方が高い社会的効用をもたらすので、規則功利主義の基準によって選ばれる戦略は全員による投票である。この例が示すように、規則功利主義的な意思決定規則にしたがうことによって、人々が見事に自発的な協力を実現できる状況があり、これは行為功利主義的な意思決定規則を守ることでは不可能である(または、少なくとも、行為を調整する明示的な同意がない場合や、おそらくは費用のかかる組織的努力なしでは不可能である)。

状況によってはこの調整効果がかなり重要となるかもしれないが、私には規則功利主義が行為功利主義に優る主な点は、じつは異なる方向に見出されると思われる。それは、可能な道徳規則のさまざまな体系が人々の予想や誘因に対してもつ含意を適切に考慮する規則功利主義の力である(予想および誘因効果)。

たとえば、約束を守るという問題を考えよう。伝統的道徳にしたがえば、約束は守るべきであるが、可能な例外は、約束を守ると約束をした本人(ないしは第三者)に過度な負担がかるような場合である。対照的に、行為功利主義では、(状況の予期せざる変化などの理由で)約束の破棄が約束を守る場合よりも少しでも高い社会的効用をもたらすならば、約束の破棄が道徳的に許されることになる。しかし、これでは約束をするという制度に伴う社会的便益が大幅に減ることになる。約束が守られるのか否かということが、ほとんどの場合かなり不確かになってしまうのである。人々は互いの将来の行動について確定的な予想を立てることが難しくなり、将来について漠然とした不安感を抱くであろう。そのうえ、この不確実性は、約束が守られるだろうという予想に基づいて、社会に非常に役立つさまざまな活動に従事する人々の誘因を大幅に削ぐことになる（たとえば、将来に約束される見返りのために他者の役に立つことを行う意欲がかなり減るだろう）。

行為功利主義と比べて、規則功利主義は伝統的道徳にはるかに近く、約束は守るべきであり、かなりまれな例外だけが認められると主張する。行為功利主義は常に問いかける。「約束を破る可能性を伴うこの行為は、社会的効用を増やすのか、それとも減らすのか？」対照的に、規則功利主義者は、「約束を守らせるためのいかなる具体的な道徳規則が社会的効用を最大化するか」と問わなくてはならない。

結果的に、行為功利主義者が約束を破ることの社会的悪影響を考慮できるのは、それが約束を破る個々の行為の因果的帰結という性質をもつ限りにおいてである。当然、約束を破る一回の行為が約束に対する人々の信頼をすでにいくらか傷つけることになるが、通常この効果はきわめて小さい。対照的に、規則功利主義者も、繰り返し約束を破るという一般的慣行の因果的帰結を考慮することができる。しかし、より重要なことは、約束の順守に対して頻繁かつ安易に例外を許すような道徳規則を採用する場合の、因果的ではない論理的含意についても規則功利主義者が考慮できることである。

より具体的には、彼は常に次のように問わなければならない。「条件*A*、*B*、*C*、その他のもとで約束の破棄を許すような道徳規則を採用することの社会的含意は何であろうか？　ただし、社会の誰もがそれらの条件下では約束の破棄が許されることを知っていると仮定する。」[26]このように、彼は特定の状況で約束を破ることによって可能となる直接的便益と、そうした状況では約束が順守されないということを人々が事前に知っている場合に生じる不都合な予想および誘因効果とを常に比較考量しなければならない。言い換えると、規則功利主義は、道徳的に望ましい行動を定義するためのさまざまな一般的規則の可能性のなかから私たちが合理的な選択を行えるようにするだけではない。むしろ、それらの規則に認められる例外を決定するための合理性テストをも提供するのである。

紙幅の制約により、ここでさらに詳しく規則功利主義の道徳的含意を論じることはできない。[27]しかしながら、次の点で規則功利主義はかなり伝統的道徳に近いということを示せる。規則功利主義は、社会の異なる人々の間に道徳的な権利と義務のネットワークを確立する社会制度の重要性を認める。そして、非常にまれできわめて特別な場合に例外を設ける可能性はあるが、当面の社会的効用を根拠にそれらの権利と義務を侵害してはならないことを主張する。(そのような安定した権利と安定した義務の主な社会的利益は、繰り返しになるが、それらが予想および誘因効果に役立つ点にある。)しかしもちろん、規則功利主義の基準がこうした問題の細部のすべてにわたって伝統的な見解を支持するだろうと予想することはできない。

10 自由な私的選択の効用

ロールズが正しく指摘しているように[28]、伝統的な功利主義は法外に厳しい道徳基準を私たちに課そうとする。なぜなら、それは私たちが個々の行為を選択するたびに、社会的効用を最大化するように要請するからである。よって、私がある本を読んで楽しみたいと思っても、自分の時間をより有効に使って貧しい人々の世話をしたり、まだ功利主義に改宗していない同僚を改宗させたり、何か他の社会的に有益な企画に参加したりできないだろうか、と常に自問しなければならない。私が時間を割いてこの本を読むことをどうにか正当化できる唯一の方法は、読書が例外的に高い直接的効用を私にもたらす(そのため、他の活動によって私が生み出せるいかなる社会的効用をも上回る)か、私がその本を読むと大きな手段的効用をもたらすだろう(たとえば、一時的に衰えていた私の精神的・肉体的活力を取り戻し、社会的に非常に有益な将来の活動が可能になるため)と主張することである。

このような道徳的選択基準は、明らかにどこかおかしい。そして、問題の所在を見出すことは難しくない。妥当な功利主義理論ならば必ず認めるべきことは、自由な私的選択に対して、つまりひどく厄介な道徳基準によって行動の一挙手一投足を管理されない自由に対して、人々が無視しえない正の効用を割り当てる、ということである。かりに選択できるとして、可能な限り高い道徳基準が私たちの日常生活を四六時中、隅から隅まで管理しているような社会と、もう少し道徳基準が緩やかで、毎日の活動の計画においてかなりの程度の自由選択が私たちに委ねられている社会があるとしよう。（けっして確実であるとはいえないが）実際に可能性があるのは、はるかに厳しい基準を課すことにより、前者の社会の方が後者よりも高い経済的・文化的水準に達するだろうということである。それでも、私たちの多くがおそらくは後者の社会に住みたいと思うであろう。少なくとも、二つの社会の経済的・文化的水準の違いが過度に大きくない限りは。

このことが分析的に意味するのは、ある活動の結果に割り当てられる社会的効用Wとは別に、私たちがさまざまな活動のなかから自由な私的選択を行えることに対しても、何らかの手続き的効用V（$V>0$）を割り当てるべきだということである。かりに、結果として効用W^*とW^{**}（$W^*>W^{**}$）をもたらすと考えられる二つの異なる戦略S^*とS^{**}から選択しなければならないとする。このとき、古典的功利主義は戦略S^*を道徳的に許容される唯一の戦略として選ぶであろう。しかし、$W^{**}+V \geqq W^*$であれば、S^{**}も同様に許容される戦略として認めるべきであると私には思われる。

11　結　論

私が示そうとしたのは、「道徳性とは何か？」という哲学的問題に唯一の合理的な答えが存在するということである。この問題に答えることによって、私たちはさまざまな道徳律の可能性の間で選択を行うための非常に具体的な意思決定規則を手にする、ということを私は主張してきた。

たとえこの結論が受け入れられるとしても、これで実践的な道徳の問題が、ある明確に定義された数学的最大化問題を解くことに単純に帰着するわけではない。そうした問題を解くことは、個人的判断というきわめて重要な問題を常に伴う。なぜなら、関連する変数の一部について完全に信頼できる事実情報が欠けている場合、私たちは常に自分自身の最善の判断を用いなければならないからである。他の人々の明示的選好については信頼できる情報がしばしば不足し、真の選好についてはなおさらであろう。個人間効用比較も不十分な情報に基づくかもしれない。

しかし、道徳的意思決定の不確実性のもっとも根源的な発生源は、常に将来についての不確実性であり、それは現在の政策の（短期および長期の）将来的な効果についての不確実性を含んでいる。慎重な分析によってほぼ例外なく明らかになると思われるのは、善意の人々の間に見られる道徳的・政治的対立のもっとも重要な源泉が、将来の展開や異なる政策の将来的帰結についての判断の乖離に存在するということである。

私が示そうとしたのは、改訂版の古典的功利主義だけが、合理的行動の現代理論および不偏的かつ同感力に富む人道主義的道徳への全面的コミットメントの双方と整合的だということである。

他方、合理性の概念のみでも、人道主義的道徳へのコミットメントのみでも、有用な倫理学理論を生み出すことはできない。むしろ、両者の組み合わせが必要である。ロールズの理論を論じた際に主張したように、道徳の本質に対する最善の直観的洞察でさえ、マキシミン原理のようなきわめて不合理な意思決定規則と結ばれると、きわめて不満足な倫理学理論を生み出すことになる。逆に、どれだけ慎重に合理性の概念を分析しても、合理性が人道主義的道徳へのコミットメントを含意するということは示せない。

カントによると、道徳は定言命法に基づくため、理性の声に耳を傾ける意思のある人は誰であれ道徳の命令にしたがわなければならない。しかし、私は彼が正しかったとは思わない。合理的な議論によって証明できるのは、私たちに共通の人間的利益に合理的な仕方で役立ちたいと思う人はこれらの命令にしたがわなくてはならない、ということでしかない。言い換えると、証明できるのは以下のような形の仮言命法でしかない。「不偏的かつ同感力に富む観察者が承認するような行為を行いたいならば、あれこれをせよ」、あるいは「あなたの行動が公理を満足するようにしたいならば、あれこれをせよ」[29]。しかし、私はこの消極的な結論が、道徳哲学の実質的な敗北であるとも、またいかなる重要な実践的含意をもつとも思わない。実際問題としては、誰もが常に理解してきたように、道徳の問題をめぐる合理的な議論が可能であるのは、真に人道主義的な道徳に対する共通の関心といった、何らかの基本的な道徳的コミットメントを共有する人々の間に限られる。

最後に、ただし書きを。私が説明してきた功利主義理論は、原則として個人間の道徳のあらゆる局面をカバーすると思う。しかし、それが道徳のすべてをカバーするとは思わない。カバーされない非常に重要な道徳的義務がある。それらは個人的道徳および個人的合理性の問題だからである。ひょっとすると、そうした義務でもっとも大切なのは知的誠実さという義務である。すなわち、真実を追究し、確証できる限り真実を受け入れ、この真実が社会的効用に及ぼす可能性のある正負の影響に惑わされない責務である（他者に真実を語ることは、機転、他の人々の気持ちの尊重、あるいは秘密を守る約束などによって制約されるかもしれない。しかし、真実を自分自身に対して認めることは違う）。

知的誠実さを求めると、自己欺瞞に基づく夢の世界ないしは愚者の楽園に引きこもるのではなく、非常に不愉快な真実さえ受け入れざるをえなくなる。さらに、私たちはこの世界に孤立して生きているのではなく、他の何百万もの人々と同じ人間の本性を共有しているのだという真実をも全面的に受け入れる必要がある。この特定の真実を受け入れることは、もちろん、たんなる理論的な合理性の問題ではない。むしろ、それはあらゆる社会道徳の知的基盤にもなるのである。

著者はカリフォルニア大学バークレー校の経営科学研究センターへの補助金（Soc 77-06394）を通じた本研究への支援に対して、全米科学財団に感謝したい。

Social Research, Winter 1977, vol. 44, no. 4 より再掲。

注

（1）Adam Smith 1976.

（2）たとえば Piaget 1962 を見よ。

（3）Immanuel Kant 1785.

（4）Hare 1952.

（5）Bentham 1948; John Stuart Mill 1962; Sidgwick 1962; Edgeworth 1881.

（6）Rawls 1971. ロールズの理論の詳細な批判については Harsanyi 1975a を、他の非功利主義的な理論の考察については Harsanyi 1975c を見よ。

（7）Harrod 1936.

（8）Brandt 1959: 369, 380.

（9）たとえば Simon 1960 を見よ。

（10）本節の残りの部分はいささか技術的であるが、省略しても連続性は失われない。

（11）ゲーム理論でこの方向に向かう歩みが、不完備情報ゲームの分析における確率モデルの利用である（Harsanyi 1967–1968）。より最近では、非協力ゲームの解の定義に対する意思決定理論的アプローチが提案されている（Harsanyi 1975b）。倫理学における意思決定理論の利用については Harsanyi 1977 を見よ。

（12）ほとんどの目的にとって、これら二つの社会的効用の定義は数学的に同値である。社会における人々の数 n を定数とみなせる場合、これは常に正しい。しかし、二つの定義はさまざまな人口政策を判断する際には異なる決定基準を生み出す。後者の場合、私見によれば、平均効用基準の方が比較にならないほど優れた結果をもたらす。

（13）Harsanyi 1953; 1955.

（14）Vickrey 1945.

（15）Rawls 1957; 1958; 1971.

（16）最初の指摘は Radner and Marschak 1954: 61-68 による。Harsanyi 1975a も見よ。

（17）哲学者や社会科学者の大半は、ベイズ意思決定理論が期待効用最大化定理を確立するために必要な合理性仮説がいかに弱いものであるかを理解していない。アンスコームとオーマン（Anscombe and Aumann 1963）が示したように、必要なのは、首尾一貫した選好（完備前順序）、連続性公理、当然原理（確実性原理：被支配戦略の回避）という要請、そして、くじに対する私たちの選好は、可能な賞品と、実際の賞品を決める特定のランダムな出来事のみに依存するという要請である。（最後の要請は、くじのなかの確率の数字の動きを特定する適切な公理に置き換えることができる。研究文献において、これらの公理は通常、「表記上の慣習」と呼ばれる。）

(18)　証明はHarsanyi 1955を見よ。

(19)　ただし、以下の違いがある。式(1)は、社会的効用が個人的効用の総和ではなく平均として定義されなければならないことを含意する。対照的に、式(2)と(3)は、社会的効用のいずれの定義を特に支持することもない。

(20)　たとえばRawls 1971: 172, 323を見よ。

(21)　基本的に、ある人のvNM効用関数がなぜ特定の形状をもち、特にその凹部分と凸部分がなぜ実際そのように分布しているのかということは、いずれも通常はその人が消費する財の間の代替および補完関係に基づいて説明される。数学的には、分割不可能な財は補完性の特殊例である。

(22)　Moore 1903.

(23)　逆の見方についてはSmart 1961: 16-17を見よ。

(24)　ドイツ新カント主義の功利主義哲学者レオナルド・ネルソン（Nelson 1917-1932）は、正当な個人的利害と不当な個人的利害の区別を提唱した。彼によると、私たちが道徳的に尊重する義務を負うのは正当な利害だけである。つまり、彼の理論では、反社会的選好の社会的効用概念からの除外は、あらゆる不当な利害を無視するという一般原則の特殊例にすぎない。残念ながら、ネルソンは正当な利害と不当な利害を定義するための明確な形式的基準を何も提供しなかった。しかし、正当および不当な利害にかんする非常に満足のいく理論があれば、功利主義的道徳哲学における大きな躍進になるだろうと思われる。ただし、この問題の議論は別の機会に譲らなければならない。（ネルソンの研究への言及はラインハルト・ゼルテンによる。）

(25)　Harsanyi 1977.

(26)　可能な道徳規則を規則功利主義の視点から評価しようとするとき、私たちは誰もがこの道徳規則の内容を知ることになると常に仮定しなければならない。なぜなら、どのような具体的な道徳規則の集合（つまり道徳的戦略）が規則功利主義の基準に照らして最適であるかということを、原理的には誰もが直接的な計算によって常に見出せるからである。

(27) ただし Harsanyi 1977 を見よ。

(28) Rawls 1971: 117.

(29) Harsanyi 1958.

訳注

(i) 一八世紀英国の牧師・数学者トーマス・ベイズが示した、条件付き確率にかんして成り立つ「ベイズの定理」に基づく理論。確率の主観的解釈を採用し、新たな情報が利用可能になると事象の確率は改定される。ベイズ推定は現在、幅広く応用されるようになった。

(栗林寛幸訳)

第3章　功利主義の経済的な利用法（1）

J・A・マーリース

一部の経済学者は、代替的な経済政策の評価に際して功利主義者である。いずれにしても、彼らは結果の総効用と呼ばれるものに目を向ける。本論文はこの手続きを擁護したい。（2）まずは例を示すのがよいだろう。

興味深いのは、賃金や給与の高い人々から低い人々へ、どのくらいの所得が再分配されるべきかという問題である。これに答えるため、個人の効用が本人の（税と補助金を考慮した）純所得と労働供給量の関数であるようなモデルを作ることができる。各個人は、所得が自らの労働供給にどのように依存するかを知っているとされ、自らの効用がどうすれば最大化されるかを計算して、労働供給を決定する。こうした労働供給の決定がすべて合わさって、経済全体の産出量が決まる。再分配システムは税と補助金からなり、それが実行可能なのは、経済の産出量が公共支出と民間支出を賄うのに十分な場合である（民間支出は民間の純所得によって決まる）。この試みの目的は、実行可能な再分配システムのうちどれが最大の総効用をもたらすかを見出すことである。

ここは、そうした経済分析の単純化を擁護する場ではないし、ましてやどうすれば改善が可能であるかを論じる場でもない。今概略を述べたモデルの内部でさえ、実施可能な税と補助金にかんする仮定は結果をかなり左右する。この側面については、後に例示の形で戻ってくることにしたい。最初の論点は、再分配政策のこうした分析を実行するために数値効用関数を特定できるかである。

効用関数は、個人の労働供給が効用最大化によって決まるという仮定に一部、縛られる。したがって、労働供給行動を観察すると、効用関数の正しさをいくらか確かめることができるが、それにも限度がある。多くの異なる効用関数が同じ行動を予測するからである。経済学者は、関数を具体的に特定化するとき、快楽から苦痛を差し引いた量を取り扱っていると考えているのだろうか？　もしそうだとしても、彼らは快楽と苦痛を実際に測定する方法を考え出すことに対して驚くほど関心が低い。効用の絶対的単位は知覚可能な最小の改善であるというエッジワースの独創的な提案は、あまり支持されてこなかった[3]。それは個人間比較が可能な測定の客観的根拠を提供するように見える唯一の候補であるにもかかわらず、なぜ効用の測定単位として容認できないかという問題については（私は容認できないと考えるため）、後に戻ってくることにしたい。

センは、功利主義にかんする最近の議論（Sen 1979b）で、「効用は……個人による自分自身の福祉の認識を表現する」ものであると述べている。この定式化は、事実に基づくという特徴を明確に強調するために採用されているものの、適切な定義であるとして多くの経済学者に受け入れられるかもしれない。しかし、ある点でそれは容認できないし、別の点で、意味をもっと精確にすると、やはり容認できない可能性がある。そもそも、他の条件が等しいとして、個人の福祉の自己認識が彼にとっての結果を常に決定するわけではない。先に素描した経済分析では、そうなると仮定されていたが、その仮定は誤っているかもしれない。人々は自らの福祉の認識を誤ることがある。少なくとも、その認識から将来の展望と過去の記憶の明らかな誤りを何らかの形で取り除かなければならない。さらに、ある種の経験はたいてい個人によって正しく評価されないという可能性を積極的に考慮しなければならない。つまり、ある意味で、人々は自分にとって何が良いかを知らないのである。たとえば、多くの人が将来の経験を軽視しすぎると主張されている。このように考え、測定された福祉の修正が経験的に行われる限り、「効用」という言葉で福祉自体を意味する方が、その認識を意味するよりも確かに便利である。センは、おそらく、それでは「効用」の定義としてあまりに弾力的であるとみなすであろうし、むしろ同じような点を指摘するために、結果にかんする非効用情報も時には重要であると述べる。ただし、彼はさらに進んで、個人の実際の福祉にかんする経験的証拠にとどまらない「非効用情報」を認めるであろう。いずれにせよ、私は「効用」をもっと広い意味で用いるし、他の経済学者たちも時にはそうするであろう[4]。

効用が経験的事実に基づくという性質を強調するセンは正しい。それでも、彼の定義は数値測定の方法を理解する助けにはならない。これこそ、この定義を容認できないかもしれない第二の点である。結果を評価する功利主義者の方法がどうすれば具体的な事例において明快な結論をもたらせるか、という点を説明しがたいことこそ、多くの人がこの方法に懐疑的な原因となっている。私の見る限り、効用の測定可能性を実現する方法は唯一である。二つの異なる状態における自分自身を想像する人は、それらの状態で彼に生じる結果のさまざまな組み合わせについて、選好をもつことができる。彼は状態1で生じる二つの非常に似通った結果AとBを比較基準として恣意的に固定することができ、Aには効用ゼロが、Bには効用1単位が割り当てられる。状態2で生じる結果PとQの効用格差は、彼が組み合わせ(A, Q)と(B, P)について無差別なとき、1とする。こうして、状態2で生じるすべての結果の相対的効用を目盛りをつけて測定することが可能で、その正確さの基準はAとBの類似の程度によって与えられる。状態1における効用の測定には同じ手順が利用され、状態2における特定のPとQが基準となる。

これこそ、経済功利主義者が通常、念頭に置いてきたことに違いない。これと同等な効用の測定方法は、アーヴィング・フィッシャー、ポール・サミュエルソン、ウィリアム・ヴィクリー、ジョン・ハルサニー他、数多くの著述に見出せる[5]。この方法が満足のいくものであるためには、以下のことが必要である。

（1）個人が、（さまざまな可能性としての）代替的な自己のもとで生じる結果に対して選好を表明するような状況を見極めること。また、観察者がこの方法を異なる基準結果を用いて適用する場合や[6]、代替的な自己に関して選択が行われるさまざまな状況にこの方法を適用する場合にも、観察者が常に本質的に同じ効用関数を導出すると示すこと。

（2）得られた効用関数が個人間比較の可能性をいかに認めるかを示すこと。

（3）この方法による効用の測定がもたらすさまざまな経済的結果の評価方法がなぜ道徳的説得力をもつのかを説明すること。

以下で私はこうした論点に取り組むよう努める。その後に含意を多少議論して、考えられる反論のいくつかを大まかに取り扱う。論文の最後に要約を行う。

代替的な自己

ある個人の行動計画は、彼が特定の時点および特定の状況で行おうと計画することの総体であるといえる。彼が合理的経済人であれば、選択はある基底的な選好順序に常にしたがうが、それが特定の時期および状況における彼の行為や経験に対して効用数値を割り当てることができる論理的保証はない。先ほど言及したような効用の数値測定の導入を可能にするには、以下のことが必要になる。すなわち、ある特定の状況集合下のある一時点で彼が行っていることにかんする彼の選好が、他のあらゆる時点および状況で彼が計画することから独立でなければいけない。ある人の選好がこの程度の（経済学者のいう）分離可能性を示すとき、彼の選択は、彼の人生のさまざまな時点および可能な出来事において生み出される効用の何らかの関数を最大化するものとして表現できる。記号を用いれば、彼は $W(\ldots u(c_s, s), \ldots)$ を最大化するといえる。ここで、c_s は状態 s における彼の「消費」（彼が行うことすべて）を表し、s は彼の人生において可能な特定の一幕における、ある短い時期を指す。

多くの人がこのモデルに合う選好をもつ可能性は低い。複雑な総体としての人生にかかわるあらゆること（習慣、記憶、将来の行為に向けた準備、予期、達成と失敗など）が無視されているように見える。しかし、ある状況での選択が他の状況での結果にまったく間接的影響を及ぼさないとしたら（たとえば、その状況での消費が予見されることも記憶されることもないとしたら）、彼はその状況で何を選ぶだろうか、と彼に考えてもらうことは想像できる。彼には、消費財や労働活動といったより明らかな選択のみならず、代替的な記憶、社会的背景、将来展望からの選択を考えてもらうことさえできるかもしれない。こうすれば、異なる状況下の代替的な自己の消費に効用を割り当てることを期待できるのである。こうした思考実験を行う個人が分離可能な選好をもつかどうかは、実証の問題として残される。おそらくは、もつというのが妥当であろう。というのも、ある状況で起きていることは、実験の条件からして、他の状況での経験とは無関係だからである。この思考実験を行う可能性が、効用の何たるかを示している。ここに含まれる主張は、私にとって良いことが、異なる状況での経験、より広い文脈における経験はもとより、時間と場面に結びついた経験に分解できるということである。

標準的な功利主義はもう少し要求が厳しく、その方法では、個人的選好を効用の関数としてのみならず効用の総和として表現できることが要求される。これが当てはまるのは、任意の二つの状況での消費に対する個人の選好を合わせると、彼が他の状況に対して計画していることから独立な場合である。このように、要求されるのはより強い定式化であり、別の時点ないしは異なる場面でこれから起こることは、記憶や予期などが影響を受ける場合を除いて無視しなければならないという原則である。これは実証的な主張であるが、普通の日常生活を送っている人々の行動にかんする主張ではなく、いずれにせよ完全にそうであるとは言い切れない。この主張が対象とする選好は、人々が直面することになる人為的な選択を彼らがはっきりと理解し、そうした選択が彼らにもたらす帰結を素直に観察し認識するとした場合に彼らがもつはずの選好である。たとえば、将来的に忘れられるような経験は、たとえ計画が早い時期に作られるときでさえ、さらに後の時点での活動に対する選好にはまったく影響を及ぼすべきでない、と私たちは断言するかもしれない。実際にそれらは影響を及ぼさないと主張できれば、功利主義にとっては都合がいい。この見方を支持する証拠は、主として、それほど忘れられやすい経験が後の時点での選択を左右するのはきわめて理不尽に思われるということである。

私の主張は、効用には意味が与えられるべきであり、かりにそうだとすると、それは個人の選好の観点からでなければならない、というものである。しばしばいわれるのは、功利主義の見方が、人々をまるで合理的経済人のモデルに合致するかのようにみなす、ということである。もちろん、人々はそのモデルに合致しないことが多い。人々は、かりに注意深く、冷静に、事実を完全に知ったうえで、何をすべきかを考慮し、自ら決めたことを実行できたならば行わないようなことを、実際には数多く行う。熟慮された選択のみならず、経験が行動を決定するのである。しかし、私たちは次のように問うことができる。人々は、かりに単純な合理的選択モデルにうまく合わせることができて、各自にとって何が最善であるかを判断する基準としてそれを使えるとしたら、いったいどうするだろうか。

記憶や予期などにかんする困難が原因で、経時的な効用の総和の最大化を目指す合理的人間のモデルは不適切に見える可能性があるが、そうした困難の多くは、(異なる境遇のもとで個人が送ることになる人生を本人に選んでもらう)不確実性下の選択を考えれば回避される。このように効用を推定する方法は、多くの先行研究の主題になってきた。[7]可能な世界に対して確率を割り振ることは、結局のところ自然であるし、消費者はよく考えられた保険契約に実際に加入することもある。とはいえ、多くの状況において、不確実性下で実際になされる意思決定は、関連する確率に明らかな疑問がない場合でさえ、効用モデルにあまり合致しないように見える。[8]これは驚くべきことではない。というのも、不確実性下で意思決定を行う技術はまれで、訓練を要するものだからである。代替的な自己(そのうち一つだけが実際に実現する)についての確率的なくじの選択を考慮する利点は、一部の代替的自己のために計画されることが、その他の代替的自己に起こることにかんする熟慮された選好におそらくまったく影響しないだろうということである。後悔のような感情は割り引かなければならない。それでも、効用の計算に必要な思考実験を行うことは可能なはずである。

代替的な不確実な結果の間での選択を考慮すると、代替的な人生の総体としての効用を定義して測定することができるが、多くの目的にとってより有用なのは、先ほどの議論で示唆したように、人生の一部の時期に効用を割り当てることができる場合である。ある一群の場面の選択肢を考慮するだけで効用を導出できるのであれば、くじの選択が一生涯にわたる効用の総和の数学的期待値を最大化しないとしたら残念であろう。繰り返すが、それが最大化される論理的必然性はない。先に言及したものに似た独立性の性質が要求されるのである。(9) 特に、ある一時点での二つの可能な自然状態における結果に対する選好は、他のあらゆる自然状態と、それらの自然状態における他のあらゆる時点のために計画されることから独立でなくてはならない。また、同様に、ある自然状態の二つの時点における結果に対する選好は、他のあらゆる計画から独立でなくてはならない。私が判断できる限りにおいて、この独立性の性質を仮定しても、実生活の状況で慎重に考慮された消費者の意思決定の観察結果に著しく背くことにはならない。先の事例と同様に、無関係な事柄が合理的選択に影響を与えることは認められないということはもっともであると思われ、したがっておそらくは真であろう。もちろん、ある種の証拠が累積してくれば、こうした仮定を維持するのは困難になるかもしれない。そうだとしたら、もっと弱い種類の独立性が合理的選好に当てはまる可能性を念頭に置くべきである。その場合、効用を定義してその測定方法を示すことは依然として可能であろう。しかし、個人は効用の総和ではなく効用水準の何か他の関数を最大化するのが最善であろう。功利主義の再構築が要請されるとともに可能となるのである。

個人の行動から効用を推定する前提は、ある程度、人間が不変の選好をもつということである。この仮定は事実に反するといわれることがある。消費者が表明する嗜好の多くは、影響を受けやすいように見える。広告は嗜好を変えるのか、あるいは消費者が自分自身の嗜好についてもつ知識を何らかの方法で変えるのだろうか。いずれにしても、どうすればそれを見定める希望をもてるのか？　重要な問題がかかわっているとき、私たちは自らの選好に確信をもつことが非常に難しいと感じることが多くないだろうか？　嗜好がすべて気まぐれであるとしたら、そのデータは大事な道徳的判断の基礎にできるようなものではない。こうした論点はもっと大きく取り扱う価値があるが、確かに期待できる結論は、ほとんどの人が多くの可能な選択に対して確固とした選好をもち、同時に、多くの選択に対して、功利主義者が望むような強固あるいは確実な選好をもつことはない、というものである。功利主義は、使えることもあるが、常に使えるわけではない。この主張は後の節で詳しく説明する。強調すべきは、自らの嗜好にかんする不確実性、そしてそれゆえに（広告主からであれ、音楽評論家からであれ）示唆を受け入れる態度は、確固たる選好が存在しない証拠にはならないということである。タージマハルへの訪問がどんなものになるかわからなくても、いったん到着すれば、嗜好にかんする不確実性ははるかに減少するのである。

とはいえ、効用を個人の嗜好に完全に依存させるのは正しくない。効用の意味と効用関数の計算は、原則として個人的選好から導かれるが、ある人にとって良いことにかんする確信が、揺るぎないものではあっても間違っているような場合を認めることができなければならない。私の選好を定式化する際、私は、金銭が多いほど常に人の状態は良くなるという慣習的な見方から逃れることができないかもしれない。それでも、ある線を超えると、金銭は（他の点では）似たような個人をアルコール中毒や自意識過剰その他の、私が（理解をしたなら）嫌悪するような現象に導くという確かな証拠があるかもしれない。そうした事実は効用関数に影響を及ぼすはずである。私の既存の嗜好を正確に表現する効用関数の修正を支持する議論を押し進めることは、原則として筋が通っているに違いない。ある人にとってより良いであろうことを、本人がそう認識していなくてもやるように促すことは、原則として妥当でないはずがない。しかし、十分な理解があれば、彼は変更された効用関数、いやむしろ基底的な選好の正しさを受け入れるようになるだろうというためには、何らかの根拠がなくてはならない。個人の嗜好を押しのける試みに話題が及ぶやいなや消費者主権の擁護に飛びつく人たちには、後の節で政策の手続きを論じるまで待ってもらわなければならない。議論がまの現段階では、結果の評価だけを考慮している。個人の選好を完全に尊重するような道徳的評価を支持する議論がまったくない場合でも、個人的選好を尊重する手続きを支持する議論があってもおかしくはないのである。効用の定義の仕方を見ると、最小限の知覚可能な改善という単位で効用を測定するという提案がなぜ受け入れられないかがわかる。多くの場合、音楽の演奏のかすかな改善は、飲み物の量のかすかな変化よりも私にとってはるかに意味が大きい。これを無知な、もしくは熟慮を欠く選好であるとみなす理由はない。選好の強度と知覚可能な段階の数の間には、たとえ一個人を切り離して考慮した場合でも、もっともらしい結びつきはないのである。

個人間比較

個人にとっての効用を構成したので、次にそれを適用し、同質的個人からなる社会における結果の評価に進むことができる。(10) そのような社会は理論モデルとしてのみ存在する。それはほとんど重要性をもたないといわれることが多い。「社会厚生を評価するいかなる真摯な試みも、個人の選好パターンの違いを考慮すべきである」(Pattanaik 1968)。もしもこの見方が、同質的個人からなる社会モデルは社会政策の道徳的評価にとって無意味であるということを含意するとしたら、きわめて誤解を招きやすいと思われる。本節では、少なくとも三つの理由により、もっとも単純な社会的選択のケースが重要であることを主張する。

第一に、このモデルは見かけよりもはるかに現実世界に近づけることができる。それは、現在の文脈ではかなり明白であると思われるアイデンティティの概念を拡張して、同型性（isomorphy）という概念に広げることで可能になる。後に可能性が示されるように、年齢、技能、性別、体力、文化といった理由で一見きわめて異質に見える諸個人を、にもかかわらず、社会的判断という目的のために同質的であるとみなすのである。この同質的アイデンティティは、同様な経験を同様な経験に関連づけ、異なる個人の間に同型性を設けることによって実現される。こうすれば、論文の冒頭で示唆した所得分配のような論点に対して、功利主義の方法を厳格に適用できるのである。

単純なモデルの第二の（いくらか重要性の低い）用途は、個人が、同質ではなく同型でもないが、かなり似ているような、より複雑な世界を近似することである。より複雑な世界に対して下されるはずの判断は、より単純な世界についての正しい判断に似ていなくてはならない。

単純なモデルが役に立つ第三の理由は、他の道徳理論に対して試金石を提供することである。同質的個人からなる単純な世界で、功利主義がどのような結果の選好を指示するかについて、かりに同意が得られるとしたら、この特殊な事例においては、受け入れ可能ないかなる道徳理論も同じ結論にいたらなくてはならない。モデルをこのように利用すると、功利主義の標準的なライバルの却下につながると私は主張する。

同質的個人からなる社会での功利主義の議論は以下のように進められる。(11) 諸個人のうち誰にとっても、彼の効用の総和は、彼の代替的な自己の生にかんする熟慮された選好を記述する。したがって、彼自身だけのために結果を選ぶ（他の全員にとって結果は同じである）際に、彼は最大の総効用を伴う結果パターンを選ぶべきである。個人は同質的であるから、彼自身の一つの自己に生じる完全に記述された結果と、対応する状況下で別の個人の自己に生じるそうした結果とで、扱いを変える理由はない。大雑把にいうと、すべての個人の総体を一人の個人とみなせるのである。したがって、社会の総効用、すなわち別々の個人の総効用の和こそ、社会全体に生じる代替的な結果パターンを評価する正しい方法になる。それがこの社会の任意の個人の見方となるはずであり、したがって、いかなる外部観察者の見方にもなるのである。

この議論の三つの段階は、どれも論理的に必然的な含意ではない。第一の、選好から個人的価値へという段階は、センによって異議が唱えられてきた。(12) 彼の示唆によると、たとえば、人は自分自身の人生において、総効用を最大化するよりも効用が平等に近い方が適切であると考えるかもしれない。私の理解では、センの効用は私とは異なる方法で定義されているが、私は異なる方法があると納得したわけではない。私が示してきたような社会での議論の第一段階にセン流の議論が適用されるとしたら、私は個人の選好と衝突する懲罰的道徳として「道徳的直観」が登場する際には反対したい。そうした直観は道徳的ではなく、抵抗すべきである。平等については、さらに述べるべきことがあり、後に戻ってくる。

議論の第二段階は不偏性と普遍化可能性の表現であり、これは道徳の問題においてきわめて重大であると私は考えている。もちろん、自分自身や自分の家族に対する忠誠心が特別な重みをもつべき場合があり、明示的ないし暗黙の契約や約束（これが時に効用をもつことは誰でも同意するだろう）がない場合でさえ、そうである。しかし、これは個人が将来の経験、理解、行動への影響を考慮して適切にふるまう方法と関係があると私には思われる。つまり、私たちは結果の評価ではなく、手続きの領域にいるのである。公共政策の結果の評価に際しては、忠誠心やその他の種類のひいきは排除すべきである。(13)

議論の最終段階は、道徳原理をあたかも賛否の問われる提案のように扱い、拒否が（ことによると一人の拒否でさえ）道徳原理を無効にすると示唆しているように見える。通常の考え方によると、トムはAが正しいといい、ディックはそれが間違っているというとき、彼らは意見の一致を見ていないことになる。この思考法を評価する一つの理由は、トムとディックに対して、彼らの根拠と議論および「意見の相違」の源泉を検討するように促すからである。しかし、もしそうした効果が違った形で認識されるとしたら、なぜ価値の論理が事実や演繹の論理と同じ法則にしたがうと主張することが有利なのかを見て取るのは難しい。無条件な「良い」ではなく、「トムの意見では良い」という言い方をある程度受け入れるのはもっともで、望ましいことでさえあるように思われる。この姿勢からすると、道徳的判断に（「真剣な熟慮」を経て）一致が見られた場合には、その意味で一件落着すべきである。議論の最終段階に説得力があると私が考えるのはこうした理由による。

これから議論を拡張して、同型の個人からなる社会のモデルを扱えるようにする必要がある。二人の個人が同型であるとは、彼らの状況を記述する変数に変更を加えることで、彼らを形式的に同一の言葉で記述できる場合である。同型性のもっとも単純な例は、異なる時点や（おそらくは）異なる場所に生まれたということ以外はまったく同質な個人で、これは議論の余地なく受け入れられる。より議論の余地のある例を挙げよう。

①力の強い人は力の弱い人と同質であるとみなせるかもしれない。唯一の違いは、前者による（後者と）同じだけの主観的努力が二倍の力を発揮するということである。

②子どもは大人とみなせるかもしれない。ただし、この大人にとって、アイスクリーム一単位の消費は「通常の」大人の二倍を意味し、静かな会話一単位は半分の意味しかもたない、というようなことが消費のすべての側面に当てはまる。この同型性は消費者行動の計量経済学的分析で一般に用いられ、「家族等価尺度」の作成と解釈にとって重要である。(14)

③高額の年収を得ている人は、彼の勤労所得の半額を得ている別の人と同型性の点で関連づけられるかもしれない。前者は一（英国）ポンドを稼ぐのに後者の半分の時間しかかからないという点を除いて、彼らはまったく同質であると仮定するのである。最初に手短に述べた再分配モデルでは、モデルと現実との間に、依然として非常に大まかではあれ、適切な対応がこうして得られている。

複雑な現実においては、個人が多くの重要な点で互いにまったく似ていない、ということに一般的な合意があるが、そうした現実を描くため、変数の適切な変更によって個人が互いに同型となるような形式的モデルに写し出すという考え方は、最近の経済学でかなり強力であることがわかってきた。この手法には限界がある。経済政策のあらゆる重要な問題がそうしたモデルで取り扱えると主張することはできない。多くの問題を取り扱えるだけである。それが可能な場合には、功利主義が政策を評価するための方法を提供する。

個人間に同型性を設けることが可能であるからといって、自動的に彼らの効用関数が比較可能になるわけではない。個人は異なるため、ある人は豊かで別の人は貧しく見えることを識別する何らかの方法があるという事実それ自体によって、効用関数をあらゆる種類の方法で結びつける数学的可能性が開けてくる。これを行うためには、簡単な定式化が必要になる。あらゆる個人にとって、効用は可処分所得、労働所得、および労働効率性の関数であると仮定しよう。さらに、労働所得を労働効率性で割ったものは異なる人々にとって同じものを意味するとして取り扱う同型性を利用したい。このとき、効用関数は以下のように書ける。[15]

$$u\left(x, \frac{z}{n}\right) \quad x = \text{可処分所得、} \quad z = \text{労働所得、} \quad n = \text{労働効率性}$$

しかし、なぜ代わりに以下のように書くべきではないのだろうか？

$$nu\left(x, \frac{z}{n}\right)$$

二人の個人は依然としてxとz/nにかんして同じ選好をもっているため、二つの手続きを区別できる経済的・経験的方法はない。私は、第一の方がはるかに適切な手続きであることに疑いをもたない。つまり、同型性は似たような経験を結びつけるという信念には何らかの根拠があると私は思うのである。豊かな人と貧しい人の二人のz/nが同じとき、同じxは主観的な気持ちで両者にとって同じ意味をもつ。具体的な例は、これが通常よりも容易に解決できる問題であると示唆するかもしれない。一部の経済学者は、可能な選択肢を考慮してからというよりは不注意によって、特定の効用対応を選択したように見える。だからといって、知的な選択を可能にする証拠がないことにはならない。これは経験的な問題であり、経済学者がよく利用するような証拠は関係がない。

経済モデルを現実社会の不完全な描写と考えると、どうすれば功利主義が非同型の個人からなる社会について何かいえるかということも示唆される。かなり似ている二つの経済では（たとえば、一方が他方の簡略版である場合）、結果を評価する仕方もかなり似ていなければならない。より正確にいうと、評価の方法は、社会を構成する個人の集合の連続関数でなければならない(16)。したがって、個人が同型であるような、簡略ではあっても一見かなり似ている社会に適用される評価の方法を強く拒絶すべきではない。

功利主義を非同型の個人からなる社会に拡張するための方法は存在する。自分自身が他者となる状態を個人が正確に想像できる限り、各個人は、すでに述べた方法によって、自己の価値観に対する基礎を選好にもつ。普通の白人の大人にとって、自分自身が子どもや天才や黒人である状態を想像することは、すでにそうなったのでない限り、難しいかもしれない。ただ、そのことは原理には影響しない。難点は、（注意深く賢明ではあるが）異なる個人が彼らの選好においておそらく発見する異なる効用関数の取り扱いを決めることにある。これは後に論じる。ここで私が述べたい点は、非同型の個人からなる社会を取り扱うために、いかなる一般的な評価方法が提案されようと、それは社会が同型の個人からなる場合、功利主義と整合的でなければならないということである。明らかに、これはロールズが推奨するマキシミン基準や、より洗練されてはいるが厳密さに欠けるその変種には当てはまらない。

興味深いことに、マキシミン型の理論が陥る困難は功利主義の困難よりも深刻に見える。やっかいなのは、大人と子ども、賢い人と愚かな人、障がいがない人とある人、というような代替的な自己に生じる結果に対する選好を利用して、特定の結果のもとで二つの自己のうちいずれが高い効用を享受するかを判定することが常には可能でない点である。相対的な限界効用は選好から推定できるが、相対的な絶対効用については不可能である。私に腕がなかったら、金銭がどれほど助けになるか、ということを示すことは可能であるが、私が確率を左右できない限り、腕の喪失を避けるために私がいくら支払うかを示すことはできない。したがって、いずれの自己の方が良い状態にあるかという主張を、選好を顕示する市場行動によって（不完全にさえ）検証することはできない。実際のところ、そのような主張の意味自体が疑わしい。思うに、そうした主張には、個人の間に何らかの同型性が存在するという暗黙の信念が含まれている。

平　等

かなりよく知られているように、功利主義では、一般論として、同型の（ただし完全に同質ではない）個人からなる社会で効用が平等になる必然性はない。功利主義の手続きに暗黙に含まれる待遇の平等は、結果の平等ないし結果の平等な評価さえ保証しないのである。例を用いて、どのようなことかを示そう。二個人（トムとディック）からなる社会を考える。彼らの効用関数は同じで、所得および労働時間の関数である。所得は生産物に対して支払われ、生産物は二人の労働に由来する。トムの労働一時間はディックの一時間の二倍を生産する。効用は限界効用逓減の法則にしたがい、所得が多いほど追加的な所得の価値は小さく、労働時間が短いほど追加的な余暇の価値は小さくなる。さらに（一見して現実的であるがゆえに）もっともなのは、所得が多いほど所得の代わりに余暇を取りたがるだろうという仮定である。[17] 功利主義によると、この社会の理想状態では、トムとディックが一定の量を働くように要請され、一定の所得を手にし、それ以上に生産物を一単位追加的に生産するとどちらの個人の効用も同じ量だけ減ることになる。

かなり容易な経済理論によって以下のことを示せる。①生産性の高いトムはディックよりも長く働くべきであるが、②トムの所得はディックの所得よりも低くなければならず、さらにいえば、③トムの効用はディックの効用よりも低くなければならない。[18] 原理は、もちろん、「能力に応じて徴収し、必要に応じて分配する」であり、功利主義はこの再分配がきわめて急進的であるべきだと推奨する可能性があることがわかる。間違った反応は、道徳的直観に合わないとして功利主義を却下することである。私はというと、この単純な経済問題について、道徳的であろうとなかろうと事前に直観をもたなかった。とにかく、事前の道徳的意見や信念に訴えるのは不適切である。かりにも功利主義が有益な道徳理論であるためには、その結論に時には驚かされるくらいの方がよいのである。功利主義的議論の結論を直観が拒絶するということは、特に見落としていた考慮事項についてその議論を点検するもっともな理由になりうるのであって、却下の理由にはならない。

この例に対するより興味深い反応は、結局、人間社会の重要な特徴の表現を意図しており、次のように指摘する。すなわち、功利主義的政府のもとで、トムは、利己的にふるまうとしたら（彼が何と言い張ろうと、その可能性はあり）、ディックと同程度の生産性しかない振りをするだろう。それは彼にとって難しくないはずである。したがって、提案される配分は、トムの状態がディックよりも悪くなってはならないという制約（トムが自分の生産性を偽る誘因をもたないようにすること）のもとで、二人に同じ効用水準を提供するものとなる（ただ、トムは依然としてディックよりも長く働く）。これこそ、功利主義が平等を勧める可能性のもっとも高い方法である。つまり、誘因を損なわない最低限の方法である。誘因が積極的に維持されるべき場合（たとえば、政府がトムとディックを識別する方法が彼らの選ぶ生産量のみであるため、より多く働く方（トム）が労働時間を減らしてディックの所得で満足するようなことがあってはならない場合）、不平等は逆転する可能性があり、生産性の高い方の効用が高くなる。

この例が強調するのは、功利主義があらゆる種類の不平等につながる可能性である。あらゆる点で似ている（たんなる同型ではなく真に同質的な）個人の間の不平等を勧める可能性さえある。理論的には、所得税をランダムに課すことが総効用を増加させることすら可能である[19]。この手の込んだアイデアの元にある単純な考え方は、オールが一本しかないボートで漂流している二人の人物は、両者ともボート漕ぎが好きな場合であっても、ほとんどの食べ物を漕ぎ手に配分する方が賢いだろうというものである。

多くの人が不平等の影響を受け、不平等に対する好き嫌いをもつことは事実である。したがって、社会の不平等は人々の効用に影響を与え、ある場合はそれを増加させるが、ほとんどの場合は減少させると思われる。私の知る限り、こうした効果の大きさの推計は存在しない。それどころか、人々が気にするような種類の不平等を定式化するという問題に取り組んだ経済学者はほとんどいない。統計学者や経済学者が開発した不平等の指標は、統計学者や経済学者によって注意深く周到に検証されてきたが、現実とのかかわりを検証されたわけではない。それらのうち、かなり具体化されている（が厳密には定式化されていない）相対的剥奪という観念にうまく対応するものは一つもない。[20] 人々がいかなる種類の不平等をどのくらい気にするかがわからない一つの理由は、外的事実が効用に及ぼす影響を見定めることが概念的に困難だからである。おそらく、可能なのは、不平等の増減に対してどれくらい支払うつもりがあるかを自分自身や他人に問うことくらいでしかない。不平等が効用に及ぼす影響の実証分析が試みられない別の理由は、選好から価値観を区別する困難である。不平等は、羨望、自尊心、あるいは富裕層や貧困層の行動に合わせて調整する不快感を誘発することにより、道徳的に鈍感な人たちにも影響を及ぼす。しかし、こうした感情は必要な内省を綿密に行えば次第に消えうせる傾向がある。他方、多くの人は道徳的配慮の結果として不平等を嫌悪し、この嫌悪は内省によって増大するかもしれない。これは選好の一側面だろうか、それとも効用の推計には関係のない価値観の問題なのだろうか？　こうしたことはすべて、不平等が効用に及ぼす影響の推計の実際的困難を強調する。不平等を別々かつ追加的に考慮すべきであるということにはならないのである。

不平等は、拷問や奴隷制と同様に、強烈な道徳的・政治的感情を引き起こす。不平等について表明される価値観は、知的・社会的・政治的コミットメントの体系内部の道徳的な健全さの試金石となる。よって、適切な結論を導き出す保証がないような道徳計算に自らコミットすることを恐れる人がいるかもしれない。具体的な政策へのコミットメントが、影響力と行動のために必要となるかもしれない。しかし、政策評価の方法を考える際には何事も当然視してはならず、すべてを批判的分析の対象にすべきである。不平等はいずれにしても分析されなければならない。なぜなら、それはどのようなものなのか、つまりどのように測定されることになっているのかが事前にはきわめて不明瞭だからである。これが明らかにするのは、おそらくいずれにしても自明の要請であり、不平等の劣悪さを何か他のものから導き出す必要性である。それが不平等の不快さではなく、再分配が効用を増す効果でもなく、厄介な誘因効果でもないとしたら、いったい何であろうか？

これらの考慮では不平等の取り扱いが不十分であると思われないように、私は進んで認めるが、個人的効用に及ぼす直接的影響の他にも、不平等が経済政策の満足な分析に取り入れられる方法は存在する。公的および私的な意思決定過程は社会の不平等に影響を受ける。そのため、経済政策の手段と効用測定の対象となる結果の結びつきは、不平等の程度と種類によって変化する。私が念頭に置いているのは、中期的に資源が必要なところへ資源の移動を促すための税控除が、利益集団に、後にそうした税控除の廃止に抵抗するための資源を提供するということである。周知のように、不平等は狭い利益を追求する権力の集中と結びつく可能性がある。

この種の考慮は、マキシミン厚生関数のような効用の平等化を目指す社会的最大化目標内で効用を組み合わせても、けっして把握できないであろう。効用の平等を重視するための、それほど極端でない方法が数多くある(21)。それらは論拠をもたず、なぜなら、単純な功利主義に見出せるいかなる欠点にも対処していないからである。単純な功利主義は不平等の不快さや権力の分配に対する影響を無視する。いずれにしても、不平等のこうした外的影響はかなり小さいかもしれない。私たちのほとんどは、たいていの場合、不平等や自分の相対的位置づけを完全に忘れる。経済学者が現在の標準として扱いがちなモデルを変更するためには、かなりの経験的な議論と証拠を要するであろうし、要するべきである。

こうした議論はいずれも、人々の効用が財の分配の不平等に対して示す嫌悪は軽度だろうという主張を意図するものではない。冒頭では功利主義が不平等の望ましさを示唆すると述べたが、効用の不平等の最適度はかなり小さいかもしれない。それは代替的な自己に対する選好を記述する効用関数の形状に依存する。もしも人々が（賃金や家族に対する責任に応じて）異なる自然状態の自分自身に対して異なる水準の福祉を計画することを非常に渋るならば、基準としての効用の総和は、所得の不平等、さらにいえば効用の不平等をかなり嫌悪する傾向を示すことになる。思うに、人々のふるまい方は、運命の大きな変動（賭け事で昂奮を求めたり、適切な種類の保険を十分に掛けたりしないことによる）をあまり嫌悪しているようには見えない。その理由は、彼らがこうした分野に不案内で、あまり合理的ではなく、いずれにしても保険会社が提示する契約条件に当然、懐疑的だからである。彼らが冷静に考える選好は、はるかに不平等回避的であろうし、それは新たな生活水準への調整に費用がかかるという（社会的効用とは無関係な）理由だけによるものではない。

異質な個人

人々が（かなり）異なる効用関数をもつような社会について、結果を評価するための納得できる方法を功利主義（ないしは他の何か）が提供できたら便利であろう。しかし、慎重かつ批判的で十分な情報に基づく検討の結果、自分たちの効用評価は本質的に異なることを見出した諸個人が、道徳的に納得できる社会的決定関数へと彼らの道徳的意見を集計させる方法を考案するのは難しい。トムが良いと考えることやディックが良いと考えることから絶対的な善を推定する方法は存在しない。社会的決定関数は、議論を短縮するための装置にはなりうる。なぜなら、さらなる議論と熟慮に基づく同意を希望して決定を先送りし続ければ費用がかかりすぎることに意見が一致しうるからである。集計装置がその目的にふさわしいものであるか否かの基準は、個人の嗜好を社会厚生の評価にまとめあげることに適した方法の基準とはかなり異なる。

凝り固まった立場を捨てた人々や、少なくとも心の広い功利主義者たちの間で、議論やさらなる検討を続ければ、社会的結果に対する評価の違いは減る傾向にあると思われる。「二人の人間が半時間も一緒にいれば、必ずどちらかが明らかに優位に立つようになる」というジョンソンの原則があるが、私はこれを通じた合意達成の有名な社会生物学的方法に依拠しているわけではない。むしろ、私たちは、効用にかんする議論が以下のような形をとることを想像できるかもしれない。

トム：私は自分の年金と貯蓄、そして自動車保険と投資について、非常にまじめに考えてきた。それでわかったのは、消費の平方根が、現在も将来も、私が健康でいる限り、私の効用を正確に表現するということだ。(22) もちろん、ディック、君は私とはかなりタイプの違う人間で、あまり長くは眠らずに、宴会などを開いて楽しむ。私は自分が君だったらどう感じるだろうかということを考えてみた。たとえ君は田舎での長い散歩をあまり楽しまないとしても、金で買える物事からは君の方が私よりも大きな効用を得るだろうと思う。そう考えると、君の効用は消費の平方根の一・二倍だろう。

ディック：君は親切にも私に二割増しを認めてくれるが、ああした大きな宴会がしばしば私にとってどれほど退屈かということに君は気づいていないと思う。かりに消費の平方根に同意できるとしても、私としては、金銭的必要については一割で十分だ。けれども、私の効用は消費の立方根に比例するようで、私には、君であることがそれにいかなる違いをもたらすとも思われない。たんに、金で買える物事を楽しむために費やす時間が少し短くなるだけだろう。平日に消費を追加して得られる私の楽しみは、実際、君の平方根関数が示唆するよりも速く低下するし、私はその効用関数が示すほど投資にかんして多くのリスクを冷静に取るわけではないのだ。

トム：まあ、人は私が思ったほどには互いに似ていないらしい。君のおかげで気づいたけれど、君の消費の急な落ち込みが君に及ぼす影響は、私の場合よりも大きいのだ。君の効用関数には立方根がふさわしいことは納得した。これでやっと、一割か二割かで意見が分かれた理由がわかったよ。よくある社交辞令ではなかったのだ。結局のところ、私たちはまさに功利主義者だ。私には昇給前の昨年の消費が頭にあっただけだ。いま私たちはどちらも年収が一万ポンドだから、消費をペニー単位〔一ポンドは一〇〇ペンス〕で計ることにすれば、どちらも百万長者となって、消費の平方根を私の効用に、立方根の一一倍を君の効用にすることができる。(23)

ディック：いいけれど、ハリーはどうなる？　彼の効用関数は年収五〇〇〇ポンドで最高に達するといい張るし、それより金があっても生活は良くならないことがわかるともいっている。私には、彼が本音をいっていて、実際そうふるまうこともわかるが、ばかげているなあ。

こうして、理性的な人たちは合意に近づく傾向があるだろうが、その必然性はない。ハリーが問題となるのである。どうやら、事実について、あるいは事実がどのように経験されるかについて、意見が食い違う可能性がある。意見が食い違うときは、速やかな妥協が正しい答えとなるように見える。正しい答えは存在しないのだから。

未解決の判断

功利主義の方法がすべての問題に答えるわけではない。この宇宙がいつまで続くかという予想よりも、腎臓の透析装置への支払い額について、私たちがより良い判断を下せる立場にあると考える根拠があるだろうか。多くの道徳的問題について答えがわからないということは、体系的な手続きを開発する一つの理由になる。しかし、分析を試みた後でさえ、わからないという答えが正しい可能性はある。二つの例として、障がいをもつ人々への対応と最適人口の問題を挙げることができる。

不平等についての講義（Sen 1973）で、センは障がいのある人とない人の間での資源配分に注目している。もしも障がいのある人の福祉が（たとえば一生、昏睡状態にあるため）いかなる方法でも改善しないとしたら、その人にはそれ以上資源を移転すべきでない、と功利主義者は難なくいうであろう。議論の連続性により、障がいのある人が（たとえば一日のうち一分間しか意識がないため）人生を楽しむ能力が非常に低い場合、彼に提供される資源はかなり少ない、ということを功利主義者は検討する覚悟がなくてはならない。私は、自分がそのような状態にあり、自ら配分を制御できるとしたら、自分に対してそうした資源配分を行うであろうから、他者についても同じ見方をすることになる。しかしながら、障がいの事例はほとんどが不明確である。他者の状況が自分と非常に異なるとき、他者の身になることは難しい。それがどんなことであるかについての自分の信念が正しいかどうかを確かめる優れた試験がないのである。判断を下すことを拒否するとしても、理不尽ではなかろう。すると、障がいのある人がどうなるかを気にすべきではないことになる。何が正しいのかは他の人々が知っているかもしれないが、たとえ知らないと思われる場合でも、意見の根拠となるものがないので、彼らが行うと決めたことには一切反対できない。比較のための最大の望みは、部分的同型性である。状況により人々は似ているが、一部の人は障がい状態への変化を理解するための良質な情報をもっているのである。

極端な提案（国民生産の半分を視覚障がい者に充てるが、聴覚障がい者には皆無）を考えてみると、障がいについての完全な無知という立場は維持できないことが強く示唆される。むしろ、障がいという経験の性質をめぐる不確実性は、確率という手段で表現されるべきであり、効用の数学的期待値が効用の測定基準として用いられるべきなのである。しかし、この例は道徳的無知の含意を示すのに役立っている。

人口規模の変化の場合[24]、道徳的無知こそ、ほとんど反論の余地なく正しい立場であるように見えるかもしれない。人数の異なる社会状態の比較に関連する選好情報を得るには、個人は代替的な自己の数が変化するような思考実験を行い、二つの立場のどちらを選好するか決めなければならない。これは生存期間の選択問題を純粋化したものであると思われる。この問題を考えるとき、それが経験の数の変化ではなく自分自身の人生であるという考えに煩わされないことが可能であろうか？　人生の一年分の価値というものは、議論の対象となり[25]、推計され、〔英国〕道路研究所による費用便益分析に利用されてきた。もしもそれを決定することができて、家族への影響などと混同することがないならば（実際には混同されるが）、異なる人口規模を評価する功利主義的基礎が得られることになる。

人生がもう一年あった方がいいか、したがって世界の人口がより多い方が望ましいかどうか、については決定できないとする立場が理にかなっていると私には思われる。ただ、この立場への全面的な依拠は理にかなわない。至福のもう一年は好ましい。他者を拷問する一年は間違いなく悪い。これに対応して、高い生活水準の人がより多いのは好ましく、非常に低い生活水準の人がより多いのは悪い。特に、世界の人口はすでに多過ぎると主張できるかもしれない。ただし、適正な値になるまで誰も子どもをもってはいけないと主張するわけではなく、世界人口の最適規模を知ることができると主張したいわけでもない。しかし、このような非常に難しい事例においても、人生の価値をめぐる包括的な研究によって、問題に対するあまりにも率直な意見は維持するのが難しくなるかもしれない。

手続きと結果

功利主義者は、自らが信じるようになった効用関数が経済政策を左右することを実際には主張すべきでない（たとえその力があるとしても）数多くの理由がある。私は（他の人たちと同様に）効用関数の推計において、証拠を見落としたり、単純な計算間違いさえ犯したりして、確率的誤差を生じさせたかもしれない。自分と似ている人々を好意的に見たり、偏見の目で見たりする傾向すらあるかもしれない。私が見るところ、私の評価を普及させるには費用がかかる可能性がある。私自身による評価（最初の二点を考慮したとしても私が正しいと思う見方）の影響力を増すためには、他者の熟慮された価値観、あるいは嗜好、感情や気まぐれの影響力にさえ、ある程度は同意する必要があるかもしれない。これらはすべて他者の見方を考慮すべき理由である。そしてこれらは、外部の観察者が、すべての個人の評価の影響を受けた評価を採用すべき理由でもある。少なくとも最初の二つの理由は、ある社会に生じる結果の評価が、その一員でない人たち（たとえば、大昔に生きた人たち）の評価に（場合によってはかなり強く）影響されるべき理由でもあることに注意しよう。こうしたことをすべて考慮した結果、私の結論として、功利主義者は独裁に（たとえ善意の独裁であっても）賛同すべきではなく、逆に、さまざまな評価の間で妥協する方法を支持すべきで、特定の評価をどれほど重視するかは、その基礎となっている議論の質にかかわる。直観、権利に対する信念、世論調査やアンケートへの回答が重要となるのは、政治的必要性が認める限りにおいてである（必要性はかなりあるかもしれない）。

この議論の流れにしたがうと、「功利主義の関心は結果の評価のみにあるが、たとえば経済政策の決定を考えるとき、私たちは選択の過程についても関心を払わなければならない」（Diamond 1967a）という要求がある程度は満たされることになる。この要求はしばしば持ち出されるが、ダイアモンドが提供する例は特に説得力に富んでいる。そこで比較されるのは、トムに低い効用、ディックに高い効用を常に割り当てる政策と、トムとディックがそれと同等なくじを引く政策である。効用を最大化する政府を望むことは最善ではないかもしれないことに意見は一致すべきである。なぜなら、それは現実には効用を最大化する政府ではないかもしれず、（実際の政府が常にそうであったように）圧力に屈し、突飛な行動、思慮に欠ける嗜好、特殊利害への忠誠心をもつだろうからである。憲法に制約され、部分的には慣習によっても抑制される政府の方が好ましいのかもしれない。ここでいう慣習とは、政府はさまざまな問題について関連するすべての集団に相談すべきで、特定の集団を差別したり、ある外見上の点で似ている人々の間に区別を設けたりすべきではない、というものである。役人の腐敗や贔屓を困難にする一つの方法は、大多数の人々を同じように扱うと主張することである。これはむきだしの功利主義とは衝突する。ダイアモンドの例では、政府は、異なる自然状態において、異なる人々に対して所得分布上の異なる位置を割り当てようとするかもしれないし、しないかもしれない。私が偶然にも政府からけっして良い仕事を与えられないとしたら、おそらくそれは偏見だと私は疑うだろう。かりに政府が功利主義的であると知っていたならば、そう疑うことはなく、常に運が悪いことに抗議する根拠はないことになる。

功利主義（というよりもさらに範囲の広い原理）は個人の自由の適切な尊重とは相容れないというかなり異なる主張が、センのリベラリズムの議論である[26]。個人が自分自身の権限に属する事柄について自由に選択する権利と功利主義とが衝突するというのである。センの議論が依拠する道徳的直観によると、ある種の状況では、トムの消費からトムが得る快楽は、トムの消費からディックが得る快楽よりも重要であるという。私は道徳的直観に悩まされないように努めているが、ディックの効用がトムの消費に影響を受けるという証拠よりも、トムの効用がトムの消費に影響を受けるという証拠の方を重視すべき理由を考えることは可能である。たとえば、ディックはやすやすと偽装できたのだ、と。また、公表されている意思決定手続きが、トムの消費にかんするディックの否定的な感情を重視すべきでない理由も考えられる。たとえば、そうした感情は抑制することが可能であり、望ましいのだ、と。注意すべきは、一般に悪いと信じられていることを他人がしているからといって、一部の人が、いや誰であれ、気分を害する必然性はないことである。これはけっして私たちの悪事への抵抗力を弱めるものではない。悪事が起きているといって惨めな気持ちになることには、(それを動機として悪を減らすように行動するのでなければ) 何の徳もなく、かえってその逆である。好色氏が本を読むと堅物氏が不幸になるからという理由で好色氏の読書を妨げることは望ましくないと思われる。なぜなら、堅物氏は不幸にならないことをまさに決断できたからである。なぜなら、堅物氏が読書で気分を害さないようにはできず、本を堅物氏から取り上げておくこともできないなら、堅物氏は好色氏と同様に読書に権限のある消費者なのだから、本を読まないことを選べばよいのである。この議論は功利主義的なものであるが、ただし、功利主義を受容可能な原理にするような、効用のかなり弾力的な意味を認めるという条件がつく。それはある種の外部効果を無視する強力な理由を提供する。それどころか、功利主義者は、政策とその個人への影響を左右する私的その他のバイアスに対する防壁として自由がきわめて重要であるということに同意する心構えがなくてはならない。

功利主義は、どのような憲法、権利章典、政府が最適であるのかという問いに直ちに答えるわけではない。それは第一に、理想的な政府からの質問に対して最適な答えを提供する一つの方法である。最適な政府とは、という問題についてはかなりの課題が残されている。

要約

効用とは、（代替的な自己への資源配分にかんする）ある個人の熟慮された選好を描写する一つの方法である。その個人に生じる結果を評価することが目的の場合、効用はいくらか修正する必要があるかもしれず、本人の選好と必ずしも完全には一致しないことになる。

同型的個人（ある方法で経験を比較する限り同じであるような諸個人）からなる社会では、経済（あるいは社会）政策の結果は、彼らの個人的効用を足し合わせることによって評価されるべきである。なぜなら、すべての人が、他のあらゆる個人を自らの代替的な自己のうちの一つとして扱うことに同意するはずだからである。

いかなるものであれ、受け入れ可能な道徳的評価の方法は、少なくとも同型的個人からなる社会の場合には、功利主義に賛意を示さなくてはならない。

同型的個人の経済モデルは、現実世界に近似するかなり有用なイメージを提供できる。そのようなモデルを使うと、効用の総和は、現実世界に適用される経済政策の選択に利用できる妥当な最大化対象である。

功利主義を非同型的個人からなる社会にまで適用することは可能であるが、その場合にはおそらく、異なる効用関数の間で妥協するために何らかの従来の方法を利用することが必要となるだろう。

極端な場合、道徳的選択にまったく根拠がないかもしれず、よって、人口規模の例のような場合には、広い範囲内で、ある特定の規模に反対する根拠がない可能性がある。

功利主義は、たんに効用を最大化し、政府や個人は与えられた役割を素直に果たすと仮定するだけですべての問題に答えようとしてはならない。総効用を基準として用いると、経済政策の決定に利用すべき最適な情報についての問題や、現実的に行動する個人による経済統治の最適なシステムの問題を検討することができるようになる。

さらに踏み込んで、最適な経済的助言の研究も可能であるといわれるかもしれないが、この助言は一般に、たとえ採用されても、効用を最大化するものではない。私はこれには反対するだろう。経済学者は、現実の人々と同じく、公表できる分析という点検にさらされない限り、信用して助言を頼むことはできないと私は考えている。

注

（1）同じ題の公開講義が一九七七年二月にユニバーシティ・カレッジ・ロンドンで行われた。議論の主旨は同じであったが、共通する文面があるかはわからない。それでも、現代厚生経済学の大半で使われている功利主義的方法を経済学者が明確に擁護する機会を提供し、招待してくれたことに感謝する。これらの問題について、J・R・ブルーム、P・A・ダイアモンド、A・K・センと貴重な議論を行ったこと、本論文の第一稿にコメントを頂いたことに感謝したい。P・S・ダスグプタとQ・R・D・スキナーのコメントも有益であった。

（2）功利主義のさまざまな変種を提示したり、批判から擁護したりする論文は無数にある（が、私はその多くを大雑把に読んだのみか、まったく読んでいない）ので、新たに書くことを擁護するのは難しい。しかし、Vickrey 1960 の有名な所説とは強調点に違いがあり、Harsanyi（1953, 1955, その後の著作）とはさらにかなりの違いがある。両者はともにこれらの事柄を経済問題の視点から議論している。そうした視点から、私は Hare 1976 や Smart and Williams 1973 では議論されていない数多くの問題に取り組みたいと考えた。

（3）Edgeworth 1881 は非常に明確に、効用の操作可能な定義を与えるべきであると述べていた。Sen 1970a, Chapter 7 は参考文献を挙げ、否定的な意見を加えている。Ng 1975 は興味深い形でさらなる可能性を分析している。

（4）Sen 1970a: 98, 16 は、経済学者が古典的功利主義者と比べて習慣的に「効用」の意味を拡大する仕方に言及している。実際、ほとんどの経済学者は、功利主義がもともと基礎としていた心理学理論が不正確であることを認識している。「効用」という言葉は依然として、多くの点でベンサムが用いたように使うことができる、ということを示唆して用いられる。

（5）Fisher 1927; Samuelson 1937; Vickrey 1945; Harsanyi 1953.

（6）つまり、定数の追加ないし正の定数倍という明らかに問題とならない変形を除いて。

（7） Vickrey 1945; Harsanyi 1953; 1955. この方法は Pattanaik 1968 と Sen 1970a, Chapter 9 に批判されている。
（8） Kahneman and Tversky 1979.
（9） Gorman 1968.
（10） ヴィクリー（Vickrey 1960）はこのケースを強調したが，彼でさえ即座に非同質的（そして非同型的）な個人について心配している。
（11） 関連するアプローチを Parfit 1973 が採用している。
（12） Sen 1979b: 470-471 でパーフィットの議論にコメントしている。
（13） ヘア（本書第一章）は Williams 1973 に反論し，自分自身のやるべきことを何が何でも追求するのは，道徳的行為であるとはいいがたいと主張する。目的を考慮すべき集団に対するいかなる制約についても同じことがいえなくてはならない。ウィリアムズの主張に力がある点は，功利主義者としてふるまうことが，個人としてのその人にとって最善なことと矛盾する，という示唆である。その理由は，他者への影響を考慮する必要性のみならず，この種の身勝手さは，ある種の高邁な目的の追求ないし達成と矛盾するからでもある。たとえば，芸術的創造を挙げることができる。より一般に，あらゆる人に常に社会的効用を増加させようとすることが，社会的効用の最大化を計算に入れたしくみとなる可能性は低い。しかし，政府の大臣には，たとえ彼らの個人的達成感が著しい妥協を強いられても，また彼らの常軌を逸した産業面での夢が実現されなくても，効用の最大化に努めてほしい。大臣たちの効用は，被害を受ける可能性のある何百万の人と比べて，効用の評価において実質的な重みを持つ価値はない。この限りにおいて，経済政策の道徳性は個人の人生や文化の道徳性よりも単純である。
（14） Deaton and Muellbauer 1980, Chapter 8.
（15） 説明の便宜のため，u は常に正とする。
（16） このレベルでは連続性は曖昧な概念であり，ともかく念頭にあるのは，はるかに要求は高いが厳密さを欠くものである。つまり，二つの経済が十分に類似しており，一方のための最適政策に他方でしたがうことの効用コストが十分に小さく，分析の終了を正当化できるかがだいたいわかる，ということである。
（17） これらの仮定を専門的かつ厳密に述べると，効用が所得と余暇の凹関数であり，余暇が劣等財ではない，となる。

（18）これは Mirrlees 1974: 258 で証明されている。
（19）Weiss 1976.
（20）Runciman 1966.
（21）セン（Sen 1979b）は，そうした一連の方法，つまり効用の総和を効用の凹関数の総和に置き換えることを「マーリース流」と呼んでいる。できれば彼にはそうしてほしくなかった。私がそれを用いたとき，効用の加算を避ける意図はなく，むしろ，より不平等回避的な効用関数をもつことが最適政策に及ぼす影響を見たかったのである。
（22）無理のない見方をする限り，トムとディックが論じている効用関数が十分に不平等回避的であるとはとてもいえない。平方根や立方根が選ばれたのは，たとえば「マイナス（消費の二乗の逆数）」と比べて，語調が比較的ましだからである。
（23）マーティン・ガードナー〔米国の数学者。多くの数理パズルやゲームを考案した〕中毒者は，彼らの昇給額を割り出したいであろう。
（24）ここで論じるのは閉鎖社会（たとえば全世界）の人口の変化である。ある国から別の国への移民は，人々に正しい政策を受け入れさせるという観点だけからすると，結果の評価に対して何ら特別な問題を提起しない。
（25）Jones-Lee 1976 を参照せよ。このアプローチは期待効用最大化を仮定するもので，Broome 1978b に批判されている。批判の根拠は功利主義者には受け入れられないもので，人生の価値と（たんなる）財の価値を比べることは原理的に不可能であるという。
（26）これは Sen 1970a, Chapter 6* で詳細に解説されており，Sen 1979b の議論は特に啓発的である。

（栗林寛幸訳）

第4章　功利主義、不確実性、情報

ピーター・J・ハモンド

1　序

本書所収の小論の多くが経済学者によるものであることは、けっして偶然ではない。なぜなら、経済学者は他の社会科学者よりもはるかに功利主義を多用してきたと思われるからである。さらにいえば、厚生経済学の研究全体が、多かれ少なかれ明示的に功利主義の考え方に基づいており、このことは、経済学者がパレート効率性の考え方（誰かの状況を改善するためには他の誰かの状況を悪化させなければならない場合）だけを扱うときにさえ当てはまる。さらに、経済学者は具体的な経済問題に対して功利主義的といえる技術を適用する際に、数々の困難な課題に直面してきたように見える。そのような課題の例としては、嗜好の変化、生命や身体の評価、不確実性、情報が不完備な個人などが挙げられる。そうした課題を取り扱うために厚生経済学の基本的な功利主義の枠組みを拡張しようとすることは、優れた経済学者であることの証の一つになったといってよいのかもしれない。

この小論では、そうした課題に取り組むために功利主義の拡張を試みるときに生じる問題について、ほぼ完全に言葉だけを用いて、あまり専門的でない議論を提示する。私の関心は、いかなる問題であれば功利主義の拡張によってうまく対処できるのか、そしていかなる問題は多大な困難を引き起こすのか、ということの見定めにある。私は経済学者であるから、ここで論じる倫理的課題はほとんどが少なくとも経済的課題に密接に関係している。それは、希少な資源の配分問題であり、適切な所得分配という関連する問題である。純粋に経済的とはいえない課題を論じる場合、おそらく私が考慮しきれない余分な困難が生じるであろう。読者には、うまく功利主義の枠組みを拡張して、非経済的な課題でも似たような形で扱える方法を見極めてほしい。

2　静学的功利主義——目標と制約

不確実性や不完備情報などの困難な課題に取り組む前に、功利主義が（少なくとも厚生経済学で）それほど困難ではない課題にどう対処するかを手短に見直しておきたい。

功利主義では社会の目標が特定されるが、それは社会における個人の「効用」に依存する。社会目標は通常、経済学者が社会厚生関数と呼ぶ関数の最大化である[1]。この関数は、各個人の効用関数と同じく「社会状態」という空間上で定義される。それは、もう少し正確にいうと、あらゆる種類の経済的ならびに関連する政策決定の社会的結果として可能なすべての状態のことである。

実際、これは厚生経済分析の鍵となる原理の一つに直結する。その原理とは、社会目標は（功利主義的なものであろうとなかろうと）最終的な社会的選択を束縛するとわかっている諸制約から常に切り離されていなければならない、というものである。よって、適切な目標を特定しようとする際には、いかなる社会的結果であれ、実現不可能であるとして考慮の対象外にしてはならない。たとえば、有能な人や勤勉な人が望み通りに働くことを過度に思いとどまらないようにするためには、最終的に所得分配がある種の誘因制約を満たす必要があるということが十分にわかっていても、社会目標は単純な一括再分配を通じた所得の完全な平等の実現可能性を認めるべきである。厚生目標が十分に特定されれば、一方では全員が億万長者で、他方では全員が極度の貧困にあるような両極端の社会的結果の評価さえ可能でなくてはならない。私はたんに自明なことをあらためて述べているように見えるかもしれない。しかし、不確実性や不完備情報などのより困難な課題を考える段になると、目標と制約の混同が原因で多くのありがちな誤解が生じるということを後に主張する。

静学的功利主義に戻ると、今では広く認められているのは、経済学者が長年にわたって避けようとしてきたような効用の個人間比較を行うならば、功利主義的な社会厚生関数は構成できるということである。ただし、驚くことではないが、そうした個人間比較の方法については論争に決着がついていない。(2) 同様に活発な議論の的となってきたのは、個人の効用関数がそもそも何を表現するかである。それは個人の嗜好、倫理的価値観、またはひょっとすると功利主義的分析を行っている人の目に映る個人の利害なのか。この最後の重要な問題をめぐる比較的満足のゆく議論の一つ（少なくとも経済学者によるもの）が、ブルーム（Broome 1978a）の考察であろう。彼によると、功利主義的厚生経済学を目的とする場合、個人の効用は必ずしも実際の選択に対応する必要はない。ただし、多くの経済学者は「消費者主権」の教義を擁護するとき、また続いて（競争市場における配分をパレート効率的および功利主義的経済配分に関連づける）厚生経済学の基本定理に倫理的重要性を付与するとき、この（効用と選択の）対応を仮定したがる。(3) また、たとえ個人の選択が実際に選好に対応する場合でも、選好が合理的でないならば、効用が必ずしも選好に対応する必要さえない。そして、個人の合理的選好が、たとえばある程度の利他主義や悪意や羨望を含むとき、合理的選好でさえ個人の効用に対応する必要はない。事実、少なくとも功利主義的厚生経済学が目的の場合、個人の効用が対応すべきは「正当な利己的理由に基づく選択」である。これは役に立つように見えるが、ここでいう「正当性」の規準は当然大いに意見が分かれるところであり、「利己」の規準でさえかなり曖昧さを含んでいる。

個人的効用とは何かというこの問題は、決定的に重要であるが、これ以上多くのことを語るのは難しい。ただし、やがて取り上げるいくつかの困難な課題の文脈で言及するつもりである。

3　権利とリベラリズム(4)

これから手短に論じる懸案事項は、個人的権利と集団的権利の双方を含む権利の問題である。特に、一連の論文でセン（Sen 1970b; 1976; 1979a）が指摘したのは、パレート効率性というかなり弱い功利主義的基準を満たすにすぎない社会的選択が、個人的権利（たとえば、ある本を読むか否かという権利や少女が好みの色の服を着る権利）と容易に衝突する可能性であった。彼は、したがって、特にパレート基準、一般には功利主義の射程の制限を提案している。事実、彼の提案は、個人的権利を尊重する社会厚生関数を構成することであるが、個人的権利の尊重とは、ある個人が結果 a を結果 b よりも好み、その人が a と b の間の選択権をもつ場合、社会厚生は結果 a の方が結果 b よりも高くなくてはならないという意味である。他方、ブキャナン（Buchanan 1976）、ノージック（Nozick 1974）や他の多くの「リバタリアン」が単純に信じているように見えるのは、何らかの権利（たとえば財産権）が存在し、最終的に、その点をめぐっては政府が選択を行ったり個人自身の選択に干渉したりする正当な権力をもたないということである。そのような権利は公共の意思決定に対する制約という形をとるように見える。それは限定的ないし制約された形の功利主義につながり、社会厚生は、誰の権利も侵害されず、各個人は権利をもつ場合には常に自らの希望通りの選択を行うという制約下で最大化される。

ところで、権利を尊重する社会厚生関数の構成というセンの意味においても、個人の選択を制約とみなすブキャナンやノージックの意味においても、そもそも尊重することが不可能なある種の権利とそれに関係する選好が存在する。これを確認するには、基本的にギバード（Gibbard 1974）が挙げた例を考えればよい。二人の個人がおり、一方は順応主義者で他方は非順応主義者である。この場合、順応主義者に非順応主義者の真似をする権利を与えると同時に、非順応主義者には順応主義者に真似をされない権利を与える方法がないことは明らかである。しかし，順応主義者や非順応主義者といった個人は「条件つき」選好（他の個人が何を選ぶかに依存する選好）をもつ。条件つき選好の結果に対しては誰も権利をもたないと主張することができる。誰であれ，他の人々が何を選ぶかにかかわらず他者と同じにならない権利をもつことはできず，身につける洋服の色のような自分が好む特定の結果を選ぶ権利をもつのみである。同様に，誰であれ，他の人々が何を選ぶかにかかわらず他者と同じになる権利をもつことはできず，自分が好む特定の結果を選ぶ権利をもつのみである。もちろん，個人が選択する特定の結果は異なるかもしれないし，同じかもしれないが，それは問題ではない。

権利が尊重されるのは個人が無条件の選好をもつ場合だけであると認めるのであれば，矛盾はすべて回避される。逆に，個人が条件つき選好をもつ場合にも権利を尊重しようとすると，矛盾が容易に発生する。しかし，たとえあらゆる個人のもつ選好が無条件の選好であったとしても，依然としてパレート原理（したがって功利主義）と衝突する可能性があることは，センが指摘した通りである。権利とパレート原理の衝突が起こる場合というのはまさに，ある個人の効用が他の人々の私的な問題をめぐる選択（これに対しては他の人々が権利をもつ）に依存するときである。

また，場合によっては，衝突の原因は経済学者のいう外部効果であり，それはおそらく是正が困難である。たとえば，状況次第で，地主には所有地の木をすべて切り倒して穀物を栽培し，家，テニスコート，プールでも何でも建てる権利があると思われるかもしれない。ただし，あらゆる人が木をすべて切り倒してしまうと，土壌浸食や地滑りの問題を起こしかねず，地域の気候にも悪影響を及ぼす可能性がある。その場合，樹木の残存量をほぼ一定に維持するための許容量を超えて伐採される木の一本一本について個々の地主に課税することにより，共同体全体で樹木を保存するための措置を制度化することがパレート優位となろう。しかし，おそらくこのような計画は，効果的に実施するには費用が高く，また，地主の財産権を侵害するとして反対されるかもしれない。したがって，そうした場合には，保存措置が現実には不可能であるため，社会厚生を最大化する選択に追加的な制約があることを認めざるをえない。

選択される社会的結果は、そうした制約下でパレート効率的であるにすぎない。保存措置はより優れた結果をもたらしたであろうが、実施不可能である。ここでは、権利と功利主義の衝突は、ブキャナン、ノージックや他の財産権の原理の提唱者たちが示唆した方法によって解消されているだけである。つまり、社会的結果は、そうした権利を侵害してはならないという要請に制約されるのである。

しかし、もともとセン（Sen 1970b）が考えたような他の場合が存在し、そこでは衝突の性質がかなり異なるように見える。センの例では、ある堅物の個人が、猥褻であるとみなす本を自ら読むことに反対し、別の好色な個人が読むことにはさらに強く反対している。他方、好色家はその本を価値のある文学とみなし、それを読むことで得るものは好色家自身よりも堅物の方が大きいと考えているため、自分よりもむしろ堅物の方にその本を読んでほしいと思っている。この場合、各個人に好きなようにその本を読むか否かを決める権利が与えられると、両者とも、堅物だけがこの本を読む状況の方を選好するにもかかわらず、好色家だけが読むことになる。この例では、効用は正当な利己的理由に基づく選択に対応すべきである、というブルームの示唆を想起すると便利である。ここで、好色家がこの本を読むことを妨げようとする堅物の欲求は、特に正当な利己的理由から生じているようには見えない。ただし、この本を読むと好色家が危険で反社会的な行動に向かい、堅物に直接影響を及ぼすということが実際にいえる場合は除く。また、おそらくは「良質な教養教育」の一環として堅物にこの本を読ませようという好色家の欲求も、とても正当な利己的理由によるものとはいえない。ただし、堅物をこのような方法で「教育する」ことが一般に有益な効果をもつということが実際に正しい場合は除く。好色家がこの本を読んで危険な行動に走る場合や、堅物の教育が好色家にとって実際に有益となる場合、前段落で言及したような外部効果に立ち戻る。しかし、これらの外部効果がいずれも存在しない場合、堅物と好色家の効用関数は、彼らの表明する選好には対応しない。なぜなら、それらは正当な利己的理由に基づかないからである。この後者の場合であれば、個人の効用が適切に表明されるときには、権利がパレート原理や功利主義と衝突することはない。

ここから私は次の結論を導く。適切な効用関数に基づく功利主義が権利と衝突するのは，社会厚生関数の最大化がある種の外部効果の是正を伴う場合のみである。そのような場合，厚生経済学者は，功利主義的な結果に関心を不当に集中し，さらに，個人的権利を十分に尊重することなくそうした外部性を克服するための公共政策計画の制度化に努めてきたといえるかもしれない。そうであるとしたら，要するに，許容可能な政策と実現可能な社会的結果の集合は，多くの経済学者が望むよりもかなり小さいかもしれない。そうした権利は「一般的財産権」と呼べるかもしれず，功利主義の土台を崩すことはなくとも，その射程を制限する。しかし，一般的財産権の倫理的重要性が大いに誇張されてきた可能性もかなりある。個人が政府や政治過程に不信を抱く場合，自らの自由が著しく侵害されるという合理的な恐れが生じるかもしれず，そうなると個人は自分の「権利」を主張したいと思うかもしれない。ただし，この点を適切に考慮するためには，やがて見るように，不確実性と不完備情報を導入する必要がある。政府が善良であれば，そのような恐れに根拠はなく，「権利」の主張はしばしば不当に政治過程に影響を与えるための利己的策略にすぎない可能性もある。こうした理由により，功利主義的厚生経済学者による個人的権利の無視は，不確実性を伴わない純粋に静学的な経済政策問題を取り扱う場合にはかなり理解できることである。それどころか，それこそ実際に唯一正しい手続きであると主張することもできよう。

4　不確実性と期待事後社会厚生

これまで私が論じてきた功利主義的分析の対象は，将来の結果が確実にわかる非現実的で特殊な場合のみであった。社会的結果が必然的に不確実であることをひとたび認めると，他の困難な問題が生じる。

フォン・ノイマンとモルゲンシュテルン（von Neumann and Morgenstern 1944），および彼らに続くサヴェッジ（Savage 1954），アロー（Arrow 1971）や他の研究以来，経済学者や他の意思決定理論家たちは，不確実性下の意思決定を扱うためのかなり標準的な技法を推奨してきた。現在の文脈でいうと、社会的結果（そして関連する場合には、個人の変化する嗜好）の歴史の空間は、あらゆる可能な条件つきの歴史の空間に拡張される。不確実性は、「世界の状態」の所与の集合Sにおける偶発的出来事の特定によって記述できると仮定される。条件つきの歴史は、可能な世界の状態のそれぞれに対して（異なってもかまわない）一つの歴史を特定する。ここで求められるのは、可能な条件つきの歴史の空間全体のうえで定義される社会厚生関数である。ラムゼー（Ramsey 1926）とサヴェッジ（Savage 1954）の貢献は次のことを明らかにした。ある種の仮説のもとで、意思決定を行う個人（たとえば功利主義的厚生経済学者）は、集合S内の世界の状態に対してある確率分布を想定し、可能な歴史に対して「フォン・ノイマン＝モルゲンシュテルン」効用を割り当てる。そして、S内の可能な状態それぞれにおける条件つきの歴史の「効用」の数学的期待値を最大化するように、ある歴史が選ばれることになる。これはしばしば主観的期待効用最大化と呼ばれる。なぜなら、確率は、標準的な頻度論や他の「客観的」確率の概念のいずれにもしたがう必要がないという意味で主観的だからである。より簡潔に、ハルサニーにならって、これをたんにベイズ合理性と呼ぶことができる。

ベイズ合理性はしばしば批判されてきたが、その根拠はたいていの場合、個人の現実の行動と一致しないというものであった。たとえば、ドレーズ（Drèze 1974）やカーネマンとトヴェルスキー（Kahneman and Tversky 1979）を参照せよ。功利主義的な厚生経済学者は当然、不確実性下の選択のための規範的基準に関心をもつため、ベイズ合理性や期待効用最大化は、はるかに受け入れやすくなる。実際、それがなければ深刻な困難に直面しがちである。なぜなら、功利主義者の選択はおそらく見直され、ストロッツ（Strotz 1956）の意味で動学的に不整合となるだろうからである。ベイズ合理性がなければ、功利主義的な厚生経済学者は、事態の進展に応じて将来の選択を予期する必要が生じるかもしれない。これはちょうど、麻薬中毒の可能性のある患者は、中毒の可能性を予見し、中毒になりそうな有害な麻薬の摂取を避けた方が賢明であるのに似ている。[5] よって、私は功利主義的目標が実際にベイズ合理性を満たすことを仮定する。

そうすると、世界の状態の集合S上に確率分布がなくてはならないことになる。これらの確率は完全に主観的であるかもしれず、功利主義的分析を行う人が手持ちのあらゆる情報を利用して行う最善の推測にすぎない可能性がある。そしてさらに「フォン・ノイマン＝モルゲンシュテルン」社会厚生関数がある。集合Sの各状態sにおいて、社会厚生はその状態sにおける諸個人の効用の関数であるとされ、諸個人の効用は状態sにおける歴史に依存する。功利主義的目標は、このフォン・ノイマン＝モルゲンシュテルン社会厚生関数の期待値を最大化するような条件つきの歴史を選ぶことである。フォン・ノイマン＝モルゲンシュテルン社会厚生関数は、「基数的」厚生関数と呼ばれるようになったものである。理由は、線形変換だけがこの関数の数学的期待値によって導かれる選好を保持するからである。実際、フォン・ノイマン＝モルゲンシュテルン社会厚生関数は、功利主義者のリスクに対する「社会的」態度を組み込んでいる（たとえばArrow 1971を参照せよ）。かなり極端なフォン・ノイマン＝モルゲンシュテルン社会厚生関数の一つに「ロールズ型」のそれがあり、各状態sの社会厚生は（適切に尺度調整された個人的効用関数に照らして）最小の個人的効用に等しくなる。これは極端なリスク回避と同じではなく、極端なリスク回避の目標は、起こりうる最悪の状態で社会厚生を最大化することである。ロールズ型の社会厚生関数が極端に重視するのは、むしろ各状態において個人的効用の平等を達成することである。このロールズ型関数が含意するリスクに対する社会的態度は、正確には個人的効用関数の基数的尺度に依存する。なぜなら、フォン・ノイマン＝モルゲンシュテルン社会厚生関数はこれら個人的効用関数の最小値となるからである。

5　功利主義——事前と事後

前節では、世界の各状態の社会厚生は、その状態における個人的効用の関数でなければならないことを主張した。これは不確実性下の厚生経済学への事後的（ex-post）アプローチであり、各状態の社会厚生は、あたかもその状態が既知であるかのように別々に計算され、その後に、あらゆる状態の社会厚生が期待厚生関数に組み合わされる。ドレーズ（Drèze 1970）、スター（Starr 1973）等は、ダイアモンド（Diamond 1967a; 1967b）にならって、これを厚生経済学への事前的（ex-ante）アプローチと対比した。後者は、競争的証券市場の配分を判断するためのアロー（Arrow 1953, 1964, 1971）とドブリュー（Debreu 1959）の効率性基準に暗に使われている。事前的アプローチが各個人の効用とみなすのは、本人のフォン・ノイマン＝モルゲンシュテルン効用関数の事前的期待値である。アロー、ドブリュー、および彼らにしたがった多くの人が用いてきた事前的パレート効率性基準は、諸個人の事前的効用を考慮することの自然な結果である。事前的社会厚生関数とは、社会厚生が個人の事前的期待効用の関数であるようなものを指す。

事前的アプローチと事後的アプローチの対比は、相対価格の変化を無視できるような経済で実質所得の分配を考慮することで可能になる。事後的な個人所得分配の関数としての事後的厚生関数が、準凹および対称であるという数学的性質をもつとき、最適な所得分配は、事後的に世界の各状態における所得の完全な平等を含む。これを事後的平等と呼ぶことができる。しかし、事前的な最適所得分配は事後的にはまったく平等にはならないかもしれない。実際、事前にパレート効率的な所得分配がいずれも事後的には平等でない可能性は十分にある。

これを確認するため、二つの特殊な例を考えてみよう。いずれにおいても重要なのは二人の個人だけである。第一の例では、馬Xがグランド・ナショナル（英国で行われる大障害競馬）を制するという事象に対して、ある個人（A氏）がもう一人の個人（B夫人）よりも高い確率を付与している。そこで、A氏が馬Xの勝利についてB夫人と少額の賭けをし、オッズが、この事象に対してA氏とB夫人の付与する確率に含意される値の間にあれば、両者とも期待効用は高くなる。両者ともに賭けによる純賞金額の期待値は正であり、賭け金は少額であるから、これは両者が取っているリスクによって生じるいかなる懸念をも上回る。こうして、事後的に平等な所得分配は、事前にパレート支配され、個人はこの賭けを行い、後に事後的不平等をもたらすのである。よって、事後的平等分配は、事前にパレート効率的ではありえない。

この第一の例が示したのは，実質的に，すべての個人があらゆる世界の状態の集合に対して同じ主観的確率分布をもっていない限り，いかなる事後的平等分配も事前にパレート支配される可能性である。諸個人の主観的確率分布に違いがあれば，小さな賭けの機会が必ず生じるからである。以下の第二の例では，諸個人の主観的確率分布は同じであるが，リスクに対する態度に違いがあり，それだけで，事後的に平等ないかなる所得分配も事前にパレート改善することが可能になる。実際，以前のように，二人の個人，*A*氏と*B*夫人がいると再び想定しよう。さらに，*A*氏はいくらかリスク回避的であるが，*B*夫人はまったくリスク回避的ではなく，自身の期待所得だけを気にし，（生きていくのに十分な所得が常にありさえすれば）所得の分散（変動）は関係ないと仮定する。このような場合，両者が得をするためには，何であれ所得のリスクがリスク回避的な*A*氏からリスク中立的な*B*夫人に移転されるだけでよい。ただし，*A*氏はリスクを避けるために（少額の）保険料を支払い，この保険料が*B*夫人の期待所得を高めるのに十分でなければならない。このように，リスク負担の事前にパレート効率的な配分では，*A*氏がリスクをまったく負わずに世界の状態とは独立に一定の所得を手にする（が，例外として，*B*夫人が生存ぎりぎりの所得しかもたず，*A*氏が総所得の残額すべてを手にするという非常にまずい少数の状態は除く）。他方で，*B*夫人の所得が総所得におけるリスクをすべて吸収する。総所得が一定という瑣末な場合を除いて，そのような所得分配は事後的平等にはなりえない。実際，事後的に平等な分配から出発すると，事前のパレート効率性は，総所得が低い状態では*A*氏の所得が*B*夫人を上回り，総所得が高いときには逆になることを要請する。*B*夫人がリスク中立的である場合は，当然かなり極端である。しかし，*B*夫人が（*A*氏ほどではないにせよ）リスク回避的である場合にも，事前のパレート効率性は，*B*夫人が*A*氏よりも大きなリスクを負うことを依然として要請すると示すことができる。

事実，ダイアモンド（Diamond 1967a），スター（Starr 1973）や他の人々が示したように，事前的アプローチと事後的アプローチの対比や衝突が消え去るのは，きわめて特殊な場合だけである。第一に，可能な世界の状態の集合*S*について，すべての個人が同じ主観的確率分布をもたなくてはならず，この主観的確率分布は，功利主義者が事後的社会厚生関数の期待値を計算するときに用いる確率分布と等しくなければいけない。(6) 第二に、事後の社会厚生は個人のフォン・ノイマン＝モルゲンシュテルン効用関数の加重和で、加重は自然の状態から独立でなくてはならない。そうすると、事前の社会厚生は個人の事前的期待効用の同様な加重和になる。これは二つのアプローチの間に整合性が見られる場合であり、ヴィクリー、ハルサニーの場合と呼ぶことにする。なぜなら、ヴィクリー (Vickrey 1945）とハルサニー（Harsanyi 1955; 1975c）は、諸個人が確率について意見の一致を見ると暗黙に仮定して、このような社会厚生関数の利用を特に強く勧めてきたからである。

事前と事後のこうした対比こそ、一九四〇年代および五〇年代の論争の核心である。それは、フォン・ノイマン＝モルゲンシュテルン効用が、たとえば豊かな人と貧しい人の所得の限界効用の比較に用いるべき効用と等価であるかという問題であった。注目すべきは、（個人がリスクを負う意思決定の結果として生じる）事後的不平等の擁護者であるフリードマン（Friedman and Savage 1948; 1952）がこの等価性をはっきり拒絶していることである。実際、フリードマンとサヴェッジ（Friedman and Savage 1948: 283, n. 11）は、後に自らあえて引用する主張のなかで、次のように述べている（Friedman and Savage 1952: 473）。「個人が最大化していると解釈される数量［フォン・ノイマン＝モルゲンシュテルン効用］を、公共政策で特別な重要性を与えられるべき数量と同一視する必要はまったくない。」そしてアローは、前述したように、リスク負担の市場配分の事前的パレート効率性を分析した最初の人物であったが、彼もまた、所得分配を決定するための効用の測定においてフォン・ノイマン＝モルゲンシュテルン効用を用いることをはっきり拒否している（Arrow 1963: 10を見よ）。このように、両者とも、事前と事後の間に必然的に整合性があることを否定している。第四節の議論が妥当である限り、個人の事前的効用は功利主義倫理上の意義を必ずしももたないことになる。

個人の事前的効用の倫理的意義がこうして拒否されることは、やや意外に思われるかもしれない。なぜなら、事前の効率と事後の平等の対比は、経済政策の目標としての平等に対するフリードマン（Friedman 1962）らの批判の核心にあるように見えるからである。よって、フリードマンに見られる立場をより詳しく検討する価値があるだろう。特に私は、事後的な功利主義的アプローチこそ正しいという前節の議論に基づく私の主張を曲げないつもりだからである。

フリードマンによる所得の事後的不平等の擁護は、二つの信念に発しているように見える（Friedman 1962, Ch. X）。第一は、個人がリスクを負い、リスク負担の成功報酬を再分配課税によって失わない権利に対する信念である。これはもちろん、第三節で論じた権利の特殊例にすぎない。フリードマンは、（センが示唆したように）権利を尊重する社会厚生関数の利用を勧めているか、またはリスクを負う権利は財産権のように制約として機能すべきだと信じているか、のいずれかである。しかし、権利を尊重する社会厚生関数は事前的厚生関数であろうし、フリードマンとサヴェッジが事前と事後のアプローチの必然的整合性を否定した経緯はすでに確認した。よって、残るは、許容可能ないかなる事後的厚生関数とも整合的でないような、権利を尊重する事前的厚生関数を用いて、結果的に経済政策の立案における時間的不整合の可能性を残すか、より可能性が高いといわざるをえないのは、フリードマンがリスクを負う権利を事後的厚生関数の期待値の最大化に対する制約として機能する一種の財産権とみなしているということである。

リスクを負う権利を一種の財産権とみなすことはかなり奇妙な含意をもつ。一方で、フリードマンが示唆する通り、資本家は、成功すればリスクを負う活動からの収益に対する権利をもち、収益を自分の相続人に遺す権利さえもつと主張できる。ただし、失敗した資本家は、（可能であれば借金をすべて返済し、必要ならば身売りして、ことによると相続人も奴隷にすることとさえ含めて）自分の失敗のすべての帰結を相殺する義務を負うと主張するのは行き過ぎである（一貫性を保つならば当然そうすべきであるが）。それどころか、現代の資本主義社会は、失敗した資本家に自己破産宣告の権利を与えている。このこと自体は、破産して借金の返済ができなくなった別の資本家に不運ながら融資をしていた、より大きな成功を収めた他の資本家たちの財産権（とされるもの）を損なうことになる。

このように、リスクを負う権利というものは本質的に限られており、少なくとも、誰もけっして破産しないように保証することが事実上不可能な、不完備情報の現実経済においてはそうである。ただし、リスクを負う権利は、破産への対応に必要な範囲に限定するべきであると主張することは可能であろう。また、不平等の削減を目指す唯一の理由はすべての人にある最低限度の所得を保証することであると主張することさえできる。しかし、ここで問題になるのは、幸運な人々の所得をどれほど犠牲にして破産者の借金を穴埋めし、貧しい人々の所得を補填するのかということである。そして、この問題は明示的な目的関数を利用しなければ満足のいく解決ができない(7)。よって、厚生経済学者は、現実には所得分配の選択を余儀なくされ、その際には事後的厚生関数の期待値を用いるかもしれない。このとき、富裕層の財産権を本当に尊重したいならば、何であれ補助金を受け取るあらゆる人が、貧困のある閾値の下方でなければならない。しかし、これは資力調査のような措置を伴い、誰が移転所得や無料の医療処方のような財を受け取る資格があり、どの家族が子どもの無料教育を受ける資格があるのかさえ決定しなければならず、富裕層の権利（とされるもの）を守るためのこの種の資力調査は、多くの人にとって倫理的に不快である。というわけで、私はリスクを負うための一種の財産権の存在を想定したいとは思わない。

所得の事後的不平等を受け入れる第三の理由が存在し、それはフリードマン（Friedman 1953）も示唆している。すなわち、事後的平等を強いると、人々が一生懸命に働き、技能を修得し、リスクを負う誘因に逆効果がもたらされるだろうからである。カンブール（Kanbur 1979）の最近の指摘によると、リスク回避的な社会ほど所得が平等であるとは必ずしもいえず、よって、フリードマンが前提としたリスク負担と平等のトレードオフは存在しないかもしれないが、カンブールの結論は、完全な事後的最適の達成を妨げる誘因制約の存在に決定的に依存している。したがって、平等とリスクを負う誘因との間のトレードオフは残る。しかし、これは誘因をめぐる問題を引き起こす。この問題は後に第七節で取り上げよう。

この長い議論の結論はというと、不確実性下の功利主義的厚生経済学に対する事後的アプローチを引き続き擁護できるということである。リスクを負う個人の権利には疑問がある。それを取り込むには、ヴィクリーやハルサニーが勧めたように、事後的社会厚生を個人のフォン・ノイマン＝モルゲンシュテルン効用関数の（世界の状態から独立な）加重和にすればよい。そうすれば、事前と事後のアプローチが一致する。しかしながら、そうすることが倫理的に必要なのか、また個人が小さくないリスクを負う正当な権利を本当にもつのか、ということはまったく明らかでない。ただし、個人がリスク負担活動を行い、それが望ましいものであるなら、情報不足のため十分に保険を掛けることができなくても、もちろん社会の役に立つ。

6　生命・身体を評価する

前節では、事前と事後の対比を所得分配の社会的選択にかんして行った。対比がいっそう顕著に見える可能性のある分野は、生命や身体の社会的評価であり、事故の費用などの問題についてである。これらは明らかに、経済だけの問題にまったくとどまらないが、交通安全のための施策に費やす金額を決める際には経済的な帰結と社会的な帰結が密接に関係してくる。また、こうした問題に対する功利主義的厚生経済学者のアプローチは、理想からかけ離れているように見えるかもしれないが、そのアプローチをいかに改善できるかはまったく明らかでない。

事前と事後の対比は、こうした選択の場合、顕著なものとなる。なぜなら、事後的に交換されるのは生命と通常の経済的資源であるのに対し、事前に交換されるのは死の確率と経済的資源でしかないからである。後者の方がはるかに行いやすく見える。特に、個人は、死亡や怪我の小さいながら種々の確率に直面する選択を常に行っていると思われ、その際に自らの事前的期待効用の最大化を目指している可能性さえ見受けられるからである。つまり、ドレーズ（Drèze 1962）、ミシャン（Mishan 1971）、ジョーンズ・リー（Jones-Lee 1974; 1976; 1980）が論じたように、死亡や怪我には暗黙のフォン・ノイマン＝モルゲンシュテルン効用が存在するのである。これは、いかに巨額の金銭と引き換えであっても、人は確実な死や片脚の損失さえ嫌がるということと完全に整合的であろう。なぜなら、非常に貧しくても両脚があることの効用は、きわめて裕福であっても片脚しかないことの効用を上回る可能性があるからである。

しかし、事前的アプローチの使いやすさは、事前と事後が一致するヴィクリー＝ハルサニーの場合を考えると、本物というより見せかけかもしれない。不確実性は完全に回避できるが、何らかの「偶発的」な死は不可避であるとき、社会厚生関数が指示するのは、フォン・ノイマン＝モルゲンシュテルン効用の点で生きる価値がもっとも小さな人の死であり、もっとも大きな生きがいを得る人の生存である。これは、たとえば、ちょうど一〇人が死ぬ他はないようなときには正しいかもしれないが、穏やかとはとてもいえない。

しかし、私にいわせれば、不確実性下の功利主義に対する事前的アプローチが適切であるのは、それが事後的アプローチと一致するときのみであり、この一致は現実には起こりそうにない。というわけで、生死のかかる問題においても一貫して事後的アプローチを利用すべきであると私は主張している。これにより、誰が死ぬことになるかをめぐる不快な選好に直面せざるをえないとしても、悪いことではないのかもしれない。そのような選好はいずれにしても事前的アプローチに潜在するものだからである。

例によって、残る問題は（事後的厚生関数を事前的厚生関数に一致させることを除き）、いったい、そしていかにして、リスクに対する個人の態度を事後的厚生関数で考慮するのかという点である。たとえば、事前の効用を各個人の事後的効用関数に含める可能性はある。しかし、これは事後的功利主義の基本原理には影響を与えない。また、不必要で（特に）非自発的な死亡や怪我のリスクを避ける権利を個人がもつのか、という問題もある。当然、まともな事後的社会厚生関数であれば、そもそもこの種のリスクを嫌う個人の選好を尊重する。ただ、それを超えて何らかの制約を課そうとするのか否かは別問題であって、個別に是々非々で判断しなくてはならない。人々を無規制の拳銃や酒気帯び運転のリスクにさらすことはまったく許容できないと思われる。人の居住地域付近に原子力発電所、石油精製所、空港を建設することは、可能であれば避けるべきであるが、いかなる代償を払ってでも避けるべきだということにはならない。

7　不完備情報と誘因制約(8)

不確実性を取り扱った後、功利主義的分析に生じる非常に困難な次の課題は、個人のもつ情報が不完備な場合である。完備情報とは、すべての個人が他のすべての個人の知っていることを知っており、計画者や観察者も同じ情報をもっている場合である。もしも実際にそのような完備情報の世界が存在し、すべての人が専門知識を持ち寄るならば、世界の可能な状態の集合Sに対して、すべての個人が同じ主観的確率分布を共有することになるかもしれない。もちろん、そうはならない可能性もある。しかし、ほぼ確実なのは、もしも諸個人がそうした完備情報をもたない（情報が不完備である）としたら、彼らの確率評価は異なるだろうということである。このことが特に明らかになるのは、ある特定の状態の生起について、一部の個人が依然として不確かであると考えている一方で、他の人々がそれは起こらないということをすでに知っている場合である。「不完備情報」という用語の由来は、ハルサニー（Harsanyi 1967-1968）と、こうした状況にかんする彼のきわめて独創的で深遠な分析である。

功利主義的分析に対する事前的アプローチを採用するとしたら、諸個人のもつ情報が不完備で、確率評価が非常に異なるという事実は、社会目標に影響を及ぼすだろう。さらに、その影響は、ある個人iがまだ可能であると考える世界のあらゆる状態で彼に生じる結果を考慮に入れるが、他の個人の一部またはともするると全員でさえ、それらの状態の一部は生起不可能であることを知っている、ということになる。言い換えると、不完備情報は、諸個人が愚者の楽園に生きる選択を可能にし、それに応じた彼らの効用を認めるのである。はるかに拙劣なのは、おそらく、愚者のための楽園を改善する政策を好むようになる傾向である。政策立案者に利用可能なすべての情報をより慎重に用いるとしたら、そうはならないはずである。

しかし、事後的アプローチではそのような問題は発生しない。確率を定めるうえで重要なのは、計画者や観察者の情報である。社会目標は、計画者や観察者の確率評価に基づく、事後的フォン・ノイマン＝モルゲンシュテルン社会厚生関数の期待値である。当然、計画者や観察者は可能な限り情報をもっていることが望まれる。よって、情報が不完備であるという事実は、適切な社会目標にじつはまったく影響を及ぼさない。

もちろん、だからといって、諸個人に利用可能な情報が、功利主義的分析に推奨される選択に何の影響も及ぼさないわけではない。しかし、情報が影響を及ぼすのは、そうした選択を左右する制約であって、促進されるはずの目標ではないと私は主張する。個人が一人だけならば、「ロビンソン・クルーソー」経済の場合のように、これはかなり明快である。情報は、異なる自然状態の区別を可能にするという形をとり、個人は真の状態 s が集合 S_1 か集合 S_2 か集合 S_3 等のいずれかに属することがわかるのである。ここで、S_1、S_2、S_3、……は互いに素な集合で、全部合わせるとすべての可能な状態の集合 S を網羅する。言い換えると、S_1、S_2、S_3、……は S を分割したものであり、自然に情報分割と呼ばれ、集合 S_1、S_2、S_3 は情報集合となる。個人は自らの情報分割に基づく異なる情報集合内の状態を区別できるが、同じ情報集合内の異なる状態を区別することはできない。個人が二つの自然状態を判別できないとき、彼の条件つき行為は各状態において同じでなければならない。このように、情報の欠如により、情報が完全な場合とは異なり、個人は自らの行為を真の状態に合わせることができなくなる。この意味で、情報は個人が直面する制約に影響を及ぼすのである。

多数の個人が存在する社会や経済でも、本質的に同じ考慮が当てはまるが、事態を複雑にする多くの要因がある。当初は、各個人が自らの情報不足に制約されながら自分自身で決定を下し、政府もそうするように見えるかもしれない。しかし、諸個人は、市場、経済体制、政治過程などを通じて必然的に交流し、互いの行動を観察する。すると、互いの行動を観察するだけで、他人の知っていることがわかることすらあるかもしれない。たとえば、ラドナー（Radner 1979）におけるように、純粋交換経済では、個々のトレーダーは各財の需要と供給を一致させる価格を観察するだけで、他のあらゆるトレーダーがもつすべての情報を場合によっては入手できるようである。また、当然ながら、諸個人は、より直接的、明示的な情報のやり取りを選ぶかもしれない。しかし、個人が互いから何を知ろうとも、また計画者が個人から何を知ろうとも、本質的な点は変わらない。情報は、制約に影響を与えることで政策選択や勧告の決定に役立つのみである。それは目標自体には何の影響も与えない。少なくとも、個人の情報に変化がないときの経済政策だけを考えている場合、これは正しい。政策が情報に影響を与える場合については次節で論じる。

本質的ではないが事態を複雑にする他の要因を論じなくてはならない。一つは、経済の計画者が知りえない私的情報を諸個人がもつ場合に生じる分権化の範囲である。これはダスグプタ（本書第一〇章）が論じている。しかし、諸個人が私的に知っていることのみならず、計画者自身が知っていることによっても変わってくる結果を計画者に考えさせることは完全に可能である。もう一つの非常に重要で複雑な要因は、私的な情報を顕示するように個人に誘因を提供することに関係する。かなり特殊な場合について、この「誘因両立性」の問題は、特にハーヴィッツ（Hurwicz 1972; 1973）に先導される形で、経済学の文献で近年、包括的な議論の対象となった。もしもある個人が、真実を明かせば、何らかの方法でそれを隠したり歪曲したりするよりも損をすると気づくと、真実を知らせない誘惑が強まる。今日、広く受け入れられるようになったことであるが、経済学者はこの問題をはっきり認識すべきであり、個人が自らの情報を正しく顕示するように促す誘因が提供されない限り、私的情報には頼らない社会的意思決定の手続きに焦点を絞るべきである。これらは経済の計画者が選べることに対する追加的制約であり、誘因制約と呼んでさしつかえなかろう。こうした制約は、ラーナー（Lerner 1944）、フリードマン（Friedman 1953）、グラーフ（Graaff 1957）といった著者たちが昔から示唆していたが、その含意が適切に探求されるようになったのはつい最近のことである。事実、少なくとも一つの疑問が、私の知る限りこれまでまったく論じられていない。計画者は誘因の提供によってどれほど個人から情報を得ようとすべきだろうか？　言い換えると、計画者はどの程度、情報の欠如が課す制約と、個人に私的情報を顕示させる誘因を提供する必要性が課す制約とをバランスさせるべきだろうか？

要約すると、個人の情報が外生的で政策選択から独立であると仮定する限り、個人の情報の範囲は、社会的結果の可能性に対する制約に影響を与えるのみである。目標は依然として事後的フォン・ノイマン＝モルゲンシュテルン社会厚生関数の期待値の最大化であり、その場合、適切な確率は計画者自身の情報に基づくものである。

8　内生的情報

前節では、政策立案者は個人に利用可能な情報を直接的にも間接的にも制御することはできないと仮定した。現代経済における通信産業や広告の重要生を考えると、経済問題のみに関心を寄せる経済学者にとってさえ、この仮定は明らかに擁護できない。それでも、この仮定を緩めたとたんに、私たちは道徳哲学者がもっとも関心を示しそうな問題に直面する。たとえば、約束を守るべきか、あらゆる状況で真実を述べるべきか、といった問題である。人々は何を知るべきか、人々を故意に欺くべきか、といったことを決めなければならないのである。さらには、個人が真実を知る権利をもつ可能性も直視しなければならない。この権利は私がこれまでに論じたほとんどの権利よりも心に訴えるように思われる。

人々は何を知るべきかという問題に、経済学者はおそらくもっと正面から取り組むべきであった。アトキンソン（Atkinson 1974）が考えた問題は、常習喫煙者に健康への恐ろしい帰結の可能性を告げて惨めにさせる価値が本当にあるのかということだが、彼はこの問題にいかに答えるべきかについてはほとんど手がかりを与えていない。

こうして、私たちはこれまででもっとも困難な問題に直面する。事前的功利主義にとどまっていたなら、もちろん問題は比較的ささいなものに見えたかもしれない。重要なのは個人の事前的効用だけであろうから、事前の効用を引き上げるようなことを諸個人に告げるのである。しかしこれは、偽って個人の期待の引き上げを試みるべきであり、信用される限り、けっして守れないとわかっている約束をすべきだという含意をもつ。これは、現代のほとんどの政治家候補がよく使う駆け引きのこつである。このような真実の軽視はまったく擁護できないと思われる。

しかし、事後的功利主義アプローチも困難に直面する。このアプローチが勧めるのは、個人に対して真実を告げるのではなく、計画者が事後的厚生の期待値を最大化する際に直面する誘因制約の緩和に役立つことなら何でも告げよということである。それは、クリスマス・イヴに、子どもを寝かしつけるため、きちんと寝ないとサンタクロースは来ないよと説得するようなものである。

より適切な功利主義的基準は、同じ個人でも異なる時点では異なる個人であるかのように扱う、アレ（Allais 1947）の提言にしたがうことかもしれない。各状態 s における個人の究極の効用は、これまでの私たちの議論とは異なり、最終的な結果に依存するのみならず、社会や経済および個人の変化する嗜好の歴史に依存するだけでもなく、（個人のもつ情報を所与として）個人の各状態における事前的効用の歴史にも依存する可能性がある。これは実際のところ完全に整合的な目標であって、第四節での考察を自然に拡張し、また功利主義に対する事前的アプローチと事後的アプローチをある程度、統合するものである。しかし、個人ができるだけ真実を知るべきであるということは立証されない。代わりに、個人に対して誘因制約の緩和に役立つことを告げることと、彼らが事前に知りたいことを告げることの中間を行くことになる。

この時点で、かなり極端な功利主義者は、それこそまさにあるべき姿であると主張するかもしれない。個人は功利主義ゲームの駒でしかなく、彼らの利益が第一に考えられるものの、彼らは功利主義の目的のために操作される対象なのである。個人に誤解させておくことは、この功利主義ゲームの一部である。しかし、ここまでくると、私はそのような極端な功利主義とは決別せざるをえない。個人には当然、十分な情報を入手し、あるいは少なくとも望む限り多くの情報を得る権利があることを認めなくてはならないのである。しかし、功利主義がこの可能性に対処できないということにはならない。個人の究極の効用は、今やいっそう広く定義される必要があり、最終的な真の状態に加えて、各段階で個人がもつ情報を個別かつ明示的に項目として含まなくてはならない。なぜなら、究極の効用は個人が真実を告げられていたかに依存するからである。社会厚生関数は、ある程度の費用の限度内で、真実をできる限り知る各個人の権利を尊重すべきだと主張することもできる。しかし、常にそうなるとは限らない。誰からも醜いとみなされている人は、そう告げられることを好まないであろう。そうだとしても、個人は望む限りの真実を知る権利をもてるのである。

9　結　論――功利主義の限界？

各個人の「究極の」効用関数の定義域をどんどん拡張し続けて、ついには通常の社会的結果のみならず個人の嗜好、予想、情報の歴史まで含めることは、ペテンのように見えるかもしれない。それでも、これは私が信じる一般的原理をよく示すと思われる。つまり、功利主義は十分に広く定義することができるため、いかなる倫理的問題にも、少なくとも経済学者が関心をもついかなる倫理的問題にも対応できるのである。功利主義をこのように適用すると、私たちは生死の問題のような厄介な選択に直面するだろう。さらには、財産権が功利主義的目標の最大化に対する制約となるべきかという問題もある。ただし、第三節で考察したように、権利として完全に説得力がありながら功利主義的な路線で対処することのできないような例を、私はまだ目にしたことがない。ダスグプタ（本書第一〇章）が主張するように、情報が不完備の場合には、意思決定を分権化するような「権利」を認めると便利であろうが、それはけっして功利主義的アプローチと矛盾するわけではない。さらに、個人が関連情報を知りたいと考え、情報提供の（社会的）費用を支払う用意があるならば、ある問題について情報を得る権利を個人に与えることが適切であろう。

認めざるをえないのは、こうした拡張の結果としての究極の効用関数が、個人の選好とはほとんど無関係だろうということである。そして、もちろん、社会厚生関数の構成に必要な個人間比較を行うことは別の課題であり、その助けとなる経験的証拠はほとんど存在しない。したがって、ここで論じたような非常に広範にわたる困難な問題に対して功利主義的分析を適用することは、原理的には可能であろうが、何か他のアプローチの方がより役に立つ可能性も十分にある。しかし、それをここで論じることはできない。

全米科学財団からの研究助成（契約番号 SES-79-24831）に深謝したい。この小論の執筆に際しては、パーサ・ダスグプタとアマルティア・センに大いに励まされ、また特にフランク・ハーンとジェームズ・マーリースとの議論からも多くの恩恵を受けた。私は彼ら全員に感謝するが、ここで表明されている見解に彼らが責任を負うとか、ましてや賛同しているといいたいわけではない。

注

（1）残念ながら、この用語法はやや曖昧である。ここで考えている社会厚生関数は通常、バーグソン（Bergson 1938）と関連づけられ、彼が実際に使う呼称はおそらくもう少し控えめな「経済厚生関数」である。しかし、アロー（Arrow 1950; 1951; 1963）が「社会厚生関数」という用語で意味したのは、（バーグソン型社会厚生関数による表現が可能な）社会的順序を個人的選好順序の関数として決定する規則のことである。後にアロー（Arrow 1963）は「憲法」という用語を好むようになった。現在の用語法では、アローの憲法という概念（「アロー型社会厚生関数」）は、個人の効用関数を社会厚生関数に対応させる「社会厚生汎関数（social welfare functional）」の特殊例とされる。Sen 1970a: 129 と 1977a を参照。

（2）マーリース（本書第三章）は、社会厚生関数が個人的効用関数の（場合によっては重みつきの）総和であるべきことを力強く主張する。それは正しいかもしれないが、私の議論の射程をひどく限定する。私が知りたいのは、個人の効用だけに依存し、かつ適切な社会目標を表現するような社会厚生関数が何であれ存在するかどうかである。

（3）クープマンス（Koopmans 1957）は、効率性の基本定理をうまく表現する多くの研究の一例にすぎない。消費者主権のより熱烈な擁護論の一部はアーチボルド（Archibald 1959）とラーナー（Lerner 1972）に見られる。

（4）本節はある程度ハモンド（Hammond 1981a）の分析に基づいている。

（5）Hammond 1976a を参照。ベイズ合理性のこうした「動学的」正当化のさらなる議論については Hammond 1981c を見よ。

（6）厳密にいうと、この仮定はなくてもよいが、代わりに、計画者や観察者は各状態での各個人の効用に対して主観的確率に比例する重みを付与しなければならない（Hammond 1981b を参照）。こうした重みづけはまったく擁護できないと思われるため、この可能性は無視することにした。

（7） おそらく、フリードマンや彼の支持者たちは、貧困線を下回らない人々の所得分配については厳密な中立を主張するかもしれない。しかし、これですら、貧困線を下回らない人々に対して総所得に等しい厚生関数を前提している。Roberts 1980a で示されたように、多くの財が存在し、個人の選好が十分に多様なときには、パレート原理とさえ整合的でない。

（8） 本節は Hammond 1981d の分析に基づいている。

（栗林寛幸訳）

第5章　契約主義と功利主義(1)

T・M・スキャンロン

功利主義はわれわれの時代の道徳哲学のなかで中心的な位置を占めている。それは大部分の人々が奉じている見解ではない。自分が行為功利主義者だと主張するような人は確かにほとんどいないだろう。しかしはるかに多くの人々にとって、功利主義は彼らが自分の道徳的信念を理論的に説明しようとするとき近づくことになる見解である。道徳哲学の内部では、それは人が避けようとするならば争わなければならない立場を表現している。このことは、行為功利主義の含意は確固たる道徳的信念と大きく異なるという事実によっても変わらない。その一方、行為功利主義に対する選択肢として一番一般的な規則功利主義は、大部分の人々にとって不安定な妥協にすぎないように感じられる。

功利主義が広い訴求力（appeal）をもっているのは、私の思うに、多かれ少なかれ洗練された種類の哲学的考慮の結果である。その考慮はわれわれを一次的な道徳的信念とはまったく違った方向に向かわせる。特に、功利主義の訴求力の多くは、功利主義と競合する諸見解の難点といわれるものから来ている。功利主義に対する選択肢が成功するために何よりもまず行わなければならないこと、それは非功利主義的な道徳的推論の基礎について明確な説明を与えて、功利主義のこの力の源泉を枯渇させることである。本稿で私は最初に、道徳の基礎にかんする哲学的説明が答えねばならない諸問題を提起することによって、この課題をもっと詳しく述べる。私はそれから契約主義の一ヴァージョンを提出するが、それはこれらの問題に対して功利主義の直截なヴァージョンが与える回答よりもよい回答を与える、と論ずる。最後に私は、私の理解するところの契約主義が、その規範的帰結として何らかの功利主義的定式に帰着することがないのはなぜかを説明する。

契約主義は以前から特にジョン・ロールズによって『正義論』(Rawls 1971)のなかで、功利主義に対する選択肢として提案されてきた。しかしながらこの書物が受けてきた広範な議論にもかかわらず、基礎的見解としての契約主義がもつ訴求力は過小評価されてきたと私は考える。特に、契約主義が道徳的動機づけについて特別に説得力ある説明を与えるということは十分に理解されてこなかった。私が与える契約主義のヴァージョンはロールズのヴァージョンといくつかの点で異なっている。特にそれは、無知のヴェールの背後での選択という彼の観念をまったく利用しないか、あるいは別のもっと限定された仕方でしか利用しない。この相違の一つの帰結は、契約主義と功利主義の対照を一層きわだたせるということである。

1

数学の哲学という領域が存在するのと同じ理由から、道徳哲学という領域も存在する。数学的な判断と同様に道徳的な判断についても、われわれは客観的だと思われる一群の信念をもっていて、そこに一定の確信と重要性とを与える傾向がある。しかし反省してみると、これらの判断が一体何についてのものなのか——それが存在するとしては全然明らかでない。そのもののおかげで、ある信念は正しいとか弁護可能だとかいうことができ、別の信念はそういえないのだが。対象物(subject matter)あるいは真理根拠についてのこの問題は、数学と道徳の両方にかんする第一の哲学的問題である。第二に、道徳と数学のいずれにおいても、それについてたんに考えたり推論したりするだけで、真理を発見することができるように思われる。経験と観察も役に立つかもしれないが、通常の意味での観察は、いずれの領域においても発見の標準的方法ではない。だから、第一の問題についていかなる肯定的な回答——数学あるいは道徳における対象物あるいは真理根拠にかんするいかなる特定化——を前提するとしても、われわれが使っていると思われる手段に似た何ものかを通じて、この対象物にかんする事実を発見することがいかにして可能なのかを説明してくれる、何らかの両立可能な認識論が必要である。

道徳哲学と数学の哲学を生み出した諸問題が似ているということを考えると、それに対する諸回答が同じような一般的タイプに分かれるということは驚くに値しない。もしわれわれが新入生用数学講義の学生に質問するならば、私の思うに、彼らの多くは何らかの種類の規約主義（conventionalism）をとるというだろう。彼らの考えでは、数学は定義と原理から出発するが、それらは恣意的であるか道具的に正当化されるかのいずれかであり、そして数学的推論はそれらの定義と原理から何が出てくるかを見てとることに存するのである。他の一部の学生はおそらく実在論者あるいはプラトン主義者だろう。彼らによると、数学の真理は何らかの直観によって知ることができる特別の種類の非経験的な事実である。また別の学生たちは、数学を正しく理解すれば、それはもっとも抽象的な経験科学に他ならないと考える自然主義者かもしれない。最後に、普通の新入生用講義のなかにはいないかもしれないが、「われわれの外」の世界に数学的事実は存在せず、数学の真理とはわれわれが心理的に構築できるものにかんする客観的な真理である、と考える人々もいる。カントは、純粋数学は精神に依存する客観的真理の領域だと考えたし、ブラウワーの数学的直観主義はこのタイプの別の理論（それは数学的判断について、古典的な意味での真理ではなく、断定への保証の根拠を与えるという、重要な相違を伴うが）だった。これらの立場はすべて道徳哲学のなかに自然な対応物をもっている。W・D・ロスが唱えた種類の直観主義は、おそらく数学的プラトン主義に一番近く、カントの数学理論は、道徳とは精神に依存する客観的真理の領域だというテーゼの一番おなじみのヴァージョンである。

私が述べた見解のすべては（規約主義の場合はいくらか限定つきで）、数学にかんする第一の哲学的問題に対する肯定的な（つまり、懐疑的でない）回答を与える。それぞれの見解は数学的判断の真理について何らかの客観的な、あるいは少なくとも間主観的な、根拠を述べる。率直な懐疑主義と精神依存性の主観的ヴァージョン（それらは情緒主義あるいは指図主義に対応する）は、数学哲学者には道徳哲学者ほどには訴えかけない。このことは部分的には、数学的判断では間主観的合意の程度が大きいからにすぎないが、この両者の領域の哲学的説明が答えなければならない、さらなる問題の相違にも起因する。

数学も道徳も、実在の残りの部分から独立に存在する事実の領域を記述していると考えることはできない。数学も道徳も他の事物と結びついている。数学的判断は数学が適用される領域についての予言を生み出す。この結びつきは数学的真理にかんする哲学説が説明しなければならないものだが、そのような予言の正しさからわれわれが観察・学習できるという事実自体が、客観的な数学的真理へのわれわれの信念を支持もする。道徳の場合には、主要な結びつきは意志との結びつきである。あるいは一般にそうだと考えられている。道徳の対象物という役割を果たすものとして何を候補にとろうと、われわれはなぜ誰かがそれを気にかけるのかを説明しなければならない。そしてこの動機づけにかんする問題に回答する必要が、主観説への強力な支持を与えてきたのである。

だが道徳にかんする十分な哲学的理論は道徳的動機づけについて何をいわなければならないのだろうか？　私の思うに、その理論は、道徳的真理はそれを知る者に対して、その人物の現在の欲求あるいは利益の促進に訴えかけるような行為理由を与えるということを示す必要はない。ある人物が道徳の要請にしたがうべきいずれの種類の理由ももたないとしても、その要請はその人物に正当に適用されるかもしれない、ということは完全に理解可能だと私は思う。道徳的要請は、それが適用される人々に対して何か第三の種類の順守理由を与えるだろうか？　それは争われている問題で、私は立ち入らないでおく。しかし適切な道徳哲学がしなければならないのは、私の思うに、道徳が――少なくとも、それに関係する人々に――実際提供している理由の性質をわれわれにとっていっそう明らかにする、ということである。道徳にかんする哲学的理論がこれらの理由について与える説明は、一方では道徳的真理と道徳的推論についての説明と両立し、他方では道徳的経験についての説得力ある分析によって支持されるものでなければならない。満足すべき道徳哲学は、道徳への配慮を、物神崇拝や特別の趣味のように一部の人々がたまたまもっているにすぎない単純な特別の選好として放置してはおかない。道徳的な理由が人々の真剣に取り上げることができる理由であるのはなぜか、またその理由に動かされる人々がそれを特別に厳しくて逃れることができない理由と感ずるのはなぜか？　満足すべき道徳哲学はそれを理解できるようにしなければならない。

さらなる問題もある。そのような理由への感受性は、人にとっての善と両立するだろうか、それともニーチェが論じたように、それをもつ人にとって心理的破滅なのだろうか？　もし道徳を弁護しようとするならば、道徳がこのような破滅ではないということを示さなければならないが、私はこの第二の動機づけにかんする問題をここでは追究しない。私がそれに言及するのは、たんにそれを第一の動機づけの問題と区別するためにすぎない。後者が私の今の関心事である。

道徳が対象とするものを哲学的に説明するという任務は、道徳の用語を分析するという任務とも、われわれの一階の道徳的信念の一番整合的な定式化を発見するという任務とも異なる。われわれの一階の道徳的信念を最大限に整合的になるように順序づけることは、価値ある種類の説明を与えてくれる。つまりそれは、多様で一見したところばらばらの道徳的な観念や命令や判断が相互にどのように関連しているかを明らかにして、それらの間の衝突がどの程度根本的か、また解決や解消がどの程度可能かを示すのである。しかし道徳の対象物の哲学的探究はもっと外在的な見方をする。その探究がしようとするのは、道徳的真理を、世界のなかの他のものとの関係において、またわれわれの固有の関心との関係において記述することによって、それがいかなる種類の真理であるかを説明することである。われわれは道徳にかんする真理をいかにして知ることができるようになるのか？　その説明は、個別の道徳的真理のリスト——たとえ最大限に整合的なリストであっても——に基づくよりも、道徳的真理がいかなる種類のものであるかについての、そのような外在的説明に基づいていなければならない。この事情は、道徳的信念がいかにして人に行為

への理由を与えうるのかについての説明にも同様に妥当すると思われる。(2)

われわれの一階の道徳的信念間の整合性――ロールズが狭い反照的均衡と呼んだもの(3)――だけでは、道徳的真理の説明あるいは倫理学における正当化の基礎の説明として不十分だと思われる。(4) その理由は単純に、われわれの道徳的信念の一番整合的な説明といえども、それ自体では、私が道徳の対象物の哲学的説明と呼んだものをわれわれに与えるとは限らないからである。われわれの道徳的信念がいくら内在的に整合的であっても、それは何でもない(there is nothing to them at all)という疑念が消え去らないかもしれない。それらの信念は社会的に教え込まれた反応の集合にすぎず、それはおそらく相互に首尾一貫していても、正しいとか間違っているとか適切にいうことができるような種類の判断ではないのかもしれない。道徳の性質にかんする哲学理論がわれわれの一階の道徳的信念への信頼を強めることができるのは、主としてその対象にかんするこれらの自然な疑念を緩和することによってである。それが道徳認識論の説明を含む限りで、そのような理論はわれわれを倫理学における唯一の正当化の形式に導くかもしれないが、必ずそうするわけではない。程度の差はあれわれわれが親しんでいる種類の道徳的議論が、やはり倫理学における唯一の正当化の方法であるのかもしれない。だがそれがわれわれの正当化の方法の変化にいたるにせよ、あるいはいたらないにせよ、よき哲学理論がなすべきことは、道徳的議論の最善の形態が何であるか、またそれらの形態が到達しうる種類の真理はどのような種類のものかを、よりよく理解することである。(私の信ずるところでは、大体同じことが、数学の哲学が特定の数学的判断と特定の数学的推論形式へのわれわれの信頼を強めるということについてもいえる。)

道徳にかんするいかなるテーゼとも同様に、道徳の対象物にかんする哲学的説明は道徳的用語の意味と何らかの関係をもたなければならない。つまり、そこで道徳の対象物だとされるものは、実際にこれらの用語が少なくとも通常の用法の大部分において言及するものだ、という主張が説得的でなければならない。しかし道徳的用語の現在の意味は、その言語の過去および現在の使用者がもっていたたくさんの異なった道徳的信念の産物であって、この意味は多様な道徳的見解とも、道徳の性質にかんする多様な見解とも、確かに両立する。結局のところ、道徳的用語はこれらの種類のたくさんの異なった見解を表現するために使われている。そしてこれらの見解を表明する人々は、道徳的用語を間違って使っているわけではない――たとえ彼らの一部のいうことが間違っているに違いないとしても。一階の道徳的判断と同様、道徳の対象物にかんする哲学的特徴づけは、道徳にかんする実質的な主張である――それは異なった種類の主張だろうが。

道徳の哲学的特徴づけが行う主張は一階の道徳的判断とは種類が異なるが、それだからといって、道徳にかんする哲学的理論は競合する規範的ドクトリンの間で中立的だということにはならない。道徳の性質にかんするある哲学的テーゼをとることは、ほとんど常に特定の道徳的主張の説得力に影響するだろう。しかし道徳にかんする哲学的諸理論は、それらの規範的含意の範囲と直接性とにおいて大きく異なる。一方の極には、道徳はある非自然的性質にかかわるという哲学的テーゼとして理解された直観主義がある。たとえばロスは、正しさ（rightness）とは「ふさわしさ（fittingness）」あるいは「道徳的適切性（moral suitability）」という性質だと考える(5)。直観主義の主張は、われわれはこれらの性質が発生すればそれを同定でき、これらの性質にかんするある一般的真理を自明のものとして認めることができ、そしてこれらの性質は他の観念によってそれ以上分析したり説明したりできない、というものである。このように理解すると、直観主義は広い種類の規範的な立場と原理上両立する。たとえば直観主義的功利主義者とか道徳的権利の直観主義的信奉者とかいった人が存在しうる。それは人が自明だとみなす道徳的正しさの性質にかんする一般的真理に依存する。

それと反対の極には、哲学的功利主義がある。「功利主義」という言葉は、一般には特定の規範的ドクトリン――道徳の性質にかんするいくつもの異なった哲学的テーゼに基づいてもたれうるドクトリン――の一群を指すために用いられている。この意味では、人はたとえば直観主義や契約主義の根拠に基づく功利主義者でありうる。だが私が「哲学的功利主義」と呼ぶものは、道徳の対象物にかんする特定の哲学的テーゼである。それはすなわち、根本的な道徳的事実は個人の福祉にかんする事実だけだ、というテーゼである(6)。私の信ずるところでは、このテーゼは多くの人々にとって大いに説得力がある。別の理由から功利主義者である人々もいるが、功利主義の原理が広い影響力をもっているのは哲学的功利主義の魅力のおかげである。

諸個人の状態がよいとか悪いとかいう事実がある、ということは人々にとって自明だと思われる。そのような事実は明らかに動機づけの力をもつ。人々が道徳的考慮によって動かされると考えられるのと同様の仕方で、そのような事実によって動かされるということは完全に理解できる。さらに、これらの事実は今われわれの理解するところの道徳にとって明らかに重要である。個人の福祉にかんする主張は道徳的議論の有効な出発点の一種である。しかし多くの人々にとって、それ以外に何か独立の出発点がありうると考えることは難しい。個人の福祉から独立した実質的な道徳的要請というものは、悪い意味で直観主義的だと思われる。それらの要請は、説明しにくい種類の「道徳的事実」ということになるだろう。ある行為がたとえば嘘や破約の実例だということは、事実として認めることができる。そして功利主義者は、そういった行為がしばしば（派生的な）道徳的意義をもつということも認められる。それは個人の福祉にとって有する帰結のゆえに道徳的な意義をもつのである。だが「直観主義」の問題と難点が生ずるのは、そういった行為が、個人の福祉を減少させるという事実に還元できない意味で不正だと主張されるときである。道徳的不正というこの独立の性質をどのように理解したら、それは道徳的考慮がもつとされるような種類の重要性と動機づけの力とをもちうるのだろうか？　この種の内在的な意味をもつ道徳的性質など存在しないという考え方をとるならば、哲学的功利主義だけが道徳にかんする維持可能な説明だと思われるかもしれない。そしてひとたび哲学的功利主義が受け入れられるならば、何らかの形態の規範的功利主義が、正しい一階の道徳理論としてわれわれに押しつけられるように見える。かくして功利主義は多くの人々にとって、数学においてヒルベルトの形式主義とブラウワーの直観主義がそれぞれの信奉者に対してもっている地位のようなものをもつ。功利主義は、その対象について哲学的に擁護可能な説明を与えなければならないという必然性がわれわれに押しつけるように思われる見解なのである。しかしそれはわれわれにつらい選択を迫る。——われわれは自分たちが以前もっていた一階の信念の多くを捨て去るか、さもなければ、それらは派生的な事実として残すか有用で無害なフィクションとして説明するかできると示すことによって救助しようとするかしかない。

私が述べた哲学的功利主義の訴求力は偽物だ、なぜならこの理論は直観主義の一形態（直観に一度しか訴えかけないという点においてのみ、他の形態と違う）か、ムーアやその他の人々がずっと前に論駁した種類の定義的自然主義に帰着するに違いないから、と思われるかもしれない。しかし私はこのドクトリンをそれほど簡単に片づけられるとは思わない。哲学的功利主義は道徳の性質にかんする哲学的な説明である。だからそれは、直観主義や私が本稿の後の部分で擁護する形態の契約主義と同格である。これらのテーゼのいずれも、定義の問題として真であると主張する必要はない。それらのテーゼの一つが正しいとしても、それを否定する人が「正しい」とか「不正」とか「べきだ」といった言葉を誤用しているということにはならない。またこれらのテーゼのすべてが直観主義の諸形態だということもない――もし直観主義が、道徳的事実は、われわれが直観的洞察によって把握できるがそれ以上の分析を必要としない容れることもしない、特別の非自然的性質にかかわるという見解として理解されるならば。契約主義と哲学的功利主義のいずれも、この主張と両立しない。道徳の性質にかんする他の哲学的なテーゼ（そのなかには直観主義自体も含まれる、と私はいいたい）と同様に、契約主義と哲学的功利主義は、道徳的信念や道徳的議論や道徳的動機についてわれわれの一般的な世界観と両立するような説明を与えることに成功しているか否かを基礎として評価されねばならない。ここでわれわれの一般的世界観というのは、世界のなかにはいかなる種類のものがあるのか、われわれはいかなる種類の観察や推論ができるのか、われわれは行為についていかなる種類の理由をもつのか、にかんするわれわれの信念のことである。道徳（あるいは数学）の性質にかんするいかなる説明がこの一般的な意味で一番説得力をもつかにかんする判断を決めるのは、単純に、全体としての説得力（overall plausibility）というものである。これを概念への洞察とか、何か別の種類の特別の直観的洞察として述べるのは役に立たない。

もし哲学的功利主義が受け入れられるならば、何らかの形態の功利主義が規範的ドクトリンとしてわれわれに押しつけられるように見える。しかしわれわれがいかなる形態を受け入れるべきかを決めるためには、さらなる議論が必要である。もし道徳的に重要なことのすべては諸個人の福祉であって、彼らの誰一人としてそれ以外の人以上に重きを置かれるのでないとするならば、そしてもし個々人の場合に重要なことのすべてはその人の福祉が影響を受ける程度だけだとするならば、道徳的評価の基礎は個人の福祉の総計を最大化するという目的だ、という結論にいたるように思われる。(7) この基準が適用される対象は個人の行為の批評か、あるいは規則や政策の選択か、あるいは行為への習慣や傾向の涵養か、という問題は、「福祉」自体をいかに理解すべきかという問題と同様、さらなる問題である。このようにして、規範的ドクトリンとしての功利主義の訴求力の多くは哲学的功利主義の魅力から来ているという仮説は、人々が功利主義のどの形態かはまったくわからなくても――「直接」あるいは「行為」功利主義か、それとも間接的な「規則」あるいは「動機」功利主義の何らかの形態か――、ともかくその何らかの形態が正しいに違いないと確信しているのはどうしてかを説明する。これらの見解が異なった規範的な帰結にいたるにもかかわらず共有していること、それは根本的な道徳的事実として同じ種類のものを同定しているという事実である。

2

功利主義の訴求力について私が述べたことが正しいならば、そのライバルの理論がしなければならないことは、道徳の対象物にかんする一見解としての哲学的功利主義に対する選択肢を与えることである。これこそ私が契約主義と呼ぶ理論がしようとすることに他ならない。しかしながら契約主義がそれに成功して、道徳の性質について哲学的功利主義よりもすぐれた説だと判断されるとしても、規範的功利主義が論駁されたということにはならない。規範的功利主義が別の根拠によって――たとえば、契約主義自体の規範的な帰結として――確立されうるという可能性は残っている。しかし規範的功利主義を支持する直接的な、そして私の考えでは影響力ある議論は、排除されたことになる。

私が契約主義という言葉で何を意味しているか、その例を挙げてみよう。道徳的不正の性質にかんする契約主義的な説明は次のように述べられよう。

ある行為は、状況下におけるその遂行が、行動の一般的規制のための次のようないかなるルール体系によっても禁じられるようなときに不正である。そのルール体系とは、情報に基づく、強いられない、一般的な合意の基礎として、誰一人として合理的に斥けることができないようなものである。

これは道徳的不正（moral wrongness）という性質の特徴づけとして意図されている。哲学的功利主義と同様、契約主義は規範的な帰結をもつだろうが、それらの帰結を詳細に探究することは私の現在の目的ではない。一つの道徳的観念の契約主義的な説明として、私がここで提起したものは近似的接近にすぎず、かなりの変更を必要とするかもしれない。ここで私は明確化のためにいくつかのことを述べることができる。

「情報に基づく合意（informed agreement）」という観念は、行為の帰結にかんする迷信や誤った信念を排除するためのものである——たとえ当該の人物がこれらの信念をもつことが合理的だとしても。一方、「合理的に（reasonably）」という限定が意図している趣旨は、情報に基づく、強いられない、一般的な合意の基礎たりうる諸原理を発見するという目的を前提とすると不合理であるような拒絶を除外することである。この目的を前提とすると、たとえば、ある原理があなたに負担を課すという理由でそれを斥けることは、すべての代替的原理が他の人々にもっと大きな負担を課するときには不合理である。私は拒絶の根拠について本稿の後の方でさらに述べる。

道徳的議論の対象である合意は強いられないものでなければならない。この要請は、たんに強制を排除するだけでなく、弱い取引上の立場にあるために合意を受け入れるように強いられることをも排除する趣旨である。たとえば他の人々がよりよい条件に固執し続けることができる場合がそうである。道徳的議論はそのような考慮を捨象する。合意のための唯一有意義な圧力は、この欲求をもつ人ならば誰も合理的に斥けられない原理を発見してそれに合意しようという欲求から来る。契約主義によると、道徳的議論は、この欲求によって同じ程度に動かされる人々すべての間での合意の可能性にかかわる。だがこの反事実的想定は、道徳がかかわる合意だけを特徴づけるのであって、道徳原理が適用されるべき世界を特徴づけるのではない。道徳に関心をもつ人々が彼らの不完全な世界に適用することを求める諸原理は、彼らが合理的に斥けられず、そして現在は合意への欲求によって動かされていないこの世界の他の人々も、そう動かされるようになったときは合理的に斥けられない原理である(8)。

道徳的不正の契約主義的説明は「誰もが合理的に受け入れられる」原理よりも「誰もが合理的に斥けられない」原理に訴えかけるが、それは次の理由による(9)。ある原理のもとでひどい困難に苦しむであろう人々がいるが、これらの困難は回避可能だとしてみよう。つまり、誰一人として同じような重荷を負わなくてすむような、代替的な原理が存在するとしてみよう。しかしながら、これらの困難を負う人々は特別に自己犠牲の精神に富んでいて、彼ら自身が万人のより大きな善とみなすもののためにその負担を進んで引き受けようとする、ということが起きるかもしれない。私の思うに、彼らがそうすることは不合理だ、とわれわれはいわないだろう。その一方、彼らがその負担を拒むとしても不合理でないかもしれず、したがって、自分にその負担を負うように要求する原理を誰かが斥けることは不合理でないかもしれない。もしこの拒絶が合理的であるならば、これらの負担を課する原理は疑いにさらされる――特別に自己犠牲の精神に富んだ一部の人々ならばその原理を(合理的に)受け入れることができる、という事実にもかかわらず。かくして道徳的議論の基礎は、原理の受容の合理性ではなくて、原理の拒絶の合理性なのである。

諸原理の同値ではない複数の集合の多くが、この拒絶不可能性という基準を満たすように思われる。このことを示唆するのは、たとえば、重要な義務を定義するのには多くの異なった方法があって、そのうちのどの方法も他の方法以上あるいは以下に「拒絶可能」なわけではない、という事実である。合意形成の方法や他の人々に配慮すべき責任を割り当てる方法には、たくさんの異なったものがある。しかしだからといって、諸原理のこれらの集合のうち少なくとも一つが許容する行為ならば、契約主義によると道徳的に不正ではありえない、ということにはならない。道徳的に受け入れられる形態がたくさんあるような種類の何らかの義務（合意への忠実義務とか、相互援助の義務とか）をわれわれがもつことが重要だとしたら、これらの形態のうちの一つを規約によって確立する必要がある。これらの形態のうちの一つが実際に規約的に確立される場合、それが禁ずる行為は、与えられた定義の意味で不正だということになるだろう。というのは、そのような規約が必要だということを前提とすると、一般的な合意を得られないものは、重要な義務の規約的に確立された（そして道徳的に受容可能な）定義を無視することを許す原理集合であるだろうから。このようにして規約に依存するということは、契約主義道徳のなかに文化的相対性をある程度導入する。それに加えて、人が合理的に何を斥けられるかは、その人の生活のなかで重要な目的と条件に依存しているだろうが、それらはまた、その人が生きている社会に依存してもいるだろう。上記の定義は、行為の不正さを行為がなされる状況に依存させることによって、この二種類のヴァリエーションの余地を与える。

私が与えた契約主義の部分的な説明は抽象的だが、その抽象性は道徳の対象物の説明のなかで適切なものである。一見するところ、それはいかなる原理が合意されうるのかとか、合意の基礎となりうる固有の原理集合があるのかといった問題について、何も特定の主張を含んでいない。契約主義者が実質的な道徳的主張にいたる一つの方法――唯一の方法ではないが――は、合意という重要な観念について技術的な定義を与えることである。別々の契約主義者が別々の仕方でこれをしてきた。そのような定義のために主張しなければならないこと、それは（適用されるべき状況下で）その定義がされるべき条件や合意の当事者や合理性の基準を特定することによってである。たとえば合意が達成されるべき条件や合意の当事者や合理性の基準を特定することによってである。

記述するものは本当に、道徳的議論が目指す種類の強いられない合理的な合意なのだ、ということである。しかし契約主義はまた、道徳の対象物の非形式的な記述として理解することもできる。それを基礎として道徳的推論の日常的形態を理解したり評価したりできるのだが、さらにそれ以上、合意についての技術的な観念を通じて進んでいくことはないのである。

契約主義がいう一般的な合意のなかには誰が含まれるのか？　道徳の範囲は実質的道徳の難問だが、道徳の性質にかんする哲学的理論もそれに答えるためのいくらかの基礎を与えるべきである。適切な理論がなすべきことは、道徳の境界にかんする特定の解釈への有意義な賛否の議論と思われるものが行われる枠組みを提供することである。契約主義はこの問題への回答に説得的な基礎を与えられない、としばしば考えられている。批判者たちは、契約主義は契約者の何らかの集合を前提して始まらなければならないから、何の回答も与えられないと非難するか、あるいは契約というものは合意してそれを守ることができるとともに協力について相互に利益を提供することができる当事者を必要とするから、明らかに限定的すぎると非難する。いずれの批判も私が擁護している契約主義のヴァージョンには当てはまらない。道徳の範囲の一般的な特定化についてそれが意味することは、私には次のようなことだと思われる――道徳が当てはまる存在は、その種のものに対して正当化という観念が意味をなすような者である。そのためには何が必要だろうか？　ここではいくつかの必要条件を示唆することしかできない。第一に、その存在は善をもたねばならない。つまり、その存在にとって事物が明らかな意味で善いとか悪いということがありうる、といえなければならない。このことが、受託者がその存在のために受け入れるのが合理的であることという観念に部分的な意味を与える。当該の存在にとって善いもの、あるいは悪くないものを受託者が少なくとも受け入れるのは合理的である。信託にかんするこの観念を用いて、文字通りには何にも合意する能力がない存在にまで、受容という観念を拡張することができる。しかしこの最小限の信託観念は、契約主義によるとあまりにも弱すぎて道徳の基礎を与えることができない。契約主義は受け入れるのが合理的であること、あるいは斥けるのが合理的であることという観念に依存しているが、これらの観念は本質的に比較を含んでいる。ある目的をもっている人ならば誰も合理的に斥けられないような原理を発見するという目的を前提するとき、私がある原理を斥けることが不合理かどうかは、その原理が許す行為が絶対的な意味で私をどれだけ害するかだけにかかっているのではない。それはまた、この原理と代替的な原理のもとにおける他の人々の可能的損害と別の可能的損害との比較にもかかっている。だからたとえば、ある存在がわれわれと道徳的な関係にあるためには、それが善をもつだけでは不足で、さらにその善がわれわれの善と十分に似ていて、比較可能性の何らかのシステムの基礎を与える、ということも必要である。そのようなシステムの基礎があってこそ、受託者がある存在のために合理的に斥けられることという観念に、われわれは適切な種類の意味を与えることができるのである。

しかし可能な信託関係の範囲は道徳の範囲よりも広い。人はトマト工場や森林や蟻のコロニーの受託者としても行動できるが、そのような存在は道徳のなかには含まれない。おそらくこのことは、比較可能性という要請に訴えかければ説明できるだろう。それらの存在も善をもつが、道徳的な議論の基礎を与えてくれるような仕方ではわれわれの善と似ていないのである。しかしながらこれを越えると、これらのケースでは、存在に対する正当化という観念への十分な手掛かりがない。この観念のためのさらなる最小限の要請は、その存在はある観点をもっていなければならない、というものである。つまり、そのものであるということはどういうことか、それにとって世界はどのように思われているのか、といったことが存在しなければならない。それがなければ、われわれとその存在との関係は、それに対する仮説的な正当化さえも不適当であるものになる。

私がこれまで述べてきたことを基礎とすると、苦痛を感ずる能力が多くの人々にとって道徳的地位を支持するものと思われてきたのはなぜかを契約主義は説明できる。この能力をもつ存在は、それに対する正当化という観念が意味をなすために必要だとして私が今挙げた三つの条件も満たすように思われる。その存在が苦痛を感ずることができるならば、それは正当化が向けられうる意識の中心をなす。苦痛を感ずることはその存在の状態が悪化するということの、苦痛が和らぐということはそれが利益を受けるということの、それぞれ明白な例であり、これらはわれわれ自身にとっての善悪と直接に比較できるように思われる善悪である。

私が必要条件として挙げたこの三つの条件が、ある存在に対する正当化が意味をなすための十分条件でもあるかどうかは明らかでない。それらが十分条件か、またもしそうでなければそれ以上に何が要求されるのかは、論争されている難問である。原則的に正当化を議論することができる人々や、現実に何かに合意できる人々や、道徳的議論を理解できる人々だけに、道徳の領域を限定しようとする人々がいる。私がこれまで述べてきた契約主義はこれらの争点をすぐに解決するものではない。私が主張するのは、契約主義はこれらの点の議論について、少なくとも道徳の性質にかんするライバルの説明が与えているのと同じくらい説得力ある基礎を与える、ということだけである。道徳の範囲について提案されたこれらの制約は、正当化という観念が意味をなすための条件にかんする、議論の余地のある主張として理解するのが自然だから、これらの制約に対して通常提起される賛否の議論もまた、この基礎のうえで理解できる。

道徳の範囲にかんする他の制約があるとしても、それらはもっと明らかに斥けることができる。道徳の課す制約を認める能力をもつ人々や、他の参加者たちに何らかの互恵的利益を与えることができる人々だけに道徳を制約することができるかもしれない。しかしこれらの要請によって排除される人々が道徳の保護をまったく受けないと考えることは、きわめてもっともらしくない。私が定式化してきた契約主義[10]は、なぜそうであるのかを説明できる。これらの能力がないからといって、それだけではある存在に対する正当化の可能性を掘り崩すことはない。だが能力の欠如が場合によってはするかもしれないことは、関連する正当化の変更である。私が示唆するのは次のことだ。——熟慮によるコントロールや互恵的利益の能力がどんな重要性をもつにせよ、それは彼らが負う義務や他の人々が彼らに対して負う義務を変化させるファクターとしてであって、それがなければ道徳の枠組み自体がなくなるような条件としてではない。

3

私はこれまで契約主義の規範的内容についてほとんど何も述べてこなかった。私がこれまで述べてきたことにもかかわらず、行為功利主義の定式が契約主義の定理だとわかるかもしれない。私はそうなるとは思わないが、私の主要なテーゼは、契約主義の規範的な含意が何であれ、契約主義は道徳の性質にかんする哲学的テーゼとして独自の内容をもっているということである。この内容――たとえば、功利主義的定式が一般的合意の基礎になっているという理由で功利主義者であることと、それ以外の理由で功利主義者であることとの間の相違――が一番はっきり示されるのは、契約主義者が第一の動機づけの問題について与える回答においてである。

哲学的功利主義が説得力をもつ見解である理由の一部は、それが道徳にとって基本的だとする事実――個人の福祉にかんする事実――が明らかな動機づけの力をもっているということにある。この見解によると、道徳的な事実がわれわれを動かすのは、われわれが他の人々の善に共感して同一化するからである。だが哲学的功利主義から、正しい行為の基準としての、特定の功利主義的定式に移ると、功利主義が訴えかける動機づけの形態はもっと抽象的になる。もし古典的功利主義が正しい規範的ドクトリンならば、道徳的動機づけの自然な源泉は、福祉の集計における変化に動かされる傾向だということになる――その集計がどのように構成されているとしても。同じ大きさの集合的利益が得られるならば、それが数人の激しい苦痛を緩和することによるのであれ、数人にいくらかの迷惑をかける代わりに多数の人々にささやかな利益をもたらすことによるのであれ、われわれは同じように感ずるべきなのである。これは特定の諸個人に対するおなじみの種類の共感（sympathy）とは大変違うが、功利主義者は、自然な共感が理性的な反省によって訂正されたとき、それはこのもっと抽象的な欲求になると論ずるかもしれない。この欲求は他の人々の善への配慮という、共感と同じ内容をもっているが、それは対象の選択において部分的でも選択的でもない。

この公平な共感が心理的な説得力をもつかどうかは別にして、それは道徳的動機づけの役割にとってふさわしい候補だろうか？　確かに、普通の種類の共感は、時として人に正しい行為をさせることができる多くの動機の一つである。たとえば、私が苦しんでいる子どもを助けようと走るときの私の支配的な動機かもしれない。しかし私が飢饉にかんするピーター・シンガーの論文[11]に説得されて、明らかな道徳的要請だと思われるものの認識に打ちのめされたと感ずるときには、何か別のものが働いている。旱魃に苦しんでいる地の人々のために自分がどれだけの善を行えるだろうかという思いに加えて、私は自分自身にごくわずかの費用しかかけずに彼らを援助することができるのにそうしなかったらそれは不正だという、さらなる、一見したところ別個の思いによって圧倒されるのである。功利主義者は、道徳的動機づけにかんする自分の説明が道徳的経験のこの側面を捉えそこなっているからといって、非難されるいわれはない。なぜならそれはわれわれの非功利主義道徳教育の反射にすぎないからだと回答するかもしれない。さらに、それには根拠がないに違いない。というのも、道徳的不正にかんするこのさらなる事実とされるものはどんな種類の事実なのだろうか？　またそれはいかにして、行為へのさらなる特別の理由を与えることができるのか？　すると契約主義にとっての問題は、この課題への満足できる回答を与えられるかどうかである。

契約主義によると、ある行為が不正だという信念によって直接に引き起こされる動機づけの源泉は、他の人々が合理的に斥けられない根拠に基づいて、自分の行為を彼らに対して正当化することが可能でありたいという欲求である。[12]私はこれを道徳的動機づけのきわめて説得力ある説明だと考える――少なくとも、それは自然な功利主義的代替案よりも私自身の道徳的経験をよく説明する。そしてそれは契約主義的見解の強みだと私に思われる。われわれは皆自分の周囲の人々と現実に合意していたいと望むかもしれないが、契約主義が道徳にとって基礎的だとみなす欲求は、他の人々が受け入れている基準が何であってもただそれに順応するようわれわれを導くものではない。他の人々が合理的に斥けられない根拠に基づいて、自分の行為を彼らに対して正当化することができるのでありたいという欲求は、われわれの行為への十分な正当化があるということをわれわれが知っているときに満たされるだろう――たとえ他の人々が実際にはその正当化を拒むとしてさえも（その原因は、われわれと他の人々が合理的に斥けられない原理を発見することに彼らが関心をもっていない、ということにあるのだろう）。同様にして、この欲求に動かされている人は、他の人々が彼の行為への正当化を受け入れても、自分がその正当化を偽物だとみなしていれば満足しないだろう。

あなたがある正当化を十分なものだとみなしているかどうかの大まかな基準は、もしあなたが別の人物の立場に立ったらそれを受け入れるか否かである。「立場を変える」という観念と道徳を支える動機づけとの間にあるこの関係が、さまざまな道徳体系や宗教の教えのなかにしばしば「黄金律」が現われることを説明する。しかし立場を変える思考実験は、大まかな基準以上のものではない。根本的な問題は、情報に基づく、強いられない、一般的な合意の基礎として斥けることが不合理になるものは何か、である。カントがいったように、(13)われわれの異なった個人的観点は、そのままでは、一般的に単純に調整不可能かもしれない。「判断の調和」のためには、それにもかかわらず個々人が合意できる、真に間主観的な形態の正当化を構築することが必要である。この間主観的な観点からは、別人の観点からの見え方の一部は、私自身の観点からの見え方の一部と同様、バイアスとみなされることになるだろう。

私は、他の人々が合理的に斥けられない根拠に基づいて自分の行動を彼らに対して正当化することができるのでありたい、という欲求が普遍的だとか「自然」だとか主張しているわけではない。私には「道徳教育」とはこの欲求を涵養して形成するプロセスとして理解するのが説得的だと思われる。そのプロセスの多くは、他の人々がいかなる正当化を実際に受け入れようとするのかを学ぶこと、あなた自身が多様な観点から対面して受容可能だと考える正当化を見出すこと、いっそう大きな経験に照らしてこれらの正当化に対するあなた自身と他の人々の受容あるいは拒絶を評価することからなっている。

実際私には、自分が受け入れられると考える考慮に基づいて自分の行為（と諸制度）を正当化することができるのでありたいという欲求は大部分の人々においてかなり強いように思われる。人々は自分の行為や制度が正当化できないということを認めないために、かなりの犠牲を払う用意がある。人々に正しい行為を行わせる手段として道徳的動機づけでは不十分だという悪名高い事実は、その基礎にある動機の単純な弱さだけに起因するのではなく、むしろその動機が自己利益と自己欺瞞によってたやすくゆがめられるという事実に起因する。

私が述べた動機づけの源泉は道徳的真理にかんする契約論的観念だけに結びつくわけではない、とここで反論されるだろう。私が与えた道徳的動機づけの説明は、斥けることが不合理な正当化という観念に言及していて、この観念は合意という契約主義的観念よりも広い可能性をもっている。Mを、道徳的真理にかんする何らかの非契約主義的説明としてみよう。Mによると、ある行為の不正さは単純にその行為の道徳的特徴であって、それゆえにその行為はなされるべきでない、とわれわれは想定できよう。Mによると、その行為がこの特徴をもっているのは、情報をもった人々がそれについての合意にいたるいかなる傾向とも独立している。しかしながら、情報をもった人々はおそらくあるタイプの行為の不正さを認識できる地位にあるだろうから、もしある行為が不正ならばそのような人々はそれがなされるべきではないということに合意するだろう、という結論が出てくるように思われる。同様にして、もしある行為が道徳的に不正でなく、それを行うことについて適切な道徳的正当化が存在するならば、情報をもった人々が斥けることが不合理な道徳的正当化があるだろう。かくして、もし契約主義でなくMの方が道徳的真理の正しい説明だとしても、他の人々が合理的に斥けられない根拠によって自分の行為を正当化することができるのでありたいという欲求は、やはり道徳的動機づけの基礎として役立ちうる。

以上のことが示しているのは、契約主義の訴求力は功利主義の訴求力と同様、制限された懐疑主義に部分的には基づいている、ということである。道徳の非契約主義的理論は、契約主義が訴えかける動機づけの源泉を利用することができる。しかし道徳的議論がこの動機づけの源泉を持ち出せるのは、その議論がある仕方で行動することへの十分な正当化であるおかげであって、その正当化は他の人々が受け入れないことが不合理であるようなものである。だから非契約主義理論は次のように主張しなければならない。――いかなる理想的合意における承認からもまったく独立した、正当化の力をもつ道徳的性質が存在する、と。これらはマッキーが内在的な「行われるべきということ（to-be-doneness)」と「行われるべきでないということ（not-to-be-doneness)」の例と呼んだものである。[14] 契約主義の訴求力の一部は、マッキーがいうように、そのような性質が「世界のなか」にいかにして存在しうるのかは人を当惑させるという見解に依存している。それと対照的に、契約主義は道徳的性質の動機づけの力もその正当化の身分も、合理的合意という観念によって説明しようとする。ある場合には、道徳的性質それ自体がこの観念によって理解されるべきなのである。たとえば今検討したように、道徳的不正という性質がそうである。しかし合意という契約主義的観念とはそれ自体独立して、正と不正を作り出す性質もある。殺すこと自体の快楽のための殺人行為という観念は、不正を作り出すこの種の性質だと私は考える。そのような性質が不正を作り出すのは、そのような行為を許すようないかなる原理の集合をも斥けることが合理的だからである。このようにして、合意という契約主義的観念から独立して道徳的に意味ある性質が「世界のなか」に存在するが、これらは内在的な「行われるべきということ」や「行われるべきでないということ」の例なのではない。それらの性質の道徳的重要性――それらと動機づけとの結びつきだけでなく、正当化におけるそれらの力も――は、契約主義的根拠に基づいて説明されるべきである。

特に、契約主義は個人の福祉にかんする事実が一見して道徳的意義をもつことを説明できる。個人の福祉は功利主義が根本的だとみなすものだが、契約主義によると福祉が道徳的に重要なのは、それが内在的な価値をもつからでも、その促進が正を生み出すということが自明だからでもなくて、単純に、個人は自分の福祉に何の重きも置かないような議論の形態を合理的に斥けられるからである。しかしながら道徳的意義にかんするこの主張は近似的なものにとどまる。というのは、まさに「福祉」とはいかに理解されるべきか、そしてわれわれはなすべき行為の決定にあたって他の人々の福祉をどのように考慮すべきか、という難問がさらに控えているからである。上記の主張からは、たとえば、ある欲求は、その満足を促進する行為の正しさを決定するにあたっていつでもどこでも同一の重みをもち、この重みはその欲求の強さあるいは「強度」に比例するという結論は出てこない。ある人の欲求が正しさを作り出す力は、道徳的に正統な利益という観念とでも呼べるものによって特定される。そのような観念は道徳的議論の産物であって、個人が欲求するのが合理的なことという観念だけによって単純に与えられるのではない——個人の福祉という観念ならばそうかもしれないが。私が理性的な欲求をもつすべてのものが、他の人々が私に対して正統な利益を認めて、自分のなすべき行為を決定する際に考慮に入れる必要のあるものだ、ということにもならない。私の理性的な欲求の対象たりうるものの範囲は実際にきわめて広いから、他の人々が承認することを合理的に拒めないような請求の範囲がいつでもそれより狭くなることは確かだろう。利益が理性的欲求に合致するという傾向——何か別のものへの欲求を理性的にする諸条件が、それに対する正統な利益を確立するという傾向——は存在するが、両者が常に一致することはないだろう。

すると契約主義の一つの結果は、功利主義を支持する議論が訴えかける、個人の福祉の地位とその他の道徳的観念の地位との間の峻別を打ち破ることである。われわれの正統な利益を定義し、その道徳的な力を説明するために、道徳的議論の枠組みが要求される。この同じ契約主義の枠組みが、権利とか個人責任とか手続的公正といった、他の道徳的観念の力をも説明できるのである。

4

行為功利主義が私の述べてきたヴァージョンの契約主義の一定理になることはありそうもない。個人的利益がもつ積極的な道徳的意義は、行為は各人が合理的に斥けられない根拠に基づいて各人に対して擁護されねばならないという契約主義の要請の直接の反映である。だがここから、各個人は、最大の集合的利益という視点から常に熟慮してこの考慮だけに訴えかける正当化を受け入れることに合意しなければならないという結論にいたるには大きな距離がある。契約主義によるといくつかの道徳的問題は最大の集合的福祉に訴えかけて決めるのが適切かもしれないが、これは正当化の唯一の基準でも至上の基準でもない。

もう少しありそうなのは、契約主義が「二レベル」功利主義の何らかの形態と結局一致するということである。私はここではこの可能性を十分に評価することができない。契約主義は、諸個人の行為の擁護はそれらの行為を許容する諸原理の擁護を通じて進まなければならない、という重要な特徴を、これらの理論と確かに共有している。しかし契約主義は「二レベル」功利主義のいくつかの形態とある重要な仕方で異なっている。契約主義において原理の役割は根本的である。つまり諸原理は、何か別の基準によると正しいことになる行為を促進するための道具としてのみ登場するのではない。契約主義は二つの衝突するかもしれない道徳的推論の形態を確立することをしないのだから、それは規則功利主義にしばしばまとわりついている不安定性を免れている。

しかしここでの根本的な問題はこうである。——契約主義がいたる諸原理は、それを一般的に採用することが（理想的にであれ、何らかのもっと現実的な状況下であれ）最大の集合的福祉を促進するような諸原理なのだろうか？　多くの人々にとってはその通りに違いないと思われてきた。私はそれに賛成しないのだが、それはなぜかを示すために、この結論を支持する一番よく知られている議論の一つを考察し、それが成功していないと私が考える理由を説明しよう。このことは私が提唱してきたヴァージョンの契約主義とロールズが述べたヴァージョンとの間の関係を検討する機会も与えてくれるだろう。

私が考察する、ハルサニーと他の人々の著作[15]でおなじみのこの議論は、受容という契約主義的観念の解釈を経由して、最大の平均効用という原理にいたる。ある原理を全員一致の合意の候補として考えるために、私はそれをたんに私にとって受け入れられる（おそらくは私固有の地位や趣味などのゆえに）だけでなく、他の人々にとっても受け入れられる[16]ものとして考えなければならない。原理が受容可能だという私の判断が意味をもつためには、それは不偏的でなければならない。これは何を意味するのだろうか？　ある原理が受容可能だと不偏的に判断するということは、それはあなたが誰だとしても受け入れるべき理由がある原理だと判断するということだ、といえそうである。すなわち、それは、自分が占めている人物の立場をあなたが知らず、そしてこれらの立場のうちどれを占める確率も等しいと信じているとしたら、そのとき受容することが合理的であるような原理であると判断することだ、と解釈される。(ここでは「ある人物の立場」とは、その人物の客観的な状況のなかにあり、そしてその人物の趣味や選好からその状況を評価することを意味する、と理解される。)しかしこれらの状況下で選ぶことが合理的である原理——選択者に最大の期待効用を提供する原理——は、当事者たちの平均効用が最大になるような原理だろう、と主張されるのである。

この議論はいくつかの点で疑問にさらされるだろうが、私がここで論じたいのは、不偏性の解釈である。この議論は三つの段階に分解できる。その第一は、道徳原理は不偏的に受容可能でなければならない、という観念である。第二は、自分の位置(趣味や選好などを含む)を知らずに原理を選択するという観念である。第三は、人が誰かの位置を占める確率は等しいという想定のもとで行われる理性的選択という観念である。第二の段階から第三の段階への移行はしばらくおいて、第一段階から第二段階への最初の移行に関心を集中しよう。この移行のようなものを行う方法で、まったく妥当だと私は考えるものがあるが、それはこの議論が必要とする結論にいたらない。Pという原理は、情報に基づく、強いられない、一般的な合意の基礎として、合理的に斥けられない、と私が信じているとしてみよう。すると私は、それは私が受け入れるのが合理的なものだと信ずるだけでなく、他の人々にとっても受け入れるのが合理的なものだ——われわれが皆一般的合意の基礎を求めている限り——とも信じなければならない。したがって私は、自分が占めることになる社会的位置がいかなるものであってもPを受け入れる理由がある、と信じなければならない(もっとも、後記の理由によって、私はもし自分がこれらの位置のあるものに置かれたならばPに合意するだろうとは信じないかもしれないが)。さて、自分自身の社会的な位置を知らずにある原理を選ぶ、あるいはそれに合意する、という観念にはいかなる意味も与えることができない——特にその無知が自分自身の趣味や選好などにかんする無知まで含む場合——と思われるかもしれない。しかしこの観念は少なくとも最小限の意味では意味をもちうる。もしPを選ぶかそれに合意することが誰にとっても合理的ならば、私がそうすべき理由をもっているという私の知識は、私に固有の位置や趣味や選好などにかんする私の知識に依存する必要はない。それだから、この知識なしに何かを選ぶ、あるいはそれに合意するということが何らかの意味をなす限り、誰もが選ぶ、あるいはそれに合意する理由をもつ物事について、私はそれを選ぶ、あるいはそれに合意する理由をもつ（ここでもまた、誰もが合意するような原理を発見するという目的を前提として）と述べることが可能である。そして実際のところ、この同じ推論はわれわれを第三の段階のあるヴァージョンに連れて行くことができる。というのは、もし私がPは誰もが合意するのが合理的な原理だと判断するならば、私はPに合意すべき理由をもつ——もし私が、誰の位置を占めるかの確率は等しいと考えているか、あるいは、問題の人々のうちの誰になるかの複数の可能性にいかなる蓋然性を割り当てるとしても——といえるだろうからである。

しかしこれが元来の議論の目指していた結論でないことは明らかである。その結論が求めていたものは、自己利益的な人物が、自分が誰であるかを知らない状況で、あるいは誰になる蓋然性も等しいという状況で、何を選ぶのが、あるいは何に合意するのが理性的かだった。われわれが到達した結論は別の観念に基づいていた。それは、人々が一般的な合意の基礎を求めているとしたならば、何を斥けることが不合理かというものである。この二つの議論における説明は反対方向を向いている。元来の議論は、倫理的原則の不偏的受容可能性という観念を、特別の条件のもとにおける理性的自己利益の選択という、もっと明確に思われる観念に訴えかけることによって説明しようとした。私が提出した改訂版の議論は、自分自身の位置を知らずに行われる選択あるいは合意という観念にある意味を与えることができる仕方を説明するが、その前提は、一般的合意の基礎として誰かが斥けることが不合理なものについての何らかの考え方を前提としている。このことは私のヴァージョンの契約主義にとって問題となる。それは自らが依拠している中心的な観念を説明していないと非難されるかもしれない。それに対する私の答えは、私のヴァージョンの契約主義はこの観念を説明しようとはしていない、というものである。それはこの観念を明確に記述して、道徳の他の特徴がそれとの関係でどのように理解できるかを示そうとするだけである。特に私のヴァージョンの契約主義は、無知あるいは等しい蓋然性という想定下の選択において、人の自己利益の期待値を最大化するものは何かという観念に結びつけることによって前記の観念を説明しようと試みるものではない。

元来の議論の第一段階から第二段階への移行が最初もっともらしかったのは、これらの観念の一つから他の観念への微妙な変化に基づいている。ある原理が道徳的に正しいと信ずるためには、それは誰もが合理的に合意でき、そして誰も合理的に斥けられないものだ、と信じなければならない。だが私のその信念は、その信念が私にとって有する利益を他の人々にとってのありうべきコストよりも重視する傾向によってしばしば歪められるかもしれない。この理由から、「別の人の位置に立つ」という観念は有用な矯正手段である。私の真の位置を知らないときに私は何に合意できるか、という思考実験についても同じことがいえる。しかし両者の思考実験のいずれも、誰もが合理的に合意できることは何か、あるいは誰も合理的に斥けられないのは何か、という問題をいっそう正確に考えるための道具である。つまり、両者は三段階の議論の元来の形式ではなく、私の改訂版のなかで示された推論パターンを含んでいるのである。自分の真の位置を知らない一人の自己利益的人物の期待値を最大化するものは何か、という問題はまったく別の問題である。このことは次の可能性を考えてみればわかる。平均効用を最大化する分配――それをAと呼ぼう――は、ある人々にとって極端に低い効用のレベルを含むかもしれない。そのレベルは、もっと平等な分配のもとでは誰もが享受する最低限よりもずっと低いのである。

自己利益的選択者が、自分が誰の位置にある可能性も等しいときに選ぶことが理性的であるような原理、それをAだと仮定してみよう。それだからといって、誰もAを合理的に斥けられないという結論になるだろうか？　そうならないことは明らかだと思われる。[17] Aのもとで最悪の状態にある人々――彼らを敗者（Losers）と呼ぶことにする――の状況が極端に悪く、そしてAに対する選択肢としてEがあって、そのもとでは誰の状態もこれに近いほど悪くはない、としてみよう。一見したところ、敗者はAに対する文句をいう合理的な根拠をもっているように見える。敗者の反論は、Aの代わりにEが選ばれたとしたら誰か他の人々に課されるであろう犠牲に訴えかけることによって反駁されるかもしれない。しかしAにおける方が平均効用は高いという事実は、EよりもAにおける方が、ごく少数の人々がきわめて悪い状態にある代わり、多くの人々がほんの少しだけよい状態にあるという事実によるのかもしれないが、前者の事実だけではAとEのどちらがよいかという問題を解決しない。

契約主義によると、われわれが原理を考える際に自然に注意が向かうのは、第一には、その原理のもとで一番状態が悪い人々である。なぜそうなるのかというと、もし誰かがその原理に反対する合理的な根拠をもつとしたら、それは彼らでありそうだからである。しかしだからといって、一番暮らし向きの悪い人々の期待値が最善になるような原理を選ぶことを契約主義が常に要求するわけではない。Aに対する敗者の反対の合理性は、Aにおける方が彼らの状態が悪くて、Eにおいては誰一人としてそれほど状態が悪くない、という事実だけによって決まるのではない。彼らの苦情の力は、Aにおける彼らの状態が全体的な尺度においてとても悪く、そしてEにおける方がずっとよい、という事実にも依存している。この苦情は、Eにおける方が状態が悪いであろう人々の苦情と対比させて測らなければならない。問われるべき問題はこうである。誰かがEのもとでは諦めなければならないような利益を享受することを可能にするために、別の誰かがAのもとの敗者の状況を甘受するということを、後者の人が拒むのは不合理だろうか？　Aにおける敗者の想定される状況がよくなれば、あるいは彼がEのもとで得る利益がそのために必要な犠牲との関係で小さくなれば、彼の主張は弱くなる。

私がこれまで述べてきた契約主義的議論の注目すべき特徴は、集計的でない（non-aggregative）ということである。つまり、そこで比較されるものは個々人の利益と損失と効用レベルなのである。集計の考慮はどのようにして契約主義の議論にはいってくるのか？　それは大きすぎてここでは論じられないさらなる問題である。

私は一般にハルサニーと結びつけられる平均功利主義擁護論を批判してきた[18]。この議論に対する私の反論は（最後にマキシミンについていったことを別にすると）、ロールズが提起した反論と明らかに似ている。しかし私が挙げた反論は、ロールズ自身の議論のいくつかの特徴に対しても同じように当てはまる。ロールズは私が述べた議論の第一のステップを受け入れる。つまり、彼は正義の正しい原理は「自分の利益の促進に関心をもっている理性的な人々」が彼の原初状態の定義する条件下で受け入れるであろうものだと信じている。その状態において、この人々は自分自身の固有の採用も、自分の価値観も、自分が生まれついた社会的な位置も（世代も）知らない。ロールズが斥けるのはこの議論の第二のステップである。それはすなわち、そのような状況下にある人々は、彼らが当該の社会で誰になるかは等しい可能性があるという想定のもとで最大の期待効用を与えるような原理を選ぶのが理性的であるという主張である。しかしながら私は、ひとたび第一のステップをとるならば、そこにはすでに間違いがあると信ずる。

このことは、「自分の利益の促進に関心をもっている」人々による受容という観念のなかにある曖昧さを考慮すると明らかにできる。一つの解釈では、この観念は契約論的議論の本質的な要素なのだが、別の解釈では、回避できる要素、そして私の思うに、間違った要素である。前者の解釈では、問題になっている利益は単純に、正義原理が適用される対象である社会のメンバー（そしてそれらの正義原理は最終的に彼らによって受け入れられなければならない）の利益である。彼らは促進したいと思っている利益をもっていてそれらは衝突するかもしれないという事実が、正義の問題に実質を与える。ところが後者の解釈では、問題になっている、「利益の促進」への関心は、ロールズの原初状態の当事者の関心であって、彼らが採用するであろう正義原理を第一に決定するのはこの関心である。できる限り自分にとってよいことをしようという動機をそれぞれにもっているこれらの当事者間の一致した合意は、彼らから情報を奪うことによって達成されることになるのだが、その情報は、彼らがそれぞれ異なった選択をする理由を与えうるような情報すべてを含む。無知のヴェールの背後では、誰かにとって最善の期待を与えるものは万人にとって最善の期待を与えるものである。なぜなら誰一人として、特に自分を利するようなものが何であるかを知らないから。かくして原理の選択は、無知のヴェールの背後の単一の理性的個人の観点から行うことができる、とロールズはいう。[19]

できる限り自分自身の利益を促進しようとするこの単一の個人がとるとされる理性的選択のルールが何であれ、問題をこのようにして単一の個人の自己利益的選択の場合に還元することについて、われわれは疑念をもつべきである。私がハルサニー批判のなかで述べたように、次のことを問うことが重要である。この単一の個人は、自分がどんな位置に置かれたとしても合理的に斥けられないと判断するから、ある原理を受け入れると考えられるのだろうか？　それとも反対に、それは無知のヴェールの背後にある単一の自己利益的人物にとって理性的な選択だから、いかなる社会的な位置にある人物にとっても受容可能だと考えられるのだろうか？　私はこれまでのところで、平均功利主義を支持する議論は前者の推論パターンから後者への暗黙の移行を含んでいる、と論じた。ロールズの議論もまた後者の推論パターンのもののように見える。彼が自分の正義の二原理を擁護する議論は、少なくとも最初は、自分自身の利益を促進しようとする人物が無知のヴェールの背後で何を選ぶのが理性的であるかにかんする主張に基づいているように見える。しかしながら私は、平均効用の原理よりも自分の正義の二原理を支持するロールズの議論の説得力は、前者の形態の契約主義的議論の例として解釈されるときに保持され、また場合によっては向上する、と主張したい。

これらの議論のなかには非形式的な道徳的性質をもったものがある。私はすでに、他の人々のいっそう高い期待値のために一部の人々にいっそう低い期待値を課することは受け入れられないということにかんするロールズの主張に言及した。もっと特定すると、ロールズは原初状態の当事者について、「自分たちがどの世代に属することになるとしても、その帰結を甘受する用意がある原理を選択[20]」しようとする、あるいはおそらく、自分の社会的な位置がどのようなものになるとしてもそうする、と書いている。これは契約主義的議論の前者の形態の明確な言明である。その少し後で、ロールズはその二原理を支持して、それらは「敵によって自分の境遇があてがわれるような社会を設計する際に、当人が選択するであろう原理[21]」だといっている。彼はすぐにその当事者は「虚偽の前提に基づいて判断してはならない[22]」といってこの言明を排しているが、そもそもなぜその言明がもっともらしく見えたのか、それは問う価値がある。私の思うに、その理由はこうである。各人にとって受容可能な原理を見出すことを目的とする、前者の形態の契約主義的議論では、悪意ある敵によって自分の状況があてがわれるということは、無知のヴェールのような発見的役割をもつ思考実験である。つまりそれは、人が本当にある原理をあらゆる観点から受容可能だと判断しているのか、それとも逆に、自分自身以外の位置にある人々へのその原理の影響を真剣に考慮していないのかを判定する試験方法なのである。

しかしこれらはすべて非形式的な言明である。ロールズの議論は平均効用を支持する議論と同様に、「万人に受容可能」な原理という非形式的な契約主義的観念から無知のヴェールの背後における理性的選択という観念に移るものとして意図されている、と考えることは公正である。ロールズが望むところでは、後者の観念の方がいっそう厳密であるとともに、確定的な帰結にいっそういたりやすいのである。私はここで、原初状態の当事者による格差原理の選択を支持するロールズのいっそう形式的な議論に移る。ロールズは原初状態の当事者が直面する決定の三つの特徴を挙げているが、それは彼の主張によれば、当事者がマキシミン・ルールを用いることを理性的にするもの、そしてそれゆえ格差原理を正義の原理として選ぶことを理性的にするものである。その三つとは、①蓋然性を評価するための客観的基礎の不存在、②ある原理は彼らにとって「ほとんど受け入れられない」帰結をもたらしうるが、③（マキシミンにしたがうことによって）自分たちに最低限を保障することはでき、それに比べるとそれ以上のものはほとんど重要でない、という事実である[23]。これらの特徴のうち第一のものは少々戸惑わせるものであり、私はこれを取り上げないでおく。しかしながらあと二つの考慮は、自分の利益の促進に関心がある一人の人物の理性的選択を決定する際と少なくとも同じくらい、誰もが合理的に合意できるものにかんする非形式的な契約主義的議論の際にも有力であることは明らかだと思われる。これらの考慮は、「敗者」の犠牲において平均効用を最大化する制度に対して、「敗者」が提起できる反論の力を示している。それは他の人々がいっそう平等主義的な制度に対して提起できる再反論と比較されるものである。

　理性的選択にかんするこの議論に加えて、ロールズは「二原理を支持するいくつかの主要な根拠」のなかに、彼のいうところでは契約の概念をもっと大規模に用いる他の考慮を含めている[24]。ロールズはいう。原初状態の当事者が正義の原理に合意できるのは、この合意は彼らが現実に実行できるものだと彼らが考える場合に限られる。このことは平均効用原理についてよりも、ロールズの二原理についていっそう信じやすい。前者においては、要求される犠牲（コミットメントの拘束）がずっと大きくなりうる、とそれと関連した第二の主張は、正義の二原理は平均効用原理よりも心理的安定性が大きいというものである。前者の二原理が実現されている社会の人々はそれを受け入れ続け、それにしたがって行動する動機をもち続けるだろうと信ずるのがもっともだ、とロールズは主張する。その一方、平均効用原理を受け入れ続けることは、犠牲を要求される人々の側に、全体の善との同一化を例外的な程度にまで要求することになるだろう。

これらの言明は、ロールズの正義の二原理に基づく社会の（まったく実際的な意味における）安定性にかんする主張として理解できる。しかしそれはまた、契約主義的推論の第二の形式を通じていたった原理は、第一の形式の要請、つまり、その原理は誰一人として合理的に斥けられないものだという要請をも満たすだろうということを示す試みとして見ることもできる。「この原理の受容はあなたが実際に実行できる合意だろうか？」という問題は、自分の最悪の敵による割り当てという観念と同じように思考実験である。われわれはそれを通じたわれわれ自身の反応を用いて、ある原理は誰一人として合理的に斥けられないものだというわれわれの判断をテストすることができるのである。この同じ目的のために、人間心理の一般的原理を持ち出すこともできる。

ロールズの最終的な議論は、彼の正義の二原理を採用することは社会のメンバー個人の自尊心を公的に支持するし、その二原理は「カントの考えのより強い、より特徴的な解釈を与える」[25]というものである。カントのその考えとは、人々は目的として取り扱われるべきであって、より大きな集合的善のための手段としてのみ取り扱われてはならない、というものである。しかし、ロールズの正義の二原理と平均効用原理との間にここでどんな相違があるにせよ、前に区別した契約主義的推論の二つのパターンの間にはそれ以上に鋭い対立がある。自尊心との結びつき、およびカント的定式との結びつきは、正義の原理は、社会のメンバーの誰一人として合理的に斥けられないものでなければならないという要請によって保持されるが、この結びつきは、社会内部の多様な生のすべてが等しく可能性であるような単一の理性的個人の利益を促進する選択という観念に移行すると弱まる。この理性的選択者がいかなる決定方法をとるとされても、このことは変わらない。マキシミンからの議論がその結びつきを保持するように見えるのは、少々異なった用語を使った、訴求力ある道徳的議論であるところのものを、理性的選択にかんする主張として複製するからにすぎない。

私が述べてきた契約主義にとって根本的な「選択状況」は、次のようにして得られる。まず自分たちの置かれた状況について十分な知識をもった、「相互に関心をもたない」諸個人から始まり、次に、誰一人として合理的に斥けられないような原理を見つけようという（時として示唆されるような、慈愛ある欲求ではないが）欲求――他の人々もこの欲求をもつ限りでの――をこれに加えるのである。ロールズは何度か折に触れてこのような考え方を考慮している[26]。彼はこれを斥けて、無知のヴェールの背後で相互に関心をもたずに行われる選択という彼自身の観念を支持するが、その根拠は、後者だけが確定的結果にいたることができるというものである。「原理を選択する際に（完全情報が存在する場合でさえ）全員一致が要求されるならば、ほんのわずかの、むしろ自明である事柄しか意思決定にいたらないだろう[27]」。想定されたこの利益は疑わしいものだと私は信ずる。おそらくこれは、私が道徳的議論に期待するものがロールズよりも控えめだからだろう。しかしながらすでに述べたように、ロールズ自身の議論のほとんどすべては、私が提案してきた契約主義の形式内部での議論として解釈されても、同じくらいの力をもっている。一つの例外かもしれないのは、マキシミンからの議論である。もし格差原理が公的決定一般に適用されるべきものならば、それを導出する契約主義的推論の第二の形態は、さっき私が使った、損失の比較を用いたもっとルースな形態よりも広い含意をもつだろう。だが格差原理のいっそう広い含意は常にもっともらしいわけではない。私はロールズがそれほど広い適用を意図していたとは思わない。ロールズの意図は、格差原理は社会の基礎構造が生み出す重大な不平等だけに適用されるべきだ、というものである。そしてこの限定は、マキシミンが理性的選択にとって適切な基礎になる状況だとロールズが考えた、特定の状況を反映している。ある選択は人が受け入れ難い帰結をもたらす一方、自分が保持できる最低限を超えて得られる利益はほとんど意味がない、といったことである。そうするとその結果として、格差原理の適用にあたって――その適用可能性の限界を定めるにあたって――われわれは損失間の非形式的な比較をしなければならないという結論が出てくるが、この比較は私が述べてきた形態の契約主義の中心をなすのである。

5

私は契約主義のこのヴァージョンの概要だけを述べたにすぎない。その中心となる諸観念を明確にしてその規範的含意を引き出すためには、もっと多くのことをいう必要がある。私が望むのは、それが道徳にかんする哲学的議論として、また道徳的動機づけの説明として、もつ訴求力を示すために、私は十分のことをいったということである。私は功利主義に対する選択肢として契約主義を提出したが、このドクトリンの特徴はまた別の見解と対照させることによっても示すことができる。

道徳はわれわれの相互的保護のための工夫だといわれることがある(28)。契約主義によると、この見解は部分的に正しいが、重要な点では不十分である。われわれが自分たちの中心的な利益を守ろうとする関心は、われわれが合理的に合意できることについて重要な影響をもたらすだろう。もし契約主義が正しいならば、かくしてその関心は道徳の内容に重大な影響をもたらすだろう。この道徳が順守される程度において、これらの利益はそこから得るところがあるだろう。かりにわれわれが、自分の行為を他の人々が合理的に受け入れられるという論拠によって他の人々に対して正当化することが可能でありたいという欲求をもたないとしたら、この保護を得たいと希望するわれわれは、この欲求を他の人々に植えつけようと試みる理由をもつことになろう。そのための方法としては集団的催眠や条件づけがあるだろう――たとえこれが、われわれ自身もそれを受けることを意味するとしても。しかしわれわれがすでにこの正当化への欲求をもっているということを考えると、道徳に対するわれわれの関心はそれほど手段的なものではない。

両者間の対照は次のように述べることができよう。――一方の見解では、保護への関心が基本的なものであり、この保護を確保するための手段あるいは必要条件としての一般的合意が重要になる。他方の契約主義においても、保護への欲求は合理的に合意できることを決定するので、道徳の内容を決定する重要なファクターではあるが、一般的合意という観念は、保護を確保するための手段として出てくるわけではない。その観念はもっと根本的な意味で、道徳が対象としているもの（what morality is about）なのである。

注

（1）私は本稿の以前の多くのヴァージョンにかんする入念な批判ときわめて有益な議論について、デレク・パーフィットに多くを負う。また講義で話したそれらのヴァージョンの一部を聞いて親切にも有益なコメントを下さった多数の聴衆にも感謝する。私は特に、マーシャル・コーエン、ロナルド・ドゥオーキン、オーウェン・フィス、トマス・ネーゲルに価値ある批評を負う。

（2）もっともここでは道徳の性質とその内容との間の関係はもっと重要だが。道徳の内容をまったくオープンにしておくような、道徳の性質にかんする説明が、道徳的動機づけの説得的な説明の基礎になりうるかどうかは明らかでない。

（3）Rawls 1974-1975: 8〔原書改訂版の邦訳 二二頁〕; Daniels 1979: 257-258 を見よ。私が哲学的説明と呼んでいるものがロールズとダニエルズの理解するところの「広い反照的均衡」の探求とどのくらい一致するかは、私がここで取り上げられないさらなる問題である。

（4）この不満の表現としては、Singer 1974 と Brandt 1979: 16-21 を見よ。

（5）Ross 1939: 52-54, 315.

（6）議論の目的のために、私はどの個人が考慮されるべきか、「福祉」がいかに理解されるべきか、という重要な問題をオープンにしておく。これらの問題への多くの異なる解答のもとで、私がここで問題にしている哲学的功利主義は訴求力を保持するだろう。

（7）一番説得的に平均「功利主義」にいたるのは、まったく異なった形態の議論を通じてである。それは契約主義にもっと近い。私はそのような議論の一つを下記の第四節で論ずる。

（8）私はここでギルバート・ハーマンに負う。彼のコメントは私の契約主義の説明を明確化するのに役立った。

（9）私はこの点をデレク・パーフィットに負う。
（10）〔契約の観念を用いるいくつかの他のヴァージョンと違い〕この見解では，道徳にとって基本的なものは合理的合意への欲求であって，相互利益の追求ではない。後記第五節を見よ。契約主義のこのヴァージョンが，われわれの現在の行為の結果として状態が良くも悪くもなる未来の人々の道徳的地位を説明できる，ということは明らかなはずである。それほど明らかでない問題はこうである。未来の人々が生きる状態を悪いものにするようなわれわれの行為がなければ生まれてこないような，その未来の人々が提起する問題について，この契約主義はどう対処できるか？　そのような人々はこれらの行為を許す原理を斥ける理由をもつのだろうか？　私がここで検討できないこの難問は，デレク・パーフィットが Parfit 1976 のなかで提起している。
（11）Singer 1972.
（12）つまり，同じように動機づけられた他の人々が合理的に斥けられない原理を見出そうとする欲求を前提として合理的に，ということである。
（13）Kant 1785: section 2, footnote 14.〔「黄金律」にかんする注〕
（14）Mackie 1977: 42.〔第一章第八節〕
（15）Harsanyi 1955: sec. IV を見よ。彼は以前に Harsanyi 1953 で提起した議論をそこで論じている。
（16）ハルサニーとロールズを論ずる際，私は一般的に彼らにしたがって，原理の拒絶可能性でなく受容可能性について語ることにする。すでに指摘したこの二つの観念間の相違は，私が提唱する契約主義のヴァージョンのなかでだけ重要なのだから，私は自分自身のヴァージョンと彼らのヴァージョンとを対照させるときにだけ拒絶可能性について語る。
（17）以下の議論は，ネーゲルが Nagel 1979 の第八章「平等」で挙げた，多数決原理と全員一致原理との間の対照と，多くの点を共有している。私はこのアイデアについてのネーゲルの議論に負うところがある。
（18）たとえば，Rawls 1971: 14〔邦訳二一頁〕における功利主義への直観的な反論と，他の人々がより高い生活水準を期待できるという理由で，ある人々がより低い生活水準を受け入れるように期待することはできないという，彼が繰り返す主張。
（19）もっとも彼らは，自分たちが選んだ諸原理が安定していて，耐えられないほどのコミットメントの拘束を生ずることがないなどといったことを確保するようにチェックしなければならない。以下述べるように、これらのさらなる考慮は、ロールズの理論をここで提起した契約主義のヴァージョンに接近させる仕方で解釈できる。

(20) Rawls 1971: 137.〔邦訳一八六頁〕

(21) Rawls 1971: 152.〔邦訳二〇八頁〕

(22) Rawls 1971: 153.〔同上〕

(23) Rawls 1971: 154.〔同上〕

(24) Rawls 1971: sec. 29, pp. 175ff.

(25) Rawls 1971: 183.〔邦訳二四三頁にほぼ対応〕

(26) たとえばRawls 1971: 141, 148.〔邦訳一九〇、二〇二頁〕もっともこれらの文章は、この選択肢と慈愛（benevolence）の想定とを明確に区別していないのかもしれない。

(27) Rawls 1971: 141.〔邦訳一九一頁〕

(28) 別々の仕方で、Warnock 1971 におけるG・J・ウォーノックとMackie 1977 におけるJ・L・マッキーがそうしている。またBrandt 1979 の第一〇章におけるリチャード・ブラントの正当化にかんする指摘も見よ。

（森村進訳）

第6章　善の多様性

チャールズ・テイラー

1

功利主義の利点とは何だったのだろうか？　多くのことが挙げられるのは疑いない。たとえば、それが科学的思考と両立可能であるように見えることとか、その現世的な人間主義的焦点であるとか、その苦への関心であるとかいった点である。しかし、こうした多くの魅力の背後にある強力な背景要素の一つは、認識論的なものであった。功利主義的倫理は、合理的検証の諸規準と適合しうるように思われた。というのも、一七世紀の認識論的革命と部分的にはそれに由来する科学的見地とによって養われた知的文化のなかで、これらの諸規準は理解されていたからである。

功利主義的パースペクティヴにおいて、人は動かぬ証拠（hard evidence）によって倫理的立場を検証した。人は、あれこれのやり方での人間の幸福という結果を目指して計算を行い、最上に望ましい総計となるものを実行するのである。人間の幸福として計算されるものは、概念的に問題のないものと、他のものと同様に科学的に確立された事実の領域にあるものと考えられた。人は、倫理的疑問を科学的に決定不能にしたすべての形而上学的・神学的諸要素になったのである。
——神の命令とか、自然権とか、徳とか——を放棄することができた。より直截にいえば、私たちは計算できるようになったのである。

最終的に、私は次のように論じることになるはずだ。すなわちこれは、デカルト主義者と経験論者に共通する、古典的な認識論モデルの有害な影響にかんするもう一つの例にすぎないということ、そしてそれは、近代の理論的な自己理解をひどく歪まさせる効果をもってきたのだということである。これはとりわけ人間についての諸科学において明瞭なことであるが、しかしそれが倫理学理論を大いに毀損する一撃を加えたのだと、私は考えている。

この歪ませる効果は、私たちが代替物を忘れ去ってしまっているがゆえにいっそうドグマ的に保持されていた傾向、妥当な推論についてのすでに形成されたモデルから、所与の領域にかんする自分たち自身のメタ理論を形成し始める傾向に由来する。そしてこのモデルによって、私たちは次のことがまったくわからなくなってしまうのである。どのようにして理性は、そのモデルとは適合しないような程度まで、この領域で実際に機能するのか、そして機能しうるのか。こうした事例において私たちは、妥当性にかんする自分たちのモデルというプロクルーステースの寝台(1)に適合するように、倫理的思考の現実性を切り刻むのだ。そして、メタ理論と理論はお互いに独立したものではありえないので、歪められた概念は私たちの倫理的思考自体を成形し始めるのである。

私は次のことも論じたいと思っている。すなわち、人間の行動を学ぶ者たちの実践を台無しにする似たような効果をもつ平行した過程が、人間の科学においても明瞭であり続けてきたということを。歴史、社会学、心理学における、最善の、もっとも洞察力ある実践は価値を切り下げられるか誤解されるかしており、結果として私たちは、非常にしばしば役に立たない運動であり、何らの科学的価値をもたないことがらに従事する研究者の大多数が、高度に専門化した学問分野の制度的な惰性によってのみ支えられていることを見出すのである。行動主義の歴史は、そうした制度化された無能さによってのみ成し遂げられうる架空の不滅性への警告として屹立しているのだ。

倫理学についていえば、思考の二つのパターンが、基層的な検証モデルのもつ影響から受益し続けてきた。一つは功利主義であり、それは、私が述べてきたように、形而上学的区別に代わって、証明可能な経験的量に対する計算を提供しているように思われる。もう一つはさまざまな種類の形式主義である。カントは、私の信じるところ、普通は形式主義を採用することによって生じる狭隘化という結果に自らは陥ることなしに、そのもっとも影響力をもつ派生理論のうち一つを作り上げた人なのだ。

功利主義同様、形式主義は一見、明白な価値を有している。それによって、私たちは行動の異なった質の間の、あるいは生の異なった諸様態間の問題含みの区別を無視することができるのである。それらは私たちの実際的な道徳的決定、賞賛の感覚、良心の呵責等々において非常に大きな役割を果たしているが、他人がそれらを論難してきたときには、非常に正当化の難しいものなのである。それらは、道徳的な徳や悪徳の、望ましいものと望ましくないものの、無条件的な義務対条件づけられた義務という、競合関係にあるあまたの諸言語のうちどれが妥当であるのかについて、結論を下すことなく、倫理的な問いを決定するという希望を提供する。以下のようなときに、人はこれらすべてを巧妙に行いうるのである。すなわち、ある行動の格率について、もしすべての人がそれを採用したなら、それが実現しなくなってしまうであろう事例、あるいは、その普遍的な実現が、人が望みえないようなものである事例について結論を下すようなときには。あるいは、影響のある諸々の人々の採用する立場が誰のものであれ、どういった行動に賛意を示すことができるのかについて結論を下すようなときには。あるいは、ある特定のパラダイム環境において、自由で合理的な主体によって採用されるであろう諸原理の境界を定めようとするようなときには。

もちろん、倫理的決定についてのこれらすべての形式化は、いくつかの実体的な道徳的洞察に基づいている。さもなくば、それらは倫理的推論のモデルとして、もっともらしい選択肢とさえみなされえないだろう。これらカント由来の諸形式の背後に、近代西洋文明のもっとも基礎的な洞察の一つが、すなわち道徳的人格の普遍的な属性が、屹立しているのである。すなわちそれは、根源的な倫理の問題については、すべての人が考慮され、しかもすべての人が同じような仕方で考慮されるべきであるということだ。こうした見地の内部における、倫理的思考についての一つの究極的な要求は、私たちは、他の人間的主体を、自分たちと同等の実践的推論の主体として尊重しなければならない、というものである。

ある意味で、こうした原理は歴史的には狭隘なものである。これはたとえば、古代の平均的なギリシア人が自分のトラキア人奴隷を眺めていたやり方ではない。しかしある意味で、それは人間の道徳的推論についてのもっとも深遠なものと一致してもいる。すべての道徳的推論は、ある共同体の内部で実行されている。そして、道徳的主体としての地位にあるのは、対話者たちなのである。トラキア人奴隷をそうした地位にあるものとはみなさないかもしれないギリシア人たちは、間違いなく彼の同国人たちをそうした地位にあるものとみなしていたのだ。そうしたことは、彼らの間において存在が承認されていた正義という課題の重要部分だったのである。部分的にはストア派的な自然法とキリスト教の影響のもとで、近代文明がなしてきたこととは、それ以前の文明における道徳的人格性にかんするこのような承認をめぐるすべての狭隘な制約を取り除いてきた、ということなのだ。

それゆえ近代的洞察は、道徳的思考それ自体の基本的な前提条件から、ごく自然に派生しているのである。そしてそれは、こうした点において人間の異なった階級間に作り上げられる擁護可能な区別は何ひとつないという――私たち近代人にとっては圧倒的にもっともらしく感じられる――見解を伴っている。これがあまりに広範にわたるものになってしまったので、差別と支配は実際に普遍主義的地盤に基づいて正当化されているのだ（南アフリカでさえ、アパルトヘイトの官製イデオロギーを有しているのである。それによって理論的に、人々は、不平等にではなく、たんに異なったかたちで関係することができるようになるのだ）。

それゆえ私たちには、こうした原理の結果であることが示されうる決定手続きを採用することに、非常に安全な基盤があるように思われるのである。事実これは、道徳的な賞賛や否定、願望、嫌悪という多様に論争的な諸言語とはまったく異なった秩序の道徳原理であると思われる。私たちは、それはまったくのところあらゆる実体的に論争可能な意味での道徳原理なのではなく、道徳的推論のある種の規制原理なのだと信じるよういくるめさえするかもしれない。かくして私たちは、リチャード・ヘアとともに、たとえばこうした種類の決定手続きを適用することで、私たちは道徳的直観にしたがっているのではなく、むしろ「道徳」という語の使用にかんする言語的直観にしたがっているのだと述べるようになるかもしれないのだ。

古典的功利主義は、最善の方策を計算する際には、各主体の幸福が一として数えられ、そしていかなる主体の幸福も二以上のものとは数えられないという手続き的要求に、この普遍的原理を組み込んだ。ここでもまた、近代思想の根源的課題の一つが形式的な原理のようなものだとみなされているものによって決定されており、功利主義自体は同じ原理の強さから相当程度の見かけ上のもっともらしさを引き出していたのだ。もし各人が一人の道徳的主体と数えられるなら、彼らが欲望するものと目標とするものが数えられるべきであって、行為の正しい方策はすべての人を、あるいはできる限り最大限の数の人を満足させるものであるべきなのである。少なくともこの推論の環はもっともらしいものとして現れうるのだ。

しかし明快な推論は、私たちが自分のもっとも深遠な諸々の道徳的確信が精査されざるものへと滑り落ちていく傾向性に逆らうことを要求する。それらは形式的な原理であるかのように見えるが、それはただそれらが私たちの文明の道徳的思考にとってあまりに根源的なものであるからにすぎない。私たちは根源的な道徳的洞察を形式化すべく努力すべきであり、それは私たちが他の洞察に対してするのと同じ程度に明快かつ表現的になされるべきなのだ。

もちろん、私たちがそうするときには、それらは他のものと同様に正当化の必要に立脚していることがわかるだろう。このことが私たちにそれらを形式的な原理として構築するための動機の一つを示す。道徳的論争の裁定者としての理性に絶望する（そして認識論的伝統は多くの人をこの絶望に導く傾向がある）人々にとって、根源的洞察を形式的な原理に仕立て上げることは、もっともらしくなくて不愉快であった道徳的懐疑主義を回避する方法であるとみなされてきたのである。

しかし、私は次のように論じたいのだ。この形式主義の代償、そして功利主義的還元の代償は、自らの道徳的思考についての私たちの理解を容赦なく歪曲してしまったことなのである。これらいずれの還元からも由来する巨大な幻想のうちの一つは、次のような信念である。すなわち、「道徳」の単一で一貫した領域があり、それは諸々の一組の考慮であるか、あるいは計算の様態であって、そしてそれは、私たちが「道徳的に」なすべきことを決定するものなのだ、という信念である。道徳の統一性は、道徳的推論はまさしく人間の幸福への結果を計算すること、あるいは格率の普遍的適用可能性を決定すること、もしくはその種の事がらと同等なのだという基盤のうえで最初から概念的に決定されている問いなのだ。

しかしひとたび私たちが自分自身を形式主義的幻想から、功利主義的還元という幻想から解き放ったならば、――そしてこのことは合理的妥当性についての基底的モデルというお追従に抵抗することを意味している――私たちは道徳の境界は開かれた問いであることを理解しうる。事実、ここでは単一の用語のまさにその適切さが課題となりうるからである。

私たちは、道徳的人格性の普遍的帰属は妥当であり、私たちが無視しえない義務を課すことになるのだということ――これは私が擁護するであろう見解である――を容易に主張することができた。しかし、普遍主義とは容易に調和しえず、それと抗争しさえしうる別の道徳的理想や目標――たとえば連帯や人格的な卓越性程、普遍的ではないような――も存在していると主張することもできたのである。ア・プリオリに道徳的境界は何であるかを決定することはまさしく、どちらが、そしてどの程度これがそうであるのかをわかりにくくすること、そしてそれを一貫したかたちで述べることを不可能にすることなのである。

2

本節で私は、私たちが功利主義と形式主義の両方に見出したような、「道徳」なるものの認識論に動機づけられた還元や均質化によって輪郭のぼやけてしまった道徳的言語と道徳的思考のある特定の側面を集中して論じたい。これらは、私たちが異なった諸々の行動や感覚、生の様態といったものの間に、道徳的に高いか低いかとか、高貴か野蛮かとか、立派かみすぼらしいかというようなかたちで打ち立てている質的区別なのである。功利主義的あるいは形式主義的還元によって周縁化されたものは、あるいはすっかり消し去られてさえしまったものは、これら質的区別の言語なのだ。こうしたことに反対して、私は次のように論じたい。すなわち、それらは私たちの道徳的思考の中心にあって、そこから根絶やしにしてしまうことなどできないのだ、ということを。

ここではそうした質的区別が一般的に書き込まれているいくつかの例を引き合いに出すことが、理解の助けとなるかもしれない。ある人々にとって、人格的統合は中心的な目標である。そうした人々は、人生はその人が本当に重要だとか、立派だとか、高貴だとか、望ましいとか感じているものを表現するのだということを問題にしているのだ。ここにおいて避けるべき誘惑とは、実際にはその人自身のものではない既成の基準と一致することへの誘惑、すなわちその人自身の確信や親近感にかんして自分自身を騙してしまおうとする誘惑である。統合への主たる脅威は、社会の要求に直面したときの、あるいは、思考不可能なものとして理解するようにと育てられてきたものに直面したときの、勇気の欠如なのだ。これは道徳的立場の承認可能な類型である。

たとえばマザー・テレサに見られるような、キリスト教的なアガペーのモデルを瞥見すれば、私たちはまったく異なる類型を見出すことができるだろう。この狙いは、その人自身を人間に対する神の愛と結びつけること、ある意味で人間に対する神の愛の水路となすことである。それは、人間たちの間に存在している断絶を癒し、彼らを自分たちがいつも互いの愛情の限界だとみなしているものを超えたところに連れていく力をもつものだとみなされている。これにいたる障害は、自己満足の感覚を通してのものであれ絶望を通してのものであれ、神のアガペーへのさまざまな形式の拒絶としてみなされるものだ。この立場は人間の道徳的変容を治癒という観点から理解しており、たとえばそれは新約聖書の話のなかに見られる。

これらとまったく異なってはいるが、歴史的には関連している近代的見解は、解放という目標を軸に展開している。この見解は、人間の尊厳を、その人たち自身が自分の人生を主導すること、その人たち自身が自分の実存の諸条件を決定することのうちに見ている。そしてそれは、他者の支配の犠牲になることや、彼ら自身が認識することに失敗し、それゆえ統御することも変容させることもできないような非人格的な自然のあるいは社会のメカニズムの犠牲になることに反対するのである。これにいたる内的障害は、無知や勇気の欠如、自己についての誤った自己卑下的なイメージである。しかしこれらは、近代的な解放理論の多くの亜種にとっては外的障害と結びつけられているのである。特にこれは最後のものに当てはまる。すなわち自己卑下的イメージは、臣民集団を包含する支配構造から受益している他者たちによって植えつけられたものだとみなされているのだ。ファノンは植民地の文脈においてこの種の分析をおなじみのものにしたし、彼のカテゴリーは他のありとあらゆる分野に、特に女性の解放に、転用されていったのである。

もう一つのそうした言語の例を見てみよう。それは、たとえば功利主義によって理解されているようなものとしての合理性の言語である。ここでは私たちは、自分の目標について千里眼的に見通している、そして自分自身と自分を取り巻く世界とを対象化し理解する能力をもった人間というモデルを有している。彼は自己と世界において作動しているメカニズムにかんして明晰に把握することができるようになり、このゆえに彼自身の行動を透徹したまなざしをもって、熟慮して主導することができるのだ。これをなすために彼は、自己や世界を科学の冷たい光で照らすよりももっと魅力的なものだとするような、さまざまな心地よい幻想の誘惑に抵抗しなければならない。彼は、彼自身に、人の自己愛（amour propre）やドラマの感覚、意味の渇望、あるいはこうしたあらゆる形而上学的誘惑に満足する世界像を与える自己耽溺を克服しなければならない。合理的人間は厳格さへの勇気をもつ。彼は諸事物に対して客観的なスタンスを採用する能力によって特徴づけられているのである。

私がこれら四つの例を導入したのは、その他の点では抽象的な議論にいくらか直観的な基礎を提供するためである。

しかし私は遠くを眺める必要はなかったのだ。これらの道徳的立場は、私たち自身の道徳的推論と感性からすれば、私たちにとって、あるいは私たちが知っている人々（と時に私たちがすすんで嫌う人々）にとって、とてもなじみ深いものなのである。私の定式化の細部のうちのいくつかは、読者のほとんどと意見が食い違うことだろう。しかしそれは驚くべきことではない。これらの見解を定式化することは非常に困難な仕事なのだ。あらゆる自己解釈的活動と同じく、それは潜在的に終わりなき論争に開かれているのである。実際このことは、なぜこれらの立場が認識論的な雲の下に転落してしまい、それゆえ形式主義者と功利主義者のメタ倫理的図像から排除される傾向にあるのかということの理由の一部なのだ。しかしこれらのうちの一つまたはいくつかは、あるいはこれらと似た他のものは、私たちが何を決定すべきかということ、道徳的賞賛、否定、侮辱などについて多くのことの背景にあるのである。

続いて明白なもう一つのことは、それらが互いにどれだけ異なっているかということだ。それらは、人間について、人間の可能性について、人間の条件についてのまったく異なった図像に基づいているということだけを、それによって私はいわんとしているのではない。それらは私たちの生に対して両立不能な処方箋――お互いに、そしてまた多くの近代人の道徳的推論のうちでいくらかの役割を疑いなく演じている功利主義的計算と両立不能な処方箋――をしばしば提示するのである（功利主義にまつわる近代の論争は、それが道徳理性の空間のある場所を占めているかではなく、それがそのすべての場所を占めているのかに存している）。死にゆく人々に安楽さを与えることは、現代カルカッタにおいて可能な、最高の効用を生み出す活動なのかどうかは疑問視されうるだろう。しかし、別の観点からすれば、死にゆくことは計算を不適当なものとする、極限的なものなのである。

しかしそれにもかかわらず、多くの人々は自分たち自身をこれらの見解のうち一つ以上のものから引き出されたものとみなしており、それらを何とか自分の生と両立させようとする仕事に取り組んでいるのだ。これは、私たちが道徳的と考えるかもしれず、妥当なものと承認する諸要求が一貫して結びつけられうるのかという疑問が提起される場所である。この問いは自然に次のようなもう一つの問いを提起する。すなわち、「道徳的」と呼ばれる単一の類型について語ることは適当なのかどうか、という問いである。私たちがすぐには道徳的なものとは位置づけないであろう他の質的区別を、あるいはおそらく省察に基づいてさえその資格を与えることを拒絶するであろう質的区別をすべて承認するよう省察するときに、これはよりいっそう問題含みのものとなる。たとえば「冷たい」ものやマッチョなもの、あるいは他のこうした種類の事柄がそれにあたる。それゆえ道徳の周囲に線を引くことにまつわる問いは、困難なものとなる。そしてそれは、つまるところ興味深いものではない言葉上のものとして現れるようにさえなるかもしれないのだ。本当に重要な問いは、いかにして私たちは自らの生において二つまたは三つまたは四つの異なった目標、徳、基準を結びつけるのだろうかというものになるかもしれない。それらは私たちが否定しえないと感じてはいるが両立不可能なものを要求すると思われるのである。これらのうちのどれに私たちは「道徳的」という用語を冠するのか、あるいは私たちはこれらのすべてをそうしたものとして示すのかどうかは、結局のところたんなるラベリングの問題としてあらわれるようになるのかもしれない――つまりさもなくば、そのことによって私たちは、究極的な意義と一致しうる目標あるいは基準の一組が原理的に存在しているという思考へと落ち込んでしまうのである。ある特定の文脈において、私たちが自分のメタ倫理的見解についての還元的思考の有害な効果を克服するまで、少なくともかりには、それが語を書きつけるための明晰さを補助するのかもしれない。

3

社会理論にとってこのことがもつ含意のさらなる検討へと進んでいく前に、これら質的対照の言語をより子細に眺めておくことが有用であろう。私が「質的対照」という用語で指し示していることは、活動することあるいは生きることの一つのやり方は他のやり方よりも高次のものであるという、あるいは他の事例ではある特定の生き方は価値が低下するという感覚である。この種の対照がつくられることが、ここまで例示してきた種の道徳的見解にとって本質的なのだ。いくつかの種類の生き方あるいは活動の仕方は特別な地位を有しており、それらは他のものから際立っている。他方ある特定の事例で、他のものは見下げ果てたものと見られるのだ。

この対照は本質的である。もし私たちが高次と低次との間の差異を、功利主義が私たちにそうさせているように、ある共通善の達成にかんするたんなる程度の差異として解釈しようとするなら、これらの見解は捻じ曲げられてしまうはずだ。統合、慈善、解放等は、ある特別な仕方で追求する価値のあるものとして、たとえば富や快適さ、周囲の人々からの賞賛の追求のような、私たちが有しているかもしれない他の諸目標とは通約不可能なものとして際立っている。実際、その善についてそうした見解をもつ人々として、私たちはこれらの低次の善のいくつかを高次の善のために犠牲に供する準備を整えておくべきなのだ。

さらに、主体がこうした区別を知覚していることは、彼が関心をもつ善を実現する本質的な条件である。というのも、私たちが統合、慈善、合理性等といった高次の価値を承認していることは、私たちが合理的、慈善的、統合的等であることの本質的な部分だからである。確かに、私たちはそうした物事を無意識的価値として承認している。私たちはそれを、善い人ではあるが他者に対する自らの優越感をまったく欠いた人々に帰しているのだ。こうした自己満足の欠如こそが、私たちが有徳であると考えるものそのものなのである。というのも、軽視の表現「独善的な人（holier than thou）」が暗示しているのはそういうことだからだ。しかし自己意識不在の優越性はより高次の目標に対する感性の不在を意味していない。聖人のごとき人は「独善的な人」ではないが、彼はある特別な仕方で慈善の要求によって必然的に動かされ、ここには特別なものが存在していることを承認するよう動かされているのである。こうした特定の事例では、彼は神の力を前にした畏怖の感覚を、神によって見られているものとしての人間の偉大さへの脅威の感覚を有しているのである。そして同じことは他の事例についても指摘しうるだろう。たとえばこうだ。解放を達成することの本質的な部分は、解放された人間性の偉大さについて感覚しているということ――そして結果的に支配された犠牲者たちの堕落の感覚をもつこと――なのである。統合の本質的な部分は、それが私たちに課す特別な類型の要求を表象していることの承認なのである、等々。

こうした指摘をなすもう一つ別の方法は、これらすべての事例においてより高次の活動あるいは存在の仕方の定義に動機が含まれていると述べることである。これらの善のうち一つを達成せんとする願望（aspiration）は、ある特定の仕方で動機づけられたいという願望、あるいは自己自身の内部で勝ち取られたある特定の動機を有するという願望でもあるのだ。これが、私たちが「第二階の」動機を含むものとしてこれらの願望について語りうる理由なのである（そして私はハリー・フランクファートの用語法にしたがって、あちこちでこのことについて語ろうとしてきた(1)）。

私たちは数多くの仕方でここに含まれた対照や通約不可能性を分節化することができる。たとえば富や快適さといった日常的目標は、ある人物がもっているかもしれないか、あるいはもっていないかもしれない目標である。もし彼がそうした目標を有しているなら、それを達成するために彼が——カント的な意味で、仮言的に——なすべき数多くの道具的な事柄が存在している。しかしもし彼らがこうした目標を欠いているなら、それらを追求することを無視しているという批判を彼に加えることはできない。対照的に、私たちがもつべきであるものは、高次の目標と私が呼んできたものの本性にあるのだ。それら日常的目標を欠いた人々は、それ以外の私たちに課せられているいくつかの追加的な道具的義務から自由なだけではない。彼らは咎めにも開かれている。統合を目指す人々にとって、それにちっとも気を使わない人は、道徳的に無感覚であるか、勇気が欠如しているか、道徳的に粗雑なのである。あるものを高次の目標として承認することとは、それを人々がしたがうべきものと承認することである。だから高次の目標とは、人が正直に興味の欠如を表明することによってだけでは、彼ら自身が離脱できないようなものなのだ。もちろんこれは、カントが仮言命法と定言命法の間に引いた区別である。

あるいはむしろ、それは密接に関連した区別であるというべきだったのかもしれない。カントにとって定言と仮言との間の境界線は、道徳と非道徳の間の線を特徴づけるものとされていた。対して、私たちが非道徳と承認する準備がはっきりと整っているような質的対照の諸言語が存在する。この単語が区別する領域のあいまいな境界線のことを頭にとどめておいてさえ、そうなのだ。私たちはしばしばそうした言語を、私たちが美的領域と呼ぶものに適用する。モーツァルトの曲を彼の凡庸な同時代人たちのそれと比較して特に格調高いものであると私がみなしているとしよう。そしてあなたが、その同時代の曲をある仕方でモーツァルトの曲と同等のものと評価しているとしよう。そのとき私は、あなたを無感覚だと判断するだろう。ここでいう「無感覚」という単語は軽視を意味する単語である。これは、私の見解によるならば、人は感受性が鋭くあるべきだということとは異なったことなのである。

もちろん、私はこれを道徳的非難として語るつもりはない。そうではないにもかかわらず、それは非難なのだといいたいのである。私はこの差異に、たとえばブルックナーの交響曲を好むか好まないかのような、そうした通約不可能性とは一致しない趣味の差異に対して反応するようなかたちでは、反応しないのだ。

　私がここで提示している通約不可能性という基準は、それゆえ、カントの道徳という基準と同じものではない。しかし、私がすでに示してきたように、私はある線が道徳的なものの周囲にこぎれいに、問題を惹起せずに引かれうるとは考えていない。もちろん、もし人が、自分の家の庭に咲く花に寄せる関心と、飢餓に直面する難民の生活に寄せる関心の間にいかなる区別も見出せないと告白するならば、それゆえ彼が両方の事がらに対して、彼が感じるその時々の興味の程度に応じて行動することを提案するならば、私たちは正しくも不安を感じ、このことをボイエルデューとモーツァルトの曲の違いがわからないことよりもいっそう真剣に取り上げるだろう。私たちはここで介入することへの、彼に諫言することへのよりいっそうの正当性を感じ、彼に行動を強制したり、行動しないことにかんする何らかの社会的あるいはその他の罰則に服せしめたりすることへの正当性をさえ感じるのである。換言すれば、私たちはここでのその義務が彼の意志に反して私たちが介入することを認可する、強い意味で「定言的」なものだと感じているのだ。

　しかしここでの境界線は、必然的にあいまいなものであって、大いに論争に開かれている。それに対して私が先に引いている区別に適用されうる弱い意味での「定言的」は、宣言されたある特定の善への興味の欠如がただたんにあなたにとってそれが中立化しているということなのかどうか、あるいはその逆に、それはあなたへの非難を高めるものであるのかどうか、すなわち、あなたは視野が狭く、粗雑で、無感覚で、臆病で、粗野で、自分のことにしか興味がない、ある仕方で咎められるべき存在である、ということを示すものなのかという問いを開くことになる。私は次のように論じるつもりだ。すなわち、このことは比較的強固な境界線なのである——私たちが各人自分自身の立場にしたがってそれを引いていたその諸言語は私たちの間で大きな論争の渦中にあるのだけれども——が、しかしそれは非道徳から道徳を区別するものをしるしづけはしない。質的対照の言語は、道徳以上のものを包括するのである。

私たちがこの対照を分節化するための第二の仕方は、賞賛と軽蔑の観念を通してのものである。非常に大きな程度の高次の善を押し出す人々は、私たちの賞賛の対象である。そしてそれに失敗する人々はしばしば私たちの軽蔑の対象となる。これらの感情は、高次のあるいは低次の目標や活動と結びついている。もし私たちがこれらの対照を明確化しないならば、もし私たちが通約不可能な高次のものについての感覚をもたないならば、これらの感情は私たちの生のうちにいかなる場所も占めないだろうということを、私は主張したいのである。

結局、私たちは自らを、かろうじて特別な考慮に値すると考える手柄に対する非常に軽いものとなった賞賛を経験するものとみなしうるのだ。大食いコンテストでの勝利を目指して二二枚のパンケーキを平らげた人に対して、私は、寛容な愉しさとごちゃ混ぜになった賞賛の念をもつ。しかしそれは、私がそこに自己理想と類似した何かの名における、ある種の自己克服を見ているからなのである。彼は一番になりたかったし、そのために非常に長い道のりを歩み続けてきたのだ。そしてその目標は、少なくとも平均的な人間のそれと比べると、他のすべての人たちの生きているそれと比べると、傑出した目標なのである。それはただ私がその手柄をこうした観点から見ていたからであり、それはある高次の願望の例というよりはむしろそのカリカチュアなのであって、賞賛の感覚はこの事例では軽い統御力しか得られえないのである。

しかし私たちはまた、いかなる自己克服も存在しないようなところでも、日常的感覚における承認可能な達成が何ひとつ存在しないようなところでも、自分自身を賞賛する人々とみなす。私たちはとても美しい人々や、傑出した優美さや個人的スタイルをもつ人々に賞賛の念をもちうる。たとえそれが彼らの行動の結果であると認めることがなかったとしても、である。私たちは、そうした人々の周囲にある、日常性や凡庸性とは対照的な高次のもののアウラの、ある魔術的な質のゆえに賞賛をするのだ。これがそうであるはずだというその理由は、人間の心理ならびに人間の生の形式の非常に深いところへと入り込んでいるのであり、私たちはそれらを理解することが困難ではあるが、この種のアウラのうちにはしばしば公共的人物の「カリスマ」（この種の高みにあるものからの贈与の感覚、私たちが自分自身としては成し遂げていないものという感覚を伝達する単語）と私たちが呼ぶものにしばしば結びついているものもあるのである。この種のアウラを不合理なものとみなす人々、ここでの高次のものの感覚に抵抗する人々は、まさしく「カリスマ的な人々」あるいは「美しい人々」への賞賛を拒絶する人々なのだ。さもなくば、少なくとも彼らは、そうするつもりだと主張する人々なのである。というのもしばしば、彼らはこの点では自身の感覚との敗色濃厚な戦いを遂行していると感じているからである。

こうした仕方で、賞賛と軽蔑は私たちの生における質的対照の感覚と結びついており、通約不可能なまでに高次な生、活動、感覚、質の様態が存在しているという感覚と結びついているのである。これらが道徳的な質であるようなところでは、私たちは道徳的賞賛について語ることができる。これらの感情は、私たちが自分の生におけるより高次のものの感覚を分節化する仕方のうちの一つを提供する。

私たちがそうする第三の仕方は、私たちが非常に漠としたかたちで「畏れ」と呼びうるものの経験に存する。私は先に、より高次な善への感覚はその実現の一部であると述べた。善が特別な場所を占めており、それは高次のものであるという感覚は、私たちにどうにかして尊敬せよと命じる感覚なのである。これが人間の感情という次元が存在しているのだという理由なのだ。それは私たち全員が承認することができるものであり、カントが道徳法則より前に感覚するとした Achtung の観念とともに再び分節化しようとしたものなのである。ここで再び私は、カントによる分析を、きっかりと道徳的な事例を超えて拡張することを提案する。ある高次の目標の達人たちへの私たちの賞賛を道徳的なものとは別の文脈に拡張するように、その目標の通約不可能な価値の感覚を拡張するのである。こうした意味で、芸術の用語としてのカントの Achtung を翻訳するにあたって、私は「畏れ」という訳語を提案するのだ。

4

功利主義的あるいは形式主義的還元において不当に軽視されているのは、私たちの道徳的感性ならびに道徳的思考における質的対照というこうした次元である。功利主義の主要な点のうちの一つは、これなしで済ますことであり、倫理的選好のすべての判断をある単一の次元における量的形式に還元することなのだ。別の仕方で、形式主義はこうした対照を不適当なものに還元してしまう。倫理的推論は、それらについて何ひとつ説明しない正しいことを決定する手続きを通じて、この還元を巧妙に行いうる。すなわち、それは質的対照をたんなる主観的な選好とみなしており、それゆえその実体的利点を判断することは要求されないのである。

さて、私の論点は両還元の動機となっているものの大部分は認識論的なものである、ということであった。つまり、それらは妥当性という広く保持されている規準に適合する倫理的推論のある様態を許しているように思われるのだ。私たちは今や、なぜこれがそうなのかをよりよく理解できる。

それは部分的には、こうした対照の言語はいったん論争の的となると妥当であるとはいいにくくなるからである。統合は人が捜し求めるべき目標であるとみなされなくなれば、あるいは解放のみが人間の尊厳と両立するとみなされなくなれば、いかにしてこのことを証明しようとするのだろうか。しかしこれがすべてではない。その議論がこの領域では困難であるということは、それが不可能であるということ、すなわち合理的に導かれた確信のようなものは存在しないということを意味しない。功利主義あるいは形式主義を選んだ多くの人がより高次の目標にかんする限り後者の結論に跳躍することができたということは、めったに表明されることのない二つの基底的考察のおかげなのだ。

第一のものは、次のようなことである。すなわち、対象の言語によって指導された倫理的見解は、功利主義や形式主義の基礎となるものとは競合可能性において異なっているように思われる。他のことが同等であったとして、人間の欲望が達成されることは、それが抑制されることより良いという見解に、つまり人間はみじめであるよりは幸福であるべきだという見解に、異を唱える備えのあるものは誰もいないと思われる。そうではなくて、反功利主義は、倫理的課題の全範囲がこれらの用語でカバーしうるのかどうかということに、幸福と抗争する可能性のある他の目標は存在しないのかどうかということに、その主張は効用によって判決を下されねばならないのかどうかということに、異を唱えているのである。私たちが見たように、ここでもまた、形式主義的理論は、それらが近代社会においてはほとんど異議申し立てられることのない、ある特定の道徳的直観に基礎づけられているという事実から、それらが科学的、脱偏狭的、歴史感覚的な現代文化においてはほとんど異議を申し立てることさえ困難な、人間性についての人種的同質性というテーゼとそれ自体結びついた道徳的ディスコースについてのある特定の前提条件に根を張っているという事実から、そのもっともらしさを引き出しているのである。

道徳的推論のこれらの形式の前提は、それゆえ質的対照を扱うものとはまったく異なった起源にあるものということが容易に見て取れる。後者に対して、私たちは倫理的懐疑主義へと落ち込んでいってしまいうる。前者については疑問に思うこともなく、である。それは、前者が何となく自明であるからという根拠によってもそうなるし、それらが倫理的洞察のようなものには一切根を張っておらず、むしろ私たちの言語の論理のようにより堅固なものに根を張っているのだという根拠によってさえ、そうなるのである。

しかし実際、より堅固な基礎づけについての主張は幻想である。本当に進行しているのは、私たちの文明においてある特定の倫理的推論が、論争の的になることが少なく、擁護することが容易であるように見えるので、他の推論に対して優越しているということなのだ。このことは、深夜に街灯の下でラッチの鍵を探す酔っ払いについてのよく知られた話（読者にはこの話を私が冗長に語ることをご寛恕願おう）にかんしてはまったく合理性を有している。通りがかりの人が、手助けをしようと思って、どこにその鍵を落としたのかと彼に尋ねた。「あのへんだよ」、暗闇に染まった角を指さしつつ、酔っ払いが答える。「じゃあ何であんたはここを探してるんだい？」「こっちのほうが明るいからさ」と酔っ払いは応じた。

同様の仕方で、私たちは倫理学についての制限された定義へと導かれてきたのだ。それは私たちが探求している善のうちのいくつか、たとえば効用や道徳的人格への普遍的尊重を説明している。他方でそれは、その他のものを、すなわち徳や前述したような諸目標を、前者は当惑させるような論争の的になることが少ないからといって、除外しているのである。

これは、還元的メタ倫理学の伝統に対してほんの少し拒絶的すぎるように思われるかもしれない。というのも実際、対照の諸言語の異なった扱いを動機づけてきた考察の第二の範囲が存在しているからである。それは、それらの言語が人間の自然主義的説明のうちにはいかなる場所も占めないように思われるものなのである。

人間についての自然主義的説明の目標は、一七世紀の科学革命の勃興期に登場する。それは、自然における他の対象物と同じように人間を説明することをねらっている。しかし、近代の成功した自然科学の実践の一部は、私たちが主観関係的所有物と呼ぶかもしれないものを避けることにある。このことによって私は、所有物とは、諸事物が主体の経験の対象である限りにおいてのみ、そう呼ばれるものであるということをいわんとしている。一七世紀の議論におけるこれらの古典的実例は、たとえば色だとか体感温度だとかいった、いわゆる第二階の所有物と呼ばれるものであった。その狙いは、関係する諸事物が究極的に所持する所有物のみに、あるいはこういう人もいるかも知れないが（バーナード・ウィリアムズが関連する課題についての議論で用いた用語法にしたがえば(ii)）、たとえ諸事物が経験されなかったとしても（事実、経験されないときにも）、それらが所有しているであろう所有物に訴えかけることを引き起こすものの説明であった。

いかにして人は生命をもつ存在の科学において、すなわち動機づけられた行動を呈示する存在の科学において、これにしたがうことができるだろうか。思うに、人は、ある特定の条件下で、ある特定の成果を実現することに関係する存在の傾向性という観点から、動機づけられた行動を理解しうる。これらの成果が究極的なものとして特徴づけられている限りにおいて、生命をもつ主体の自然科学の要求は合致しているように思われるのだ。かくして私たちは、近代における唯物論の要請として広く認識されている要求にたどり着く。すなわちそれは、その成果が物理的用語で特徴づけられうる諸目標の観点から私たちは人間の行為を説明すべきだ、という要求なのである。たとえばそれは、マルクス主義者たちにとってみれば、彼らの理論は唯物論的なものだという主張を確立するものなのである。すなわちそれは、生の意味（思うにそれは最終的には物理的用語によって定義されうるものなのだろう）を得ることという狙いに優越するものとして同定されているものなのだ。

しかし唯物論まで到達することがなくとも、絶対性の要求は質的対照の言語の信頼性を掘り崩すことに役立ちうる。というのもこれらの言語は、異なった可能な人間の活動や生の様態を高次のものと低次のものとに切り分けるからだ。そしてこれらは明白に主観関連的観念である。自然主義的説明の文脈において、一つの目標が他の目標よりもいっそう強力に望ましいものと同定されることがあるかもしれない。たとえば関連する主体がそうした目標に高次の優先性を与えるような場合である。しかしそこにはより高次の目標という観念の余地は存在しない。それは、まさしく対照性の論理においては、最強の動機からは区別可能でなければならないのである――さもなくば、その語は道徳的ディスコースにおいて何らの機能も果たさないだろう。

自然主義を切り開く人々にとってみれば、対照の言語は疑わしいものであるに違いない。それらは現実にいかなる対応物ももたず、私たちが人間のふるまいの最低限のラインにある説明言語において訴えかける必要のあるものとして、それらを解釈するようになるかもしれないものなのである。それゆえそれらは純粋に「主観的」諸要素を明らかに指示しているのだ。それらは私たちが感覚する仕方を表現するものであって、物事がそうである仕方を表現するものではない。しかしそうすると、これは倫理的懐疑主義に対して、すなわちそうした対照的言語によって表現された対抗的立場の間を合理的に調停する仕方は存在しないという見解に対して、合理的な基礎を提供する。これは、倫理的推論を格下げすることに強力な知的基盤を提供しているように思われる。少なくとも対照的言語にそれは投げ込まれているのだ。自然主義的考察によって強く影響を受けてはいるが、しかしいまだに倫理的推論のいくつかの妥当な形式を救い出したい人々にとって、功利主義あるいは形式主義は魅力的なものに思われるのである。(2)

しかし懐疑主義へのこうした基盤は誤謬である。それは、人間についての私たちの説明はまさしくこの意味で自然主義的であるべきだという前提を擁護されざるままにしてしまう。主観関連的特性を追放することは、生気のない諸事物の説明において多くの意味を作り出す。それは、人間の説明において同じように助けになるだろうが、ア・プリオリに自明なものとして取り上げることはできないのだ。私たちは、人間の生にかんするそうした絶対的説明が、何が現実かということについての私たちの結論を引き出すよりも前に、いかにして客観的／主観的の区別を作り上げるのかをすら知る前に、可能であり光輝あふれるものであるということを、ア・ポステリオリに確立しなければならないのである。

実際に、ここでその記録を検討する紙幅は残されていないけれども、絶対的説明が非常にもっともらしい手段を提供することがあるとは思われない。換言すれば、人間のふるまいのうち多くは質的対照をしるしづけ、それゆえ道徳的に中立的ではないようなやり方で動機を特徴づけるある言語においてのみ理解可能であり説明可能であるだろう、ということは、もっともなことなのだ。こうしたことで、それは今日、自分たちの幻想を征服してきた人々によって、洞察力にあふれる自己理解の最善の例として認識されているようなものなのだろう。もし、排他的に物理的な用語で達成を描く科学が要求を満たしえないのだとしたら、そしてもし、それゆえ私たちは主体にとっての諸事物の意義を説明しなければならないのだとしたら、そうした意義にかんする利用可能な最善の説明が質的対照の言語をある程度用いることを要求しないだろうかということを、どうすれば私たちはア・プリオリに知りうるのだろうか。私はむしろそうした要求があるだろうと思われる。

この種の自然主義の妥当性にかんしてある程度の論証がないとすると、功利主義的・形式主義的還元は明らかに恣意的である。というのも、それらは私たちの倫理的感性と実践における基底をほとんど持ち合わせていないからである。功利主義者と形式主義者さえ、自分の生、決定、賞賛、不平にかんしては対照の言語を利用しているのだ。これは前述した第四の例を見ればわかる。多くの功利主義者によって用いられる言葉としての「合理的」は、質的対照の用語なのである。それは道徳的な賞賛と不平の基礎である。それは尊重に値する目標なのだ。自分自身のメタ理論においていかなる場所も見出せないという事実は、この理論の価値について多くのことを語るのである。

5

ひとたび私たちが倫理的なものの認識論的に導かれた還元をのりこえたなら、道徳的推論の問題はまったく異なった光の下に現れることになる。ここでは社会理論にとってのいくつかの結果を述べるにとどめておきたい。

明白に関連する点は、倫理的なものは単一の種類の善を伴う、単一の種類の考察に基づく同質的な領域ではないということを、私たちは承認するようになるということだ。私たちはすでに、道徳的に関連している少なくとも三種類の考察について述べてきた。第一のものは効用の観念によって把握されるものであり、幸福を生み出すものはその反対のものより好ましいというものである。第二のものは私が道徳的人格の普遍的帰属と呼んだものである。これらは、一般的幸福の最大化という形式において普遍的慈愛という義務を私たちに課す理論として、近代の功利主義を生み出すために結びつきうる。しかし、第二の原理はまた、功利主義とは抗争する道徳的命法の源泉でもある。そしてこれは、たとえば私たちは効用を最大化するという目標の前に平等な分配を置くというように、悪名高い仕方で要求するのだ。そして第三に、私たちが質的対照の言語において表現する多様な目標が存在している。それはもちろん互いにまったく異なっているのである。

それゆえ私たちが道徳的なものとして承認する諸々の善は、すべての低次の要求をのりこえつつ、少なくとも私たちにもっとも重要な要求を課すもののことなのであって、多様なものなのである。しかし単一の次元として道徳的なものを扱うという習慣は、いわれのないものであったり、たんなる誤謬に基づいていたりするだけではない。究極的に重要な諸善の領域は、一種の規定的な統一なのである。私たち各々が、単一の生のなりゆきのなかでこれらすべての要求に応えねばならない。そしてこのことは、私たちはそれらの相対的な妥当性を評価する、あるいはそれらを優先順位づけするいくつかの仕方を発見しなければならないということを意味している。単一で一貫した諸善の秩序は、むしろカント的な意味での理性という理念に似たものであり、私たちが常にそれを決定的に達成するためにけっして管理することなく規定することを試みるものなのだ。

諸善の多元性は、近代社会においては明白なはずである。もし私たちが自らの還元的メタ倫理学が私たちにかけている遮眼帯をはずすことができたならば、ではあるが。確かに私たちはしばしば社会政策について効用の観点から推論を行う。そして私たちはまた、正しい分配についての考察を、そしてまた諸個人の権利についての考察を、普遍的な道徳的人格性の原理に基礎づけられたものとして説明もする。しかしある重要な役割を果たしている、対照的な種類の考察もまた存在しているのだ。たとえば、現代の西洋社会はすべて市民共和国であるか、あるいはそうであろうと努めている。善についてのそれらの構想は、部分的にはシヴィック・ヒューマニズムの伝統によって形づくられている。市民共和国は、一般的な効用の保障としてだけではなく、あるいは権利の砦としてだけでなく、価値づけられている。それは、ある特定の環境にあっては、これらを危険にさらしさえするかもしれない。私たちはそれがまた、次のようなものであるから価値あるものとみなすのだ。すなわち私たちは、一般的に人々が自分自身を統治し、自分たち自身の命運を共同的な熟慮を通して決定するような生の形式が、人々が啓蒙専制主義であってさえ、その臣民として生きるような生の形式よりも高次であると考え続けているから、それを価値あるものとみなすのである。

しかし、効用と権利の要求が多様なものであるかもしれないとして、そうすると市民共和国の諸要求は両者と抗争しあってしまうかもしれない。たとえば、市民共和国はある特定の意味での共同体を要請する。そして、これを促進するために必要とされているものは、効用最大化の要求に逆らって進むかもしれない。あるいはそれは、マイノリティの権利のうちのいくつかと抗争状態に入るかもしれない。そして国際的な平等性の要求と、先進的な西洋社会における国内的な自己支配の要求との間には、顕著な多様性が存在しているのである。これらの社会における民主的な選挙民は、おそらく過去の帝国主義の過ちを是正するための、あるいは普遍的な人間の連帯という現在の要請に十全に適合させるための再分配の量に同意することはけっしてないだろう。キューバや東ドイツのような専制的な体制だけが、第三世界のために自分自身の血を流すのである――もちろん、必ずしも最善の動機のためではないのだが。

このことから、功利主義のものであれ、あるいは理想的契約に基礎づけられた正義の理論であれ、いかなる単一的考察手続きも私たちが規範的な政治的思考においてともに重視しなければならない諸善の多様性に対して、正義をなすことはできないということが明瞭であるはずだ。そうした単一‐要素関数（one factor function）は、私たちが対照的言語を嫌うよう仕向ける認識論的潔癖さに訴えかけている。そしてそうした関数は、それが継続的な効用を通して、あるいは合理的選択理論を通して、政策の正確な計算という期待を提供していると思われる限りにおいて、同種の積極的な訴求力を有しているのかもしれない。しかしこの種の正確さはインチキである。実際、それはただ、自らが計算できないすべてのものを除外することによって、妥当性の見せかけを有しているだけなのだ。

単一‐要素理論への別の強力な支持は、過激な側からもやってくる。たとえばマルクス主義のような過激な理論は、現在承認されている諸善の多元性を、それらすべてにおける価値あるものを従属させるであろう一つの中心的目標の名において排除することを提案する革命の教義による、統一された理論の要求――私たちが見たそれは、少なくともある一つの目標としては、私たちが完全には反駁できない要求である――に対する解を提供する。かくして階級なき社会は、伝えられるところでは、個人の権利の保護を不要のものとし、あるいは「ブルジョア的」市民精神の安全弁を不要のものとするのである。それは、各人の善はすべての人の目標であるだろう、ある制約されざる共同体を、そして自由な貢献の副産物としての最大効用を、等々を提供するだろう。

しかし少なくともマルクス主義は、私たちが現在探求しているすべての善はいくつかの共通通貨に還元可能だというような誤った主張をしていない。少なくともそれは、ラディカルな変化を通じて統一をもたらすことを提案する。そうした変化がなければ、通約可能性は達成されえない。事実、対照的言語が私たちの諸目標は通約不可能だと示すことは、その本質となっているのである。

そうであるとすれば、単一‐要素理論を救い出す方法は何ひとつ存在していないのである。どんなに私たちがそれを再定式化しようと試みたとしても、だ。たとえば功利主義から少なくとも帰結主義を救おうという望みをもつ人がいるかもしれない。すなわち、価値あるものとするに値するすべてのものは、幸福状態であるというような狭隘な見解を、私たちはあきらめることだろう。しかし私たちはいまだに純粋に結果の観点から行動の異なったなりゆきを評価しようと試み、私たちの帰結‐描写において考察するに値するすべてのものについて述べることを望んでいるのだ。

しかし「帰結主義」という用語があらゆる意味を失ってしまうほどに広く捉えられるべきではないとすると、それは熟慮の他の諸形式と対照されねばならない。たとえばそれは、私たちがもたらす帰結がどんなものであるかによらず、ある特定の様式で行動するかどうかを問題にするようなものである。別の言い方で述べるなら、非帰結主義的熟慮は、それらが有する帰結の機能として理解されえないような仕方での行動を価値づけるものなのだ。こうした価値づけ行動を内在的なものと呼ぶことにしよう。

実際、帰結主義的用語での倫理的・政治的思考を再構築する試みは、妥当ではない基礎のうえに善の領域を決定するもう一つのア・プリオリな認可であるのだろう。おそらく、功利主義と同じようには狭隘ではないので、それは実存からのある特定の善をいまだに正統化することだろう。というのもいくつかの対照の言語は、内在的評価を含んでいるからである。たとえば統合の言語（language of integrity）などがそれである。私は、私の行動や言辞が私にとって本当に重要性をもつものの真なる表現である程度には、統合を有しているのだ。それは、帰結としてではなく、重きをなす暴露あるいは表出として、内在的性格をもつのだ。そして同様の反対論が、帰結主義的な社会選択関数に対して申し立てられているのだろう。私たちは自分の社会を、それが公共生活や社会関係において統合を可能にする仕方のゆえに、価値あるものとみなすかもしれない。あるいはある社会を、そうした統合を不可能にするといったかどで批判するかもしれない。もちろんそれは、統合が安定性に、共和主義的制度に、あるいはこうした種類のものに影響を与えているという理由で、統合を価値あるものとするときにもまた問題になるかもしれない。しかしこうしたことがすべてではありえない。確かにそれは私たちにとっては、内在的であると同じく帰結主義的な問題なのだろう。

帰結主義的理論は、功利主義をのりこえていったものでさえ、いまだにプロクルーステースの寝台なのだろう。それは再び、私たちが焦点となっている道徳・政治的思考のあらゆる側面を網羅することを不可能にしてしまうのだろう。そしてそれによって私たちは、ある特定の要求を無視することができると考えるようになるかもしれない。というのもそれらは計算の好まれた諸様態に適合し損ねているからだ。この手のメタ倫理学は、思想を台無しにしてしまうのである。

私たちの政治的思考は、私たちが承認する善の本当の多様性を考慮に入れるために、自らを認識論的伝統の死せる手と、ラディカルな思想のユートピア的一元論との双方から解放される必要があるのである。

注

（1）Taylor 1977 と Frankfurt 1971 を参照せよ。
（2）価値の客観性への自然主義による攻撃については、Mackie 1977 を参照せよ。

訳　注

（ⅰ）無理やりな基準。

（ⅱ）Bernard Williams, *Descartes: The Project of Pure Enquiry* (Harmondsworth, 1978).

（高田宏史訳）

第7章　道徳と慣習(i)

スチュアート・ハンプシャー

1

道徳の客観性についての哲学的論争では、四つ、ないしそれ以上の論争がいっしょくたにされてきた。第一に、道徳的性質を意味する述語についての議論がある。つまり、それらの述語は行為や状況の内在的性質として説明されるべきなのか〔という議論がある〕。第二に、道徳的性質を人や行為に帰属させることは、その人や行為の記述としてみなされるのが適正か、それとも、別種のことがらの遂行——たとえば態度の表出や推奨のふるまい、またはその両方——としてみなされるのが適正か、というまったく異なる論争がある。第三に、ある道徳的問題への解答において不一致を表明する二人の人物は、互いに矛盾するものとして記述されるのが適正かという問いがある。この問いは普通、道徳的判断への「真」と「偽」の適用可能性の条件についての問いとして解釈されている。第四に、さまざまな種類の道徳的判断の受容可能性を確立するための、他の文脈でも承認されるきちんとした手続きはあるのか、それとも、道徳的判断はこの点で独特のものであり、このため問題含みのものであるのか、といった関連しつつも異なる問いがある。

これら四つは、〔道徳の客観性についての哲学的論争の〕文献に見出せる明白に区別可能な問いの、もちろんすべてではないが、その一部である。

2

もう一つの本質的な問題がある。その問題は次のような古代の論争にもっともうまく表明されている。すなわち、道徳的識別は、慣行、慣習、法によって（νόμῳ）真である場合に、真ないし正しいものとして受容されるべきものなのか、それとも、事物の本性によって（φύσει）真であるのか、という論争である。(ii) 本質的問題ということによってここでいわんとするのは、哲学のどの理論にもかかわりなく、思考する人間には不可避的に浮上する問題だということである。その問題は人間が、より不愉快な義務と責務が明らかに差し迫っており避けられないことについて省察するとき、また、この明らかな不可避性がどこから生じるのかを自らに問うときに生じる。理性に由来する道徳的判断や信念と感情に由来する〔道徳的〕判断との間には明白かつ不可避的な区別があるということは、これらの心理学的用語を中心にして作られた心の哲学を聞いたことのない人や、これに説得されない人にははっきりとしたものではない。人が、現にあるさまざまな道徳的信念と実践に、また、異なる道徳体系の間に重なり合うそれらの類似性に、経験や読書によって出会い、そしてこれらの差異と類似性がいかに解釈されるべきかを自らに問うとき、いかなる哲学の理論も引き合いに出される必要はない。〔ところで、〕これらの差異と類似性は、たとえば服装、装身具、女性らしい上品さの理想、食事中の社会的しきたり、あるいは食習慣における異なる慣習に見出されるような種類の差異と類似性を表すのだろうか。それとも、身体の健康と良質な食べ物についての理想や規範に見出されるような種類の差異と類似性を表すのだろうか。私たちは、〔服装、装身具から食習慣などの〕第一のリストに識別されるような差異と類似性を、慣習における差異と類似性としてすぐに考える傾向がある。第二のリスト――健康と食べ物についての理想や規範――における差異と類似性は、独自に検証可能で客観的な規範の評価における差異と類似性として、それゆえ、自然の差異として考えられがちである。〔たとえば、〕良好な健康状態についてありうる多種多様な種類の判断は、たんに、この主題についての誤りであるか不正確なたくさんの見解があることの証左であると考えられがちである。なぜなら、医学が解説することができ、また、自然のプロセスで明白に示される差異に依拠した、良好な健康状態の基準があるからである。食べ物が栄養を与えるという意味でも、良質な食べ物について同様のことがいえる。

これら二つの対照的なリストと、その対照性の説明は、自然と慣習とを分けるギリシアの区別の初歩的で、未分析で、素朴にすぎない見方を明白に表している。しかし、これらの規範や理想の間に一つの対照性が認められることは、控えめにいっても明白である。すなわち、一方では多様性に富むことが期待され、一つに収斂することは期待されず、また要求されもしないような規範や理想がある。また他方では、①確証可能な自然の事実に言及しており、また、②おおよそ不変の人間のニーズと利害関心に対するおおよそ不変の反応であり、それゆえ、③一つに収斂するだろうという期待が十分に確立されるような規範や理想がある。

規範や理想が本質的に多様であり一つに収斂しないことの明白な例は、時代と文化によって異なる男女の髪型の流行に見出すことができる。第一に、服装や他の装飾品の上品さの規範が一つにまとまるべきだとは要求されないように、男性も女性も髪型のかたちが単一の規範や理想に向かって一つに収斂すべきだとは要求されない。つまり、男女の髪型は多様であり、異なったままであるという一見自明の要求すらあるといってよいだろう。しかし、健康については、これを構成するものについてすべての合理的な人々が合意に達するはずだという要求がある。健康はすべての通常の人々があらゆる通常の条件および時代に追求したい理想である、という理由しかなくてもそうなのである。不健康な状態は苦痛と死をもたらすがゆえに、どの時代と場所の人々も良好な健康状態に少なくともある程度重要な価値を与えることが当然であり、また、良好な健康状態は偶発的な利害関心としてだけでなく、根本的で持続的なニーズとしてみなされることも当然である。しかし、おおよそ不変の人間のニーズや利害関心をもとに、何らかの髪型やあるいは装飾の仕方をもっとも望ましいとほのめかすような、確証可能な自然の事実などない。部分的には以上のような理由によって、プラトンとアリストテレスはともに、道徳的区別の客観性と自然さを強調することを望み、身体の健康と魂の健康という類似性にこだわった。そして、魂の健康は、道徳的徳と正しいふるまいのなかに自然と表れるのである。

しかし、この文脈における「自然」および自然的ということについては、より多くのことが述べられねばならない。事物の本性に基礎を置くような道徳的区別についての伝統的理念は、道徳的区別の根底には――現実の道徳的信念の多様性によって部分的に隠されている――一つの構造があることを示唆している。その構造は、地域的な偏見と迷信というおおいが取り除かれたときに、合理的な論証および人間の欲求と感情にかんする共通の観察によって擁護可能なものである。道徳的区別の根底にある構造が超自然的な源泉を何らもたないならば、その起源は自然のうちに、またとりわけ人間本性のうちにあるものとして合理的探究によって承認されねばならない。すなわち、不変の人間のニーズと利害関心のうちに、また、合理的計算の規準のうちにである。同様にアリストテレスのうちに、また、現代の延長線上ではロールズの『正義論』(Rawls 1971) のうちにも承認されねばならない。ロールズの『正義論』は、人間本性についての完全に一般的で特徴のない事実を考慮に入れた合理的選択者が、正しい制度の第一の枠組みを構成するある一連の諸原理を、明白に理に適ったものとして承認するように導かれるだろう、と悪名高くも論じるものである。あるがままに受け入れられる人間本性とともに、通常の人間のニーズと利害関心についてのもっとも一般的で特徴のない事実は、正義の諸原理の理念を引き出すための合理性のモデルに組み込まれている。この正義の骨格にある理念はそれゆえ、あらゆる時代と場所のすべての合理的人間が受容するという要求を含んでおり、また、その要求は、異なる時代と場所の住民を互いに区別する優勢な利害関心と感情の多様性から独立している。すなわち、特定の文化的要因から独立しているのである。より強い理由で、正義の合理的に望ましい理念は、個々人を互いに区別する利害関心と感情の多様性から独立している。

合理性、普遍的な受容の要求、自然なものであること。ロールズによって典型的に示される、正義理念にまつわるこれら三つの固有性は、一つの論証内で結びついている。その論証は共有された合理性の核心を明らかにするものである。合理性は〔人間という〕種全体に自然に備わった区別の目安となるしるしであり、また、削ぎ落しの手続きによって典型的に明らかなものとなる。その削ぎ落し〔手続き〕は、地域的慣行や独特の文化的要因といった、上掛けや装飾と思われているものを取り除き、また、地域的なものとして説明されたり一時的に引き起こされる個々人の道徳的特異性を取り除く。歴史家および人類学者によって研究されるこれらの地域的原因が、社会システムと文化が変化し衰退するのと同じように、変わりやすくはかないものであることは明白である。〔この場合、〕道徳的な指令と要求は一時的かつ地域的な利害関心によって説明されることになるがゆえに、その指令が命ずる義務と責務は、事物の本性のうちに実在するというよりはむしろ慣習によって実在する。正義原理とは対照的に、こうした一連の指令について普遍的合意へと向かって収斂することが要求されることはない。

正義の要求は常に、理性によって承認されるべき道徳的要求の望ましい実例であり続けてきたし、また、本質的に多様ではなく、いかなる特定のタイプの社会秩序も条件としないものとして、事物の本性に基礎を置くものであり続けてきた。プラトンは、倫理学の基礎が事物の本性のうちに見出されるべきこと、また、――部分的には、健康が身体の主要な徳であるように正義を個人と社会秩序の主要な徳として表すことで――慣習や影響力のある人々の恣意的な意志のうちに見出されるべきものではないことを論じることができた。

3

人間の善としての正義を愛および友情と対比させるならば、人は正義に、人間のふるまいについての比較的固定され、また比較的特定された、一連の規範の指令を見出すことを期待するものである。常に善きものであり同じく望まれるものでもある愛と友情については、異なる社会的文脈において明確に異なるタイプの行動と異なる関係性を要求することが見出されることを期待するだろう。つまり、表層的かつ前理論的にいえば、愛と友情の具体的な実現は、正義の具体的な実現が固定されかつ限定された規範と定式化されうる原理にしたがうのとは異なり、固定されかつ限定された規範にしたがうとは思われないのである。正義と公正の原理について語るように、愛と友情の原理が語られることは通常ない。異なる社会において優勢な親族関係システムと社会的役割の違いに応じて、愛と友情の具体的形態も異なるはずだという考えを私たちは抱いている。その一方、正義原理は——適用される状況は異なれども——異なる形態をもたないという考えを抱いている。そこで私たちは、正しいふるまいを指令し、合理的に擁護可能な原理に由来すると称した道徳的要求と、友情のこもった、あるいは愛の表現としてみなされるふるまいを指令する道徳的要求との間には、少なくとも一つの度合いの違いがあると考えるのだろう。さらに、この対照性は道徳の内部で生じると考えるのだろう。

一定で定まった実現の仕方があり、また、行動による表出の面でどの時代と場所にあっても非常に似通っている徳と、異なる社会によって慣習と社会的役割の違いに応じて異なる仕方で実現される徳との間には、まさにこうした度合いの違いがあることを認める人がいることだろう。しかし、おそらくこれはあくまで度合いの違いに過ぎない。一つの例をとろう。アリストテレスの『ニコマコス倫理学』の正義についての諸章は、たとえばロールズによるもののような正義についての現代の代表的論考におおよそのところよく似ているが、その類似は、アリストテレスの愛や友愛についての諸章が、たとえばモンテーニュやスタンダールによるこの主題についての後世の論考に対してそうであるのと同じ程度のものにすぎない。おそらく、アリストテレスによる愛や友愛の道徳的重要性についての説明を読むとき、現代の耳はそこに奇妙な手抜かりを、さらには全般に及ぶ奇妙さを聞き取るだろう。そして、書かれた内容と強調の具合から感じる奇妙さは、現代の読者にとって、アリストテレスの正義論を考察するときのほうがずっと少ないだろう。一方で、アリストテレスは悪名高くも奴隷を正義原理に反するものとは考えないし、また、現代の理論家が基本財の不平等な分配を一般に不公正なものとみなすのに対し、概してそのような傾向がずっと低かった。これらは、正義原理が適用される状況の差異というよりは、正義原理の差異、またおそらくは正義構想の差異ですらあるように思われる。

4

こうした点が認められる諸々の徳の間および内部にある議論の余地ある度合いの違いに注意を向けることは、より根本的な問いを手つかずのままにしてしまう。すなわち、異なる諸々の道徳をそれぞれひとかたまりで取り上げてみれば、それらは全部ではなく部分的に人間による技巧（human artifices）なのであり、また、社会的しきたりが部分的に人間による技巧であるという意味では、理性よりむしろ想像力に訴えることで擁護されるべきではないだろうか。また、文学および彫刻と戯曲の作品が全面的に人間による技巧であるという意味では、想像力に訴えることで擁護され、また評価されるべきではないだろうか、という問いである。

こうした人為性（artificiality）および技巧という観念には、一つの区別がなされねばならない。そこで、どんなふるまいと社会の制度編成であれば、どんなときでもどこであっても正しく公正だとみなされうるかについて、それなりに限定されかつ比較的はっきりした制約があることを論争的かつ合理的に擁護可能な形で論じてみよう。正義についていえば、想像力という観念は場違いのものに思われ、理性と理に適った考慮こそが、法の支配の確立における場合のように適している。正しいふるまいと正しく公正な制度編成を不公正なそれらから区別するような状況は、一つの論争状況である。それは、裁判の状況において評決の判断が可視化されており、また、諸々の合理的な考慮が議論を戦わせることが常に可能な状況である。人為性が想像力と想像によるこしらえ事を示唆するものと捉えられるか、人為性がそれらに関連づけられる限り、正義原理は人為的ではないものとして表されねばならない。なぜならたんに、正義原理は合理的論証によってのみ擁護可能な原理であることを意図されたものだからである。この点で正義は、愛や友情と対比されるべきである。なぜなら、愛や友情の表現のような、これらの徳を表明する指令は、理性と同じくらい想像力に訴えることで正当化されるだろうからである。〔たとえば、〕愛や友情に新たなかたちと変化が出現し、新たなかたちとして承認されるようになり、そうして、新たな愛や友情の種類としてさえ承認されるようになる。こうした承認は、想像力に訴えることなしに合理的考慮によって擁護することはできない。すなわち、特定の状況にある特定の人物や人々を思い描かねばならず、そうした特有の状況において正しいと思われる行動のかたちを生み出すか承認せねばならないのである。特定の状況における正しいふるまいを思い描くような場合、理性的論証はあまり適していないという単純な理由により、〔正義原理のように〕収斂するのとは同じ要求ではない。皆がいつも同じ仕方で愛したり友好的にしたりすべきだとか、定式化されかつ擁護されうる固定された原理に一致してそうすべきだとかいう明白な要求は存在しないのである。

人為性についての、正義という合理的徳と愛や友情という完全には合理的でない徳との対照性は、二種類の人為性を区別することによって説明されうるかもしれない。〔社会契約論における〕人々が道徳化も社会化もされていない衝動によって行為する自然状態から〔契約へ〕の転換は、時代と場所がどこであれすべての人々が、生きる見込みを合理的に知性による改善を行うこととして通常表される。人々はお互いに契約するという結論を下し、また、理性的人間としてまた一から同じ計算をするその子孫も、この契約に批准する用意ができている。それは、理性的に正しい社会の制度編成と、仮定上の原初的契約から立ち現れる法と憲法の構造とが、人為的なものだということを意味している。確かに、それらは自然の力を制約し支配する人間の理性による構築物である。しかしそれはもう一つ、文化によって修正された選好と利害関心からは独立した正しい制度編成が、自分たちのもっている永続的本性を理性を用いて真に深く認識することのできる種としてのすべての人間にとって、自然なものであるということも意味している。

〔しかし、〕愛と友情を別にしても、さまざまな理由で収斂することのない、他の諸々の徳が人の集まりにはある。

5

ギリシアの議論は、異なる場所と時代で普及した社会的慣行の大きな多様性と、理想的な社会契約から立ち現れる望ましく受容できる人の集まりの根本原理を対比することを教えてくれる。そこでは、こうした相違する社会的慣行の合理的な再構築や超越論的な演繹が試みられることなどない。ヘロドトスやクセノフォンその他を読めば、社会的慣行が分岐すること、また、異なる人口集団が、自分たちと他の集団双方の意見において慣行によって互いを区別し、見分けることを期待する方へと導かれるだろう。諸々の慣行にとって肝要なことの一つは、それらが多様であること、つまりそれらを際立たせる区別にある。ギリシア人であることの栄誉は、社会的慣行にしたがうことのなかに立ち現れた。それは、話しぶりとか社会的しきたりといったことがら、またふるまい一般における特殊ギリシア的な習慣である。加えて、ただのギリシア人であること以上に、アテナイ人またはスパルタ人であることの栄誉は、この差別化された二つの都市のまさに〔他とは〕異なった独特の慣行にしたがう点にあった。もしこの文脈で「栄誉」という言葉を用いるのが大げさすぎたり誇張に思われたりするならば、代わりに、自分のことをギリシア人やアテナイ人として考えることの要点は彼らの生活様式の独特さにあったのだといえるかもしれない。そしてその生活様式は、話しぶりの社会的慣行と習慣、また、より一般的なふるまいの習慣だけから成り立ったのではなく、独特の道徳的コードと原理からもまた――それらに由来する典型的指令を伴いつつ――成り立ったのである。このことが示唆するのは、これらの指令の正当化には一般的合意への収斂が求められないということである。

人は自分の属する社会や集団の慣行および道徳を独特のものとして重んじるとき、それらを差別化されたものとして捉えている。この限りでは、暗黙または明示的に慣行と価値を決定する指令を普遍化すべきだという要求も、すべての人々に――その状態がどんなものであろうと――適用可能なものとして指令を捉えるべきだという要求もない。同様に、逆のことが起こることもない。つまり、ある特定の集団の慣行とその特有の道徳的指令はその集団内に限られるべきだという要求もない。ひょっとすると、自分の道徳的習慣と性向をいわばギリシア人のように〔集団内の〕人々の間でのみ目下存在するものだと一貫して捉えつつ、また同時に、異邦人がギリシアの道徳的指令と性向を採用すべきであり、異邦人たることをやめるべきだと一貫して信ずる人がいるかもしれない。しかし、慣行を別の角度から眺めれば、自らの習慣と性向は独特で他と異なっており、かつ、その習慣と性向が自分の所属する集団の明確なアイデンティティを構成する、という考えに人が誇りをもつという事実から、すべての人々は他と区別される習慣と性向を有する集団に所属すべきだと考えることが帰結することにはまったくならない。こうした強い結論のどれ一つとして、もたらされることはない。独特さを承認すること、またそれを道徳的に支持することによってもたらされるのは、理想的社会契約の理論――プラトン、ホッブズ、ロック、ルソー、ロールズのいずれのものにせよ――に参加する種類の合理的論証によって擁護されまた正当化されることのない程度の、受容可能な道徳的指令が存在するということにすぎない。こうした指令は、きわめて異なる仕方で擁護されまた正当化されねばならない。

6

では、それはどんな仕方によってであろうか。これらの一つに収斂することのない道徳的要求と指令は、提供される擁護と正当化にかんして、合理的論証によって擁護されまた正当化されうる要求および指令とどのように異なっているのだろうか。合理的論証であれば、正義原理は削ぎ落しの論証によって擁護されまた正当化されうる。つまり、正義および正義の幅広い原理に共通する要求が、偶発的で相違した利害関心から抽象化されたすべての人々によって承認されるだろうという論証によって擁護されまた正当化されうる。

道徳的指令をたんなる慣行および社会的しきたりから区別するには、第一に性向および習慣と、付随する指令とを区別すべきである。付随する指令には、真剣に受け止められまた重要性が付されているものと、比較的些細で重要でないとみなされているものとがある。その際、慣行や習慣にしたがわなかったときに通常起こるであろう衝撃、嫌悪、否認といった感情の種類と度合いが試金石となる。第二に、こうした感情が反省的なものであり、感情が評価された後も残存するか、それとも、個人的要因として説明して取り除かれるような即座の反応にすぎないのかを区別すべきである。反省後も特定の事例にふさわしい主題だと思われる強い嫌悪と否認は、通常その事例の道徳的判断に基づいた道徳的な態度と情動だとみなされるだろう。その影響下にある人は、自分の嫌悪と否認を道徳的判断が示唆された道徳的態度として捉えるだろう。つまり、慣行と社会的適宜性だけの問題だとは考えない。自らの態度とそこに示唆される判断への反省は、事例についての明断で落ち着いた考慮に基づいて擁護と正当化がなされえず、自分の気質の特徴によってしか説明されえない反応から、自分自身を引き離す試みであるだろう。

この意味で、判断の不偏性を要求することは、合理的な人々が似たように不偏的であれば――これは正義の根本原理についての判断になされる要求である――賛成するに違いない判断を要求することではない。反省的な嫌悪と道徳的な否認、また示唆される道徳的判断は、特定の社会集団の生活様式に不可欠な要素である道徳的コード、いわば誉れ高きコードの違反に集中するものだろう。こうした集団は、まさにウェールズやバスクのナショナリストが自分たちの生活様式に不可欠な要素である特定の言語を話し保持することに誇りをもつような仕方で、この〔集団の〕区別に誇りをもつのである。彼らは、異なった起源をもち異なる役割を担う人々が、正しく、あるいは少なくとも理に適った仕方で、きわめて異なっており両立不可能な諸々の規則にしたがうことを一貫して認めるだろう。この限りで、自分の文化を誇りに思う人は、自分が支持する独特の道徳的要求の一般化を望むことで、これらの道徳的要求と、正義および理に適った慈愛、あるいは幸福への配慮という道徳的要求――共有された人間性、および理に適っていることという完全に一般的な規範に起因し、とりわけ普遍的要求としてみなされる要求――とを対比するであろう。そのような人は、よりいっそう理に適っているわけでも適っていないわけでもない代替的規則を想像することは容易であるということに同意するだろう。というのも、理に適っていることがこの領域における第一の考慮事項ではないからである。彼は、他の社会では、完全に理に適った人々の間で〔彼のものとは〕まったく異なる規則や慣習が広まっているという事実に心をかき乱されることはない。というのもそうした人々は、正義の原理および幸福に必要な配慮について、彼に概ね同意するだろうからである。

7

普遍的かつ収斂した道徳的要求と独特な道徳的要求の両方の種類を、たいていの人々は認める用意があったし、また常にそうだろうと期待することには十分な理由がある。後者は、現に存在し必須要素となっている生活様式と、この生活様式内で生じる特定の事例についての想像力を直接参照することで擁護されることになる。この二つを区別することへの十分な理由が、道徳哲学・政治哲学の文献において予示的に繰り返し表明されている。たとえば、カントの理性的意志（rational will）と道徳法則の抽象性に対するヘーゲルの批判、また、フランス啓蒙主義の道徳に対するバークの批判にである。一方で道徳が実践的推論と慎慮の規準から分離されえず、また、法と正義の合理的基礎から分離されえないように、もう一方で道徳は、社会的なしきたりと慣行、思考と発話の習慣、文化の独特な要素から分離されえない。少なくとも、既知の通常の条件下では、また、功利主義者とカント主義者の両者がきわめて異なる理由からそうあるべきだと望んできたように人間愛が変化させられるまでは、そうだったのである。〔具体例を挙げよう。〕家族および親族関係システム内で、また愛や友情によって、交わる人々の個人的関係。性的な慣行と禁止事項。死者と子孫、また死それ自体にかかわる義務と責務。異なる種類の制度において社会連帯を表明する儀礼と慣行。戦争における慣行と禁止事項。以上のような強い情動がはたらく領域で、ふるまいを律する何らかの規則ないし慣行があるべきだというのは、真に普遍的な道徳の要求である。これらの領域で観察される規則と慣行、とりわけセクシュアリティと家族のそれは、社会正義および慈愛の一般的原理にたとえ従属するとしても、生活様式の中核の大半を構成するものである。私は多くの理由から、受け継がれ発展されてきた現にある自分の生活様式を修正するか変革することを欲するが、それは依然として自分の道徳の出発点であり、その上に異なる仕方で築かねばならない、自分の道徳的性向の基盤なのである。

上述の領域で、人間に共通に必要なものを合理的に計算することによっては十分に擁護されないような道徳的要求を認めることには、独特さへの誇り以上のもの、そしてアイデンティティへのより明確な感覚が伴う。ちょうどいかなる自然言語も、コミュニケーション手段であるためにはそれ自体で言語の共通要件を満たさねばならないように、もう一方で、言語は人間の想像力と記憶を管理するために歴史のなかで長年にわたってその特徴あるかたちと語彙とを発展させねばならない。広く一般に共有された混合主義の言語としてのエスペラント語、という企ては成功していない。ある言語によって、特定の共有された歴史と一連の結びつき、また、語彙に埋め込まれた隠喩に保持される大部分無意識の記憶をもつ人々が、特定の集団として〔他の人々から〕区別される。道徳の一部――たとえば、性道徳、家族の関係性、友情の義務を律する禁止事項や指令――を共有する人々も同様である。

8

道徳がこうした二つの様相――法律のようで合理的な様相と、言語のようで想像的な様相――を呈することには、いくぶん陳腐でお馴染みのアリストテレス的な理由が与えられうる。すなわち、人々は自らの理想をかたちづくり追求し、また、ふるまいの規則を維持する点で合理的かつ打算的であるだけでなく、個別的で特徴ある記憶と地域的情念に囚われてもいるのである。このことを強調するアリストテレス的な言葉に「個別（particular）」がある。それによれば、正義への性向が一般的規則や反復可能なプロセスに向けられるように、愛と愛情は必然的に個別の人ないし場所に集中する。愛と友情への性向は中心的徳であり、正義と勇敢に劣らずそのような徳として常に承認されてきた。正義とは、皆に共通する人間性を承認することで、あらゆる男女をある点で同じように扱う性向である。愛と友情は、皆の個性と反復されえない本性を承認することで、男女をきわめて異なる仕方で扱う性向である。〔生物学的な〕種は、必然的にある程度排他的で個別化された性的活力と家族の絆によって維持され長続きする。これこそまさに、子どもから若者そして高齢者までの、性および家族の関係性の基本的な生物学的現象であり、それは明らかに自然なものとして、多様で独特な慣習によって変形され、また、さまざまな制約——道徳的に些細なものからそうでないものまで——を通して濾過されている。どこにおいても妥当する純粋な合理的考慮は、いかなる個別の性道徳も十分には説明しえない。これを擁護し正当化することはまた、生活様式がもつ独特で特有な徳と歴史を指摘し、生活様式の要素が相互に依存し合うことを指摘するというかたちをとるだろう。どの時代と場所にあっても、承認される何らかの性道徳があるはずである。しかし、それが同じ制約と指令をもった同一の性道徳である必要はない。合理性の要求が行うのは消極的な要求である。すなわち、規則と慣習は明白で回避可能な不幸を引き起こしたり、受容されている公正の原理に背いたりするべきではない、という要求である。こうした最小限の要求は、いかなる人の現実の生活様式においても、家族、性的関係性、友情といった完全で複雑な道徳を十分に説明しえないことは明らかである。財産権と所有権という点での正義についても、部分的には地域的慣行に依拠するものであるがゆえに、正義の普遍的要求はそれらを十分には説明しえない。しかしこれらの権利は、もしも正当性が疑われた場合は、あらゆる水準の合理的論証によって擁護されねばならない。その論証は、原理と先例に訴えるものになるだろう。

ある個別の性道徳は、現実に存在する生活様式——数あるうちの一つ——の全体を構成するうえで不可欠な部分あり、また、現実に実現された価値ある生活様式——完全ではなくとも依然として価値ある生活様式——として保持されるべきだと判断主体が信ずるものである。しかし、合理的論証は公正や効用という一般的要求の水準に満たなければば役に立たない。対して、それより下位の水準にある特殊な習慣および慣習は、性道徳において拘束力ある重要性をもっている。

この性道徳の領域に生じる「してはならない」という種類の禁止は、言語上の禁止事項と比較できる。たとえば、ある特定言語のある特定規則では、不定詞を分離させてはならないとしよう。このとき、それが言語一般の規則ではないという事実は、当の規則の拘束力を減じるものではない。どの特定言語の礼儀正しさにかかわる文法や規則も、言語の一般的な論理枠組みやあらゆる言語に推定される何らかの深層構造に照らせば、恣意的かつ人為的なものに思われるだろう。文法は恣意的なものであり、また、この意味で人為的である。つまり、文法はコミュニケーションおよび思考それ自体にとって自然のニーズとして説明されるだけでなく、その言語の発展に特有の歴史を参照することで補足的に説明もされねばならないという、その分だけ人為的なのである。さらに、この補足説明さえ、これに伴う関係性の複雑さという点でほぼ確実に不完全で不十分である。言語と社会的慣行においてそうであるように、ある限定された領域で道徳的と呼ばれるに値するふるまいの規則と慣習があるに違いないと誰もが承認している。そして誰もが、以下のことも承認している。①これらの規則は、言語の深層構造と類似した、正義および効用といった普遍的で合理的に解明可能な原理と適合し、また、両立可能なものでなければならない。②こうした〔正義と効用の〕限界内にある諸々の厳密な規則は、ある社会集団を他のあらゆる社会集団から区別する機能を歴史的に果たすことで、多様なものとなるだろうし、また、恣意的に思われることだろう。

では、比較的慣習的な道徳的要求は、いかにして合理的に擁護可能な正義と効用の原理――合理的道徳の要求――と釣り合うのだろうか。人はほんの半分しか合理的存在ではないという簡潔で曖昧な解答が、一つの示唆を与えてくれる。すなわち、ちょうど合理的計算が常に私たちの欲求と目的に浸透しているのと同じように、記憶、地域の愛着、歴史的つながりもまた常に私たちの欲求と目的に浸透しているのである。そしてこの解答は、常に真であろう。慣習的な種類のものでありながら理に適っていないわけではない、何らかの一連の道徳的要求を尊重する合理的正当化はある。なぜなら、セクシュアリティ、家族の関係性、友情、社会的慣行、死への態度といった領域には、何らかの道徳的指令が必要だからである。さらに、これらの指令は実際に生き残ってきたし、尊重されてきた歴史をもつのだから、対立する合理的なタイプの道徳的考慮事項によって退ける理由を見出すのでない限り、人々はこれらの指令を尊重する理に適った傾向をもっている。〔ただし〕明らかなことだが、ある生活様式が生き残ってきたという事実、また、それが人間の感情と忠誠をいくぶん支配しているという事実から、その必須要素たる道徳的要求を伴う生活様式が、これらのことを理由にして保護され延命されるべきだと帰結するわけではない。これらの要求にまさる合理的な種類の理由があるのはもっともなことである。たとえば、これらの要求は不公正であるとか、幸福や自由を破壊するといった具合である。

9

地域的な記憶と愛着が浸透する度合いは、人間のさまざまな利害関心によって変化する。性と家族の関係性のように、情動と情念が本能的基礎をもつようなところではもっとも大きくなり、財産関係と所有権を取り巻く道徳のように、合理的計算が情念を導く領域では、その浸透度はより低い。

まさしく、自然の衝動と情動がもっとも強く、合理的な支配と指示が弱い、性や家族の領域では、独特かつ慣習的な道徳的禁止事項が当然ながら適しており尊重される。さらに、こうした禁止事項は、正義、危害の回避、厚生の促進からは大幅に独立した理由によって尊重される。おなじみの例を挙げれば、死者の適正な扱いは、特定社会でお定まりの扱いがどのようなものであるにせよ、常に道徳の中心であり続けてきた。また、死者を埋葬し損ねることや、何であれ地域的に必須だとみなされていることをし損ねることは、常に道徳的に衝撃的なことであり続けてきたのである。このタイプの特定の道徳的要求がもつ力は、正義あるいは慈愛や厚生の一般的原理によって説明されることはない。たとえ費用が高くつこうとも、死者は適切に処置されねばならないということは、きわめて一般的な要求であり、かつ人間性のしるしである。しかし同様に、ある人々とその一連の状況にとって適切であるものが、別の場所では概して適切ではないことも広く一般に承認されている。一つに収斂することへの一般的要求がないというこの事実は、死者に対する尊重の道徳的義務およびその適切な慣行が真剣に受け止められていないことを示すものではない。フロイトの優れた小論「喪について」[iii]が、ここでの自然と慣習との相補関係を説明してくれている。

人々は避け難く自然的秩序と文化的秩序の両方のなかに生まれる。セクシュアリティ、老齢、死、家族、友情は、自然現象の一つでありながらも、何らかの文化内で——ということはきわめて個別かつ特殊な一連の道徳的要求のなかで——慣習と慣行によって道徳化されねばならない。次の帰結主義者による叫びは、不自然であり、また不可能なものである。「慣習を取り払え。厚生に干渉しなければ、あるいは正義の原理に干渉しなければ、どうなっても構わない。」

要約しよう。道徳的要求が慣行、慣習、法によるものか、それとも事物の本性によるものか[iv]、すなわち、慣習上のものか事物の本性上のものか、社会的な礼儀正しさの規範に似ているか健康の規範に似ているか、という古くからの問いに対する私の答えは、「両方だ」というものである。道徳的要求には二種類のものがある。〔一つは〕異議申し立てがあったときに、人間という存在の普遍的ニーズと、どこであっても同じであるべき理に適った計算とを参照し、またそれゆえ、削ぎ落しの論証を参照するものである。〔もう一つは〕異議申し立てがあったときに、望まれておりまた尊重されている生活様式——その道徳的要求が生活様式内で本質的だと考えられる要素であり続けてきたような生活様式——の記述を参照するものである。第一の種類の要求は、道徳の規範を良好な健康状態の規範と大して違わないものとして表す。第二の種類の要求は、道徳の規範を社会的慣行と大して違わないものとして表す。こうした問題は、無知のヴェール[v]という古くは一八世紀のウィッグ的な理念によって鋭く焦点化される。すなわち、ヴェールの背後では、レノルズの絵画のように新古典主義の衣類をまとった、抽象的で普遍的な人間が、自分はいかなる特定の時代や場所にも属していないと述べるのである。理想的で、古典的で、時代を超越した場面の超自然的な光のなかにありながら、理性は次のことを教えてはくれない。すなわち、どのように結婚すべきか、あるいはどのように子どもに話しかけたり、教育したりすべきか、またはどのようにコミュニティに適合したり、他に優先する形で一つのコミュニティに地域的忠誠を誓ったりするべきか、といったことである。こうした目的のためには、スコット(vi)の小説のように、自分がそのなかで育ってきたものであり、ある時代と場所へと自分を固定し、またアイデンティティを構成するものである複雑な慣習について、トーリーの歴史が伝えられねばならない。その結果、ある道徳的嫌悪は確かにどの時代と場所、またどの役割にとっても自然だというわけではないけれども、歴史を所与とすれば、ある人の時代と場所、また特定の役割においては自然なものであるように無理なく思われてくるのである。

　自然対慣習の区別という不分明なものは、道徳的要求の次の区別によって取って代わられることで、一掃されるかもしれない。すなわち、正義や効用といった、一つに収斂することや試金石としての削ぎ落しの論証への要求を伴う道徳的要求と、一つに収斂することを要求せず、独特さ、あるいは少なくとも独特さを認可することへの傾向を伴う道徳的要求との区別である。プラトンが示唆したように、正義あるいは効用の最大化は、論証に基づいた、種々の徳の涵養へと向かって一つに収斂する普遍的傾向がなければ、その重要さの半分を失ってしまう。愛と友情、忠誠といった、それ自体が徳として重要性をもつものについてはそうではない。私たちの知る世界において、たとえそれらがさまざまなかたちをとり、またさまざまに実現することで混沌とするとしても、その重要さが失われることはないのである。

訳注

（i）本章では、convention を「慣習」と訳した。convention はヒューム（David Hume, 1711-1776）とのかかわりで「黙約」「合意」「コンヴェンション」などと訳される。しかし、本章では必ずしもヒュームの意味で用いられておらず、慣行（custom）、習慣（habit）、しきたり（manners）などの類似する用語とともに、あるいはそれらを総称するものとして用いられている。そのため、食習慣（dietary convention）の場合を除き、本章では以上のように訳した。

（ii）*νόμῳ*（nomō）と *φύσει*（physei）は、それぞれ、法や慣習を意味する *νόμος*（nomos）と自然を意味する *φύσις*（physis）の与格である。

（iii）フロイト（Sigmund Freud, 1856-1939）の「喪とメランコリー」（伊藤正博訳、新宮一成ほか編『フロイト全集14』岩波書店、二〇一〇年、所収）のことだと思われる。

（iv）原文は、*νόμῳ or φύσει* である。訳者注（ii）を参照。

（v）レノルズ（Sir Joshua Reynolds, 1723-1792）は、一八世紀英国の代表的肖像画家。

（vi）スコット（Sir Walter Scott, 1771-1832）は、英国の詩人、小説家。

（児島博紀訳）

第8章　社会統合と基本財*

ジョン・ロールズ

本エッセーには二つの目的がある。第一に、基本財という概念——これは私の著作『正義論』[1]で提示された公正としての正義という構想の一部をなす概念である——を詳説すること。第二に、基本財概念と特定の人格構想との連関を説明することであるが、後者は翻って、ある特定の社会統合の構想へとつながる。第一節での短い序論に続いて、私の議論の主要部分となるのは第二から第五節である。ここでは、公正としての正義において、基本財がいかにして、政治的正義および社会的正義という、特別ではあるが根源的なケースにおける個人間比較を可能とするのかを説明する。私は、自らの著作での説明に見られたいくつかの齟齬を除去するとともに、この基本財概念が特定の人格構想に依存することを強調することにより、看過できない曖昧さをも除去する。私のテーゼはこうだ。正義にかんする諸問題における個人間比較の問題は、正義構想の土台へと行きつくものであり、またそれは、人格構想にも依存すれば、社会統合をどう構想するのかにも依存する。公正としての正義において、そういった個人間比較を定義することの難しさが道徳的かつ実践的なものであることが判明する。第六から第八までの最後の三節で試みるのは、これらの理念を、功利主義的伝統における個人間比較の説明——これは正義問題に取り組む際に現代経済理論の大部分が頼みとするものである――と対比することによって、明晰化することである。この伝統においては、個人間比較は別の種類の困難――すなわち他者の思惑（other minds）にかんする知識に付随するさまざまな問題――を引き起こすと考えられている。これらの困難は、心理学や経済理論に基づいて、十分に厳正な満足ないし福祉の個人間測度（ないし指標）を発見することによって解決される、とされている。われわれの問いはこうである。この対比の根底には何があるのか？　なぜ、公正としての正義のようなカント的ドクトリンは、個人間比較問題を、功利主義の方法とそれほどまでに異なるかたちで眺めるのだろうか？

1

この解答に接近するためにまずもって注意せねばならないのは、諸々の正義構想の間での一つの重大な分断とは、その構想は、相異なり相対立するうえに通約不可能でさえあるような、多数の善の構想を許容するのか、それとも、その構想はすべての諸個人に――彼らが合理的である限り――承認されるべき善の構想はたった一つしか存在しないと主張するのか、を巡るものであるということだ。この分断の両側に位置するそれぞれの正義構想は、個人間比較問題をまったく異なった方法で扱うことになる。プラトンやアリストテレス、アクィナスや聖アウグスティヌスに代表されるキリスト教思想は一つの（合理的な）善の側に位置する。もっといえば、古典時代以来、支配的な思想は、たった一つの合理的な善の構想しか存在しないとするものだった。（哲学的ドクトリンとしての）リベラリズムの前提命題（presupposition）とは、ロック、カント、J・S・ミル[2]に代表されるように、対立し通約不可能な多くの善の構想が存在するのであり、それらの構想はそれぞれが、人間としての人格（human persons）の完全な自律性および合理性と両立するのだ、というものである。リベラリズムは、この前提命題の帰結として、多数の善の構想がその市民によって追求されることこそ自由で民主的な社会の自然的条件であると想定するのだ。古典的功利主義者たち――ベンサム、エッジワース、シジウィック――は、このリベラルの前提命題を受け入れているように見える。だが私の考えでは、この見かけはミスリーディングであり、彼らの合理的善にかんする見解がもつ高度に主観的（special subjective）な性質から生じるものである。私が示したいのは、古典的功利主義と現代版の功利主義のいずれもが、ある人格構想を必然的に含意するのであり、この人格構想によって、功利主義というドクトリンは、数多の合理的な善の構想が存在するという前提命題とは相容れなくなるのだということである。

公正としての正義は、一つのカント的見解として、リベラルの前提命題を受け入れている。これにより、社会の統合と共通の諸制度に対する市民の忠誠とは、市民たちがたった一つの合理的な善の構想しか抱かないという事実にではなく、それぞれが相異なり相対立する善の構想を有する自由で平等な道徳的人格にとっての正義とは何であるかにかんしての合意に、依拠することになる。この正義構想は善の概念から独立しかつそれに先行するものだが、その意味するところは、正義に適う社会にとって許容可能な善の構想はその〔正義の〕諸原理によって制限される、ということだ。これら正義の諸原理は、私が「秩序だった社会（a well-ordered society）」と呼ぶものにとっての公共的原理（the public principles）とみなされるべきものである。つまり、そのような社会においては、各市民がこれらの原理を受け入れているし、他のすべての市民も同様にそれらを受け入れていることを各市民が知っている。そのうえ、社会の基本的諸制度はこれらの公共的原理を実際に満たしているし、そうであることをすべての市民がもっともかつ十分な理由をもって認識している。基本的な社会制度（basic social institutions）の役割とは、ある枠組みを打ち立てることなのであり、市民たちが自らの目的を達成することを許されるのは、その枠組みにおいて――それらの目的が、その目的に先行しかつそれとは独立な正義の諸原理を侵害しないという条件において――のことなのである。

秩序だった社会のもう一つの特徴は、正義問題が生じた際に市民たちはどのような種類の要求をなすのが適切なのかについて公共的な理解が存在することである。そしてこの理解には、そのような要求は何によって裏づけられるのかについての、さらに深い理解が含まれる。市民たちの要求はどのように評価されるべきか、それら要求の相対的な重みはどのように決定されるべきかについての合意に達するためには、こういった理解は不可欠である。これらの要求の実現は、各市民にとって有利性のあるもの（advantageous）とされるし、正義という目的にかんしても彼らの状況を改善するとされている。実効的な公共的正義構想というものは、この意味で有利性あるものとして認識されるべきものとは何なのか、にかんする共通理解をあらかじめ想定している。かくして、公正としての正義においての個人間比較問題は、次のようなものとなる。ある秩序だった社会において、相異なり相対立するうえに通約不可能でさえあるような諸々の善の構想が所与とされるなら、そのような公共的理解はいかにして可能なのか？

基本財という概念は、この道徳的かつ実践的な問題に対処するものである。少し先取りになるが、それは、市民たちの善の構想が部分的に似たものでさえあれば政治的および社会的な正義にとっては十分なのだという考え方に依拠している。市民たちが同一の合理的な善の構想を、その本質的要素——特にその最終的な目的や忠誠の対象——のすべてにおいて完全に支持することなどない。市民たちが自らを道徳的人格にとっての二つの最高次の関心（後述）によって駆動される存在であるとみなすこと、そして、彼らの個別的な善の構想は——その最終的な目的や忠誠対象がどれだけバラバラであろうと——それら目的を前進させるために大まかには同じ基本財を——たとえば、同じ権利、自由および機会、ならびに所得や富といった一定の汎用的手段を——必要とするのだということ、それで十分なのである。私が「適切な要求」と呼ぶこれら財への要求、および個別具体的な正義問題におけるそれら要求のウェイトは、正義の諸原理によって決定されるのである。

2

以上の序論を経て、ここでは、基本財にかんする説明と、公正としての正義で用いられる正義の二原理におけるそれら基本財の役割へと、目を向けることにしよう(3)。その二原理とは以下の通りである。

第一原理：各人が、万人にとっての同様な自由の体系と両立する、もっとも広範にわたる平等な基本的諸自由の体系への、平等な権利をもつ。

第二原理：社会的および経済的な不平等が以下の二つの条件を満たすこと。それら不平等は、(a)社会のもっとも不遇な（the least advantaged）成員の最大の便益となるものでなければならず、また、(b)公正な機会均等という条件のもとですべての人に開かれている公職および地位に伴うものでなければならない。

これらの原理が適用されるのは、私が「社会の基礎構造」と呼ぶものに対して、すなわち社会の主要な諸制度を一つのシステムへとまとめ上げるその方法に対してである。これら諸制度は基底的な権利および義務を割り当てるし、一体的に作用することにより、社会的協同（social cooperation）によって生じる利益の分配に影響を与える。第一原理は第二原理に優先するので、すべての市民が平等な基本的諸自由を保障される。同様に、第二原理の(b)項は(a)項に優先するので、公正な機会均等もまたすべての人に担保される。

第二原理の(a)項は、有利性（advantage）という概念および便益という概念の精緻化を必要とするが、それは、もっとも不遇な人の便益という概念を完全にはっきりとさせるためである。そういった精緻化は、その一般的な形式において、基本財のいくつかに重みを付与することになるだろう。そして、それら財の市民たちによる公正な取り分は、それらの重みを用いた何らかの指数によって特定されるだろう。基本財は、以下五つのような項目で示される。

(a)第一に、任意のリストとして与えられる基本的諸自由。たとえば、思想の自由および良心の自由、結社の自由、人格にとっての自由や統合性（integrity）として定義される自由、法の支配、そして最後に政治的な諸自由

(b)第二に、多様な機会を背景とした、移動の自由および職業選択の自由

(c)第三に、特に政治的および経済的な主要制度における、公職および責任ある地位に伴う権力と特権

(d)第四に、所得と富

(e)最後に、自尊の社会的基盤

第一原理の第二原理に対する、および、第二原理(b)項の(a)項に対する優先性から、秩序だった社会においては、すべての市民が、同じ平等な基本的諸自由をもつとともに、公正な機会均等を享受する。基本財(c)、(d)、(e)における取り分についてのみ、市民たちの間で格差が許容される。この際、一般的なケースでは、これらの財についての指数が必要となる。とはいえ本稿においては、その大部分において、正義の二原理を私がその「もっともシンプルな形式」と呼ぶものとして理解することとしよう。すなわち、第二原理の(a)項（「格差原理」）が命じるのは、平等な基本的諸自由を保障するとともに公正な機会均等を確立する安定した背景的諸制度を所与として、もっとも不遇な人の――所得と富を基準に評価された――人生を通じての期待が可能な限り大きくなるよう、社会の基礎構造がアレンジされること、である。このもっともシンプルな形式は、個人間比較をするための基本財の使用例の一つである。とはいえそれは、(c)と(e)の基本財を無視しており、ゆえに、指数を定義するという問題を回避している。私的所有型民主政かそれとも民主的社会主義かという問題には、基本財(c)、(d)、(e)の重みづけも含まれると考えるなら、格差原理において所得と富だけを使うというのでは、おそらく、この歴史的問題を解決できないだろう。私も時には基本財指数について語ることがあるだろうが、本稿においては、一般的なケースを考えるための指標の問題は考慮しないこととする。(4)このもっともシンプルな形式は、諸々のアイデアを明確にするための例として提示されているのだ。ここでのわれわれの目的――個人間比較問題とはどのように観念されるべきかについての、公正としての正義と功利主義思想の対比に焦点を当てること――にとっては、このもっともシンプルな形式で十分なのである。

基本財にかんするその他いくつかの要点についても、言及しておくべきだろう。第一に、基本財とは、諸制度についての、あるいは諸制度にかんする市民らの状況についての、一定の特徴である。当該の基礎構造が良心の自由あるいは思想の自由を保障するか否かという問題は、基礎構造を構成する諸制度が定義する権利と自由の内容によって、またそれらが実際にどのように解釈され執行されるかによって、決定される。われわれには、市民たちの心理的態度あるいは彼らの相対的な福祉水準を吟味するようなことは求められていない。また、この問題を決定する諸制度の重要部分は公共的な意見によって変えることが出来る。だが、こう述べることは、この問題がときとして回答困難であることを否定するものではない。同じことは、公正な機会均等などというものが存在するのか否か、についてもあてはまる。さらにいえば、所得と富にかんする測度（measures）も容易に作成できるものではないが、かりにそういった測度が得られたとして、市民たちの相対的な位置は原理的には公共的に決定可能な事柄なのである。

第二に、同じ基本財指数がすべての人の社会状況を比較するために使われることとされているが、これにより、この指数が社会的正義の諸問題にかんする個人間比較の公共的基礎を定義することになる。だが基本財は、あらゆる状況における比較のために使われるべきではなく、基礎構造にかんして生じる正義問題においてのみ、使われるべきである。基本財が他種のケースにおいても適切な基礎であるかどうかは完全に別問題なのだ。原初状態における当事者たちは、ある基本財指数が正義の二原理の一部であることを、ゆえに自分たちの合意の一部であることを、これらの原理が採用されるときに、知っている。

第三に、もっとも不遇な人とは、その人生の見通し（prospects）を生涯全体にわたって眺めた場合に基本財指数がもっとも低い人々、として定義される。この定義は暗に、社会的流動性が基本財とはみなされないことを示唆している。この最不遇者集団に生まれ落ちる諸個人は、実際には、自らの状況を改善させる傾向性およびより恵まれた集団へ属するようになる傾向性をある程度もっているのは確かであるが、その傾向性がどうであれ、それはここでの議論とは無関係である。というのも、もっとも不遇な人とは、定義上、その集団に生まれ落ちるとともに、生涯を通じてその集団にとどまる人々なのだから。正義の二原理は、公正な機会均等原理を通じて社会的流動性〔が生じること〕を許容する。〔だが、〕それは基本財指数において考慮されるべき基本財ではない。（機会均等を保障する環境といったものは、いうまでもなく、正義の二原理が一体的に作用することによって確立される背景的正義体系の一部をなす。）

最後に、第一節で述べられたことであるが、秩序だった社会においては、市民たちが正義問題にかんしてどのような要求をなすのが適切なのか、についての公共的理解が存在しなければならない。適切な要求の実現（fulfillment）によって、何が有利性あるもので市民の状況を改善するものであると公共的にみなされるのか、が特定される。正義の二原理によって統制される秩序だった社会において、適切な要求とは特定の基本財への要求のことであり、そういった諸々の要求の相対的重みはこれらの諸原理によって確定される。この際、その諸原理には任意の基本財指数が含まれている。だが、どのような根拠に基づいて基本財が受容されるようになるというのだろう？　あるいは第一節でも問うたように、人々の相対立するうえに通約不可能な諸々の善の構想に鑑みるならば、何が適切な要求であるのかにかんする共通の理解などというものが、いかにして可能なのだろうか？

3

その答えは、公正としての正義にとって根源的（fundamental）な人格構想によって、さらには基本財〔そのもの〕の実践的な性質によって、与えられる。まずはその人格構想について考えよう。正義の構想は、一つの社会的協同システムとみなされる社会の基礎構造に適用されるものなので、われわれは次のように想定することから始めねばならない。すなわち、市民たちは、すべての人にとっての相互便益に資する社会的協同に対して貢献でき、かつ、その〔社会的協同に伴う〕制約を尊重できる、自由で平等な道徳的人格である、と。社会的協同とは、何らかの全体的な集合的目的のために効率的に組織された、たんなる社会的協調行動（coordinated social activity）ではない。むしろそれは、あらゆる参加者が人生の行路全般を通じて受容するよう当然期待されるのがもっとも（reasonable）であるような、そんな公正な協同の条件についての考え方を前提している。それはまた、参加者たちには各人が推進させることを望む多様な最終目的があること、および、それら目的が各個人の善を特定すること、これらを前提している。公正としての正義は、各個人を、相互利益のための社会的協同に参加することのできる、参加することを望む、そんな存在とみなすのである。このように社会の基礎構造に適用される正義構想を定式化するに際して、各個人を、二つの最高次の関心――すなわち、道徳的人格性（moral personality）が備える二つの能力を実現し使用するという関心――によって駆動される道徳的人格、とみなすことからわれわれはスタートするのである。その二つの能力とは、正と正義を知覚する能力（公正な協同の条件を尊重する能力）、および、ある善の構想を決定し、改定し、合理的に追求する能力のことである。道徳的人格というものはまた、あらゆる所与の時点で彼らがもつ自らの確定的な（determinate）善の構想（これは特定の具体的な最終目的および最終願望によって定義される）を推進させることにも高次の（最高次とは区別されるものとして）関心をもっている。要するに、その際、この人格構想はその二つの最高次の関心に最上の統制力を与えるのであり、それゆえに、道徳的人格には互恵的な利益を目指して他の人々と公正な条件で協同する能力と欲望の両方が備わっている、といわれるのである。またこれは、自分の善の追求を、さらには自分が他の人々に対してなす要求を、すべての人が受け入れると理性的に期待できる正義の公共的諸原理にしたがわせるという統制的な欲望をも、暗に示唆しているのだ(5)。

ここでは、基礎構造のための理性的な諸原理を発見するために、各市民は、私が『正義論』で「原初状態」と呼んだものにおける当事者によって代表されると想定する。当事者たちは何らかの正義原理について合意に到達しようとしているわけだが、そんななかでも彼らは自らが代表している人々の指令にしたがっている。これらの指令によって、彼らは、自分が代表している人々のために自らのなしうる最善を尽くすよう導かれているのだが、それも原初状態の制約にしたがう限りにおいてのことである。その制約とは、情報の制限や、当事者たちは対等な立場に置かれているという事実などである。原初状態がこのような設定であると仮定するなら、当事者たちは、選択肢となっている正義の諸原理の間で、それら原理がどの程度確実にすべての市民に基本財を提供してくれるのかに基づいて、決定を下すと想定されるのである。この想定を根拠づけるには、当事者たちが正義の諸原理を基本財に基づいて評価するのが合理的であるのはなぜか、その説明が必要である。(6)

①基本的な諸自由（思想および良心の自由など）は、任意の善の構想を決定し、改定し、合理的に追求する能力を発展・行使するために必要な背景的諸制度である。同様に、これらの諸自由によって、自由な政治的・社会的な諸条件下で正と正義の感覚を発展・行使することが可能になる。

②多様な機会を背景とした移動の自由と職業選択の自由は、諸々の最終目的を追求するために必要であるほか、ある人がそれを望む場合には、そのような最終目的を改定し変更するという決定を実効あらしめるためにも必要である。

③責任ある公職に伴う権力と特権は、多様な自己統治（self-governing）や自己の社交的能力を十全に発揮するために必要である。

④広くそう理解されているように、所得と富は、広範な諸目的——それが何であれ——を直接的または間接的に達成するための（交換価値を有する）汎用的手段である。

⑤自尊の社会的基盤とは、基本的諸制度のなかでも、市民たちが道徳的人格としての自身の価値をはっきりと感じるためには、そして、自らの最高次の関心を実感し、自信をもって自らの目的を前進させることが可能であるためには、通常欠くことのできないものである。

当事者たちが基本財を〔情報基礎として〕頼みとするのが合理的であることを示すには、ひとまず以上の考察で十分なはずだ。これら基本財の順位づけを得るにあたり、原初状態の当事者たちは、道徳的人格としての市民の最高次の関心を、そして、自分たちが各市民の確定的な善の構想を知らないという事実を、参照するのである。二つの道徳的能力を発展させ行使するという最高次の関心は——人間らしい社会生活を送るための通常の必要条件と相俟って——、基本財を選抜（single out）するだけでなく、それら基本財の相対的な重要性をも特定する。このように、第一原理の第二原理に対する、そして第二原理(b)項の(a)項に対する優先性は、この人格構想においての、二つの最高次の関心が有する卓抜した優位性とその二つの関心の間での関係性とを、反映しているのだ。

以上すべてのことについて、特に自由の優先性という問題を含む最後の点について、私がここで提示できた議論よりもっと充実した議論が必要なのは確かである。基本財は道徳的人格にとっての能力を実現するために不可欠な条件であるとともに、十分に広範な諸々の最終目的にとっての汎用的手段である、との言明は、人間の欲求や能力にかんするさまざまな一般的事実を前提している。すなわち、人間のさまざまな発達段階や保育の必要性、諸々の社会的相互依存関係その他多くのことを前提しているのだ。われわれには、合理的な人生プランについて少なくとも大まかな説明をする必要がある。それによって、なぜ人生というものが通常は一定の構造をもつのか、そして、なぜそれら人生プランを形成・改定・実行するために基本財が必要なのかを明らかにする、そんな合理的人生プランの説明である。本稿の目的にかんしては、これらすべてが上手く説明されているのは十分明白だろう。だが注意せねばならないのは、何が基本財とみなされるべきかは、包括的な経験的ないし歴史的調査によって人々が通常あるいは普通に共通してもつことが判明するような最終目的を達成するために不可欠な一般的手段とは何か、を問うことによって決定されるのではないということだ。そんな目的は、存在するとしてもごくわずかだろう。また、それらの手段はある正義構想の目的にとっては役に立たないかもしれない。基本財の説明はそのような歴史的ないし社会的な事実に依拠するものではないのだ。確かに、基本財を決定するには社会生活にかんする一般的な事情や要請についての知識を頼ることになるのだが、それは、前もって与えられるある人格構想を参照するに限ってのことである。

われわれはここにおいて、相対立し通約不可能でさえある市民らの諸々の善の構想にもかかわらず、正義問題においては何が有利性あるものとみなされるのかにかんする公共的理解がいかにして可能になるのか、これについての答えを完成することができる。ここでは、われわれは基本財の実践的な性質に訴える。これによって私がいわんとしているのは、われわれには平等な基本的諸自由の体系を提示することが実際に可能なのだということであり、この基本的諸自由の体系が――当該の政治的立憲体制（the political constitution）の一部として構築され、〔正義の第一義的主題としての〕社会の基礎構造のなかに制度化されるならば――、すべての市民たちに対して彼らの最高次の関心の発展と行使を――特定の汎用的手段がすべての人に公正に保障されるならば――担保するのである。むろん、それがどのようなものかを問わずすべての人に彼らの最終目的を前進させる、などということは、可能でもなければ望ましくもない。一部の人は、他の人々を抑圧することそれ自体を目的として望むかもしれないからだ。それでも、人間としての営み（human endeavor）に値する生き方を保障するための、十分広範な諸目的を許容することはできる。〔とはいえ、〕そのような社会的協同の枠組みは制度化されうるしこの意味で実践的に可能でもあるということは、二つの最高次の関心をもつ存在という人格構想のみから引き出すことはできない。また、諸々の合理的な人生プランを所与として、基本財のような特定の事物が汎用的手段として作用するという事実のみから引き出すこともできない。これら要素の両方が、人生全般を通じた社会的協同の枠組みとして、一つの機能的かつ安定的な基礎構造へとまとめ上げられねばならない。そのようなスキームが構築可能であるということは社会的な経験から示唆されているし、さらには、民主的諸制度の歴史的発展、立憲体制のデザインにかんする原理や可能性に対するわれわれの省察からも示唆されている。

4

ここまでの議論はかなり一般的なものだったので、これより二つの節ではより具体的ないくつかの問題に目を転じることにより、ここまでに述べられたことを精緻化する。秩序だった社会において基本財を使うことに対する異論とみなされるものを考察することから始めよう。われわれが正義の二原理をそのもっとも簡単な形式で採用する――すなわち、格差原理の対象とする基本財が所得と富だけである――場合、格差原理は理性的でも正義に適うものでもありえない、といわれるだろう。一部の主張では、これは二つの例――すなわち、医療と保健にかんする特別なニーズ、および、個人間での選好の多様性――によって証明される[7]。経済学者たちの効用関数はこの種のケースを扱うためにデザインされている。そして、格差原理が所得と富のみに依拠する場合、格差原理には市民たちの多様なニーズと選好に対して理性的かつ正義に適った特別手当（allowance）を与えることができない、とその異論は続く。

保健医療にかんする特別なニーズのケースについてはとりあえず譲歩しておくに越したことはない。私はこの難問は本稿では措くこととし、すべての市民が一定の身体的および精神的な能力を備えているものと仮定する。私がそう仮定するのは、正義の第一義的問題とは、その人生全般にわたってノーマルに活動的で、かつ完全に協同する社会の成員であるところの市民たちの関係性についてのものだからである。おそらく、そのような市民たちのノーマルな保健医療ニーズに充てられる社会資源は、既存の社会的諸条件と病気や事故の頻度にかんする理性的な期待を参照しつつ立法段階において決定できることとなのだろう。この〔ノーマルな〕ケースに対する何らかの解法が導出されうるなら、それは諸々のハード・ケースにも拡張可能であるかもしれない。このようなハード・ケースで解法を導出しえないのであれば、基本財というアイデアは廃棄されねばならないのかもしれない。だが重要なのは、ある正義の構想はすべてのケースに適用される少数の普遍原理に依拠する必要はない、ということだ。必要なのは、原初状態の観点から、あるいは別の適切な段階における観点から、あらゆる種類の諸原理が一つの一貫した熟議の枠組みに統合されうる、ということなのだ[8]。

二番目の異論〔人々の選好の多様性〕は、ここでのわれわれの目的にとって重要である。二人の個人を想像しよう。一方はミルクとパンと豆の食事で満足するのに対して、他方は高価なワインと目新しい料理がないと我慢ならない。要するに、一方は高価な嗜好をもつが他方はそうではない。この異論の主張はこうだ。もし正義の二原理が（ここで私がそうしているように）そのもっとも簡単な形式で解釈されるなら、平等な所得によって両者は同程度に満たされるといわねばならなくなる。だが、端的にそれは真ではない。せいぜいのところ、市民たちの所得と富は彼らの満足水準を大まかに示すものにすぎないし、指数はなおいっそう正確なものとはなりえない。より重要なこととして、それは多くの場合不正確すぎて公正なものとなりえない。〔この異論に対する〕応答は、市民たちは道徳的人格として、自らの最終目的や選好の形成と涵養にあたって、何らかの責任（part）をもっている、というものだ。基本財では高価な嗜好を有する人々に配慮できない、という事実はそれ自体では、基本財を使うことに対する異論にはならない。ある人はさらに、そのような諸個人に対して自らの選好に対して責任を負わせること、できる範囲で最善にやっていけと要求することは、不正義でないまでも、理に適ってはいない、と主張するかもしれない。だがこのように主張することは、市民たちの選好というものは——性癖（propensities）や渇望（cravings）が端的にそうであるように——彼らの制御を超えたものである、と前提することのように思える。市民たちを受動的な欲求保有者とみなしているかのようである。それに対して、基本財を使うことは、自身の目的に対する責任を引き受ける能力を信頼することなのだ。この能力は、善の構想を形成し、改定し、合理的に追求する道徳的能力の一部である。このように、われわれが論じているケースにおいて、正義の諸原理は市民たちを自らの目的に責任をもつ存在とみなす、ということが公共的に知られているのだ。それゆえ、あらゆる具体的状況において、あまり高価でない嗜好をもつ人々は、おそらく、その人生を通じて、自らの好き嫌いを自分が理性的に期待できる所得と富へと適応させてきたのである。そして、〔より高価な嗜好をもつ〕他の人々を自身の偏見と自己規律の欠如による帰結から救ってやるために、高価でない嗜好をもつ人々はこれからもより少なくしかもってはならない、とするのは不公正であろう。

とはいえ、自らの目的に対して市民たちに責任を負わせるという理念が適切なのは、一定の想定のうえでのみのことだ。(9) 第一に、市民たちは自らの基本財にかんする見込みに応じてその目的と選好を規制し改定することができる、と想定されねばならない。この想定は、彼らを道徳的人格とみなすにあたってわれわれが市民たちに帰属させた能力に暗に含まれている。だがこの想定はそれ単独では十分ではない。また第二に、われわれは、公共的に適用可能な、そして出来れば容易に適用可能な、個人間比較のための実行可能な基準を見つけねばならない。そこでわれわれは、上述のように、いかにして基本財が道徳的人格の最高次の関心と結びつくのかを、それら基本財は現実に正義問題にとっての実行可能な公共的基準である、というかたちで示そうとしているわけなのだ。最後に、基本財が〔正義問題において〕有効に使われるには、これら二つの想定の基盤にある人格構想が、少なくとも暗黙には、公共的な正義の諸原理を基礎づける理念として受け入れられている、ということも前提される。さもなければ、市民たちは、ここで求められている意味での責任を進んで受け入れはしないだろう。

以上のように、市民たちが受け取る基本財の取り分は、彼らの心理的福祉の測度となることを期待されているわけではない。基本財に依拠するなかで、公正としての正義は、正義問題において満足を比較し最大化するという考え方を拒絶しているのである。また公正としての正義は、諸個人が自らの目的を推進することにどの程度成功しているかを評価しようとするものでもなければ、（それらが正義の諸原理と両立する場合において）それら目的の特性（merit）を評価しようとするものでもないのである。基本財指数が効用関数の目的の一部に資することがあるとしても、基本的な理念が異なる。すなわち、基本財とは、社会的な背景条件であるとともに、何らかの善の構想を形成し合理的に追求するために一般的に必要とされる汎用的手段なのである。正義の諸原理とは、すべての市民に対して、これら条件の平等な保護とそれへのアクセスを保障するとともに、各市民に対して必須の汎用的手段を公平に与えるためのものなのだ。要するに、ひとたび何らかの基本財指数が正義の二原理の一部となれば、その指数を伴ったこれらの原理を適用することで、社会資源に対する市民の適切な要求とはどのようなものか、を定義することが可能になるというわけである。結果として生じる各人の取り分は、適正な省察に基づく社会の正義感覚と釣り合ったものでなければならないわけだが、いうまでもなく、この釣り合いは完璧なものである必要はなく、自発的な社会的協同を維持するために、正義問題において十分な意見の収束が達成されるに足るくらいに近似していればそれでよいのである。(10) このように基本財は、すべての人が受け入れることのできる公共的基準を提示することに役立つのである。他方で、市民たちがそれぞれ対立する善の構想をもつという正義の環境（circumstances of justice）を所与とするなら、たとえば人生プランを遂行することの成功として定義される各人の幸福をどのように比較するべきかにかんして、いかなる実践的合意もありえないし、ましてや、それらプランの内在的価値をどのように評価すべきかにかんしても、実践的合意などまったくありえない。正義の問題において何が有利性あるもの――つまり、妥当な個人間比較において、ある個人を別の個人より恵まれた境遇にするもの――とみなされるべきかを公共的に理解するための使い勝手の良い基準は、私の信じるところ、基本財ないしそれに類似した何らかの概念に基づかねばならないのである。

5

以上の基本財にかんする説明は、正義問題で個人間比較をする際にそれらを使うことが、道徳的な人格構想に依拠していることを、そして、秩序だった社会における公共的な正義構想と結びついていることを、示すものであった。この正義構想には、責任の社会的分担とでも呼ぶべきものが含まれている。社会――すなわち一つの集合的主体としての市民――は、平等な基本的諸自由と公正な機会均等を維持することについての、また、それ以外の基本財の十分な取り分をこの枠組みの内部にいるすべての人に提供することについての、責任を引き受ける。それに対して、（個人としての）各市民および各結社は、その現在および予見可能な状況を所与として、自らに期待できる汎用的手段に応じて自らの目的や願望を改定し調整する責任を引き受ける。この責任の分担は、各個人の能力――すなわち自らの目的についての責任を引き受け、彼らが社会的諸制度に対してなす要求を基本財の使用に応じて調整する能力――に依拠している。市民たちの自由、機会、汎用的手段に対する要求は、他の市民たちの理不尽な要求からは保護されるのである。

こうしてわれわれは、自由で平等な人格としての市民たちは自らの人生をつかさどる自由を有し、各市民は自らの善の構想を自分の期待できる基本財の取り分に適合させる、という考え方にたどり着く。人生プランに対して課される制限は、それらを実現することが公共的な正義の諸原理と矛盾しないこと、そして、要求は特定の種類の事物（基本財）についてのみ、それも正義の諸原理によって許容される方法でのみ、通すことができること、これだけである。これが暗に意味するのは、特定の目標に対する強い感情や熱望は、それ自体では、社会資源に対する要求、あるいはそれらの目標を達成できるよう公共的諸制度をデザインせよという要求を人々に与えるものではない、ということだ。欲求や欲望といったものは、どれだけ強かろうと、正義が問題になっている際にはそれ自体では理由とならない。われわれが何らかの抗しがたい欲求をもっているという事実は、それを満たすことが適切であることを論証するものではなく、それは、信念の強さがその真なることを論証しないのと同断である。何らかの基本財指数と組み合わされることで、正義の諸原理は正義の理由を浮動的な欲求や欲望の満ち引きから切り離すだけでなく、長続きする情緒やコミットメントからさえも切り離すのである。これが重要であることは、宗教的寛容が例証している。宗教的寛容は、他人の宗教的な信仰や実践に反対してしまえるような信念の強さに対して、何らの重要性も与えることはない[11]。

正義の諸原理は、その善の構想にかんしてすべての市民を平等に扱う。すべての市民が同じ基本的諸自由をもつとともに公正な機会均等を享受する。またそれ以外の基本財の分配については、一部の人がより多くもつことができるのは、より少なくしかもてない人々の状況を改善するようなかたちで彼らがより多く獲得する場合に限られる、という原理に則る。そのうえ、（正義と両立する）あらゆる善の構想は同程度に価値があるとされるのだが、それは、それを参照することですべての構想が等しいと判明するような、内在的価値ないし満足にかんする合意された公共的測度が存在するという意味においてではなく、それらの構想を社会的観点から評価することはしないという意味においてである。正義の二原理を説明し導出する際に本稿の人格構想が果たしている役割ゆえに、われわれは次のように述べることができる。すなわち、これらの原理こそが社会的協同の公正なスキーム――そこにおいて市民たちは自由で平等な道徳的人格とみなされる――を定義するのである、と。

結論を出す前に、正義問題における適切な要求（appropriate claims in questions of justice）という概念について、いくつかいっておかねばならない。第一に注意せねばならないのは、公正としての正義が、基本財に依拠することによって、正義問題にとって妥当なのは特定の種類の考慮事項のみであると主張している点である。その理由は、個人間比較というものはさまざまな文脈において、かつさまざまな理由のために為されるからである。それぞれの文脈は、そこで考慮されている適切な目的に照らしてそれぞれの妥当な考慮事項をもつ。〔たとえば、〕われわれは誕生日には、愛情を表現するために、〔相手が〕欲しているとあるいは〔相手を〕喜ばせるであろうと思うモノを贈る。この際われわれの贈り物は、親密圏での知識と共有してきた体験に照らして選択される。だが、医者が患者の状態を評価したり教師が生徒を判断したりする際には、それとはまったく異なる基準で、かつ、明確に彼らの役割とされるものの観点から、なされることが期待される。つまり医者とは、自分の患者の医療ニーズ――彼らを良好な健康状態へと回復させるためには何が必要か、また、彼らの治療はどの程度緊要か――を考えるものである。対して、教師が自らの生徒を最善に指導し奮起させるにはどうすべきかを決定する際には、学ぼうとするひたむきな努力という意味での功績（desert）が妥当であると考えられるだろう。このように妥当な考慮事項というものは、あるケースがどのように理解されるかに左右される。

さて、たった今言及した三種類の考慮事項（欲求、ニーズ、功績にかんする考慮事項）のように、適切な要求を基本財への要求に限定するという考え方は、正義問題にとっては一定のニーズのみが妥当であるとみなすに等しい。それは、基本財とはそれぞれの（許容可能かつ確定的な）善の構想を推進しようとする自由で平等な道徳的人格としての市民たちが一般的に要求ないし必要とする事物である、という説明である。彼らが何を必要とするかを決定するものこそ、そのような人格としての市民、さらには人生全般を通じてノーマルに協同する社会成員としての市民、という市民構想なのである。ニーズ概念は常に、何らかの人格構想ないしは人格の役割や地位にかんする構想に相関的であるから、自由で平等な道徳的人格としての市民の要請ないしニーズは、患者や生徒のニーズとは異なる。また、ニーズは欲求や願い、好みとも異なる。市民的ニーズは――欲求はそうではないという意味で――客観的である。すなわち、市民のニーズとは、最高次の関心を備え一定の社会的な役割と地位を有する諸個人の要請を表現するものなのである。これらの要請が満たされない場合、諸個人はその役割ないし地位を維持することができないか、あるいは、その本質的な目的を達成することができないのである。とある市民による、あるものがニーズであるとする要求は、それが〔市民としての〕要請でない場合には、拒絶されてよいのである。このように、社会の成員たちを自由で平等な道徳的人格とみなすに際して、われわれは彼らに特定の要請、すなわち特定のニーズを帰属しているのだ。そしてこのニーズこそが、これら要請の性質と合理的な人生プランの形式を所与として、正義問題における適切な要求を定義するに際して基本財がどのように使われうるか、それを説明するのだ。要するに、その人格構想とその基本財概念とが、端的に、ある正義構想にとっての特別な種類のニーズを定義づけるのである。欲求や願望と同じく、他のいかなる意味のニーズも〔ここでは〕何の役割も演じないのである。

とはいえ、適切な要求を基本財に限定することが特定のニーズのみを妥当なものとみなすことに等しいのであれば、正義が要求しなければならないのは、ニーズに応じたこれらの分配であるように思われる。さらに、自由で平等な道徳的人格としての市民たちのそれぞれの要請は、それぞれに平等なものと考えられるので、唯一の正義の原理はすべての基本財の平等分配ではないのだろうか？　ここでこの問題を論じることはできないので、ただ次のようにだけ述べておこう。原初状態の当事者たちが、自分の代表している諸個人には基本財が必要であることを知っているとしても、諸個人の代表者としての当事者がそのような厳格な平等原理に合意するのが合理的であるとは限らない。正義の二原理は、社会の基礎構造における社会的および経済的な不平等を、長期的に見てそれらの不平等がもっとも不遇な市民たちにとって最大の便益として働くよう、規制するものである。これら正義の二原理は、より合理的な一つの合意を表現しているのである。またそれらはある種の平等性を表現するものでもあり、ゆえに基本財の平等分配は比較のベンチマークとなるのだ(12)。

6

コルムはモノグラフ「正義と衡平性」において、正義問題における個人間比較は何らかの種類の選好の同一性（identity of preference）に依拠するとの洞察を示している。彼がいうには、そこで必要とされる同一性は二つの方法で達成可能である[13]。第一の方法は、考慮されるべき選好を、社会の全成員がより多く欲すると推定される少数の事物に限定すること、あるいはより一般的に、すべての人がより多く欲すると推定される事物バンドルを測定するような指標によって記述される選好に限定すること、である[i]。基本財に依拠するというのはこの第一の方法の一例である。選好の同一性に到達する第二の方法を、コルムは以下のように説明している[14]。

その根底において、あらゆる個人は同じ嗜好、同じ欲求を有している。いうまでもなく、この主張は説明を要する。もし二人の個人がそれぞれ、一見では異なる選好をもっているとしたら、それには理由がある。すなわち、彼らを互いに異ならしめる何事かがあるのだ。この「何事か」をわれわれが考察している選好対象（*the object of the preferences*）のなかに位置づけてみよう。そうすることで、それら選好の構造を決定するパラメーターからそれを除去するのである。このようなかたちで定義される二人の個人の選好は、必然的に同じである。

コルムは加えて次のようにいう。

われわれはこの操作をあらゆる社会の事例で実行してよいのかもしれない。すなわち、社会の成員たちの選好に差異を生じさせるであろうあらゆるものを選好対象のなかに含めてしまうという操作である。このような方法で得られる、この社会のあらゆる成員にとって同一の選好は、この社会の成員たちの「根源的選好（fundamental preference）」と呼ばれる。それは、この社会の「代表的個人」の嗜好とニーズを記述する性質である。

この社会がすべての人間を含む場合、この共通の選好を識別しているのは、その実、「人間本性」であるということになる。

コルムが当該社会の「根源的選好」と呼ぶものを「最高次の共通選好（shared highest-order preference）」と呼称しよう。正義と衡平性にかんするコルムの説明は、個人間比較をこの概念に基づかせるものなのだ。

個人間比較はいかにしてこの最高次の共通選好という概念に基づくとみなされるのか、これを明らかにするため、「水準比較可能な序数功利主義の原理（principle of co-ordinal utilitarianism）」と私が呼ぶ原理に規制される秩序だった社会において個人間比較がどのようになされるかを素描する。そのような社会では、何が公共的に有利性あるものなのかについても、その原理に応じたものに改定されねばならない。正義の二原理に規制される秩序だった社会と水準比較可能な序数功利主義（co-ordinal utilitarianism）に規制される秩序だった社会との対比は、この見解（水準比較可能な序数功利主義）と公正としての正義の間に存在する分断を明らかにする。それは社会統合を構想する方法に起因する分断である。私が思うに、ほぼ同じ分断が公正としての正義と古典的功利主義との間でも得られる。というのも、この分断は、唯一の合理的な善（the one rational good）にかんするドクトリンの分岐から生じているからだ。[15] 水準比較可能な序数功利主義を説明するに際して、アローの定式化——これはコルムによる最高次の共通選好という考え方を含むものである——に倣うこととする。とはいえ、後述するように（第七節）、水準比較可能な序数功利主義はアローが受け入れた見解ではないことに注意せねばならない。

水準比較可能な序数功利主義は次のように定義される。[16] それは古典的功利主義と本質的に同じ善の構想を有しており、ゆえに、唯一の合理的な善とは、欲求ないし選好を満足させること、あるいはもっと一般的にいえば、もっとも合理的な欲求・選好順序の満足のことである。水準比較可能な序数功利主義が古典的功利主義と異なるのは、満足にかんする基数的な個人間比較を否定し、序数的な比較のみに、あるいはより正確にいうなら、異なる諸個人の満足水準ないし福祉水準の部分的な序数比較に、依拠するところである。これが意味するのは、われわれには、二人の個人が同程度に裕福であるか否か、あるいは、一方が他方より裕福であるか否か、これらを確認することはできるが、各人の満足水準間の格差は何か意味のある数的測度ではない、ということだ。それらの水準は、より大きいとかより小さいといった順序づけがなされるだけなのだ。個人間比較が水準比較可能な序数比較であるというのは、異なる諸個人の福祉水準を比較するときの判断が、それらの水準に付される数字（各水準の順序を示すだけの意味しかない数字）が同一の単調（常に増加する）関数によって変換される場合は常に、影響を受けないという意味においてである。（別の表現をするなら、同一の単調関数が、個人間比較〔にかんする判断〕のいずれをも変化させることなしに、すべての人の効用関数に適用されうる。）個人間比較にかんするこのような解釈に鑑みるなら、水準比較可能な序数功利主義に対応する秩序だった社会における正義原理とは、水準比較可能な序数効用（co-ordinal utility）を最大化するという原理である。

ここで、市民たちがこの秩序だった社会においてどのように正義問題にとって必要な個人間比較を行うと想定されるのか、素描しよう。アローに倣い、市民たちの判断は以下のように表現されるものとする。ある人の全体的な満足に影響すると思われるすべてのものがベクトル v で表現される。このベクトルを二つの構成要素ベクトル x、y に分割する。ベクトル y には、個人間比較に影響する個人のあらゆる属性の項目――すなわち、最終目的や欲求および選好に加えて、自然的な賦存（endowments）と能力、さまざまな分別をする能力や実現済みのスキル――、および、われわれの善に影響するあらゆる要素、が含まれる。（だが、彼らの正および正義にかんする感覚や、彼らの道徳感情全般を規定する側面は除外せねばならない。というのも、功利主義のドクトリンにおいては、善は正――これは善の最大化として定義される――に先行するとともにそれから独立であるからだ。[17]）ベクトル x はある個人の状況を記述する事物のリストであり、財や物的資産、あらゆる種類の有形資産だけでなく、ある人の状況にかんする社会的な側面、たとえば、ある個人の権利や自由、機会までもが含まれる。一般的に、財や社会特性は移転可能ないし互換可能であるのに対して、能力や賦存、欲求や態度などはそうではないが、この区別は必ずしも明白かつ判然としたものではない。〔とはいえ、〕基本的発想としては、ベクトル y の諸項目が当該個人を性格づけるということだ。これら比較のベースとなる項目は長期的には変化ないし変更されうるものの、通常の意味において移転ないし互換されることは不可能である。このような二種類の比較ベースという大まかな区分を所与として、個人間比較をする際のあらゆる市民たちの判断とマッチする関数が存在すると仮定し、それを以下のように書く。

$$w = u\ (x, y)$$

このとき、x と y は上述したような意味をもつ。u は効用関数、w は当該個人の全体状況を考慮したうえでの全体的な満足という広い意味での福祉と考えることができる(18)。

アローの提案にしたがい、市民たちは同感的自己同一化（sympathetic identification）の拡張によってそれらの判断を下すことができるものと想定しよう(19)。われわれには、別の個人の状況にいる自分というものを想像することが、さらには、自らの状況にいる自分自身であることが、その別の個人の状況にいるその人であることよりも（われわれの判断のなかで）善いか否かという問いに答えることが、少なくとも限定的には、間違いなく可能である。つまり、われわれが裕福であるのに対して他の人々は貧困であるとしたら、貧しい方の誰かが追加的に一ドルを受け取ることは、われわれのなかの誰かが受け取るよりも善い、という判断に容易に達するだろう。ベクトル x と y に入るあらゆる項目が u の値 w に影響を与える。このように、関数 u――これは市民たちの判断とマッチする――とは、同感的自己同一化という考え方を、個人の全体状況のうちのあらゆる重要な側面をカバーするよう拡張（ないし一般化）するものである。（むろん、u が各市民すべてに適用され、すべての人の判断と適合するという事実からは、すべての人が同じ福祉をもつことにはならない。市民たちはそれぞれに異なる特性 y をもち、それぞれに異なる財 x を保有するのだから。)

同感的自己同一化の一般化は次のようなかたちで考えることができる。[20] われわれの想定では、諸々の個人や結社が行う選択は二つの要素――彼らの選好順序と利用可能な他の選択肢(実行可能集合)――によって決定される。選好順序は、問題となっている主体に帰属するものであるとともに前もって与えられていると、それゆえ複数の選択状況をまたいで比較的安定していると、考えられる。このように、選好順序は、不特定多数のありうる状況についての選択を特定するものであり、それらありうる状況の多くは純粋に仮想的なものであるだろう。つまり、病気であるとか、相対的に貧乏であるとか、あるいは他の人々より教育水準が低いといった人々は、たとえ彼らがそうなるという見込みがまったくない場合であっても、健康であるとか、より裕福であるとか、あるいはより教育水準が高いといったことを選好する、とされるだろう。〔現実には〕彼らは、治療法のわかっていない病気にかかっているかもしれないし、より裕福になるとかより良い教育を受けられるようになるといった望みが皆無な状況におかれているかもしれない。われわれはまた、自らの最終目的やニーズの一部が〔実際のそれとは〕異なっていたとしても、さらに、自らの賦存や能力のいくつかが何らかのかたちで変更されたとしても、自らが何を選好するかは、往々にして、わかるものなのである。関数 u はこういった判断に含まれているアイデアを一般化しているのだ。すなわちそれは、ありうる選択肢のすべてをカバーするのであり、ある個人の状況にかんして満足に影響しうるあらゆる特性を一度で包含するような選択肢さえもそうなのである。

さて、すでに述べたように、あらゆる秩序だった社会においては、正義問題において何が公共的に有利性あるものなのかにかんする一つの共通理解が、つまりは、正義問題が争点となる際に市民たちは何をもって境遇が改善した(better off)とされるのかについての一つの理解が、存在する。功利主義の特徴とは、欲求ないし選好の満足としての善の構想である。その際、この善の構想が要求するものとしての関数 u は完全に包括的である。すなわち、それはある人の福祉に影響を与えうるすべてのものを考慮に入れるのであり、ある個人の善を表現するものなのだ。それは、基本財に典型的にみられるような、市民たちの状況にかんする客観的特性の限定的リストにとどまるものではない。[21]

だが、公共的な正義原理が水準比較可能な序数効用（これは u によって定義される）を最大化することであるような秩序だった社会において、この関数 u こそが市民たちの個人間比較を表現するためのものであるのなら、この関数は何が公共的に有利性あるものなのかについての各市民の判断とマッチしなければならない。これは u が二つの条件を満たさねばならないことを意味する。第一に、各市民が構成要素 x と y を有するベクトルすべてを順位づけすることができるうえに、それらの順位づけすべてが一致すること、である。第二に、あらゆる二人の個人について、財 x_1 と属性 y_1 を有する個人1の方が、財 x_2 と属性 y_2 を有する個人2よりも、指数 w において高いとしたら（すなわち、$u(x_1, y_1) > u(x_2, y_2)$ であるとしたら）、個人1と個人2を含むすべての市民が前者の全体状況を後者の全体状況よりも有利性ありとみなすこと、である。すべての人が、ある共通の有利性概念を、個人の全体状況に適用されるものとして共有している。なぜなら、構成要素ベクトル x と y は福祉に影響を与えるとされるすべてのものをカバーするからだ。こうして、y が固定されている場合、すべての市民が x を変化させることによって u を最大化しようとする。また、x が固定されている場合、すべての市民が y を変化させることによって（すなわち、自らの欲求や実現された能力、特性などを可能な範囲で変化させることによって）、u を最大化しようとする。上述した個人1と個人2の比較では、すべての人（個人1と2を含む）が、個人2の全体状況よりも個人1のそれになることを望む。またこの意味で、すべての市民が、個人1の最終目的と個人的特徴を完璧に備えた個人1になることを望む。

関数 u のこれら二つの特性に鑑みて、私はそれを——コルムの用語をもじって——「最高次の共通選好関数（shared highest-order preference function）」と呼ぶことにする。それは、実質的には、すべての市民に共通した最高次の選好となるものにマッチする。市民たちは、u によって定義される序列においてより高く順位づけされる個人的全体状況を達成するためには、自らの最終目的や欲求を調整し改定することや、自らの個人的特徴を修正すること、自らの実現された能力を形成し直すことなどが自分にとって合理的であるのか、それをまさにこの最高次の選好に基づいて考えるのである。この秩序だった社会で、正義問題における個人間比較を可能にするものとは、何が有利性あるものなのかにかんする公共的理解に加えて、関数uによって表現されるこの最高次の共通選好なのである。水準比較可能な序数効用原理によって統制される秩序だった社会の社会統合を支えているのは、まさにこの最高次の共通選好である。市民たちは、そのただ一つの合理的な善〔最高次の共通選好〕について意見が一致しているのであり、翻って、社会がこの善を可能な限り前進させることが正であり正義であると信じているのだ。

7

最高次の共通選好関数という考え方は、公正としての正義における秩序だった社会の構想とは端的に相容れない。というのも、正義の環境において、市民たちの善の構想は相対立するだけでなく通約不可能でもあるとされるからだ。それらの構想が通約不可能であるのは、諸個人が、自らの道徳的能力の発展と行使という二つの最高次の関心によってだけでなく、何らかの確定的（determinate）な善の構想――すなわち、ある既定の最終目的と願望、および個別具体的な愛着と忠誠対象、等々によって定義される一つの構想――によっても、動機づけられる存在とされているからだ。市民たちは、他の人々の全体状況や自分とは異なる生き方を、彼ら独自の善の構想という彼ら特有の見地――これは当該最終目的の内容と個別具体的な忠誠対象によって定義される――から評価しなければならない。だから、それに基づいて諸個人の全体状況についての共有された評価を形成できるような最高次の共通選好が、公正としての正義の秩序だった社会には存在しないのである。ここで、二つに分断されたある社会を想像しよう。その社会の成員たちは多様にして相対立する諸々の生き方を肯定している。複雑さ[22]を避けるため、それらの生き方は正義の諸原理とは両立可能である、すなわち、正義の諸原理を侵害することなく推進させることが可能である、と仮定しよう。当該社会の一方の集団は、特定の美的価値観と自然に対する瞑想的態度を――温和さの徳および自然的事物に対する善良な管理者の責任（beneficient stewardship）と絡めて――肯定している。他方の集団は、自己規律の価値を肯定するとともに、他者との競争と対抗のなかで達成される冒険的なリスクと興奮を楽しむ。私の想定では、一方の集団にいる人々は別の集団の生き方を、軽蔑とまではいかなくても、嫌悪と反感をもって見るだろう。これらの善の構想は通約不可能である。というのも、彼らの最終目的および熱望はあまりにかけ離れており、その具体的内容はあまりに異なっているので、判断のための共通の基盤を一つとして打ち立てられないからだ。そこには、秩序だった功利主義的社会において見られたような、それに照らせばすべての人の全体状況が順序づけできる、そんな最高次の共通選好関数など存在しない。そのようなわけで、先ほど想像したような〔通約不可能な善の構想が並存する〕社会においては、社会統合が保障されるのは――そもそもそれが実際に保障されうるとして――何らかの公共的な正義の諸原理に対する忠誠によってなのである。社会統合がもつ基盤は、現に存在する諸々の善の構想が、その社会の公共的な正義構想とどの程度の一貫性をもっていて、それをどの程度強く支持するのか、に応じてその強固さが変わる。とはいえ、この最後の点は、ある正義構想の安定性という重要な問題へとつながるが、ここでそれを追求することはできない。その代わりに、最高次の共通選好関数という概念について、さらにコメントしておこう。

私はこの概念を表現するためにアローの定式化を使ったわけだが、彼は自分の定式化がわれわれを不安がらせるような結末をもたらすと考える。彼は次のように書いている。(23)

個人というものを特定された資質［yに入る諸項目］のリストに還元してしまうことは、深い意味での彼の個体性（individuality）を否定することである。私には理路整然と述べられないし擁護できる確信もない、そんなある意味において、各個人の自律性――諸個人間の通約不可能性の一要素――は、個人間比較の可能性によって否定されるように思われるのだ。何らかの正義の理論の基盤を探りたいという思いが私にはあるのだが、この感情こそが、純粋な序数主義から転向することを私に躊躇わせるのだ。

個人を何らかの資質リストに還元してしまうことが何か間違っているという点には同意するが、アローの躊躇の理由は、功利主義的な秩序だった社会の成員としての人格がもつ特性に留意すれば、もっとはっきりするように思える。第一に、最高次の共通選好関数という概念が暗に示唆するのは、諸個人は自らのコミットする確定的な善の構想を何ひとつとしてもたないこと、自らの欲求や能力を、関数 u によって定義される公共的順位づけにおいて可能な限り高い順位を求める際に調整されるべき特性とみなすこと、である。それゆえ、アローが諸個人の個体性が否定されていると述べるのは自然なことである。そこでの善の構想はすべて、何が望ましいのかにかんする最高次の共通選好を通じて、公共的に通約可能なのである。それゆえ、この重要な意味において、諸個人の独自性が失われるのだ。［そこでは、］個人であれ結社であれそれらは皆、真に彼らのものといえるような善の構想および如何に生きるべきかという構想にこれまでたどり着いたこともなければ、それを新たに作り上げることもないのである。(24)

このような個体性の喪失が示唆するのは、最高次の共通選好という概念が諸個人を「抜き身の個人（bare persons）」(25)とでも呼ぶべきものとして定義するということだ。そのような諸個人は、そうすることがより大きな全体的満足ないし全体的福祉――これは公共的順位づけで特定される――を約束してくれるなら、それがどんなものであれ新たな信念や目的を考えたり、愛着や忠誠を捨てたりすることさえも、進んで行うのだ。最高次の共通選好という概念に伏在する抜き身の個人という概念が表現するのは、人格や各人の個別的な最終目的および採用された（あるいは是認された）諸価値――これが、それぞれに異なる（そして通約不可能な）諸々の善の構想がもつ独自の観点を定義する――への献身を表現する人生を送る存在としての個人の消滅である。私が思うに、このような人格構想が心理学的に意味をなすのは、個人の合理的判断にかんする説明の基礎として、快楽主義的な善の説明を――シジウィックがそうしたように――受け入れる場合に限られる。そのような判断がどのように形成されるのかにかんする快楽主義の見方に立つなら、必要となる個人間比較をするために同感的自己同一化の手続きを一般化する際、合理的個人がどのように事を運ぼうとするかを、少なくとも言葉で記述することが可能である。すなわち、彼らは自らにこう問おうとするのである。認識可能で合意可能な何らかの感情として理解される満足の純収支をもっとも高くしてくれるのは、いずれの全体状況だろうか、と。これらの問題をここでは深掘りしない。功利主義と公正としての正義との対比を明らかにするには、最高次の共通選好という概念と抜き身の個人という概念で十分だからだ。(26)

アローは、その記述において、個人の自律性（autonomy）の喪失と個体性（individuality）の喪失を区別していないように思える。確かに、個体性とはある意味での自律性である。だがカント的見解において自律性は、自由で平等な道徳的人格としての人格構想の一部として、さらなる意味をもっている。公正としての正義において、この概念は原初状態で表現されているし、それゆえにこの概念は、正義の諸原理の内容を説明するに際して使われる。また、それらの原理が、この人格構想が支持されている秩序だった社会の市民たちにどのように正当化されうるかを説明するに際しても使われるのだ。水準比較可能な序数功利主義（および功利主義一般）は、満足への能力という観点で諸個人を見ることからスタートする。そのうえで正義の問題とは、最大の福祉総計を生み出すために満足の手段をどのように配分すべきか、であると解釈するのだ。このような考え方は、所与の目的をもっとも効率的に前進させるために希少な資源をどのように分配すべきかにかんする研究として自らをみなす、根深い経済学観とぴったり合致する。むろん、これらはすべて、よく知られたことである。あまり知られていないのは、自由で平等な道徳的人格という構想に伴う意味での自律性の概念が、そのようなドクトリンにおいては、功利主義的な正義原理の内容を導出するに際して何の役割も演じないということだ。公正としての正義において原初状態という発想を定式化する一つの理由は、正義の諸原理を決定するに際して自由で平等な存在としての人格構想が演じる役割を、できる限りわかりやすくモデル化するためである。(27)

功利主義的な善の構想の主観的性質は、たった一つの合理的善という考え方を、現代の世俗的かつ多元的な民主社会の制度的要請に適合させる一つの方法と見ることが出来るのかもしれない。そのような社会の市民たちは、〔現に、〕相異なり相対立する多数の最終目的を追求しているし、憲法上の諸自由が多様な生き方の存在を保護している。

そこで功利主義者はこう主張するだろう。すなわち、基礎的諸制度によって促進されるべき唯一の合理的善という公共的構想は、既定の目的と熱望を備えた確定的な構想として理解されてはならない、と。たとえば、この唯一の善が完成主義的なものであり、それゆえに当該社会が真理・美・人間的完成といった価値についての任意の公的解釈を推進することを目的にその基礎的諸制度をアレンジする場合、それらの諸制度が民主的なものであると期待する理由はまったくない。これは、その唯一の価値が何らかの宗教的救済にかんする構想である場合に、いっそう明白になる。そのようなわけで、民主的社会においては、唯一の善は主観的なものとして、つまりは欲求ないし選好の満足として、観念されねばならないのだ。

ここで、現行の社会的諸条件下でこの主観的善を最大化するのは民主的な政治的・社会的諸制度であると信じられている、と仮定しよう。また、それらの諸条件は多かれ少なかれ安定的であり、近い将来に大きく変わる公算は小さいと仮定しよう。このとき、この主観的な唯一の合理的善を最大化するという原理は、民主的社会にとって適合的な正義原理であるように映るだろう。カント的見解は、本稿ですでに述べたことから明らかないくつかの理由により、この唯一の合理的善の〔民主的文脈への〕適合を受容することが出来ない。第一に、唯一の善にかんするこの主観的見解は抜き身の個人という概念に依拠している。そしてその〔抜き身の個人の〕自我は、正義の構想の一部としての人格構想に合致する先行的なモラル構造を何らもたないとされるのだ。第二に、功利主義は独立かつ先行的な善の構想から出発するので、諸々の目的――これを通じて満足が達成される――に対して正や正義に依拠する制限が課せられることはない。目的に対する制限は、諸制度を――それら諸制度が所与の状況下で最大の善を生み出すはずのものである場合に――デザインするために必要なことからしか生じない。だが、人々の欲求や選好のパターンが、平等な基本的自由を保障しても最大限の満足を達成しないようになっている、そんな現実的社会状況を記述することは十分容易である。それゆえ、これらの自由がもっとも確実に担保されるのは、その〔諸自由が担保されるという〕可能性が、正義の諸原理によって制約される数多くの確定的な善の構想によって認識される場合である。われわれが民主的諸制度のための強固な基盤を確立することを望むのであれば、公共的な正義構想に依拠した社会統合概念から出発するのが最善である。むろん、以上のような考察はいずれも、功利主義が誤りであるとか首尾一貫していないとか証明するものではない。それらはただ、功利主義の帰結を描いているだけである。また、付言しておかねばならないのは、数多くの許容可能な善の構想という（公正としての正義における）理念は、社会のなかにいる諸個人の観点からこれらの構想を評価するに際しての懐疑主義を含意するものではない、ということだ。というのも、それらの構想は、特定の誰かの利益・能力・状況を所与とした合理性の諸原理（rational principles）によって評価されることが可能だからである。そして〔現に〕、諸個人（および彼らに助言する人々）は、たとえそれが基本的諸自由やその他の基本財に対する市民たちの要求には何の影響も及ぼさないとしても、一部の生き方を別の生き方よりも追求に値すると評価するのである。

8

これまで、公正としての正義における基本財概念と水準比較可能な序数功利主義における最高次の共通選好関数概念とを対照させることによって、個人間比較という問題が、正義の構想における基本的諸概念とどのように結びつくのかを示そうとしてきた。この対照は、これら二つの個人間比較の方法がもつ哲学的背景の違いを明らかにするとともに、それらがめいめいの人格構想および社会統合構想とどのように関連するのかを説明するものでもある。公正としての正義は、相異なり調停不可能な多数の善の構想というリベラルな前提命題を受け入れているので、何らかの共通の正義構想を出発点と考える。この正義構想の公共的承認は、唯一の合理的善の公共的承認を保障するのではなく、社会統合という諸々の繋がりを保障するのである。この出発点があることで、平等な基本的諸自由の優先性により、民主的社会のノーマルな条件――すなわち、その市民たちが異なる善の構想の多元性を是認すること――が可能になる。われわれは、その正義構想に――それと並んで人格構想と社会的協同構想に――導かれて、自由で平等な道徳的人格——彼らは人生全体にわたって社会的協同に従事する——であれば正義に適った社会の市民として一般に必要と認めることのできる事物（基本財）の、実践的で限定されたリストを選択するのである。このリストが、自律性と両立しうる個人間比較のベースとなるのだ。それはまた、（正義という限度枠内での）善の構想の多元性という形態での個人性をも許容するのであり、市民たちにはそれら善の構想の間で選択をする自由があるのだ。

公正としての正義において、社会の成員たちは、まずもって、相互利益のために一緒になって協同することのできる道徳的人格として観念されるのであって、単純に自らの満たしたい目的と欲求をもつ合理的個人として観念されるのではない。すでに述べたように、協同という概念には二つの要素がある。すなわち、すべての参加者がそれを受け入れると理性的に期待してよい公正な協同の条件という概念と、参加者それぞれの合理的な利益ないし善という概念である。協同という概念——それは特定目的のための社会的協調行動という概念とは明確に異なる——が社会の基礎構造に適用される場合、くだんの二つの道徳能力を人間存在にとっての不可欠な特性とみなすのは当然のことである。その際われわれは、くだんの二つの最高次の関心こそが、正義の第一原理の内容〔すなわち基本的諸自由の具体的リスト〕を発展させる道徳的動機の二つの主要形態である、と述べているのだ。このように、公正としての正義の秩序だった社会において、市民たちは、人生全般にわたって相互利益のために他の人々と公正な条件で協同する、その能力と統制的欲求の両方をもつのである。これは翻って、それぞれの個人や集団の側には、すべての人が自由で平等な道徳的人格として受け入れることができ実際に受け入れもする理由によって説明と正当化が可能であるような方法に則って、自らの善を推進する欲求が存在することを、暗に示唆している。これらの諸原理を公共的に承認することは、すべての人のそのような人格としての地位（status）と——各人の社会的位置（social position）がどうであろうと——合致するのである。

このような協同概念の強調によって明らかになるのは、公正としての正義が属する全体的道徳構想において、正義の構想と善の構想は、補完的ではあるがまったく別々の役割をもっているということだ。正義は善に優先するが、それは正義が許容可能な善の構想を制限するという意味であり、それゆえ、それを追求することが正義の諸原理を侵害することになるような善の構想は完全に排除される。つまり、許容できない構想を追求するという要求はまったくウエイトをもたないのである。他方において、正義に適う諸制度も、市民たちがその実現に努めるような善の構想をもたないのであれば、また、それらの構想が真に人間の尽力に値する生き方を定義することがないのであれば、まるで無意味だろう。それゆえ、こういった要請を満たすためにも、正義の構想というものは許容可能な善の構想について十分な余地を認めなければならない。数々の許容可能な善の構想のなかでも、もっとも幅広い支持を得る構想が当該の正義構想に――たとえば、広く流布している善の構想の目的や価値と、正義によって要求される徳との間での何らかの適合性によって――合致しそれを支持するものである場合に、その道徳構想は全体として安定的である公算がもっとも大きくなるのだ。以上の簡潔な注記により、功利主義的見解との違いがいくつか示される。すなわち後者は、（主観的な）善を独立かつ先行的な概念であるとみなすとともに、正義を善の最大化として、つまりは善に従属するものとして、定義するのである。

社会正義と公共政策に関心を寄せる経済学者にとって、基本財指数は、理論的精査に耐えないたんなるアドホックなパッチワークとしか思えないことだろう。これこそ、私がそのような指数の哲学的背景を説明せねばならなかった理由である。経済学者の反応は部分的には正しい。というのも、基本財指数は経済学者たちの意味での理論に属するものではないからだ。それは、唯一の合理的な善という思想に対するリベラルな対抗思想として位置づけられる、ある善の構想に属するものなのだ。つまり問題は、何らかの心理学的性質ないしサイエンスのみが利用可能な他の性質についての正確な測度をどのように特定するか、ではないのだ。むしろそれは、道徳的かつ実践的な問題なのである。基本財の使用は、より良い理論によって取って代わられるような当座凌ぎではなく、一つの理に適った社会的実践なのだ。その社会的実践は、正義の構想に依拠して社会統合を理解する市民たちの間で、有効かつ自発性に富んだ社会的協同を実現するのに必要な実効的合意を達成するために、われわれがデザインしようとするものなのだ。ある個別具体的な社会状況で個人間比較をするという実践において諸々の特性をより明確に特定する際には、経済理論は端的に不可欠である。〔だが、〕本質的に求められているのは、問題を適切な哲学的背景に位置づけて理解することなのである。

＊本稿草稿の一部は一九七八年五月にスタンフォード大学で行われた四つの講義のうちの一つとして公表されたが、大幅に改訂されている。初稿に対する有益なコメントについてはDerek Parfit, Joshua Rabinowitz, A. K. Sen, Steven Strasnick に対して、後期草稿に対する批判についてはK. J. Arrow, Gilbert Harman, Thomas Nagel, T. M. Scanlon に対して、感謝するものである。Arnold Davidson と Thomas Pogge は最終草稿に対して有益な示唆を与えてくれた。長い議論とその助言について、Burton Dreben には特にお世話になった。リベラリズムと功利主義が社会統合をどのように構想するか、その対照に焦点を当てるよう示唆してくれたことについて、彼には感謝している。

注

（1）Rawls 1971. 以下では *TJ* と表記。

（2）これら三名——特にミル——の選択については説明が必要であるが、ここでは出来ない。ただいえることは、私が本稿で用いている用語に鑑みるなら、私の見解としては、ミルの議論はある種のリベラリズムであって功利主義ではない、ということだ。この見解を支持するのがアイザイア・バーリンの Berlin 1969 におけるミルにかんするエッセーである。

（3）より詳細な議論は *TJ*: 60-83 を見よ。もっとも完成された表現については *TJ*: 302-303 を見よ。

（4）アラン・ギバード（Gibbard 1979）は、何らかの指数を構築するという問題を回避して所得という唯一の基本財を考察することによって、私が本文で格差原理と呼んでいるものをその「もっともシンプルな形式」において検討している。ギバードは、この形式の格差原理がパレート原理と相容れないことを明らかにしている。正義問題における個人間比較の基礎として基本財を使う理由と、公正としての正義における——特に厚生主義的に解釈された——パレート原理の役回りの低さとのバランスを考えれば、私はそれが深刻な問題であるとは思わない。*TJ*: 280-282 にあるギバードの短評も見よ。

（5）本節では、基本財にかんする説明とは社会理論のみの問題なのか、それとも、何らかの人格構想に本質的に依存するものなのか、について*TJ*での曖昧さを除去したい。*TJ*: §15, 92ffにおいて――ここで基本財が初めて一定の紙幅をもって論じられた――は、この問題は議論されていない。*TJ*: 142f, 253, 260, 433fも見よ。この重要な点にかんする有益な批判と明確化について、Joshua Cohen, Joshua Rabinowitz, T. M. Scanlon, Michael Teitelman に感謝する。

（6）より充実した議論がBuchanan 1975で見られる。一般的な説明――基本財はこれの特殊ケースである――の一つとして、Scanlon 1975を見よ。

（7）本節で論じられるこの異論は、K・J・アローのエッセー（Arrow 1973: 253f）で提起されたものである。

（8）本段落での記述が示唆するように、あらゆる秩序だった社会について、基本財指数のウェイトが原初状態において一度きりかつ詳細に確定される必要はない。まず確定されるべきは、当該指数の一般的形式と、基本的諸自由の優先によって表現されるような各重みに対する制約である。実践に必要なさらなる詳細は、より具体的な情報が入手可能となるにつれて、*TJ*: §31で素描された各段階で漸進的に明らかにしてゆけばよい。特別な医療・保健ニーズの問題を扱おうとする際には、（少なくとも本文で示されているものとしての）基本財概念とは別の、もっと包括的な概念が必要になるだろうと思われる。たとえば、諸個人の基本的ケイパビリティに焦点を当てるセンの指数は、このような問題で有益であろうし、基本財を用いるために不可欠な補完概念として機能するだろう。Sen 1980: 217-219を見よ。

（9）この段落は、Rawls 1975での、基本財を使うにあたっての諸前提にかんする私の寸評を改訂するものである。私は今では、それがスキャンロンの「選好と緊要性」（Scanlon 1975）における見解と合致すると考えている。これらの点にまつわる有益な議論について、スキャンロンとサミュエル・シェフラーに感謝する。

（10）「選好と緊要性」（Scanlon 1975）の最後から二番目の段落で、スキャンロンは緊要性にかんする二つの解釈――自然主義的（naturalist）と規約主義的（conventionalist）――を区別している。私としては基本財の使用を「規約」と呼びたくはないが、たとえば、基本財が件の人格構想と結びついていることから明らかなように、その背景的ドクトリンは自然主義的ではない。基本財指数は、スキャンロンによる緊要性の規約主義的解釈の説明――すなわち、それは「道徳的論証を目的としてまとめ上げられた一つの構築物であり、その有用性は、それが、当該の状況下で、選好のバラバラな各個人にとって相互に受け入れ可能な最善の正当化基準を表現するという事実から生じている」——のほうに近いのである。

(11) 自由の優先性、および、正義の理由をこのように欲求・選好の理由から切り離すことは、A・K・センによって発見されたパレート派リベラル・パラドックス——すなわち、パレート原理と個人的権利の付与とは、たとえ後者が最小限であっても(一定のスタンダードな想定のもとでは)両立させられないということ——に関係している。Sen 1970a: 82-88, 87-88 を見よ。この両立不可能性に対する数多くの解決案が Sen 1976 でサーベイされている。この問題はあまりに複雑でここで考察することはできないが、このパラドックスは公正としての正義のなかでは——自由が優先されること、および、選好の理由にはさしたる重要性が与えられないことを理由に——生じえないと考えられる、とだけはいえよう。結果として、基本的諸自由は不可侵であり、それゆえ、市民たちのいかなる合意によっても放棄させられたり制限されたりすることはありえないし、共通の集合的選好が優先されることもない。これらの諸自由は、そういった考慮事項〔市民の合意や集合的選好〕と同列にはないのである。公正としての正義の見解は、この面では、ロバート・ノージックがこのパラドックスを扱う方法に似ている(Nozick 1974: 164-166)。だが、ノージックが基底的としている諸権利は正義の諸原理に含まれる平等な基本的諸自由とは異なっているし、権利の根拠にかんする彼の説明は公正としての正義における平等な基本的諸自由のそれとははっきり異なる。このように、私の考えでは、ノージックの見解においてそれら諸自由は不可侵でないのに対して、公正としての正義においてそれら諸自由を放棄・侵害しようとするあらゆる試みは本来的に無効(void ab initio)である。つまり、市民たちのそのような欲求は何らの法的効力ももたなければ、それらの権利に影響を与えることもありえない。ある個人の平等な基本的諸自由を否定ないし制限したいという他の人々の欲求は、彼らがどれほど多人数であろうと、何らのウェイトももたない。いってみれば、そのような効果をもたらすであろう欲求が社会的計算(social calculus)に入ってくることはけっしてないのだ。正義の諸原理はこのようなかたちで、原初状態における当事者たちの合意に、すなわち彼らの最高次の関心を確実なものとするよう枠づけられた合意に、力を与えるのだ。社会における市民たちの合意や選好はいずれも、これらの〔最高次の〕関心に対してはヒエラルキー的に劣位にあるとみなされるのであり、これこそが自由の優先性の根拠である。むろん、以上から、公正としての正義がそれ独自のパラドックスをもつかもしれないことが排除されるわけではない。

(12) この点を理解するには、*TJ*: 76, Figure 6 を参照せよ。OP曲線上の最大点——これは格差原理によって正義に適うとされる点である――は、平等――四五度線で表される――にもっとも近いパレート効率フロンティア上の点である。この効率フロンティアは、ＯＰ曲線の右肩下がり部分の最大点より右側にある点で表される。むろん、この図は二階級経済を前提しているし、考え方をわかりやすく示すためだけのものである。もっと正式でわかりやすい図と説明が Phelps 1973: 333-335 にある。

(13) Kolm 1972: 28-29 を見よ。

(14) ibid.: 79-80. コルムは二九頁で、選好間の差異の原因を選好対象のなかに置いてしまう操作は「トートロジー的」であると述べている。われわれはいかなる場合でもこの形式的な操作を実行できてしまうからである。コルムは自らが「根源的選好」と呼んでいる概念を J. C. Harsanyi 1955: 309-321 に帰するとともに、Tinbergen 1957: 490-503 にも言及している。ハルサニーの著作は第五節三一六～三二一頁を見よ。ティンバーゲンの著作は第七節四九八～五〇三頁を見よ。

(15) この事実が暗に述べているのは、格差原理をマキシミン効用原理（もっとも不遇な個人の福祉を最大化する原理）として解釈することは、哲学的観点からして深刻な誤解であるということだ。とはいえ、これによって格差原理を経済理論ないし社会的選択理論に適用することが出来なくなるわけではない――基本財指数ないしこれらの財に対する選好が、そういった適用に必要な形式的ないしその他の性質をもつと推定される限りにおいては。

(16) この段落では、K・J・アローが Arrow 1977 で提示した水準比較可能な序数効用の説明を採用する。アローの関心は、ピーター・ハモンドとスティーブン・ストラズニックによりそれぞれ独立に証明された所謂レキシミン定理を議論することにある（Hammond 1976b; Strasnick 1976）。簡便さのため、水準比較可能な序数効用はそのように定義された効用を最大化する原理と両立すると仮定する。ここでのわれわれの目的にとって、決定的なのは善の構想である。

(17) この除外はアローの意図と合致すると思われる。Arrow 1977 の長編版における彼の説明を見よ（Arrow 1978a, section 2）。

(18) アローは、この段落で私が倣ったのと似たような概念が Suppes 1966 および S. C. Kolm 1972 にもあると述べている。だが、スッピスが使う概念はアローの提示しているものとは二つの決定的な側面において異なると思われる。第一に、スッピスは明示的に関数 u から個人的属性を除外している（Suppes 1966: 295）。第二に、彼は選好のみに依拠して正義を説明することの困難さを認識している。彼はこういっている。「当該理論の直観的な成功は個人的選好順位づけそれ自体が特定の正義基準を満たしていることに依存する、という主張には異を唱えるのが正しいと思う。この異論を認めたとしても、循環に陥るという批判を引き受けることにはならない。道徳的な正義の諸原理――これはここで展開された理論からは論理的に独立である――は、個人的選好順位づけに対する制約として導入することが矛盾なく可能だからである」(Suppes 1966: 303-304)。これらの点はいずれも、私が基本財と正義の優先について与えた説明と合致するし、これから見るように、スッピスの個人間比較をアローのそれからはっきりと区別するものである。他方で、コルムの見解はアローが論じているものに類似している。この類似を理解するには、コルムからの引用を参照するとともに、各個人にかんする事物のうち彼らの選好における相違をもたらすとされるものを選好対象のなかに入れてしまったのだという事実を、ベクトルyが表現していることを想起せよ。このフォーマルな操作によって、われわれは選好構造を決定するパラメーターからこれらの事物を除去した――あるいは引き揚げた――のである。もしこのプロセスを限界まで実行したなら、コルムがいうように、われわれは人間本性の理論を得ることになるのだ。

(19) ここでは、Arrow 1963: 114-115 におけるアローの説明にしたがう。

(20) ここでは、Arrow 1977: 222 におけるアローの記述をいくぶん詳しく述べている。

(21) この対比を明確なものとするために、公正としての正義を奉じる秩序だった社会において市民たちによってなされる正義問題での個人間比較を表現する関数を、$g=f\ (x_i, \bar{p})$ と書くことが出来る。このとき、gは基本財指数(何らかの実数)、fは個人iにとってのgの値を決定する関数、x_iは個人iが保有ないし享受する基本財ベクトルである。$w=u\ (x, y)$ におけるベクトルy――ここには満足に影響を与えうる個人の特徴に該当するあらゆる項目が含まれる――が、ここでは定数項ベクトル$\bar{p}$に置き換えられているわけだが、これには、人生全般を通じて完全に協同する社会成員であるとみなされる自由で平等な道徳的人格の特徴を表す項目のみが含まれる。このベクトルが定数であるのは、あらゆる市民がそれらの特性を最低限十分な程度は保持するとされるからだ。このように、すべての市民について同じ関数が妥当するのであり、個人間比較もそれに応じてなされる。関数fと関数uの相違が表現しているのは、公正としての正義において、諸個人でそれぞれ異なる最終目的や欲求、満足するための能力の多寡といったものは、基礎構造の正義が何かを決定する際になんの影響も及ぼさないという事実である。それらは$\bar{p}$には入ってこないのだ。

(22) これらの複雑化はけっして些末ではないが、ここで論じることはできない。私のいいたいことにかんしては、*TJ*: 30-32, 449-451 を見よ。

(23) Arrow 1977: 222-223.

(24) この重要性はミルが『自由論』で、特に第三章（第三～六段落）で、強調している（Mill 1974）。

(25) この名称はジョン・ベネットが私に提案してくれたものである。

(26) *TJ*: §§ 83-84 において私は、合理的選択理論における完全に一般化された一人称的手続（a completely general first-person procedure of rational choice）という考え方からいかにして快楽主義が生じるかを示そうとした。

(27) 公正としての正義における自律性概念の役割にかんするさらなる議論としては、当初「合理的かつ完全な自律性」と題された講義 Rawls 1980 の特に五二一～五三三頁を見よ。

訳　注

(i) 原著においては、本文でコルムのフランス語の文章が引用され、原注14においてロールズによるその英訳が示されている。本訳においては、原注14にあったロールズの英訳とそれに前後する部分を削除している。

（齊藤拓訳）

第9章　功利主義的経済学者が抱える諸難題

フランク・ハーン

序

公共政策の経済理論は執拗に功利主義的である。政策は、その効用の帰結によって順位づけされる。その理論のコンテキストにおいて、私は、三つの事柄を論じたいと思う。①主体の効用は専ら公共政策の帰結にのみ依存すると主張することは理に適っているのか？　②主体の効用関数を変化させようとする行為をわれわれはどのように評価すべきか？　そして③行為の帰結が不確実であるという事実をわれわれはいかに扱うべきか？　もちろん、これら以外にも、興味深く論じるにたる多くの問題が残されている。

これら三つの問題を考える前に、一般的な議論をしておくことが有意義であろう。厚生経済学の功利主義的立場は、以下の意味において、非常に強力であることがわかる。その立場は、条件が明文化された状況下で、なぜある政策が他の選択可能なものよりも選好されたのか、ということに対して明確な議論を提供している。このような仕方で、政策議論が可能となっている。たとえ功利主義者でない者にとっても、こうした厚生経済学の議論は適切かつ重要なものとなるであろう。だが、こうした議論がいかにして決定的（decisive）たりえるかを確かめるのは困難である。というのも、少なくとも二つの理由があるからだ。功利主義者は、主体の効用関数における基数性と効用の個人間比較を必要とする。主体らが基本的に類似しており[1]、かつ功利主義者でない限り、この基数性は社会状態に対する主体らの選好からは導出されえない。さらには、実際面でそのような基数性を導出しようと試みた者はこれまでのところ皆無である。よって、異なる基数性をもつ異なる功利主義者らは異なる政策的結論に行きつく。功利主義者らのこうした不一致は、彼らの社会的選好となって現れ、それが解消できるか否かは不明である。厚生経済学の貢献によって、実際のところ何についての不一致なのかが露わにされることになろう。

厚生経済学の結論が決定的とはなりえない二番目の理由は、もっと簡潔である。それは、道理をわきまえた真面目な人は功利主義者とはならないかもしれない、ということだ。個々人の効用が決定的だという考え方を取らずとも、それが私の社会選択と関連があると論じることはできよう。たとえば、ロールズのように、私は、自由が首位で効用が次席であるような、社会状態にかんする辞書的な順序づけをもつかもしれない。とはいえ、これが極端すぎるように映ることから、功利主義者は私に対して次のように説得するかもしれない。「あなたは、ごくわずかな自由の拡大のために人々の悲惨がどんなに拡大しようとも厭わないというのか？」しかし、確かに私は次のように論じることができる。もし社会状態における各主体の効用しか知らされていないとすれば、私にとってその社会状態は十分に説明されたことにはならない。私には、各主体によって享受されている自由についても知る必要があるのだ。社会状態にかんする私の順位づけは、自由の量によって変化するのであり、個々人の効用のみを変数とする社会厚生関数の形態を取りえない、ということになろう。もし功利主義者が、何ゆえに、効用関数にすでに記されていることを超えて、差し置いて、自由を考慮すべきなのかと問うならば、私は次のように答えることができる。功利主義者にとって効用が内在的善であるのと同様、自由は私にとって内在的善なのだからと。

こうして、一般的な議論は以下のようになる。社会的行為による効用の帰結が、そうした行為の評価にとって非常に関連性があることは明白であろう。だが、一般的に、こうした帰結が総計されうる唯一の方法は存在しない。そして、かりにそのような唯一の方法が存在したとしても、帰結が社会的行為を評価する適切な唯一の基準だと唱えることは単純に間違いであるように思われる。

1　政策と帰結

個人の効用関数の定義域は、功利主義的思考にとって相当に重要なものである。たとえば、私自身に配分（allocate）される財のみに私が関心をもつか、それとも皆のそれに関心をもつかは重要なことである。かりに、たとえば、われわれ皆が羨望をもつならば、功利計算はそのことを勘案すべきである。(2) このことはよく理解されている。だが、厚生経済学者がほとんど言及せず、けっして考察することがなかった、定義域にかんするいっそう微妙な問題が存在する。私の効用は、私が（あるいは他者が）獲得したもののみならず、それを獲得したやり方にも依存する可能性があるということである。つまり、私の効用は、政策の帰結に加え、政策そのものにも依存するかもしれないということだ。

現行の物価、賃金体系で、週五日、一日当たり八時間労働することを私が選択したとしよう。次いで、私がある朝起床し、政府が私に対して現行の仕事と賃金で週五日労働することを強いる法律を通過させたと知ったとしよう。物価は依然として不変である。何が起きたかというと、かつて自由に選択していたことが今や強制されるようになっただけである。それでも、法律が施行される以前よりもかなり悪化したと私が感じることは理に適っていると主張したい。

これに対する明白な理由として、環境と私の嗜好が変化するかもしれないということ、および今や新たな法律の制限によって縛られるようになるということが考えられる。しかしながら、このことは帰結の功利計算において十分に織り込まれることになろう。というのも、功利主義者は私の期待効用に関心をもつことになるからだ。そこで、私は環境および嗜好が変化しないものと知っていると仮定しよう。それでも、状況——社会状態——は変化した。私が選択したことが、今やするように命じられるのである。自由に選択した結果、たとえ同じ仕事をすることになったとしても、その仕事をするように命令されることに対しては当然のことながら反対する。何となれば、私は、自分の仕事選択において命令されるという事実を嫌悪し、かつその事実から不効用を被るからである。私の効用関数が実際のそれとは異なるものとなるならば、私〔の嗜好〕はその命令によって束縛されることになるであろう。それがわかれば、私はその命令を不当だとみなすかもしれない。

　あるいは、危険な軍事ミッションを考えよう。ある状況で、五人の男が志願する。別の状況では、同じ五人の男がミッションに従事するよう命令される。二つの状況において、五人の効用の帰結は異なると考えるのももっともなことだと私には思える。

　最後に、はたまた、私がとある慈善事業に対して相当な額を寄付するとしよう。政府が私に同額の税を課すことを決め、それを政府が寄付に回したとする。これら二つの状況において、私は無差別であろうか？　課税導入前は、たとえそうしなかったにせよ寄付以外の選択が取れる可能性があったが、導入後は、その可能性は消える。たとえある者がある可能性を利用したいと願う確率がゼロであったとしても、その者の潜在的な自由を制限することで、そうした可能性が消滅したとすれば、効用の損失だと感じられるかもしれない。

　もう少し正確な議論をしよう。Pを公共政策、$C_i(P)$をこの政策における個人iに対する財の配分としよう。「財」には余暇も含めよう。すると、厚生経済学者は、iの効用関数を$U_i(C_i(P))$と表記、あるいは、もっと特殊には、n人いる場合、$U_i(C_1(P) \cdots C_i(P) \cdots C_n(P))$と表記する。よって、$P$はその消費の帰結を通じてのみ効用に影響する。私のいくつかの例が提案するところでは、効用関数を$U_i(P, C_i(P))$ないし$U_i(P, C_1(P) \cdots C_n(P))$と表記すべきではないかということである。換言すれば、効用関数の定義域は、財空間と政策空間とのデカルト積になるということだ。

この提案は、功利主義の帰結主義から離反したものではない。われわれは依然として政策による効用の帰結に関心があるだけである。だが、政策は、その財配分に対する帰結とは独立に、それ自体で効用（あるいは不効用）をもたらす。この提案は、ある行為の諸帰結のなかにあってその行為自体をカウントしようとするものではない——行為の帰結は効用なのだから。あるいは、行為に内在的価値を付与する提案でもない。ある行為の正しさがその帰結とはまったく関係ないなどとは誰も主張できないので、行為が内在的価値を有すると主張する者は、$W(a, U_1 \cdots U_n)$ の形式の厚生関数（道徳的選択関数）を取ることになるであろう。ここでは a は行為、U_i は i 番目の個人の効用を意味する。このように、その者には、功利主義者とは異なり、行為の「正しさ」と効用とをトレードする用意があるのである。しかしながら、私が提案しているのはまさに、伝統的な厚生関数 $W(U_1 \cdots U_n)$ である。ただし、各 U_i は選択された行為に依存する。

私の議論の妥当性は、事実によって決まる。私が信じるように、もし、事実が私の議論を支持するならば、功利主義的厚生経済学者らに対する結果はかなり深刻となる。たとえば、人々は税務当局に自分たちの所得が漏れるのを嫌うとしよう。彼らはその漏洩をプライバシーに対する権利の侵害だとみなすのである。隠しておきたいことを申告する義務は不効用の元である（調査様式に記入する義務によって引き起こされるものとはまったく別に）。すると、最適課税にかんするいくつかの非常に古い厚生議論は危機に瀕する。実際、選好の定義域に政策を含めることを一旦認めれば、経済学者が提示した厚生にかんする命題はほとんどすべて効力を失うことになるかもしれない。

これら全般において、厚生経済学者および、実際、多くの功利主義者らは、選好の定義域を考える際に、あまりに狭隘であったように見える。なるほど、たとえば、効用と行為の高潔性とのトレードオフを提案する議論に対して彼らが抵抗するのは正しいかもしれない。だが、行為の高潔さが効用の一源泉たりえることを無視する点では間違っているといえよう。バーナード・ウィリアムズ（Williams 1973）の例にある有罪判決を下された人々は、ランダムに彼らの番号が一つ選ばれて死刑になるよりかは、自ら死を選ぶかもしれない。彼らは、自分たちの命を尊重するだけでなく、自分たちが生かされる環境にも重きを置くであろう。同様に、ある者は、権利から効用を引き出すかもしれない。すでに論じたように、たとえ私が社会的に是認された運動のためにもてる物すべてを差し出すとしても、私はなお所有権の意義を尊重するかもしれない。まさに同じように、ある奴隷がいて、その身分から解放されてもなお、かつての奴隷身分の物的条件のもとで生きることが自分の置かれた状況では最適だとわかったとしても、彼は自由の権利を重んじるかもしれない。実際、自分の権利だとみなしていることが反故にされるのは不効用のかなり重大な源泉であることはわれわれの内観が示すところである。実のところ、所得がかなり減額されるよりも不効用となる。

選好の定義域を規定するに当たり、功利主義者に出る幕はない。しかしながら、もっともらしいいくつかの理由で、厚生経済学者たちは常にこの定義域を非常に狭く取ってきた。本質的には財の空間である。理由の一つに、扱い易さがある。だが、これが意味するのは多分、厚生経済学者たちのこうした規定は功利主義的な評価からして最適とはならない、ということだろう。

2　変化する選好

選好に対する選好(preferences over preferences)をわれわれがもっていることは明白であるように思われる。このことは、たとえば、われわれがAはBよりも良い性格をしているという場合があることからも理解できる。また、社会的、経済的条件および政策が選好に影響を与えうるということも明白であろう。実際は、このプロセスについてあまりわれわれは知りえていないというのが事実である。だが、ここでの議論のために、そのプロセスをしっかりと知りえていると仮定しよう。次いで、政策は、選好に対する影響も含んだ帰結をもたらすものとする。では、功利主義者はどのように政策選択を行っていくのだろうか? いかにして功利主義者は、選好に対する選好を扱うのだろうか?

まず、政策が主体の効用関数の変数となるしくみが前節のそれとはまったく異なることに注意しよう。前節では、主体は政策に対する選好を有していた。ここでの議論が示すことは、帰結に対する選好が政策によって変化する可能性があるということである。そこで、eをある主体の教育への出費とし、bを彼が購入する書籍数とし、そして、cをそれ以外の用途における消費としよう。この主体の効用関数を$U(e, b, c)$と表記する。eの導入が教育の直接的な評価を示す必要はなく、むしろ、異なるeの値によって、bとcとに対する主体の選好が異なってくることを示している。もちろん、教育が直接的に評価されても構わない。

別の例として、所得の最適分配（optimum distribution）を取り上げよう。伝統的な、功利主義的議論は以下のように展開する。功利主義者は、効用が所得、努力、そして能力に依存すると想定して、異なった分配による効用の総計を比較する。所得の最適分配は、次の制約のもと、効用の総計を最大化する。①生産される以上の物は分配できない。そして②この政策にとって必要となる情報は、最大化を行う者が利用できる情報に包含されている。片や、たとえばマルクス主義者のように、所得と富の分配が選好に多大な影響を与えうると考える多くの論者が存在する。たとえば、よりいっそう平等化が進めば、個人の労働の質に比べて、商品はそれ程評価されなくなるかもしれない。これは正しくないかもしれないが、もし正しいとすれば、功利主義的経済学者は扱い方を心得ておくべきだ。

だが、われわれは選好における純粋な変化を考察しているのであり、そうなるとその定義域がまた重要となってくる、という点をはっきりさせておかねばなるまい。たとえば、この定義域が、所得分配における個人の相対的な地位を含んでいても構わないであろう。その地位が変化したとき、より真面目に働くために散財を控えようとする彼の意思もまた変化するかもしれないが、それは選好における変化を伴わずに生じうる。選好における変化は、定義域における少なくともいくつかの要素間の順位づけの変化を伴う。この場合でいうと、たとえば、所定の不平等が神によって予め定められたものだと主張する宗教的なプロパガンダによって、同一の所得分配のもとで、財と勤勉との間の選好が変化するならば、選好における変化が伴うことになる。選好の変化のように見える多くの場合、実はそうではないかもしれない。だが、選好は変化しうるのであり、私はそのことに関心をもっている。

これらの場合において、功利主義者が進むべき自然な道は、選好に対する選好、あるいは、別の表現が良ければ、代替的な自己に対する選好（preferences over alternative selves）に訴えることである。通常の効用関数の背後にそしてそれを超えたところに、超効用関数（super-utility function）が隠れているのだ。タバコに対する嗜好を変えるために催眠術をかけてもらうことを私は選ぶかもしれないし、社会主義のもとであったら今よりも寡欲になれそうなので、私は社会主義者に投票するかもしれないし、己の運命にもっと満足するために、私は宗教的プロパガンダに身を任せるかもしれない。これらすべてのケースで、私は他の誰かになることを選好し、そして、その変身を可能ならしめる手段を必要とするのである。いずれにせよ、これらの代替的な自己に対する順位づけを私はもち、なおかつ、その順位づけは数量的形式を、つまり超効用関数の形を取るかもしれないのだ（しかしながら、私が一度になれるのはこうした選択可能な自己の内の一つのみであることに注意せよ）。今や、功利主義者は、こうした超効用関数による功利計算を実行することができよう。そうする際、功利主義者は、各主体が代替的な自己のなかから一つを選び取るのに任意の政策が果たす役割を考慮しなくてはならないであろう。教育支出を例に取ろう。それを増やすということは、すなわち、消費に回せる分が減少するということだ。誰も教育を内在的に価値あるものだとはみなさないとしよう。しかしながら、多くの主体は、今や、教育された者がもつ効用関数を獲得できる。それは彼らが選好したものである。すると、一目瞭然とした計算は、消費減による超効用の損失、および選好した自己になれたことによる超効用の利得をともに含んだものとなる。功利主義者は万事目的を達成したかのように見える。

だが、これは幻想だ。この提案された方途には、主体が選択可能な自己を評価する際に誤りを犯す可能性という明白な瑕疵が確かに含まれている。もし私が常に攻撃的であったならば、従順であるということはどのようなことなのかを正確に知ることはできないであろう。もし読書を覚えたとすれば、それによって、テレビ鑑賞と読書とに対する私の選好にどんな影響があるのか私には定かではない。しかしながら、これらの議論は次節において、異なったコンテキストで扱うことにして、差し当たり、こうした誤りは存在しないものと想定することにしよう。変化する選好の功利主義的な扱い方に対して私が抱く反論とは、先に素描したように、功利主義者が変化する選好の代わりにある変化しない選好を用いてしまっていること、そして、それが可能かどうかはまったく明らかではないということである。だが、たとえそのような代用が可能だとしても、それは偶然である。経験的にいって、不可能であろう。とすれば、功利主義者は、私が示唆したのとは異なるやり方を模索しなくてはならないであろう。

論点は非常に単純である。選好に対する選好は何ゆえに政策による変化を被ってはならないというのか、である。ある社会で、ある者は、学者がもつ選好よりも兵士（自宅で座することよりも戦う）がもつそれのほうを好むかもしれない。他の社会では逆かもしれない。さまざまなタイプに対するわれわれの選好に対して、制度が何らかの影響を与えると想定することは突飛なことではあるまい。「真の（real）」そして究極の選好体系なるものがあり、十分に広い定義域に対応していて、経済的（そして社会的）変化によって影響を被らない、と想定すべき必然的な理由はないように見える。私は暗に、出鱈目な方法で、個人の選好が政策によって形成されるといいたいわけではない。それは、議論が要求する範疇を大きく超える。政策は、選好に対する選好も含んだ選好に対して何らかの影響を及ぼしうるという点を押さえれば十分である。

無論、私が用いたような、選択可能な自己に対して選好をもつという考えもわかりやすいとはいえない。（実際とは）逆に二本のタバコよりも一個のリンゴを選好することを私は（あえて）選好したいとしよう。なぜ私は（最初から）そのように選好しないのか？　実際、二本のタバコよりも一個のリンゴを私は端的に選好しないのだろうか？　意志の弱さから引き出される一つの答えは、行為する場面において、私はあたかも選好度において劣る選好を有しているかのごとく振る舞っているということだ。さらに、もしより選好する選好にしたがって行為するとすれば、私は現状からしてより少ない満足を感じる羽目になろう。次の主張に矛盾は含まれないように見える。「ああ神様、私を品行方正ならしめてください、だけど今はまだ結構です」。とはいえ、ここでも、近年エルスター（Elster 1979）による興味深い本で考察されている諸問題がつきまとう。それらについては、同著に譲ることにしよう。

ところで、以上の議論によって、功利主義的厚生経済学者がその主義のあらゆる応用において克服不可能な苦境にある、ということになるわけではない。一例として、ディクシットとノーマン（Dixit and Norman 1978）が考察したケースを考えよう。二つの財があるとして、その内一つは宣伝され、独占されており、もう一つはそうでないとする。$U(a, x, y)$ を効用関数とし、すべての主体で同じだとする。aは広告の量、xは広告されている（かつ独占されている）財の消費量、yは広告されていない（競争的）財の消費量とする。aがUの変数だという事実が意味するのは、広告に内在的な価値があるということではなく、選好が広告の量に依存することだという点に改めて留意されたい。n人の同質の消費者がいて、予算内で効用最大化するべく（x, y）の組み合わせを選択するものとしよう。さて、政府による一切の規制がない状態で、利潤最大化を目論む独占者は広告量a^*を選択し、独占されていない財で測った独占された財の価格はp^*となる、と想定しよう。需要が（p^*, a^*）に依存することから、a^*によって促される選好を基に家計の総効用を計算することができる。政府による広告量の（僅かな）規制、$a < a^*$を導入しよう。すると、価格はpに変化するであろう。そして、再び家計の総効用を計算することができる。ただし、今度は広告量aを基にした選好となる。

ディクシットとノーマンが示すところによると、a^*に基づいた選好を取ろうが、aに基づいた選好を取ろうが、（p, a）における総効用は（p^*, a^*）における総効用を上回るということだ。その意味で、規制されない経済は、広告に過剰に投資しているということになる。つまり、a^*に基づいた選好をもつ家計およびaに基づいた選好をもつ家計は、（p, a）におけるバンドルを消費したほうが、（p^*, a^*）におけるバンドルを消費した場合よりも、改善されるということだ。その一方で、ここにおいては、aに基づいた厚生関数とa^*に基づいた厚生関数との比較が用心深く回避されていることに注意しなくてはならない。すなわち、a^*に基づいた選好をもつ家計とaに基づいた選好をもつ家計との間の厚生の比較は一切なされていないということだ。

そうであっても、事例があまりに多様であるため、ディクシットのトリックは機能しないであろう。政策の変化に影響される選好を想定すれば、変化しない選好を想定して得た結論とは異なる結論をわれわれは得るであろう。たとえば、所得再分配に基づき選好が変化するケースにおいてそうなることはきわめて明白である。というわけで、概して、功利主義者は選好にかんする順位づけを必要とすることになろう。

それゆえ、ある者は、十分に広汎な定義域、およびそれに対応する不変の選好を想定するところに立ち返る。議論の出発点としての前-社会（pre-social）状態――そこでは取りうる可能性があるすべての選好、および起こりうるすべての社会的な取り決めについて個々人は考慮しなくてはならない――に訴えることで、そのような立ち返りが近年の多くの文献においてなされている。一つの思考実験（*Gedankenexperiment*）として、この流れには推奨されるべき側面がある。だが、これが可能なのは、少なくとも思慮深い人、知的な人に限られる。また、ここでの結論は、若干の自明でない公理（Hammond 1976b を参照）による助けなしには得られないものである。いずれにせよ、前-社会的選好体系（選好を含んだ定義域に対応する）という考えは、議論の余地が存しないものではないし、もっといえば、意味があるものですらないかもしれない。

だが、現在の私の目的からすれば、私には、そうした流れに賛同または反対する証拠を挙げようと試みる必要はない。そのような前-社会的選好とは何かを見定める、ましてやそれを計測しうる見込みを功利主義的厚生経済学者は何らもち合わせていない、ということを銘記するだけで十分である。たとえば、もし彼が「教育された嗜好」を創出するためにどのくらいの資源を投入したら良いかと尋ねられたとしたら、彼は己がもつ選好に対する選好を頼りに計測しなくてはならないだろう。教育された嗜好に対する選好が教育を受けた者と受けない者とで異なることを発見したとしても、われわれは驚きはしないであろう。このことは、たんに、選好に対する選好がこの政策（教育投資）とは無関係ではないということを確認するにすぎないといえよう。ここで、人は原始的、前-社会的選好にまで掘り下げることができると主張することは、何であれ、まったくの口先である。その反面、厚生経済学者のやり方は放棄されるべきではない。その厳密性を追求するやり方と明瞭な厚生関数の定式化によって、議論が可能となるからである。

私は、変化する嗜好の問題を回避するのに時折役立つ技術的な工夫についてはまだ言及してこなかった。そこで、(前掲二六七頁の) 効用関数 $U(e, b, c)$ を $V(eb, c)$ で置き換えるとしよう。意味は次の通りである。主体らは基本的に同じ効用関数をもつということ、および、より多くの教育の結果は書物がもつ効用への貢献度の増幅となって端的に現れるということである。それは、あたかも、本一冊を所有する教育を受けた人間が、一〇冊を所有する教育を受けていない人間と同等の「暮らし向き (well off)」であるということだ。こうして、教育政策は、任意の財を多く与える類の政策と基本的には変わらないことになろう。それは、たんにより効率的に本を与えるか、あるいは、より効率的な者により多くの本を与えるかである。とりわけ、これらの主体において、選好は政策の影響を受けていない。われわれは、単純な再定義によって、教育を受けた者とそうでない者の選好の相違に見えたものを、財の量の相違に変換したのである。

もちろん、この例は不自然である。あるいは、もっともらしい議論もありえる。ある者の満足を以前と同様に保つためには、より多くの教育がより多くの書物を必要とするという根拠から、少なくとも一定の範囲内で $V(b/e, c)$ と表記すべきだというものだ (教育に関心がある功利主義者にとって、これは厄介なことになるかもしれない)。それでもなお、この技術的なトリックが適切となるような状況が存在する。それらはすべて、政策が基本的に選好に影響を与えない場合である。だが、すべての政策がそうであるわけではない。

3 不確実な帰結

行為の帰結が不確実であれば、その結果得られる効用も不確実となる。ある仮定のもとでは、行為の不確実な結果に対する主体の選好は、こうした結果に対する期待効用で表現される。そこで、ある行為によって生じうる二つの結果があり、ある主体にあっては、確率λでxが生じ、確率（$1-\lambda$）でyが生じると仮定しよう。すると、このくじの効用は、$\lambda U(x)+(1-\lambda)U(y)$となる。確率$\lambda$は、主体の過去の経験に基づいた彼の信念（beliefs）を数値化したものである。特定の公理のもとでは、この数値化は選好と信念との双方によって導出され得る（Savage 1954）。判断のために、効用関数は基数的でなくてはならない、つまり、原点および尺度の変換のもとで不変であるとする。しかしながら、功利主義の目的に応じて、期待効用を比較したい場合、フォン・ノイマンとモルゲンシュテルン（Von Neumann and Morgenstern 1944）が示した方法――それによれば、基数化はくじに対する主体の選好から得られる――を単純に踏襲することでは済まされない。通常、効用の個人間比較に適した基数化を考案する必要があるであろう。

とりあえず基数化がなされたと想定すれば、いよいよ功利主義者は、主体の期待効用――あるいは総計――によって帰結の順位づけができる。その際に、同一事象であっても各主体が抱く確率は異なる可能性があることを想起すべきだ。これは、情報の相違、および実際の場における情報読解力の相違によるものかもしれない。このような結果の順位づけ方法は、事前的（*ex ante*）社会厚生関数と呼ばれることが多い。

だが、代替案として使えそうな事後的（*ex post*）順位づけも存在する。たとえば、各状態での効用を総計し、各状態が生じる「社会的確率」を掛け、足し上げることができよう。この順位づけでは、各主体の信念には何ら重きが置かれないかもしれない。

興味深い技術的な問題は、いかなる条件のもとで、これら二つの順位づけが同じになるか、である。ハモンド（Hammond 1980）の優れた論文がこれに対する一つの説明を提供しているので、興味のある方は参照されたい。わかることは、これら二つの基準を整合的にする試みによって、やや信じ難い結果にいたる可能性があるということだ。たとえば、リスクに対する主体の態度に応じて、功利主義者が分配の改善のために成果（効率性）を差し出す意向をもつかもしれない、など。だが、この意向がリスク態度に応ずべきかといえば、そのような理由は存在しない。これらを十二分に説明するには、本章で相応しい次元を超えた技術的な議論が必要となる。

主体の信念に対して、功利主義者はどれくらいの重みを置くべきなのだろうか？　単純なケースでは、答えは簡単だと思われる。もし主体が不可能な事象に正の確率を付与するならば、あるいは何らかのケースにおいて、彼の抱く確率がもう確立している揺るぎない頻度からかけ離れているとしたら、あるいは彼が確率計算、たとえば複合確率などにおいて誤りを犯したとしたら、彼の信念を無視することが恐らく正当化されるであろう。よく考えてみれば、これすらも自明でないことになろうが、ともかくそれは正当であると仮定することになろう。しかしながら、彼の信念を無視することは彼の効用を無視することにはつながらない。彼の効用を考慮するのであれば、この主体の「誤った」確率を他のもので置換しなくてはなるまい。他のものとは何か？　確立している頻度がわかっている、または計算ミスの場合は、それほど難しくない。だが、既知の正しい確率分布がない状況で、主体がもっと端的に誤りを犯している場合、功利主義的厚生経済学者はたんにその主体の信念を己のそれで置換しなくてはならないように思われる。

さて、各主体は、自分以外の、恐らく事情に精通している者らが抱く確率分布を知っており、しかも、彼らがベイズ推定にも通じていることを知っているとしよう。すると、主体たちは皆類似の確率分布を抱くということが証明できる。だが、この前提は不自然だ。何であれ、基本的に類似した効用関数を想定するのに好都合な議論ができたとしても、基本的に類似した信念を想定するのに好都合かつ説得的な議論は現実的に不可能であるように思われる。たとえ思慮深い主体に対してであっても、彼が可能な範囲を遥かに超えて、観測能力を要求しなくてはならなくなる。その者が最高のコンピューターよりも優れた計算能力を有しているならば話は別であるが。

すると、問題は、他の主体の信念があからさまに誤っていないときでも、功利主義者が結果を順位づけする際に彼自身の信念を使ってはならないかどうか、である。主体の期待効用は、目下（事前に）計算された効用の帰結である。それは、実際の帰結から程遠いものかもしれないし（これが不確実である所以）、功利主義的政策立案者が効用のくじを計算したものとも大きく異なるかもしれない。功利主義者はその主体の抱く信念が間違っていることを示すことはできず、それが自分の信念と異なることを示せるのみである。功利主義者が自身の計算にしたがった効用帰結に関心をもたなくてはならない場合があるように思われる。そして、それは、彼が自分自身の確率を用いた事後的厚生関数によって結果の順位づけを行うということを意味する。というのも、この計算が実際の効用帰結のくじにかんする彼の最善の見積もりであり、彼にとっての最善の見積もり以外のものを採用すべき明白な理由が存在しないからである。

当然、この議論の流れに対する反論もある。主体らの信念を無視することは、結果に対する彼らの期待効用を無視すること、したがって政策による効用帰結の一つを無視することを意味するのだと。また、主観的確率分布によって表現された自己の信念に本人が確信をもてないということを根拠とした反論もありえよう。とはいえ、この反論は確率論の公理的基礎にかかわる難問に転ずると考えられるのだが。

ある意味で、事後的方途は権威主義的だと判断されるかもしれない。ただし、この非難を功利主義の用語で表現することは簡単ではない。さらに、私の前の議論の路線に基づいて、政策策定において信念が無視された者は、それゆえに直接的な効用損失を覚えると主張されるかもしれない。

確かに、これらは実在する反論である。不確実性を伴う状況を扱うべく、確実性のケースから得られたいくつかの基本的な成果を事前的アプローチが保持する場合、まさにその理由によって、実際、経済学者たちは、同アプローチを主に選択してきた。だが、事後的アプローチとの一致がない場合、やはり問題が生じる。たとえば、楽観主義が状況によっては許されない場合ですら、人々をして楽観的となるように仕向けることが常に改善を意味することがある事態など。もっと重要なこととして、経済学のコンテキストでは、あらゆる生起事象における人々の間の財の公正な(just) 配分が、その配分の生起に対する事前の彼らの信念に依存することになるであろう。このことは、直ちに倫理的に訴えかけるものではない。実際、もしこのことを理解すれば、人は事後に自分の方針を変えたいと望むかもしれない。そして、それはたんに〔事前と事後〕二つのアプローチが一致しないかもしれないということを言い換えたものにすぎない。さらには、すでに私が注意したように、二つを一致させる試みは、新たな困難を生み出し、かつ社会厚生関数の種類をかなり恣意的に限定する。たとえば、主体の期待効用における厚生関数を線形に限定することなど。

このように、二つのアプローチに対する反論があり、しかも両者を一致させる方法で一般的に受容される方法は存在しないように見える。（不確実な）効用の帰結によって行為を判断するという提案には、根本的な曖昧さがあると結論せざるをえない。

ここまでの議論は、状態の不確実性にかかわるものであった。だが、実際の場面で、別のタイプの不確実性もまた存在する。特に、どの主体も、あるいは政策立案者も、自身以外の他者の選好と信念が不完全にしかわからない場合である。たとえば、事前的アプローチにおいて、政策立案者は、各主体の期待効用にかんする立案者自身の期待を計算しなくてはならない。二人の功利主義的政策立案者の間における、潜在的な不一致の今一つの源がここにある。一つは、既知の選好にかんする彼らが採用した基数性であるが、ここではそれに加え、他者の信念と選好に対する彼らの信念が今一つの源になる。この最後の不一致は、事実によって、原理的には解消できるのかもしれないものの、現実的には不可能だ。功利主義者たちが一致する必然性はない。

帰結主義の曖昧さ、ならびに、私が議論した諸々の難題がある。われわれはそうした諸難題とともに生きねばならない。とはいえ、そうした諸難題があるからといって、何か他のアプローチを取れば良いという話になるとは思わない。何となれば、何であれ、完全に帰結を度外視した道徳的な計算を考案することは容易ではなく、帰結がたとえば不確実な場合、類似した問題が生じるからである(3)。むしろわかったことは、行為にかんする唯一の順位づけに功利主義はなりえないということだ。その理由は次の通り。事後的アプローチか事前的アプローチかを決定できるより高次の原理があるようには思われないことが一つ、そして、行為の順位づけがそれを行う個人に依存してしまうということが今一つの理由である。

注

（1） J・マーリースによる貢献を参照せよ（先の第二章）。

（2）　マーティン・ホリスは、功利主義者は「通常の」または「道理をわきまえた」人々の効用のみを考慮しようと欲しているのかもしれない、と私に語ったことがある。だが、よく考えてみれば、これはパンドラの箱を明けてしまうことになろう。子どもや狂人は簡単だが、喫煙者についてはどうか？　私の議論において、羨望は異常でもなければ道理に反することでもない。

（3）　もちろん、帰結主義的計算に対しては、たとえ帰結の計算において諸々の難題や曖昧さがないとしても、提起されると考えられる反論が他にもある。

（山崎聡訳）

第10章　功利主義、情報、権利

パーサ・ダスグプタ

1　分配の正義と個人の権利

「社会正義」は、ハイエクいわく、「諸個人が何をすべきかを命令されるような統制経済や『指令』経済（たとえば軍隊）でしか意味をもたない。……実際……諸個人のいかなる自由な行為も、何らかの分配的正義の原理を満たすような結果を生み出すことはできない」（Hayek 1976: 69）。これほど明快な立場は、間違いなくまれである。しかし、分配的正義の要求が個人の権利（特に意思決定の権利）と衝突するという主張は、しばしばなされてきたものである。

個人の権利（たとえば、他のいかなる人とも同等な尊重と配慮をもって処遇される権利）は、それ自体が目的であるという根拠で擁護されるかもしれない。または、（たとえば、状況により効率的な資源配分を維持するという理由で私有財産権を擁護するといった）ある種の望ましい目的を実現する手段として役に立つという根拠で、個人の権利が擁護される可能性もある。広く認められているように、これら二つの型の擁護論は、常にはっきり区別されるわけではない。たとえば、ある権利が目的とみなされるとしても、その目的自体が依然として正当化を要するかもしれない。おそらく、その正当化は、権利が助長し促進する人間の利益に基づくのであろう。たとえば、個人の自律性というカントの概念に訴えたり、単純に功利的な配慮を行ったりするのである。この論文で私が関心を寄せるのは、経済的分権化であり、よって、ある私的な意思決定の領域に対して個人がもつと考えられる権利である。それはハイエク教授のいう「保護された領分」の一側面である。私の問いは、分配的正義を要求すると、個人の意思決定の権利が一貫して侵害されることになるのかということであり、私はそうではないと主張する。ある種の意思決定の領域に対する権利行使は、分配的正義の実現の促進に手段として役に立つのである。議論の基礎となる観察事実は、いかなる社会でも、ほとんどの情報が私的にのみ知られているということである。実際のところ、いかなる一個人や意思決定単位にも、あらゆる情報の総和を知ることは不可能である。この観察から主張できるのは、分配的正義の目標がもっとも達成されやすいのは、諸個人が私的情報の一部の活用を奨励されるような環境だということである。言い換えると、ある種のきわめて例外的な状況を除けば、何らかの形で意思決定を分権化することが望ましい。特に、私的な意思決定に対して個人がもてる固有の権利という大局的な観点はもとより、分配的正義の視点からでさえ、純粋な指令システムが組織化のための最適な様式になることはまずない、ということになる。

ここでは、社会というものを、諸個人が相互利益のために協力する営みと考え、さらに、社会のメンバーの活動を調整するには、ある形の集権化された権威が必要になるとしよう。もちろん、功利主義のような社会厚生の古典的基準は、中央の権威を必要とし、その活動は、契約履行の確保など、限られた数の公共サービスの提供や、武力・盗難・詐欺からの人々や集団の保護といった、いわゆる最小国家の活動をはるかに超えるものである。分配的正義の要求は、最低でも、この中央の権威がさらに税・補助金を通じて購買力を個人間で再分配するように求めるだろう。

ノージック（Nozick 1974）によると、そうした税・補助金の賦課は、個人が歴史的に権原を有する実際の財やサービスに対してもつ不可譲の権利を侵害する。本論文では、そうした見解につながる議論が説得力をもつのかという問題には触れない。(1) いずれにしても、政治哲学者が昔から指摘しているように、（功利主義から出てくるような）分配的正義の要求は、個人が権原を有するある種の権利と容易に衝突する可能性がある。事実、セン（Sen 1970a; 1976）による最近の指摘では、ある最小限の「自由」の要求が、パレートの順位に体現されるような非常に弱い厚生基準とさえ衝突するかもしれないのである。そうした衝突は、いかなる分析的な困難をもたらすわけでもない。たとえば、個人が（明確に定義された私的な意思決定の領域のような）固有の権利をもち、「進歩」や効率性はもとより、分配的正義の考慮でさえそれを覆してはならない、ということが認められるのであれば、そうした権利を守ることは、選ばれた社会厚生基準の最大化をもたらす政策の実行過程において、侵害してはならない制約と見るべきである。[2] ここで、きわめて凡庸な所見であるが、もしこうした制約が最大化の実践に「影響する」としたら、制約が存在する場合に達成可能な最大の社会厚生は、制約が課されなかった場合に達成可能な水準を下回ることになる。さらにいえば、そうした制約を課すことで生じる費用を（見送られた社会厚生の観点で）計算することさえできる。これらはよく知られたことである。すべての権利がいつも等しく緊要なものとみなされるわけではないし、個人の権利はしばしば互いに衝突し、また一方で他の社会目標と対立する。[3] 最終的に求められるのは、社会状態の順序である。思うに、社会状態について語る場合、その特徴の記述には、財やサービスの生産と分配（ノージックの意味での「最終状態」）が含まれるのみならず、人々が選ぶ行為、選ぶ資格のある行為、他人から受けると予想できる待遇なども含まれる。もちろん、筋金入りの功利主義者は、そのような拡張された社会状態の概念が人々にとって重要であるなら、人々の効用関数に表現されるはずであると主張するだろう。しかし、この工夫では、非功利主義の政治哲学者たちが近年に指摘してきた点のほとんどが見過ごされる、ということに多くの人が同意するだろうとも思われる。政治哲学の重大な関心事が、社会状態の特徴づけであり、またその順序づけを求める際に重要となる議論であるとすれば、厚生経済学の理論の重大な関心事は、その順序に照らして望ましいと判断されるような社会状態の実現につながる経済環境の設計である。極端な（ノージックの哲学に見られるような）場合に、厚生経済学の理論のこうした役割がきわめて小さいことは認めざるをえない。かりに、最小国家が提供すると予期される保護の程度について決定にいたる必要があるとしても、この点にノージックはほとんど触れていない。にもかかわらず認めざるをえないのは、ノージックが考えるような私的権利という目的にしたがうと、正当化できる唯一の経済組織は、最小国家の善意の無関心のもとで生まれるものになるということである。しかし、これは極端な立場であり、ほとんどの政治哲学者は、目下の目的にもっとも役立つ経済組織を設計するいくらかの余地を認める。こうして、たとえばロールズが名著（Rawls 1971）で表明した見解によると、社会正義の要請をもっともよく満たすのは私有財産制と社会主義体制のどちらかということは、どちらも市場制度に依存する限り、前もって判断できるわけではない。彼はさらに述べている「市場システムの……重要な利点は、背景に必要な制度があれば、平等な諸自由および公正な機会均等と整合的なことである。……市場というシステムは経済的な力の行使を分権化する。……よって、認める必要があるのは、市場制度が私有財産制と社会主義体制の両者に共通することである。……これらのシステムや多くの中間形態のいずれが正義の要請にもっとも十分に応えるかということは、……前もって決定できるわけではない。」（Rawls 1971: 272-274）。

本論文で私は異なる角度から問題にアプローチし、次の仮定を置く。すなわち、社会厚生は個人の厚生のみに依存し、個人の厚生は財とサービスの配分だけに依存するとしよう。さらに、説明の便宜上、ある個人の厚生は（本人に割り当てられた財とサービスのみに依存するという意味で）完全に私的な選好に基づくとする。(4) 国家の関心は、いかなる技術的・情報的制約が存在しようと、そのもとで社会厚生のある基準を最大化することにあると仮定する。(5) 多くの場合、説明のため、社会厚生の基準は功利主義、つまり個人の効用（または厚生）の総和であるとする。後にわかることであるが、この定式化では、自己の厚生を経済状態の社会的順序づけに反映させる権利を除き、個人の権利というものはまったく考慮されない。私が問いたいのは、はたして経済的分権化や個人的意思決定のある領域に対する権利の付与が、選ばれる社会厚生の基準に照らして財とサービスの最適な配分を行う助けになるのかという問題である。これは次の二つの節で論じる。

2　厚生経済学の基本定理

厚生経済学の理論が個人的な意思決定のある領域に対する個人の側の権利をあまり強調してこなかったとしたら、その理由は、検討されてきた多くの状況において、実際には権利と分配的正義の要求の間に必ずしも衝突がないからである。諸個人が財とサービスの初期賦存をもつ経済の例を考えてみよう。(6) 国家が社会のあらゆる個人の効用（または厚生）関数および初期賦存を知っていると仮定する。このとき、厚生経済学には定理が存在し、効用関数がある技術的条件を満たす限り、財とサービスの完全最適配分（つまり、経済における財とサービスの総初期賦存のみを制約とし、選択された社会厚生の基準に照らして最適という意味）を以下の手順で達成することが可能である。すなわち、国家は同時に（あらゆる財とサービスの）価格の集合を宣言し、一括税・一括補助金を課すことにより諸個人の初期賦存を再調整し、諸個人に対してそれらの価格で取引をさせる。取引のルールは予想される通りであり、各人が選ぶ最終消費の組み合わせの市場価値は、国家が一括税（や補助金）によってその人に割り当てる所得を超えてはならない。これを形式的に述べるならば、効用関数がある条件を満たす限り、完全最適は社会のメンバー間で初期賦存を適切に分配した場合の競争均衡配分であるという。(7)

この定理については三つの所見を述べたい。第一に、定理が描く経済組織の構造はゲームの形式的特色を有する。すなわち、国家のみならず各個人が独自の行為集合から選ぶ権限をもち、加えて周知のルールが存在し、（国家を含む）すべてのプレーヤーが選んだ行為を最終的な財とサービスの配分に転換する。正確にいうと、国家は社会厚生の基準の最大化を望み、諸個人に一括税・一括補助金を課し、彼らが取引する価格を選ぶ権限をもつ。そして各個人は、自らの最終消費の組み合わせの市場価値が、税体系によって自分に割り当てられた所得を超えないという制約のもとで、もっとも好ましい財とサービスの組み合わせを選ぶ権限をもつ。定理が述べるのは、このゲームの（均衡）結果が財とサービスの最適配分になっているということである。[8] 第二に、ときどき見受けるものの、まったく正しくない考え方があり、それは、完全な厚生最適の状態を維持するため、国家は、ここで議論している経済において、諸個人が互いの利益になる取引を行うことを禁止しなければならないというものである。[9] 要は、国家によって商品の価格が選ばれ、資産の一括再分配が手配されて、基本定理が想定する以後の市場取引の結果には、個人間の相互利益となるような取引の余地が残らないのである。[10]

第三に、後々にわかることであるが、検討中の経済において、個人は選好（または効用関数）および財とサービスの初期賦存で特徴づけられ、国家は各個人の特徴を知っていると仮定されている。よって、実際、厚生最適の状態の達成に必要な一括税・一括補助金は人によって異なる。したがって、競争の過程は、すべての個人が同じ価格集合で取引をするという意味で匿名であるものの、再分配のための税・補助金は違う。この最後の点は驚くべきことではない。国家は個人の特徴を知っているのであるから、社会厚生のためにその知識を利用すべきなのである。貧しい人々は、そうでない人々からの税金を通じて補助金を与えられることになる。

ここで、一つ注釈しておこう。国家が厚生経済学の基本定理に要請されるほど多くの情報を実際にもつならば、諸個人の初期賦存を没収した後に、（厚生）最適配分になるような分配を行えば、かなり容易に完全最適を直接、実施することができる。これは指令《か》システムであろうし、厚生最適の状態を達成するために二つの配分メカニズムの間で選択する余地がどれほどあるのかという問題が生じる。指摘できるのは、国家が指令様式の計画のもとで伝達しなくてはならない「メッセージ」の集合は、価格メカニズムの場合よりもはるかに大きいものになるということである。[11] しかし、メッセージの送受信には費用がかからないと仮定しよう。すると、完全最適を維持するためのしくみとして、これら二つの特別なメカニズムの間でどれほど選択の余地があるだろうか？　基本定理に描かれている価格メカニズムのもとで個人が享受する自由は幻想であると主張できるかもしれない。結局のところ、国家は、各個人が何を選ぶかを正確に知っており、それどころか、社会的最適の状態に照らしてまさに国家の望む通りの選択を各個人が最終的に行うように財の価格と所得移転を選んだといえるかもしれない。この議論は一見、適切であるが、真に満足できるものではない。というのも、個人が実際に何を選択するかを国家が知っているからといって、その人には違う選択が不可能であったことにはならないからである。実際のところ、個人が何を選ぶかを国家が知っているということがその人にはわかるのである。しかし、それ自体は明らかに、個人が選択権を行使していないと考えるもっともな理由にはならない。

3　情報の差別化と経済の分権化

厚生経済学の基本定理によると、ある種の状況下では、分権的メカニズムを通じて完全厚生最適の状態を達成することができる。しかしまた、そうした状況下では、完全な指令システムによる厚生最適状態の達成も可能であることが指摘された。厚生最適の状態を維持するための道具としては、いずれの様式も同じくらい効果的に見えるだろう。とはいえ、基本定理の操作的な魅力もまた最小限である。国家が所有すると仮定される情報は膨大な量である。私たちの例では、国家が社会のあらゆるメンバーの選好と賦存を知っていると仮定される。こうした観察だけをとってみても、ある種の私的な意思決定に対する個人の権利は、道徳的要請であるのみならず、同時に必要不可欠であるかもしれない。国家が所有する情報は不完備であるという事実がそうさせるのである。

ある種の情報については、関係する個人だけが知っている（または知ることになる）と仮定する。すなわち、公に観察することは高くつく（または極端な場合、不可能である）。こうした私的情報はおそらく次のものを含む。①個人の私的特徴（選好や私的賦存など）、つまり彼がどんな人物であるか、②彼がとる行動（ある仕事に対してどれほど一生懸命に働くかなど）、つまり彼が何をするか、そして③世界の状態にかんする局地的情報、または特殊な技術的可能性のある側面[12]。また、ある種の情報は周知であるか、比較的安い費用で公に観察することが可能であると仮定する。これらは、正確な情報（ある企業が排出する汚染量など）であるかもしれないし、統計的情報（ある一時点における特定の社会の年齢分布など）であるかもしれない。私たちが考えたい組織は、結果（財とサービスの配分）が、私的情報に基づく私的意思決定と周知の情報に基づく公的意思決定の関数になっているようなものである。そして、そうした組織のなかから選ぶ際には、選ばれた社会厚生の基準による測定結果を基礎にしたい(13)。

これは難しい仕事であり、ごく最近になるまで無視されていた。つまり、個人と国家が異なる情報構造を有する場合の社会組織の選択である。しかし、まず問題にしてよい点は、なぜ国家が個人に私的情報の提供を要求しないのかということである。要は、国家があらゆる私的情報を集めれば、完全最適を遂行できるのである。この問いに対しては、少なくとも二つの答えがあり、私たちの知る世界では明らかにどちらも妥当である。第一に、答えがどのように社会的行動に翻訳されるのかを個人が知っているとき、その人は、完全最適が認めるよりも自分が有利になるように社会的結果を偏向させようとして、嘘をつく誘因をもつかもしれない。第二に、たとえすべての個人が社会厚生の選ばれた基準に道徳的にコミットし、その共通基準の最大化を目指して常に行動する心構えが実際にあるとしても、通信の費用（そうしたメッセージを伝える費用）が高すぎるかもしれない(14)。この第二の答えは、マルシャックとラドナーのチームの経済理論に動機を与えたものだが、これがきわめて重要なのは、次の事実に私たちの目を向けさせるからである。すなわち、たとえすべての個人が共通の目標に基づいて行動するとしても、私的情報を活用するためには、依然として私的な意思決定が必要になるのである。特に、ここからわかるのは、最終的な配分が公的情報のみの関数となるような指令システムは、まず最適にはならないということである（たとえば Weitzman 1978 や Dasgupta, Hammond and Maskin 1980 を参照せよ）。

しかし、ここ数年の間に膨大な理論研究の文献を誘発したのは第一の答えである(15)。というのも、直ちに考えることになるのは、選ばれた社会厚生の基準の最大化を目指す誘因の設計だからである。あらかじめ十分に明らかなのは(16)、（均衡）結果として完全最適をもたらすような社会組織の設計が、一般には可能でないかもしれないことである。通常、達成可能で最善の結果は、経済学者が不器用にも「次善最適」と呼ぶものである。一般的な問題および私が強調したい点を説明するために、マーリース（Mirrlees 1971）の驚くほど簡素な例を用いることにする。

職人の経済を考えよう。個人は余暇を単一の消費財（所得と呼ぶ）に転換する固有の能力をもっている。正確にいうと、ある人のもつ固有の能力（または生産力）の水準がn（nは正の数）であるとき、彼がこの生産力の水準でl時間働くと、彼が生産できる消費財の量はnlになると仮定する。個人の効用は、彼自身の余暇時間と可処分所得のみに依存し、余暇と可処分所得のどちらが増えても効用は増加する。つまり、選好は私的なものである。さらに、諸個人の効用関数は同一であると仮定する。ただ、個人のもつ効用関数は同一であるが、能力は同一ではない。よって、個人は生産性のタイプによってグループ分けできる。能力nの個人の数を$N(n)$と仮定する。同じ労働時間でも、より能力の高い人は明らかにより高い所得を生み出すことができる。これ以降、人は自分の固有の能力を超える水準を模倣・発揮することはできないが、自分の選択次第で、より低いいかなる水準でも働けるとする。[17]

最初に、この経済における自由放任の結果を見てみたい。より正確にいうと、最小国家のもとで生じる結果である。まず留意すべきは、ある人から別の人へ余暇を移転することはできないため、この経済には交易の余地がないことである。というのも、能力の低い人は高い人に対して、後者の高い生産性の果実と引き換えに、何を提供できるのだろうか？　同様に、生産性が同じ人々の間にも交換の余地はない。このように、最小国家のもとで明らかなのは、各人が自らの固有の能力水準において個別に働き、効用を最大化するために自らの所得と余暇の組み合わせを選ぶということである。人々は、前提により同一の効用関数をもつため、当然のことながら、能力の高い人は高い効用水準を実現することになる。能力水準nの関数としての効用水準の分布が図に描かれている。付言する必要はほとんどないだろうが、実現される効用のこの分布は、パレートの意味で効率的である。

この結果と比べてみたいのは、かりに国家が社会厚生基準の最大化を目指して介入を行った場合に到達するはずの結果である。しかし、強調したい点は、達成可能な最善の結果は、経済への各参加者がもつ（または入手できる）情報

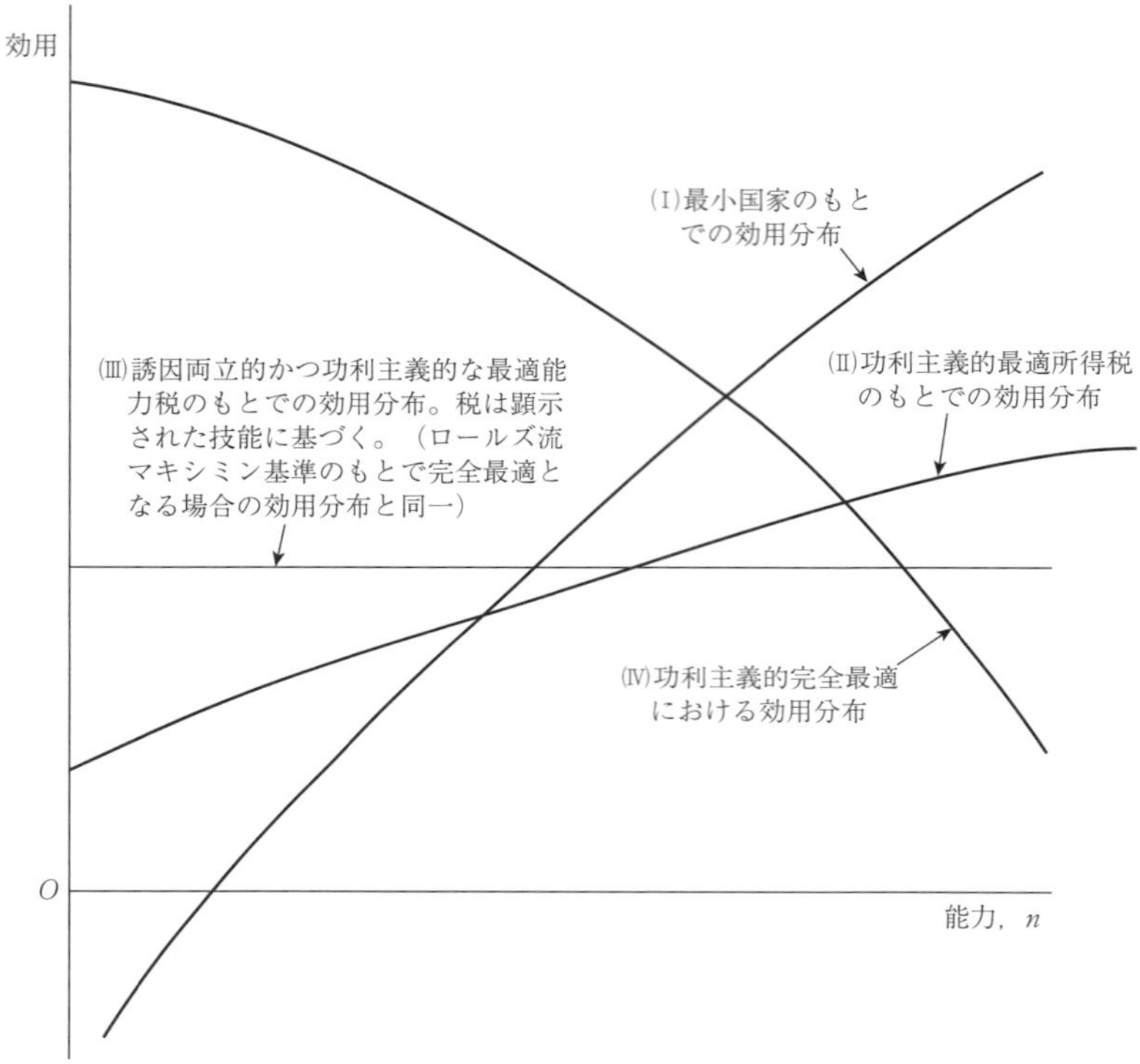

図10－1　$u_n(x)$ が計画 x における能力 n の個人の効用水準を指し，$W(x)\,(=\sum_n N(n)u_n(x))$ が計画 x における効用の総和であるとき，$W(\mathrm{IV}) > W(\mathrm{III}) > W(\mathrm{II}) > W(\mathrm{I})$ となる

に依存するということである。前提により、各人は自分自身の効用関数と固有の能力を知っている。よって、国家が利用できる情報の量を変えることにより、最大限達成可能な社会厚生が実際に変わる程度を描き出すことができる。これをより鮮明にするため、この社会はシジウィックの哲学を採用し、社会厚生の基準は効用の総和であると仮定しよう。国家が最大化しようとするのは、この総和である。

これ以降、国家は共通の効用関数を知っており、また各能力タイプの人が何人いるかを知っていると一貫して仮定する。さらに、政府は費用をかけずに個人の所得を観察できると仮定する。まず、功利主義的完全最適、つまり国家が各人固有の能力水準も知っている場合に達成できる結果を見てみたい[18]。ここで明らかになるのは，大部分の個人的効用関数（したがって個人的選好）のもとで，功利主義的完全最適は，より高い固有の能力をもつ人がより低い効用水準を得るという特徴をもつことである[19]。功利主義的完全最適における効用分布も図10-1に描かれている。明らかにこの効用分布もパレートの意味で効率的である。

この結果でもっとも驚くべきことは，効用の順序が最小国家での順序から完全に逆転している点である。最小国家では，能力のより高い人がより高い効用水準に達する。功利主義国家では，彼らが達する効用水準はより低いのである。功利主義は効用の総和を最大化しようとする。私が述べている結果では，この総和を最大化するため，実際に能力のある人たちは，はるかに長い時間働いて，経済で生み出される所得の増加を助けなくてはならず，結果的に彼らの効用水準はより低いものとなる。要は，こうしてもたらされるより高い所得は，能力のより低い人々への補助金に使われるのである。実際に能力のある人たちの境遇は，最小国家よりも功利主義国家のもとで明らかに不遇となる。彼らははるかに多く働かなくてはならない。しかし，能力のより低い人々の境遇はより良いため，結果的に効用の総和はより大きくなる[20]。

この功利主義的最適はどのように遂行されるのだろうか？　仮定により，国家は各個人の固有の能力を知っており，個人の所得を観察できるため，一つの方法は，国家が人々に一定量の所得を生み出すことを要求し，それを国家が徴収した後に分配することである。功利主義的完全最適において各個人が働くべき時間と消費すべき量を国家は正確に計算できるので，こうした指令を実施できる。別の方法は，国家が各個人の能力だけに基づいて個人に課税し，個人は労働時間を自ら選択する。この能力税体系は，能力のより高い人への課税と能力のより低い人への補助金である。これは分権化されたメカニズムであり，厚生経済学の基本定理の応用であって，個人は自らに課される最適能力税（または補助金）に直面して，自らの活動（ここでは労働時間）を選ぶことが可能である。要点は，最適税（または補助金）に直面した個人が，自分自身の利益に照らして選択する労働時間が，まさに功利主義的最適の要請と一致することである。前節ではこれら二つの遂行様式を比較した。

ここで仮定を緩めて、国家は誰がどのタイプであるかを知らないとしよう。実際、国家は個人が選択する労働時間を観察できず、個人の所得のみを観察できるとする。このとき国家は、個人の所得を観察するだけでは、その人が「高い」能力をもち「高い」余暇水準を選んだのか、それとも能力は「低い」が長時間働いたのか、わからない[21]。しかし、ここでわかるのは、功利主義的完全最適は達成できないということである。たとえば、人々に対して各自の固有の能力を申告するように依頼して国家がこれを達成することは、明らかに不可能である。功利主義的完全最適においては、能力の高い人の境遇は、能力の低い人の境遇よりも悪い。個人は自らの返答が完全最適の遂行に利用されることを知っているので、能力の高い人々は、国の補助金の受給資格を手にするため、あたかも能力が低いように申告し行動する強い誘因をもつだろう！　同様に重要なのは、国家がそのような誘因問題の存在を知るだろうということである。私が考えたいのは、国家と個人の間の情報のやり取りが、課税の執行以外のいかなる形態であれ、きわめて高くつくような場合である。自明なことであるが、国家は観察可能な対象だけに課税しなくてはならない。国家が観察できるのは個人の所得だけであるから、推進できる唯一の政策は、所得税制を課すことである[22]。これをゲームと考えると便利で、所得税制は国家の戦略であり、余暇（したがって労働時間）の選択が個人の選択となる。さらに、国家は効用の総和の最大化を目指して所得税制を選ぶとき、いずれのタイプの人々の反応の仕方も知っている。国家が最適所得税制を課すと、各個人の境遇は自分よりも能力の低いいかなる人よりも良く、よって各人は自分固有の能力水準で働くということを示せる。この結果は図10－1に描かれている。もっとも能力の低い人は、自らの収入はわずかであるが、税制により所得補助（負の所得税）を受け取る。これは、かなりの収入を選択する有能な人から徴収される所得税で賄われる。最適所得税制のもとで達成される効用の総和は、完全最適における効用の総和をもちろん下回る。しかしそれは（功利主義の観点からは）実現可能な最善の結果である。というのは、政府のもつ情報は限られており、さらに、所得税申告書の記入と課税を除けば、政府と市民の間のやり取りはいかなるものもきわめて高くつく、として排除してきたからである。

表10-1

政府が観察できる変数	最適の型	最適税・補助金（以下に基づく）	効用の分布
y, n	完全最適（パレート効率的）	真の技能（能力），n	すべてのnおよびn'（$n>n'$）について，$U_{n'}>U_n$（図の計画Ⅳ）
y	次善最適（情報制約のもとでパレート効率的）	所得，y	$n>n'$を満たすすべてのnとn'について，$U_n>U_{n'}$（図の計画Ⅱ）
y, l	次善最適かつパレート効率的（ロールズ流政府にとっての完全最適と同一）	「顕示された」能力（または技能），y/l	すべてのn，n'について，$U_n=U_{n'}$（図の計画Ⅲ）

功利主義的な政府に可能な結果の要約。すべての場合の仮定として，政府は（同一の）効用関数と，各技能（能力）の範疇に入る人の数を知っている。能力nの人は，$y \leq nl$という関係を満たす労働時間lと産出量yを選べる。U_nは生来の技能または能力水準nの人の効用水準を指す。

三つの点を強調したい。第一に、功利主義的な政府は、理想的には能力税（すなわち個人別の税）を課したいと考えるが、誰がどのタイプであるかわからないため、それはできない、ということを確認した。対照的に、最適所得税は「匿名」であり、手にした所得に対して税金が課される（あるいは補助金が支払われる）。二人の個人は、そのような税制のもとでは、同額の所得を手にする限り、同額の税金を支払う（あるいは補助金を受け取る）ことになる。[23] 彼らが異なるタイプであるとしても重要ではない。国家は、前提によりそもそも彼らを見分けることができない。人々は、税制のもとで、自らの労働時間の選択によって所得水準を選ぶのである。この意味で、すべての人が平等に扱われる。不平等に扱われるのは、異なる額の所得を稼ぐことによって自分たちの差異を顕示する場合である。しかし、選択の余地はある。

第二に、この様式の分権化（最適所得税を利用するもの）は、政府に利用可能な情報が限られているがゆえの必然である。たんなる道徳的な要請ではない。最適所得税を課すことで得られる結果を達成できるような指令システムは存在しない。政府がもつとされている情報が限られているため、あらゆる指令様式の計画は、結果的に社会厚生が低くなるのである。

さて、最適所得税を課すと、経済学者のいう「歪み」が経済にもたらされる。結果的な効用の配分（図10-1の計画Ⅱ。表10-1も参照せよ）はパレート効率的ではない。つまり、すべての人の効用を高めるような、技術的に実現可能で異なる余暇と消費の人々への配分を想像できるのである。これで第三の点にたどり着く。すなわち、そのような技術的に実現可能な配分は実際に存在するが、政府に利用可能な情報が限られており、また誘因問題があるため、そのような配分は遂行できない。つまり、そのような配分は情報的に実現可能ではないのである。これは、最適税制を課すと、いわば「情報制約のもとでの」パレート効率的配分にいたるということを意味する。そうなることは容易に確認できる。というのも、政府に利用可能な情報が限られているとき、すべての人の境遇を改善するような別の配分が情報的に実現可能であったとしたら、効用水準の総和は高くなるはずだからである。そうだとすると、検討中の所得税制は（功利主義的）最適所得税制ではないことになる！

ここで、検討したい最後の場合に移ろう。政府が個人の所得のみならず労働時間も観察できる場合である。しかし、引き続き、政府は誰がどれほど固有の能力（技能）をもつかはわからないと仮定する。読者は気づくだろうが、この場合はモラルハザードの問題を回避するものの、逆選択の特色を残している。これこそ問題を興味深いものにする。功利主義的な政府がこの場合に達成できることが、最適所得税で可能なことを上回るのは明らかであるが、典型的には依然として功利主義的完全最適を達成することはできない。なぜなら、人々は実際よりも能力が低いように装って行動することができるからである。先ほど指摘したように、要は、技能水準がたとえば $\bar{n}$ である個人が l 時間働けば、産出 y は $\bar{n}l$ で与えられる。しかし、本人の選択次第で、手加減をして $\bar{n}$ を下回るどのような技能水準 $\bar{n}'$ でも働くことができ、$\bar{n}'l$ に等しい産出を生み出せる。政府は仮定により y と l を観察できるのみである。よって、手加減をして働く方が得であるためにそうしている個人を見つけ出すことはできない。ダスグプタとハモンド（Dasgupta and Hammond 1980）とマーリース（Mirrlees 1981）が示したように、この情報構造のもとで功利主義的政府が保証できるのは、せいぜい、技術的に実現可能な最大均一効用分布である（図の計画Ⅲ）。(24) この功利主義的次善最適を特徴づける、強調箇所の二番目の形容詞「均一」は、すべての個人が同じ効用水準に達することを述べ、最初の形容詞「最大」は、配分が言葉の完全な意味でパレート効率的であることを意味する。(25) しかし、これら二つの特徴は、この功利主義的次善最適が実際にはロールズ教授の格差原理を奉じる政府にとって完全最適になっていることを直ちに示唆する。これは確かにそうなるのである。つまり，検討中の経済で，ロールズ型の政府は，人の生来の能力を観察できなくても，代わりに労働時間を観察できれば，失うものは何もない。他方，功利主義的な政府は何かを失う。図の計画Ⅳから計画Ⅲに移行しなくてはならない。功利主義原理と違って格差原理が「誘因両立的」であるというのはこの意味である。(26)

4　ハイエク教授——進歩と自由について

功利主義は帰結主義哲学であり，以上の二つの節で私は意識的に帰結を非常に狭く定義した。それは，財とサービスの配分および（その含意としての）効用の配分である。また本稿で私は，個人的裁量（ある種の決定を下す自由）の手段的役割についても意識的に検討した。人がそうした自由を有する固有の権利については考慮してこなかった。私が主張したかったのは，ハイエクの見解に反して，ある種の個人的裁量は，分配的正義の目標と衝突しないのみならず，分配的正義の促進のためには，むしろ奨励されるべきだ，ということである。これから私が主張したいのは，有名なリバタリアン的見解にもかかわらず，ハイエクはまさに帰結主義者であり，個人主義一般に対して，また特に無制限の市場の力に対して彼が付与する価値は，元来，完全に手段的なものであり，それが彼の追求する目標を推進する手段になる理由を彼は説明したがらない，ということである。

ハイエクの個人主義の源泉は，社会における情報の大部分が周知ではないという事実にある。というのも，彼によると，「事実上あらゆる個人が他のすべての人に対して何らかの点で優位に立っている。なぜなら，人は有効活用できる可能性のある独自の情報をもつが，その活用のためには，情報に依存する意思決定が，本人に任されるか，本人の積極的な協力を仰いで下されなければならないからである」（Hayek 1945: 521-523）。ノージックが自発的移転のことを語り，それに物事を委ねるとすれば，ハイエクは市場の力，特に価格メカニズムの自生的作用の長所をたえず褒めたたえる。社会における知識の利用についての古典的小論で，彼は次のように述べている。「価格システムの真の機能を理解したいならば、それは情報のやり取りのためのメカニズムであると見なければならない。……このシステムにかんするもっとも重要な事実は、それが作動する際の知識の節約、つまり個々の参加者が正しい行動をとるために知る必要のある情報の少なさである。簡略化された形で、一種の記号により、もっとも本質的な情報だけが、しかも関係者だけに伝えられる。価格システムを電気通信システムとして描き、……そのおかげで個々の生産者は数個のポインターを見るだけでよいように喩えるのは、たんなる比喩にとどまらない。」(Hayek 1945: 526–527)。

直ちに主張できるのは、多くの情報が私的であるという事実だけでは、無制限の市場の力の作用こそ実現可能な最善の資源配分メカニズムであるという判断の保証には不十分だ、ということである。かりに、情報の私的性質を指摘するハイエクの意図が、政府は実際以上に情報をもっているように装うべきではなく、あるいは社会組織は諸個人が私的情報の一部を利用するように勧めるべきであると主張することのみであるならば、その点は明らかにもっともである。しかし、当然、ハイエクの主張の意図はそれをはるかに超えている。問題は、無制限の市場の力の作用の代わりに、ハイエクがまともに考察しようとする唯一の選択肢が、すべてを政府が決定するような制度だという点である。彼はある時点で次のように述べている。「当局の手にあらゆる意思決定が集中すること自体、社会が依然としてもつ構造が政府によって押しつけられる事態を招き、また諸個人は交換可能な単位となって、すべてを包括する組織に決定される以外には何ら確固とした永続的相互関係をもたなくなる」(Hayek 1948: 27)。他にこれしか選択肢がないとすると、市場メカニズムが楽々と勝つことは当然である。しかし、すでに論じた例が示唆するように、大半の知識の私的性質を認めながらも、(選ばれる厚生基準に照らして)市場メカニズムよりも優れた結果をもたらす他のメカニズムが存在するのである。さらに留意すべき点は、社会正義の所与の基準を最大化するからといって、国家は、選ばれるメカニズムの不可欠の要素として価格に頼ることを避けるわけではないということである。

ハイエクが私たちに信じさせたかったのは、社会正義の要求が完全な指令システムを必然的に招くということであった。この点で彼は間違っていると私は主張してきた。彼が分配的正義の主張を退けるのは、それが個人の自由と衝突すると考えるからである。しかし、彼が個人の自由を擁護するのは、手段的考慮に基づいているように見える。というのも、影響力のある著書『自由の条件』でハイエクがはっきり述べているように、彼の追求する目的と、彼の考える自生的な市場過程が達成するのは進歩であって、彼いわく、「進歩とは、人間の知性の形成と修正の過程であり、私たちの知る可能性のみならず価値観や欲求も不断に変わり続けるような、適応および学習の過程である」（Hayek 1960: 40）。さらに、「人々がしたがわざるをえない変化は、進歩の費用の一部であり、それは、大部分の人のみならず（厳密にいえば）あらゆる人間が、文明の成長に導かれて、自らの選択ではない道を歩むことになるという事実を示している」（Hayek 1960: 50）。

　気がかりなのは、無制限の市場の力こそ進歩を生み出す正しい力であるという想定の擁護論を、ハイエクが著書で結局のところ何ら提示していない事実よりも、むしろ議論を提供する義務はないとする彼の信念である。彼の逃げ道は完璧である。彼は市場メカニズムを理解しているように装わないし、皆に対して理解を試みないように警告する。以前の論文で彼は述べている。「［真の個人主義は］個人の知力の限界に対する鋭敏な意識の産物である。それは、諸個人が自らの知識を超えるものを創造する助けとなる、非人称的で匿名の社会過程に対する謙虚な態度を誘発する」（Hayek 1948: 8）。この神秘的な力（市場メカニズムの自生的過程）を前にして、私たちは謙虚であるべきだという以外に何か処方箋があるだろうか？　確かにある。というのも、ハイエク教授は、「いかなる人の行為も本人に可能な展望の範囲をはるかに超える効果を及ぼす複雑な社会において、個人が社会の匿名で一見不合理な力にしたがう必要性」を論じているからである（Hayek 1948: 24. 強調は私）。「なぜ？」と問えば、ハイエク教授には即答が可能で、それは私が先ほど示唆したものである。彼によると、「複雑な社会に生きる人間には、社会過程の盲目的な力としか見えないようなものに自らを合わせるか、上位者の命令にしたがう以外に、選択肢はない」（Hayek 1948: 24）。

　このような反合理的な見解は、多くの人にとって不快であるかもしれないが、それでもハイエクの哲学のもっとも気がかりな特質ではない。結局のところ、私にとってもっとも気がかりなのは、彼が進歩という概念のために権威主義をかなりの程度、喜んで許容するように見えることである。実際、ハイエクは、社会の役に立つとわかれば個人的自由を喜んで断念するように見える。彼は次のようにいう。「個人的自由を擁護する主な根拠は、私たちの目的と厚生の達成を左右する要因の大多数について、私たちの誰もが不可避的に無知であるという認識である。かりに、全知の人間がいて、私たちの現在の希望のみならず将来の願望や欲求の成就に影響を与えるすべてを知ることができるなら、自由を擁護する根拠はほとんどなかろう。……重要なのは、いかなる自由を私が個人的に行使したいかではなく、ある人が社会にとってよいことをするためにいかなる自由を必要とするだろうかということである」(Hayek 1960: 29, 32)。そのうえ、「もし、個人的自由の結果として、ある生き方が他の生き方よりも成功することが示されないとしたら、個人的自由を擁護する論拠のほとんどは消滅するだろう」(Hayek 1960: 85. 強調は私)。

ハイエクの見解の一部はきわめて驚くべきもので、彼が真剣であるとは信じがたい。たとえば、彼によると、干ばつ(自然の盲目的な営為)の「正義」や「不正義」を語ることができないのと同じように、市場の力の自由な作用によって生じる配分について、「公正な」あるいは「不公正な」という形容詞を使うことはできないらしい。結局、いかなる人もそのような配分を意識的に望んだわけではない[27]。この最後の点は、あらゆる人に選ばれる行為や母なる自然に「選ばれる」営為が結果を左右するようないかなる社会組織にも当てはまるだろうという事実はさておき、社会を市場の力の自由な作用のなすがままにするのかということ自体は、社会的な決定である。しかし、彼は、競争的な過程の結果として生じる所得分配が公正であるかと問うことには意味がないと確信しているものの、分配の結果は何であれ確実に承認する。というのも、彼の考えでは、過程が公平なものだからである。たとえ、進歩をやみくもに追求するなかで、成功しなかった人々やその子孫たちが経済で置き去りにされたとしても、それは重要には見えないのであろう。少数の成功者は、「前衛部隊が始めた新たな生き方の最初の兆し」なのである(Hayek 1960: 130)。ハイエクが好む報酬計画はあるのだろうか? それは存在する。彼はある時点で述べている。「じつは、当然のことながら、私たちは人々に最大の功績を挙げてほしいわけではなく、むしろ最小の苦痛と犠牲で、したがって最小の功績で、最大の利便性を実現してほしいのである」（Hayek 1960: 96）。説明は不要であろう。

5　権威と個人的裁量

あらゆる社会組織は指令と個人的裁量の混合体制のもとで作動する。企業のような権威の階層構造においてさえ、各メンバーはある程度の裁量を認められている。サイモン（Simon 1957）が強調したように，雇用契約にさえ，雇用者は仕事の割り当てのような形態の命令に従業員がしたがうものと考える合意が組み込まれている。しかし，あらゆる場合に，従業員も（仕事のこなし方について）ある程度の裁量を発揮できる。本稿で強調しようとしたのは，そうした裁量が組織の目的の観点から望ましい主な理由は，メンバーの保有する情報が異なるからだということである。組織の各メンバーの目的が一致する場合，個人的裁量を認めると有利になることは，マルシャックとラドナー（Marschak and Radner 1972）の研究が示唆する通りである。このことは，第三節の議論が明らかにしたように，目的が異なる場合にも依然として当てはまる。そのうえ，個人的裁量を擁護する単純な理由として，個人の真の生産性が命令のもとでは低下する可能性が挙げられる。これは第二節と第三節の形式的説明では無視した可能性である。ある従業員が雇用契約に署名する（ことにより，ある種の命令への服従を約束する）とき，それは自発的なものだということができる。しかし，所得と富の格差が大きい経済では，この従業員にとって別の選択肢はきわめて限られているかもしれない。国家があるメンバーから徴収した税金で別のメンバーに補助金を与える場合，他の条件が変わらないとすると，前者の選択肢の集合は縮小し，後者のものは拡大する。ある人から別の人への権利の移転が発生するのである。もちろん，最近ノージック（Nozick 1974）が主張したように，このような購買力の再分配は，個人が歴史的に有する実際の財とサービスに対する権原を侵害することになるといえる。本稿ではこの議論の評価は試みなかった。代わりに，私は異なる方向から問題に接近し，自分自身の厚生を社会計算に反映させる権利を除いて，権利というものを無視してきた。

本稿で展開した議論によると、ある形態の個人的裁量（ある行為集合から選択する力を個人に与えること）は、社会厚生という目的の促進に役立つとされる。確かに、緊急事態のような特殊な状況が存在し、その場合は、戦争や飢饉の最中の財の配給のような指令システムへの依存が役に立つことがわかるであろう。しかし、その場合でさえ、希望する個人には配給物の交換を認めるほうが、社会厚生の観点からはしばしばよいであろう。理由は第三節で検討したものと同じで、一部の私的情報は周知ではないという事実である。

ただし、分配的正義の主張が個人の権利と衝突する可能性がないと述べているわけではない。その可能性はあり、政治哲学と経済学の双方で、膨大な文献がそれを示している。しかし、すべての権利が等しく説得力をもつわけではない。とにかく、私は、情報が分散している経済で、正確にはどのような権利が分配的正義の促進に役立つのかを議論したかったわけではない。それは事例によって明らかに異なるであろう。私の目的は、狭義の純粋な指令システムは、分配的正義の観点からでさえ、組織化のための最適な様式ではないと主張することであった。

この小論の執筆に際しては、ロナルド・ドゥオーキンおよびジュリアン・ルグランとの議論が非常に有益であった。現在の形にまとめられたのはプリンストン大学滞在中であり、全米科学財団から研究助成を受けた。

注

（1） この点の詳細な議論については、たとえば Arrow 1977 や Dasgupta 1980 を参照せよ。

（2） 以下では、中央当局の関心が（とりわけ分配的正義の概念を含む）社会厚生の基準の最大化にあると仮定する。説明の便宜のため、この基準は古典的功利主義であるとしばしば仮定する。

（3） 複数の目標が衝突するときには、妥協を迫られる。そうした目標に付与される「社会的な重み」は通常、目標が実現される程度に依存することになる。極端な場合、ロールズの体系における正義の二原理のような、辞書式順序を伴う目標となる。

（4） 読者は気づくだろうが、私はドゥオーキンの用語を借りて、「私的」選好を「外的」選好から区別している（Dworkin

1977: 234, 275）。実際のところ、個人の選好に強い仮定を設けなければ、個人の私的選好を外的選好から隔離することは不可能である。一般に、ある人のワインとビールの消費に対する本人の選好は、他の人々が消費する財に依存する。ただ、私の目的にとってこれは重要ではない。なぜなら、私が述べることのほとんどは、外的選好を社会計算に考慮してよいならば、外的選好を含めることに対応できるからである。

（5）また、翌日の気象条件のような世界の状態の不確実性や、自分自身の将来の選好にかんする個人の不確実性については捨象するとしよう。さらに、ここでは時間を捨象しており、したがって、いかなる自然状態についても、個人の選好が時間の経過とともに予測可能な形で変化するということを本人が知っている可能性は排除する。こうした論点のそれぞれには、以下の議論で対応することができる。しかし、さらなる思考と注意が必要である。ロールズ（Rawls 1971, Chapter 9）は、「自己」概念の深い分析を提示し、また熟慮に基づく合理性という考え方を論じている（Chapter 8, 416-424）。後者の議論には、個人の側における（経済学者のいう）異時点間整合的選好の説明が含まれている（Strotz 1956 を参照せよ）。この最後の論点と、不確実性のもとでの事前的および事後的社会厚生関数の区別の問題を、ともにハモンド（本書第四章）が論じている。

（6）説明を簡略にするため、純粋交換経済を仮定する。つまり、生産はない。これは以下の分析にとってまったく致命的なことではない。また、記述しているモデルでは時間の経過を認めることもできる。ここで捨象している特徴を含めた場合の帰結をうまく説明したものとして、Malinvaud 1971 を参照せよ。

（7）この結果は、しばしば厚生経済学の基本定理と呼ばれ、経済学と政治哲学の双方の文献で大いに議論の的となり、また社会主義経済計算論争の基礎となった（Lerner 1944 および Hayek 1948 を参照せよ）。定理の技術的表現については、たとえば Malinvaud 1972 を参照せよ。Meade 1964 および Rawls 1971, section 42 は素晴らしい議論を提供する。

（8）これは、同じ帰結をもたらす他のゲーム、したがって他の経済システムが存在するかという問題につながる。答えは「イエス」である。異なる文脈でこれを論じたものとして、Mas-Colell 1978 を参照せよ。基本定理はゲームが二つの手番でプレーされると想定していることに注意しなければならない。国家が最初に動いて価格を宣言し、移転を課する。個人が次に動き、取引を行う。次節で論じる計画モデルもこの「二手番」構造を有する。

（9）Nozick 1974: 161-163 を参照せよ。そこでウィルト・チェンバレン〔北米プロ・バスケットボールの伝説的プレーヤー〕

と彼の称賛者に立ちはだかるジレンマは、逆の仮定に基づいている。

(10) 形式的には、ここで述べているのは、考察中の経済の競争均衡結果が、たんにパレートの意味で効率的であるのみならず、コアにも入っているという事実である。つまり、適切な一括税・一括補助金を課した後、いかなる下位集団も、そのメンバー間だけで取引をしても、厚生最適の状態を超えることはできない。コアの形式的定義とここで述べている結果については、Malinvaud 1972 を参照せよ。Nozick 1974, Chapter 10 にはこの概念の優れた議論がある。

(11) m 人と l 個の財・サービスがある場合、大まかにいうと、国家は分権的計画のもとでは（$m+l$）個のメッセージ（m の所得移転と l の価格）を伝え、指令システムのもとでは ml 個のメッセージ（各個人に対して l 量の財）を伝える必要がある。m と l が大きければ、明らかに ml は $m+l$ よりもはるかに大きい。

(12) 保険の文献では、逆選択およびモラルハザードという用語によって、それぞれ私的情報の第一および第二の範疇で生じる問題が特徴づけられる。

(13) したがって、基本的な着想は前節で論じたものと同じである。Myerson 1980 と Laffont and Maskin 1981 は、上で言及した私的情報の三つの範疇のそれぞれが存在するような一般的計画問題の統一的定式化を提示した。

(14) もちろん第三の答えがあり、それは人々が「プライバシー」に対してもつと考えられる権利と関係する。ここでの私の関心は、分権化された意思決定の手段的役割にあるため、当然、この答えを無視している。

(15) 誘因両立的な資源配分メカニズムの問題は、Hurwicz 1972 によって先鞭をつけられ、近年さかんに論じられている。Laffont 1979 はこの主題をめぐる論考の豪華な実例を含んでいる。厚生最適配分の遂行のために設計されるさまざまな社会組織の分類については、Dasgupta, Hammond and Maskin 1979 を参照せよ。

(16) ここでいう完全最適は前節の完全最適と同じである。つまり、個人の真の基底的選好および賦存に基づくものである。

(17) 前提により、人の効用は自分自身の余暇時間と可処分所得だけに依存するため、能力ある人間であると認められることに誇りは感じないと仮定している。

(18) 注意を要するのは、国家が個々人の能力タイプを識別できず、よって誰がどのタイプであるかはわからなくても、各能力タイプの個人が何人いるかを知ることはできる点である。後に私が利用するのはこの区別である。

(19) これが成り立つ個人的選好の条件については、Mirrlees 1974 と Allingham 1975 を見よ。条件はかなり緩やかである。

(20) 私がこうした明白な特色を強調しているわけは、功利主義国家で能力のより高い人々が低い人々のために働か「される」ことには一理あるからである。これはノージックが嫌悪する政策の明らかな一例である。筋金入りの功利主義者はもちろん気にしない。それが功利主義の命ずるところであれば、そうすべきだというはずである。

(21) したがってこの例は、注12で言及された逆選択とモラルハザードの問題の双方を含んでいる。

(22) 人は自らの固有の能力を下回る水準で働くことができるので、これもある程度までは個人の選択である。しかし、後に見るように、最適所得税制が課される場合、人々は実際に自らの固有の能力水準で働きたいと考えることになる。

(23) 最適所得税制がランダムな要素を含むようなモデルを作ることは難しくない。つまり、制度上、例を挙げると、年収一万ポンドの人に、四分の一の確率で二〇〇〇ポンド、四分の三の確率で三〇〇〇ポンドの所得税を課すことができる。この場合、もちろん、同額の所得を手にしている二人が必ずしも同額の税金を支払うわけではない。すなわち、事後的に、水平的衡平性の原理が侵害されるが、事前的には侵害されない。最適ランダム課税の議論については、Stiglitz 1976 と Maskin 1981 を参照せよ。本文中では最適所得税がランダムな要素をもつことはないと仮定している。

(24) この次善最適の分権的な実現を可能にする税・補助金制度が Dasgupta and Hammond 1980 で論じられている。ある人への税・補助金は、その人が自ら表明する能力水準に基づく。つまり、政府が観察する y/l の値に基づくのである。自明なことであるが、この配分を指令システムによって遂行することはできない。

(25) すべての人が同水準の効用に達するため、手加減をして働いてもまったく得にならない。もちろん、まったく損にもならない。私たちは、まったく損にならないのであれば、人は常に自分固有の能力水準で働くことを選ぶという無難な仮定を設ける。よって、この次善最適において、政府は y と l を観察することにより各個人の真の技能水準を推測できるのである。しかし、当然、この推論を利用して完全最適を確立することはできない！

(26) Maskin 1980 は最近、本節の分析よりも広い部類の経済モデルで、この最後の主張を証明した。

(27) Hayek 1960: 99; 1976: 62-96 を参照せよ。

（栗林寛幸訳）

第11章　酸っぱい葡萄——功利主義と、欲求の源泉[1][i]

ヤン・エルスター

私は、あらゆる種類の功利主義——行為および規則功利主義、平均および総計功利主義、基数的および序数的功利主義のすべて——によって提起される、一つの問題について議論したいと思う[2]。それはこういう問題である——なぜ個人の欲求充足が、個人の欲求それ自体が選択に先立つプロセスによって形づくられているかもしれない場合であっても、正義や社会選択の基準であるべきなのか？　とりわけ、もし人々には自身の渇望をその実現可能性に応じて調整する傾向があるとするなら、なぜ、実行可能な選択肢の間での選択は、個人の選好のみを考慮に含めるべきだということになるのか？　功利主義者にとっては、もしキツネが葡萄を食べることができないとしても、そこには一切、厚生の損失など無いことになるだろう。どのみちキツネはその葡萄は酸っぱいと考えていたのだから。しかしもちろん、キツネがその葡萄を酸っぱいとみなすことになった原因は、自分はそれを食べることができないという確信にあるのであり、したがってその選好を引き合いに出して財の配分を正当化することは難しい。

酸っぱい葡萄にみられる現象を、私は適応的選好形成（adaptive preference formation）と呼びたい（あるいは場合によっては適応的選好変化と呼ぶ）。そしてこのプロセスによって形成された選好を適応的選好と呼びたい[3]。このメカニズムおよびそれが倫理学に対して有する関連性の分析は、三つのステップで進められる。第一節ではこれと密接に関連し、そして容易に混同される他のいくつかのメカニズムと比較することによって、この現象とその外部との境界を明示することを試みる。第二節では適応的選好をその微細な部分まで分析し、それを他の選好から区別するいくつかの基準を提示する。そして第三節では、適応的選好形成が功利主義、倫理学、そして正義に対して有する実質的および方法論的な含意について議論する。

1

適応的選好形成を、ある意味でその正反対のものであるところの、一つのメカニズムと比較してみよう。そしてその後に、同様の原因をもつかもしくは同様の影響をもたらす五つのメカニズムと比較することにしよう。この概念マッピングは、適応的選好が倫理学に対して有する厳密な関連性について第三節でなされる議論のための準備をなすことを目的としている。

酸っぱい葡萄の反対の現象が「禁じられた果実は甘い」であることは明らかである。私はこれを反適応的選好形成と呼びたい(4)。もし私が、パリに住んでいるときにはパリに暮らすことよりもロンドンに暮らすことを好み、しかしロンドンにいるときにはロンドンよりもパリを好むなら、私の欲求は適応的選好形成の場合と同様に、私に実行可能な選択肢に応じて、しかし完全に反対のやり方で形づくられている。ここで問題は、社会選択理論において、われわれは反適応的選好形成によって形づくられた欲求を割り引いて考えるべきなのかどうかということである。もしある人が禁じられた果実を、ただ単にそれが禁じられているという理由で食べたがっているとするなら、われわれは彼がそれを食べることができないことを厚生の損失としてカウントすべきなのだろうか？　そしてまた彼にその禁じられた果実へのアクセスを与えることは、もしそうすることでその果物への彼の嗜好が失われてしまうとしても、厚生の獲得になるのだろうか？　序数的功利主義の立場をとる社会選択理論は、これらの疑問について何の解答も与えない。この不確定性それ自体が、その理論の不適切さを示している。ただしわれわれは第三節において、反適応的選好は、適応的選好に比べれば、自律と厚生との間で何らの対立も生じさせることがないゆえに、倫理学にとってそれほど問題含みのものではないことをみるだろう。

適応的選好形成はまず、何より先に、学習と経験を通じての選好変化から区別されるべきである。仕事についての選好の例を考えてみよう。地域流動性が不完全な場合、時として二重労働市場が生じる。たとえば、農業部門における収入が工業部門における収入よりも体系的に低いといったようなものである。そのような収入のギャップは農業部門の労働者がもつ、自分の思うように生きられることに対する選好や、田舎にいると都会にいるより安く手に入れることができる特定の商品に対する選好を、反映しているのかもしれない。この労働者は、農業部門の財に対する需要が小さいために工業労働者と同じだけの現金収入を得ることが不可能になっているにもかかわらずなお、都会に引っ越すより田舎にとどまることを好んでいるのかもしれない。このような事態は厚生にかんしてどのような含意をもっているだろうか？　標準的な答えは、この労働者が都会へと転居することは彼にとって厚生の損失を伴い、そして他の事情が同じであるならば社会にとっても厚生の損失を伴う、というものだ。しかしながら、アマルティア・センによって提示された次の議論を考えてみてほしい。

生き方や居住地についての選好は典型的にはその人の過去の経験の結果であり、居を移すことに対する当初の拒否は永続的な反感を意味するものではない。この区別は雇用政策の厚生面にいくらかの関係性を有している。というのも、人が労働者の選好の反映としての賃金ギャップにどれだけの重要性を与えたいと考えるかは、〔労働者の〕移動それ自体の帰結として嗜好がどの程度変わると予測されるかに依存する傾向にあるだろうからである。(5)

この一節を素直に読めば、シティ・ライフを事後的に評価した結果、事前にはより高く評価されていた田舎の生活よりもシティ・ライフの方がより好ましいとみなされる場合には、都会への転居が是認されるように思われる。しかしながら次にわれわれは、そのようにしてもたらされた選好変化のその綿密な本性を問う必要に迫られることになる。二つの可能性が浮かぶ。一つは、転居によって学習と経験がもたらされたのだというものであり、もう一つは、その変化は慣れとあきらめに帰せられる（つまり適応的な選好変化である）というものである。一つ目の説明において、その〔選好変化の〕プロセスは不可逆であるか、あるいは少なくとも、単純に田舎に戻ったところで逆転するものではない（もちろん代替的選択肢についてもっとよく学習することによって逆転することはありえるだろう）。しかしながら二つ目の説明は、そのような選好変化の逆転を許すものである。私は、〔選好変化の〕不可逆性が、選好変化が代替的選択肢についてのよりいっそうの学習によるものであると結論するのに十分な理由になるといっているのではない。嗜癖(addiction)による選好変化も場合によっては不可逆である。そして、厳密にいえば不可逆性は必要条件でもない。学習に基づく選好変化が逆転するような道程を、それもさらなる学習を通じてのみならず逆転するような道程を考えることは、難しいことではないからである。しかし、ここでの文脈においては、不可逆性は選好変化を導くそれら二つのメカニズムの間で区別をなすことを可能にする、顕著な特徴である。すなわち、当初の状況へと立ち戻ることがそれ自体として選好まで元通りにするわけではない、ということが。

学習による説明は、拡張された功利主義の枠組みのなかにうまくフィットする。拡張された功利主義では、たんに所与の選好によってではなく情報に基づく(informed)選好によって状況が評価される。選択肢のうちの一つを経験しているだけの人の選好よりも、問題の両面を知っている人の選好に対してより大きな重みづけが与えられるべきである。情報に基づく選好は、もちろん、当の状況に関係する個人のものであって、何らかの超越的な存在のものではない。選好が情報に基づいているというのは、経験によって基礎づけられているという意味であって、（第三節で簡単に言及するが）メタ選好(meta-preference)によって基礎づけられているという意味ではない。所与の選好と区別されるのはせいぜいその安定性と不可逆性においてである。情報に基づく選好は、社会選択においては、新しいいくつかの代替的選択肢について特定の選択肢への限定的なコミットメントなしに学ぶ機会を諸個人に与えるような、体系的な試行手続きによって実行されるかもしれない。この手続きは間違いなく諸個人に、より多くの情報を与えるが、しかしまたよりわずかな性格づけしか与えないだろう。(6) もし二年おきに田舎で育てられたならば、その人物の最終的な選択はよりいっそうの情報に基づいたものとなるだろうが、しかしその人物は人格としての実質をいっそう欠いているだろう。

いずれにせよ次のことは明らかであるように思われる。すなわち、慣れとあきらめによる〔選好変化の〕説明は、この拡張された功利主義にさえフィットしえないということである。もし選好が可逆的な形で諸状況へとリンクしているのだとすれば、一連の状況の間での選好には大きく異なった光が当てられることになる。もしシティ・ライフを好む当初の選好が田舎へのさらなる埋没によって逆転することがありえて、またその逆も然りであるならば、センの議論は〔私の読んだ限りでは〕選好には一切かかずらう必要がないということを含意する。そして、これは功利主義の拡張ではなく、その破綻である。少なくとも序数的功利主義についてはそうである。(7) 基数的功利主義は、その古典的なヴァージョンでは、この問題に完全に対処することができる。田舎における選好のもとでの田舎生活における欲求充足の総量を、都会における選好のもとでのシティ・ライフ〔における欲求充足の総量〕と比較すればよい。しかし、第三節でさらに議論するが、基数的功利主義はまた別の、よりいっそう深刻な問題に直面せざるをえない。

適応的選好形成は第二に、事前制約（precommitment）と区別することができる。事前制約という用語によって私は、実行可能な選択肢の集合を熟慮のうえで制限することを意味している。(8) 実行可能な選択肢の集合のなかで私が選好する選択肢が、〔仮想的に〕実現可能な選択肢からなるより大きな選択肢集合のなかで私が選好する選択肢と、かりに一致するならば、これは実際のところは適応的な選好変化によるものであるかもしれないが、しかしまた私が選ぶことのできた特定の選択肢を排除するために選択肢集合を熟慮のうえで変形したことによって生じたものでもありうるだろう。これを理由として結婚する人たちがいる。そのような人々は、お互いに気まぐれな理由によって相手に見切りをつけてしまうことを防ぐための防壁を作りたいのである。また別の人々は、自分たちがお互いに対して抱く愛は適応的選好形成によるものではないと確信したいがゆえに、結婚することを差し控えている。とはいえ、人々は正しい理由によって一緒にいるのだとか、間違った理由により離れていったりはしないのだとか、そういったことを保証することができるとは思えない。実行可能な選択肢の集合を熟慮のうえで制限すれば、同時に次のような危険を冒すことになる。すなわち、もしそのように制限されていなかったならば選好は変化していただろうという意味で、当初はその制限を根拠づけていた選好が、究極的にはその制限によって変形されてしまうという危険を冒すことになるのである。

この区別の必要性を示すもう一つの例が、権威に服従しようという欲望である。古典古代における権威関係についての研究のなかでポール・ヴェーヌによって鮮やかに論じられたように(9)、酸っぱい葡萄のメカニズムは容易に、被治者による支配者の賛美につながりうるが、しかしこれは実際の服従によって、実際の服従の後にもたらされるイデオロギーであり、服従を〔実際に服従する前から〕引き起こし正当化しようというマゾヒスティックな欲求ではない。先に見た例にもあったように、実行可能な選択肢の集合を制限する原因であるところの選好と、その〔制限された選択肢〕集合の結果であるところの選好とを区別する必要がある。抑圧されている人々は、無意識のうちに彼らが被る抑圧を正当化するイデオロギーを作り出すかもしれないが、そのことは彼らが当の抑圧それ自体を作り出したということではない。

適応的選好は第三に、他の人々の手による、欲求の恣意的な操作（manipulation）と異なるものである。もしある人が手に入れることができるもののうちのほんの少ししか欲しないとしたら、その人の選好はもしかしたら、その人をほんの少しのものに満足するようにしておくことが利益になるような他者によってもたらされたものかもしれない。

*A*は*B*が行いたくないことを行わせることによって、*B*に対して権力を行使することができるだろう。しかし同様に、*A*は*B*の欲求そのものに影響を与えたり、それを形成したり、決定したりすることを通して、*B*に対して権力を行使するはずである。実際、誰かにもたせたいと思う欲望をもたせること、つまりその思考や欲望の制御を通して服従せしめること、それこそが至高の権力行使というものであろう。このことを理解するのに、『すばらしい新世界』やB・F・スキナーの世界について語るまでもあるまい。すなわち思考の支配は、情報の制御を通じて、マス・メディアを通じて、そして社会化の諸過程を通じて、全体主義的というよりももっと日常のありふれた形をとるのである。(10)

この文章には曖昧さがある。果たしてこれは欲求について、目的に基づく説明を提供しているのだろうか、それとも機能に基づく説明を提供しているのだろうか？　支配者は実際に、熟慮のうえで自らの被治者たちに特定の信念や欲求を抱かせるような、そんな力をもっているのだろうか？　あるいはこの文章はただたんに、特定の欲望や信念は支配者にとって好ましい帰結をもたらすといっているだけなのか？　もし後者であるならば、そのような帰結はその原因を説明するだろうか？　ヴェーヌが論じたように、目的に基づく説明は妥当ではない。(11)支配者がその行動によって、支配者の利益にかなうような特定の信念や価値観を被治者たちにもたらすことができるということは間違いない。しかしそれには、彼らが当の目標を達成しようと熟慮のうえで試みたりはしない、という条件がある。支配者の観点からすると、被治者の心的状態は本質的に副産物である状態というカテゴリーに属する。(12)「社会化プロセス」に言及することでほのめかされるような、機能に基づく説明もまた、妥当でないことに変わりはない。実際のところ、適応的選好形成は支配者にとって有益な帰結をもたらすかもしれないが、そのような帰結は当の選好がいかにして抱かれるにいたったのかを説明しない。これらに対して、まさに適応という概念が、また別の説明を示してくれる。支配者にとっては被治者がほんの少しのものに満足するのが都合の良いことであるが、どうしてそうなるのかを説明するのは、それが〔支配者ではなく〕被治者にとって良いことだ、ということなのである。現実の状況についての欲求不満は、支配者にとって危険なものであるが、支配されている者たちにとってもまた心理的に耐え難いものであり、そしてこの後者の事実こそが適応的選好を説明する。どのように説明するのかは、次の区別によって明らかにされる。

適応的選好形成は第四に、熟慮のうえでの計画的性格形成（character planning）と異なるものである。適応的選好形成は「私の背後で」生じる因果的プロセスであり、ストア派、仏教徒、あるいはスピノザ派の哲学者によって、また自己コントロールの心理学理論あるいは「利己的経済学（egonomics）」[13]の経済理論によって擁護されるような、欲求の意図的な変形ではない。現実に達成することができない非常にたくさんの物事を欲する心理状態とともに生きていくのは、かなりの困難を伴う。もしこの緊張状態からの逃避が何らかの因果的メカニズムによって、たとえばフェスティンガーの「認知的不協和の縮減」[14]によって引き起こされるなら、われわれは適応的選好変化について語ることができる。そのプロセスは自覚的な欲求や欲望によってではなく、何か衝動のようなものによって統制されているのである。対照的に、もし私が、自分自身が欲求不満の状態にあることに気づいており、またなぜそうなっているのかを理解しているならば、私は熟慮のうえで、その大部分を満たしうるよう自らの欲求の変形に着手するかもしれない。そのとき私は二階の欲求に基づいて行為しているのであって、衝動に基づいてそうしているのではない。衝動と二階の欲求との間の区別のリアリティを理解するには、反適応的選好について考えてみると良い。誰もそのような選好をもつことを選択することはできないだろうし、したがってそのような選好は何らかの種類のひねくれた衝動によってのみ説明可能である。そしてその場合、比喩的に述べれば、衝動が人格を所有しているのであって、その逆ではないのである。

適応的選好形成と熟慮のうえでの計画的性格形成との間の違いは、その過程においてのみならず、その最終結果においても同じく明瞭に現れうる。一つの相違点は次のようなものである。少なくとも原則として、私は自分の欲求を実現可能性と正確に一致するよう（あるいはそこからの乖離が適度なものとなるよう）意図的に変形することができるが、適応的選好形成は行きすぎてしまい、適切な辛抱ではなく過剰な辛抱に帰結する傾向がある[15]。また別の相違点は、適応的選好変化がたいてい、獲得しえない選択肢（「酸っぱい葡萄」）の格下げという形を取るのに対して、熟慮のうえでの計画的性格形成は、手の届く選択肢の格上げを目標にするということである[16]。完璧とはいえない結婚のさなかに私は、かつて私の求婚を断った才色兼備な女性についてその欠点を強調することによって、あるいは最終的に私の求婚を受け入れてくれた女性の良い点に気を向けることによって適応するかもしれない。とはいえ、一般的なケースにおいては、適応的選好と計画的性格形成は実際の欲求形成過程を見ることでしか区別することができない。

最後に、適応的選好形成は希望的観測（wishful thinking）および合理化（rationalisation）と区別されるべきである。これらは、当の状況の評価ではなく知覚を変えることによって欲求不満や不協和を縮減するメカニズムである。この二つは時として見分けることが難しいものとなりうる。酸っぱい葡萄の寓話のフランス語版においては、キツネは葡萄の知覚において欺かれる。それはまだ青すぎるのだとみるのである。（反適応的選好についても同様であり、「フェンスの向こう側では芝生はいつも青い」といわれることがある。）しかし多くのケースにおいては、それらの現象は明確に別のものである。もし切望してきた昇進を手にすることができなかったならば、私は「上司は私の能力を恐れているのさ」（状況の誤認）と述べたり、あるいは「仕事でトップになることなんて大して価値あることじゃない」（選好の誤形成）と述べたりすることで、敗北を合理化するだろう。あるいはまた私はここで、仕事がそれほど名声の伴わないものであることによって可能となった余暇から利益を得られるように、自身のライフスタイルを変更するかもしれない（計画的性格形成）。

ただ選好それのみから、それが適応によって形づくられたものかどうかを見分けることができないのと同様に、ただ信念それのみから、それが希望的観測によって生じたものかどうかを常に見分けることはできない。ある信念が希望的観測に由来するものでありながら、しかし一貫したものであるのみならず同時に真でもあり、おまけに十分に基礎づけられたものでもあるということはありえる。その場合、その信念を抱くことについての適切な理由が、私にその信念を実際に抱かせたのではない。私は自分が今にも昇進しようとしているのだと信じており、またそのような信念を抱く適切な理由をつかんでいるが、しかしその信念は希望的観測に由来するものであり、それゆえ私はたとえそのような理由をつかんでいなかったとしてもやはり当の信念を抱いていただろう、ということはありえる。これは希望的観測が適応的選好形成と同様に、意図的な現象であるというよりもむしろ因果的な現象であることを示している。〔これに対して〕自己欺瞞（self-deception）は、もしそのようなものが存在するとすれば、意図的な要素をもっている。というのも〔自己欺瞞の場合〕私は、自分が視界の外に隠そうとしているところの当の真実を知っているからである。しかしもし、私が希望的観測によって信じているところのものが、同時に私にそれを信じる理由があるものでもあるならば、そのような〔自己欺瞞について見られたような〕二重性は存在しえない。希望的観測は、信じたくないものからの逃亡としてではなく、信じたいものに向かう衝動としてこそもっともうまく定義されるように、私には思われる。[17]

短期的に見れば、希望的観測と適応的選好変化の帰結は同じもの、すなわち不協和と欲求不満の縮減である。しかしながら長期的に見れば、たとえば次の重要な事例においてそうであるように、その二つのメカニズムは正反対の方向に働くことがありうる。これは『アメリカの兵隊』における古典的な発見であり、すなわち、昇進の可能性と昇進システムについての欲求不満の水準との間には正の相関関係があったのである。[18] 昇進のチャンスに恵まれていた部門においては、昇進のチャンスについての欲求不満もまた多く存在した。このパラドクシカルな発見を説明してくれる、ロバート・マートンの一節がある。「一般的に、流動性が高率であればグループメンバーの間での予想と期待は過大になり、それゆえ各人がよりいっそう、現在のポジションについての欲求不満の感覚と昇進のチャンスに対する不満足の感覚を経験しやすくなる」。[19] これとは別の説明も提起されており、そこでは欲求不満が過剰な期待よりもむしろ合理的な期待によるものとみなされる。[20] しかしまた、われわれはそれらとまったく異なる、酸っぱい葡萄による説明にも思いいたるだろう――欲求不満が生じるのは、昇進が十分にありふれていて、そして十分に普遍的な根拠をもって決定され、したがって適応的選好からの解放と私が呼ぶところのものが起こるときである、と。いずれの仮説においても、福祉についての客観的な実現可能性の増大は、過度な期待を引き起こすことを通じて、あるいは新しい水準での欲求を誘発することによって、主観的な福祉の減少をもたらす。二つのメカニズムの間のこの重要な相違は、次のような形で倫理学に関連してくる。功利主義者たちにもっともありそうなのは、希望的観測に由来する欲求不満は非合理的で不適切なものとして退けるべきである、と論じることだろう。しかし標準的な功利主義の議論において、より野心的な欲求〔を形成したこと〕に由来する欲求不満を同じやり方で退けることはほとんど不可能である。そうしようとする場合、われわれは何らかの方法で欲求を評価することができなければならないが、これは標準的な〔功利主義〕理論の外側へとわれわれを導くことになる。

というわけで、まとめれば次のようになる。適応的選好形成は区別に役立つ五つの特徴をもっており、われわれはそれらの特徴を用いて、適応的選好形成を心のなかの〔概念〕マップに配置することができる。適応的選好形成は学習とは異なる。なぜなら可逆的だからである。事前制約とも異なる。なぜならそれは実行可能な選択肢の集合が制限される結果であってその原因ではないからである。〔他者による〕操作とも異なる。なぜなら内発的なものだからである。計画的性格形成とも異なる。なぜなら〔意図的なものではなく〕因果的なものだからである。そして希望的観測とも異なる。なぜなら状況の知覚ではなく評価にかかわるものだからである。これらの〔比較された〕現象はどれも皆、その原因（不協和の縮減）あるいはその結果（実現可能性に応じた欲求の調整）を通じて適応的選好形成に関連している。そして同時に重要な点で、とりわけ倫理学に対して有する関連性において、適応的選好と異なっている。ここまでの議論のなかでもそのうちのいくつかに簡単に言及してきたが、それらの相違が以下、第三節の主要なトピックを形成することになる。

2

適応的選好の外的な特徴づけから、今度はこの現象の内的構造へと向かおう。私は目的地に向かうにあたって回り道のルートを取ろうと思う。すなわち、適応的選好形成と自由の間の関係について議論することから始めたい。実際のところ、厚生（welfare）と自由（freedom）の両方が、権力（power）と同様に、もっとも好むものを獲得したりもっとも好むことを行ったりすること、という言葉で定義されてきた。ここでの文脈にとりわけ関連するというわけでなく周知のこととして、欲するものを手に入れること、という言葉で権力を定義しようという試みは適応的選好の問題にぶつかる。(21) また同様によく知られていることであり、ここでの論点にとっていっそう重要なこととして、欲することを行う自由として自由を定義する試みに対しても、適応的選好は問題を引き起こす。

われわれは〔議論を進めるために〕次のことを仮定する必要がある。すなわち、われわれはある物事を自由になすことができる（free to do）ということの意味について、何らかの概念をすでに獲得しているのだと。これは簡単な問いではない。形式的な自由と実際にできることとの関係、個別的な意味での大衆の自由と集合的な意味での大衆の自由との関係、(ii) 内的な自由と外的な自由との、積極的自由と消極的自由との、人工の自由と自然の自由との、自由に対する故意の障害と偶然の障害との間の関係といった問題が浮かび上がってくるのだ。私はそれらの諸問題について、ここでは議論の端緒を開くことすらできない。それゆえ、ある特定のやり方で行為する自由が意味するものについては、一つのラフな概念を当然のものと仮定して進まざるをえない。しかしながら、すべての自由が、ある物事を行う自由であるわけではない。端的な自由（freedom *tout court*）、すなわち自由な人間であるという意味での自由もまた存在する。この意味での自由が、自由になすことができる物事へと何らかの方法で向かっていくものであることは確かである――しかしどのように？

われわれはこの問いに対する二つの極端な回答を区別することができるだろう。一つは、自由とはその人がしたいと欲する物事を自由になすことができることにある、というものである。この見方は時として、正当化根拠は疑わしいのだが、ストア派やスピノザに帰せられる。よく知られた一節のなかでアイザイア・バーリンがこの自由概念に反論している。「もし自由の程度が欲求充足の関数であったなら、私は欲求を除去することによって、欲求を充足するのと同じくらい効率的に、自由を拡大することができるだろう——本来の欲求のうちそれは満たさなくてよいと私がみなした欲求の消失に慣れさせることによって、私は人々を〔私自身を含めて〕自由にすることができることになるだろう(22)」。そしてこれは受け入れられないというのが彼の見方である。バーリンはこの考察によって、反対の極端、すなわち自由とはたんに人が自由になすことのできる物事の数と重要性の関数であるという考え方にいたったわけではないが、しかし彼の見方はこの極端にかなり接近している(23)。適応的選好の可能性によって彼は、現実の欲求がもつ重要性を格下げし、そして、私が今実際にそれを欲してはいないとしても欲することになるかもしれない物事をなす自由を重視する、という道に導かれたのである。

バーリンの議論にはしかし、一つの曖昧さがある。満たされえない欲望を失うことに「人々を慣れさせる」ことは、〔他人による〕操作の一形態であり、それは結果として生じる欲求構造が完全に自律的なものではないということを意味する。そして、非自律的な欲求のセットの完全な〔あるいは最適な水準での〕充足は自由の適切な基準とはならないということに、私は完全に同意する。そしてそれと同じことが、私の背後で生じる、適応的選好形成を通じての、実現可能性に合わせた渇望の調整についても当てはまる。しかしここに第三の可能性、すなわち自律的な性格形成の可能性が存在する。もし私が自覚的に、手に入れられるものだけを欲するよう自身のあり方を変えるならば、私は自律的な欲求構造の完全な充足を達成するのであり、このことはよりいっそうの正当化を伴って、ストア派的あるいはスピノザ主義的な意味で、自由と呼ばれうる。自由な人間であることは、そうしたいと自律的に欲するすべての物事を自由になすことができることである。この定義はバーリンのものほど制約的でない〔そしてまた彼が接近した極端な見方と比べても制約的でないことは確かである）が、しかしバーリンが攻撃した極端さ、すなわち自由であるとは欲求の源泉に関係なくその人が欲することを自由になすことができることだという見方よりは、制約的である。

この〔バーリンに対して私が提示した〕自由の定義が現実的な価値をもつには、自律的な欲求についての定義あるいは基準がなければならない。〔しかし〕私はこれを提示することができない。私には、われわれの欲求を非自律的なやり方で形づくる数多くのメカニズムを列挙することならばできるが、しかし、それらのメカニズムのいずれによって形成されたわけでもない欲求であればその事実をもって自律的である、などとはいささかの確信をもって述べることもできない。それゆえ、実践的な目的のためには、われわれはバーリンのものと類似の定義へと立ち戻らなければならないのだと思われるかもしれない。しかし、われわれはそれよりもうまくやることができると私は考えている。少なくとも一つの種類の非自律的な欲求を、すなわち適応的選好を、別様に行為する自由（freedom to do otherwise）を要求することによって、うまく排除することができる。もし私がxすることを欲しており、また私にはxする自由もxしない自由もあるとするならば、その場合、私の欲求が必然性によって形づくられているということはありえない。（このことは少なくとも「xする自由がある」の意味に「xする自由があるということを知っている」が含まれているならば成り立つ。もしこの含意が排除されるならば、自由についての知識が追加的な前提として付加されなければならない。）その欲求は他のあらゆる種類の評判の悪い心理メカニズムによって形づくられたものかもしれないが、しかし少なくとも適応的選好形成の結果ではない。それゆえわれわれは次のように結論することができるだろう。他の条件について等しいならば、ある人の自由は、①それをなすことを欲しており、②それをなす自由があり、そして③それをなさない自由がある物事の数と重要性の関数である。

xしたいという私の欲求が代替的選択肢の欠如によって形づくられたものではないということの一つの代替的な証明は、私にはxをなす自由がない、というものであろう。〔このように述べることは一見しておかしいように思われるかもしれない。確かに、〕私の自由が、それをなすことを欲しているがしかしそうする自由をもっていない物事の数とともに拡大する、と述べることは馬鹿げているだろう。しかしこのパラドクシカルな言明のなかに真理の一つの核心がある。もし、それをなすことを欲しているがしかしそうする自由をもっていないたくさんの物事があったならば、このことは、私の欲求の構造が一般に適応的選好形成によって形づくられたものではない、ということを示している。そしてこれには、それをなすことを欲しておりそうする自由をもっているがそうしない自由はもっていない物事も含まれるだろう。このことは、私の総体としての自由に、それをなすことを欲しておりそうする自由をもっていないがそうしない自由はもっていない物事が最終的には数え入れられるべきであることを意味する。というのも、その欲求は自律的であるかあるいは少なくとも非適応的であると信じる理由があるからである。(iii)その理由は、別のやり方で行為する自由によって与えられるものよりは弱いが、それでも一種の理由である。二人の人物が、まったく同一の物事について、ともにそれをなすことを欲しておりかつそうする自由をもっているとするならば、そのとき、（他の事情が同じならば）それをなさずにいる自由をもっている人物の方がよりいっそう自由である（あるいは自由である見込みがよりいっそう大きい）。また（他の事情が同じであれば）自由になすことのできない物事をより多く欲している人物の方がよりいっそう自由である（あるいは自由である見込みがよりいっそう大きい）。

これらの二つの基準は自由から厚生へと、直接に持ち越せるものではない。厚生の対象は自由の対象とは異なっている。たとえば、厚生の対象のうちの少なくともいくつかについては、それを差し控える自由をもたない、と述べることがほとんど意味をなさない。礼拝する自由は礼拝しない自由によって促進されると述べることは十分に意味をなすが、特定の消費財のセットから引き出される厚生はそれを消費しないという選択肢によって促進されると述べることが意味をなすことはまずない。人は常にこの〔消費しないという〕選択肢をもっているからである。しかしながら次のことはなお真実である。すなわち、①実行可能な選択肢の集合がよりいっそう大きいほど、また②あなたの欲求がそれをよりいっそう超えていくほど、あなたの欲求が実行可能な選択肢の集合によって形づくられたものであるという見込みはよりいっそう小さくなる。あるいは裏返していえば、実行可能な選択肢の集合が小さいときには適応的選好に陥りやすく、そしてたとえ選択肢集合が大きかったとしても、その選択肢集合における最善の要素が同時に包括的に見て〔すなわち想定しうるすべての選択肢のなかで〕最善のものでもあるならば、適応的選好が疑われうるだろう。

他方で、実行可能な選択肢集合のなかでの最善の要素が同時に包括的に最善であったとしても、選好は自律的なものでありうる。すなわち、選好が熟慮のうえでの性格形成によって形づくられた場合である。すると疑問は、われわれはこのこと〔選好が自律的なものかどうか〕について、欲求形成の実際のプロセスにかんする〔大抵の場合に利用不可能である〕直接の証拠を超えた証拠を手にすることができるのかどうか、ということになる。まったくの試論ではあるが、私は次のように、選好が自律的であるための条件（condition of autonomy for preferences）を提起したい。

> S_1とS_2が実行可能な選択肢についての二つの集合であり、その各々に対して導かれる選好構造がR_1とR_2であるとする。このとき、〔包括的な選択肢集合に属する〕どんなxとyについても、xP_1yかつyP_2xであるということはありえない[iv]。

この条件は、選好が無差別へと瓦解していくことを許容するし、さらには無差別が選好へと拡張されることも許容するが、選好が完全に逆転することを排除する。視覚的に表現するならば、キツネが葡萄を残して去っていくとき、苺よりもラズベリーを好む彼の選好は逆転してはならない。この条件は集合内の順位づけおよび集合間の順位づけの双方における変化を許容する。集合S_1に選択肢xとyが、S_2にuとvが含まれているとしよう〔そしてまた選択肢集合がS_1からS_2へと変化したものとしよう〕。このとき、xP_1uとxI_2uは、新しい選択肢集合に属する要素の熟慮のうえでの格上げとして説明することができるだろう。同様に、xP_1vとxI_2vは、いまや獲得不可能となった選択肢の間で明確な区別をつける必要性はないという事実によって説明することができるだろう。そしてまた、uI_1vとuP_2vは、いまや利用可能となった要素間においては明確な区別をつける必要があるということによって説明することができるだろう。〔さて、ここまでの例は上の条件を破っていないが、〕これらに対して、xP_1uとuP_1xは、〔条件によって〕要請されているところのものを超えて新しい要素を格上げする（あるいは古い要素を格下げする）ことを示している（適応的選好にはやりすぎる傾向があるという分析をここで思い出して欲しい）。同様に、xP_1yとyP_2xは（あるいはuP_1vとvP_2uは）、露骨な非合理的現象である。なぜなら、新しい集合への順応が古い集合における内的順位づけを逆転させる理由など存在しないからである。

この自律性条件を侵害するような選好変化についての一つの推測的な例として、次のように考えてみよう。私が（私の国における一人の自由な市民として）強制収容所の囚人であるよりも自由な市民でありたいと望み、そして収容所の看守であるよりも収容所の囚人でありたいと望むとする。しかしながら、ひとたび収容所の内側に入ったならば、私は自由な市民であるよりも看守であることを望むようになり、囚人である生活を最低のものとするかもしれない。別の言い方をすれば、実行可能な選択肢の集合が（x, y, z）であるとき〔x：市民、y：囚人、z：看守〕、私はxをyよりも、そしてyをzよりも選好するが、しかし選択肢が（y, z）となった場合には、zをxよりも、そしてxをyよりも選好する。いずれのケースにおいても実行可能な選択肢集合のなかの最善の要素は同時に包括的に見ても最善であり、要素それ自体にかんしては非自律性の兆候は見られない。しかしそれに加えて、選択肢集合の制限が厳密な選好関係の逆転をもたらしており、件の条件が破られている。もし集合が制限されることによってxとyの間で無差別かつその双方がzよりも選好されるということになっていたならば、これは真にストア派的な自己統御の証拠となっていただろう。もう一つの例として、〔田舎から〕都会に転居した後でさまざまな様式の農業に対する順位づけを逆転させ、いまや、かつては最低のものとみなしていた〔都会における〕いっそう機械にまみれた〔生活〕様式を好むようになった労働者について考えて欲しい。そして三つ目に、近代化はたんにさまざまな場面において新しい仕事が名誉ある階層の仲間入りをしていることだけでなく、古い仕事の〔評価〕順序の変更も同時に生じていることを含意する、という点に注意してほしい。

適応的選好をもつ人物が実行可能な選択肢集合の変化を経験したときに生じる可能性があるのは、次の二つのうちのどちらかである――新しい集合への再適応か、適応からの全面的な解放か。後者の兆しが現れるのは、包括的に見て最善の要素がもはや実行可能な選択肢集合のなかに見当たらなくなった場合である。また、たとえ実行可能な選択肢のなかでの最善が依然として包括的に見ても最善であったとしても、厳密な選好の逆転が一切起こっていないならば、適応からの解放が推測されるだろう。再適応は都会と田舎の間での転居の例において描写されたものであり、適応からの解放の例示となるのは以下に〔次節で〕見るような産業革命の例である。この例においては一つ目の基準、すなわち包括的に見て最善の選択肢が実行可能な選択肢集合の外にあるという基準によって、解放が生じたと診断される。二つ目の基準（選好の厳密な逆転がないこと）は、自覚的なものである計画的性格形成の相対的な珍しさゆえに、おそらく適用範囲がそれほど広くない。

次の見解で最後にしよう。実行可能な選択肢の集合ではなく現実の状況によってもたらされるものとして選好を考える方が、おそらくはいっそう一般的で、いっそう自然なことである。しかしながら、その区別はたんに概念的なものにすぎないと私は考えている。都会と田舎の間での転居の例をもう一度考えてみよう。都会に暮らすことは、包括的に見て、包括的な選択肢集合のなかのまた別の選択肢として考慮される田舎暮らしよりも（都会に住んでいるときには）私にとって好ましい一つの状態であるかもしれない。しかしながら、より詳細な描写のもとでは、農業には多くの様式があり、田舎に暮らしている間はそのすべてが利用可能であること、そしてまた都会に暮らしている間にはたくさんの様式のシティ・ライフを選択できることが明らかになる。ここで適応的選好は、都会における私の選好にしたがって、私にとって包括的に見てもっとも望ましい選択肢は何らかの種類のシティ・ライフであると結論するであろうが、しかしいくつかのシティ・ライフよりも私の好みに合うような、何らかの種類の田舎暮らしもほぼ間違いなく存在している（のであり、その生活様式を選べないということに適応しているのか、それとも都会に暮らしているという状況に適応しているのかは、概念的に区別されうる）だろう。とはいえ、簡略化の利便性のもとにわれわれはこの区別を無視し、以下に展開する例においては、状況について単純に、選好をもたらすものとして論じることにしよう。

3

適応的選好が功利主義理論に対して有する関連性について議論するために、次のような疑問を取り上げてみよう。イギリスにおける産業革命は良いものであったのか、それとも悪いものであったのか、どちらだろうか。この疑問にかんして歴史家たちの間でなされた議論においては、[24]二つの問題が提起され、そしてしばしば混同されてきた。第一に、一七五〇年から一八五〇年にかけての間、イギリス国民の厚生水準に何が起こったのか？　第二に、産業化はそれが実際に生じたよりももっと過酷でない形でも起こりえたのだろうか？　ここでは第一の問題に焦点を合わせるとしよう。果たしてそれに関連性があるのはいかなる種類の証拠だろうか？　歴史家たちが実質賃金、死亡率、罹病率、そして雇用率を――その平均値、人口内部での分散、および時間の経過に伴う揺らぎを――主たる変数として選び出しているのは明らかに正当なことである。しかしもしわれわれが、厚生にかんするこの疑問に本当の意味で関心をもっているならば、欲求や渇望の水準についても尋ねるべきである。もし産業革命が欲求を、それを充足する能力よりも速いペースで拡大していったのならば、その場合われわれは、ペシミストたちの解釈が正しかったのであり、[25]生活水準の低下があったのだと述べるべきなのだろうか？　それとも、非ペシミストたちの解釈にしたがって、欲求充足能力の増大は生活水準の上昇を意味するのだと述べるべきなのだろうか？　あるいはエンゲルスにしたがって、[26]たとえ物質的な生活水準の低下があったのだとしても、産業革命は大衆をその無感情で無為の生活から抜け出させ、それによって彼らの尊厳を高めたがゆえに、歓迎されるべきものだと述べるべきなのだろうか？

この問題は『アメリカの兵隊』の問題と類比的であり、そこに示された例においてそうであるように、欲求不満が（かりに存在していたとして）渇望の高まりにではなく過剰な期待に由来しているという可能性が存在している。もしこのことが真実であると立証されたならば、功利主義者はもう産業革命を非難したいとは思わないかもしれない。彼はおそらく、非合理的な信念から引き出された不満足は効用の総量を足し合わせる際にカウントされるべきではない、と述べるだろう。もしわれわれが選好について情報に基づいたものであることを要求するなら、その場合には信念について十分に基礎づけられている（well-grounded）ことを要求することもまた、確かに道理にかなっている〔という理由で〕？　しかし〔もしそうだとしても〕私は、功利主義者がより野心的な欲求から引き出された欲求不満についても同様のこと〔カウントされるべきではないということ〕を述べるとは考えないし、そうすると、もしこちらのほうが不満足の主たる原因であることが立証された場合には、〔カウントされるべき欲求に照らして効用水準が低下していたことになるため〕彼は産業革命の一切を拒絶したくなることだろう。私は当座のところは、新たな水準の欲求に帰せられる欲求不満がいくらかは実際に存在したのだと仮定して、このことが功利主義に対してもつ含意を詳細に論じることを試みる。過剰な期待の問題にかんしては、後ほど立ち戻る。

われわれは初期時点で前産業化状態 x にあり、効用関数 $u_1, \dots, u_n$ を与えられているとしよう。われわれはそれらを序数的かつ比較不可能なものと〔すなわち連続的な諸選好の略記として〕みなすこともできるし、古典的な基数的意味において完全に比較可能なものとみなすこともできる。私は序数的なケースと基数的なケース、二つのケースに言及するつもりであるが、読者は次のことを心に留めておいてほしい。すなわち、〔これら二つのケースの〕決定的な違いは、効用の総和について曖昧さ抜きに論じることが許されるのは後者〔基数的なケース〕においてであり、前者〔序数的なケース〕はそれを許さない、ということにあるのだということを。さてここで産業化が生じて、われわれは状態 y へ移行し、効用関数 $v_1, \dots, v_n$ をもつようになったとしよう。加えて、実現可能な状態 z が存在し、より多くの人々が産業化の利益を得ている社会、あるいはすべての人々がより多くの利益を得ている社会を表現しているとしよう。〔個々人の〕効用関数を所与として、社会選択に到達するための何らかの種類の功利主義的なしくみが存在すると仮定しよう。序数的なケースにおいては、これは何らかの種類の社会選択関数であるに違いない。そして基数的なケースにおいては、もっとも大きな効用の総和を実現する状態を選ぶべきだと述べることができる。効用関数 $u_1, \ldots, u_n$ について以下の仮定を置く。

序数的なケース：前産業化段階の効用関数にしたがえば、x は (x, y, z) における社会選択とならねばならない。

基数的なケース：前産業化段階の効用関数にしたがえば、効用の総和は y あるいは z におけるよりも x においてよりいっそう大きい。

そして効用関数 $v_1, \ldots, v_n$ に対して、以下のことを規定する。

序数的なケース：産業段階の効用関数にしたがえば、社会選択メカニズムは z を y より好ましく、また y を x より好ましく順位づける。

基数的なケース：産業段階の効用関数にしたがえば、効用の総和は y におけるよりも z において、また x におけるよりも y において、よりいっそう大きい。

最後に次のことを付け加える。

基数的なケース：前産業化段階の効用関数のもとでの x における効用の総和は、産業段階の効用関数のもとでの y における効用の総和よりも、よりいっそう大きい。

このことは、産業化以前には序数的なケースにおいても基数的なケースにおいてもともに、諸個人はあらゆる実現可能な世界のなかでもっとも良い生活を送っている、ということを意味している。産業化以後には、このことはもはや真実ではない。社会選択は今やもっとずっと産業化された世界を選ぶだろうからである。しかし、たとえ〔基数的なケースを仮定して〕人々は実際のところ以前よりも〔主観的に〕もっと悪い生活を送っているとしても、産業化された状態は前産業状態よりも社会的に好ましいとされている。それが直観的に意味することは、すべての人にとって z は y よりも何らかの客観的な次元〔実質所得や期待所得〕においてより良いものであり、そして y は x よりも〔同様の意味で〕より良いものである、ということである――実際のところ、y は x よりもずっと良いものであるがゆえに新しい水準での欲望を創出するのに十分であり、そして z は y よりもずっと良いものであるがゆえに次のような水準での欲求不満を生み出すのに十分である。すなわち、たとえ〔繰り返しになるが〕y における〔すなわち産業状態における〕社会選択が x よりも y を選ぶとしても、x におけるよりも y において人々を〔基数的に〕より悪い状況に実際に置くような欲求不満を。「われわれはこれらの奇抜で新しい品物を手に入れることで前よりも幸せになった。しかし今やわれわれはそれらなしには惨めな思いをしてしまうだろう」。これがありそうもないストーリーではないことは明らかである。

このケースにおいて功利主義者は何を推奨すべきだろうか？　私の考えでは、序数的な功利主義者は、何らかの推奨を可能にするような基礎を一切もたない。x 選好〔状態 x における選好〕にしたがえば状態 x は y よりも社会的により良く、また y 選好〔状態 y における選好〕にしたがえば y は x よりもより良い、ということ以上には何もいうことができない。しかしながら、基数的な功利主義者なら、先に述べられた仮定のうえでは y よりも x を推奨しなければならないということに何の曖昧さもないだろう〔x における効用の総和の方が基数的に見て大きいのだから〕。しかしこのことは受け入れられるものではない、と私は主張したい。どんな時でも厚生の損失がもっとも小さいことの方が自律の増分がもっとも大きいことよりもいっそう価値がある、というのは真実ではありえない。欲求の自律が欲求の充足に優越するようなケースが、存在するに違いない。そして先に描写した事例において、適応的選好からの解放は、まさにそのような（自律の方に大きな価値があるような）帰結を有している――すなわち、欲求不満の誘発と自律的な人格の創出である。われわれは精神安定薬を多量に服用させることによって社会的問題を解決したいわけではないし、人々に適応的な選好変化を通して心の平穏を手にしてほしいわけでもない。エンゲルスは前産業化段階の社会における思慮なき至福を強調しすぎたかもしれないし、その思慮なき悲惨を過小評価していたかもしれないが、しかしこのことは「きわめてロマンティックで居心地は良いけれども人間には値しないような生活」という彼の判断の価値を損なうものではない(27)。

私は、自分の議論を、欲求不満はそれ自体として良いものであるかもしれないという考えによって基礎づけているのではない。私はこの考えを正しいものとみなしてはいる。というのも、幸福は成就という要素と期待という要素を要求するが、それらは何らかの込み入った経路を通って互いに強化し合うものだからである。「欲するもののうちのいくつかをもたずにいることは、幸福にとって欠くことのできない一部分である(28)」。しかし、功利主義者はそこで嬉々として、最適水準の欲求不満をプランニングするだろう。私が述べているのは、最適水準以上の欲求不満でさえ、もしそれが自律にとって欠くことのできない一部分であるならば、良いものでありえる、ということである。また私は、いっそう多くの物的財を求めることが人間にとって最良の生活であると論じているのでもない。それを超えて欲求不満になりながらも物的厚生を求めることがもはや適応的選好からの解放を意味せず、むしろ嗜癖的な選好への隷属を意味するようなポイントに、いずれ間違いなく到達することになる。しかし私は、このポイントは産業化の早い段階で訪れるものではないと主張する。厚生をより大きくするために苦闘することはそもそもの始まりからして非自律的であるなどと論じるのは、洗練のされ方を間違えた人々だけであろう。

私はここで、この例がどのようにして功利主義理論に対する反論となるのかを厳密に説明すべきだろう。一般的にいって、正義の理論あるいは社会選択の理論には、（他にもいくつかあるがそのなかでも特に）満たすべき二つの基準がある。第一に、それは行動の指針であるべきである。重要な状況のほとんどにおいて、効果的な選択をなすことを可能にしてくれるものであるべきだ、という意味で、そうあるべきである。もしある状況において理論がわれわれに、二つあるいはそれ以上の代替的選択肢はどれも等しくそして最大限に良いものであると教えてくれるならば、そこには実質的な意味が与えられているべきであり、ただたんに理論の構築物であってはならない。この後者〔たんに理論の構築物であること〕は、たとえばパレート原理について当てはまる。パレート原理はある一人の人物が厳密に y より x を選好し、そして他の誰も厳密に x より y を選好してはいない場合、およびその場合に限って、x は y よりも社会的により良いとするが、その一方で、もしある人物が厳密に y より x を選好し、別のある人物が厳密に x より y を選好しているならば、社会は x と y の間で「無差別」であるとする。この原理は、たとえ形式的には順位づけを確立するとしても、行動の指針としては絶望的に不適当である。理論は、複数ある代替的選択肢が比較不可能であるなどとわれわれに述べるべきではないし、さらにはこの問題を、社会はあらゆる比較不可能な選択肢の間で無差別であると規定することによってのりこえようなどと試みるべきではない。

第二に、われわれが正義の理論に求めなければならないことは、特定のケースにおいてわれわれの倫理的直観を大きく裏切るということがないことである。もしある理論が、コースの定理が要求する場合には精神安定薬を利用すべきであると人々に提案するならば[29][v]、われわれはそれが悪しき理論であると知っている。実際のところ、そのような直観の正確な役割が十分に解明されているわけではない。もし直観が文化に相対的であるとするならば、なぜそれが非相対的な正義の理論にとって問題となるべきなのかを理解するのは難しい。またもし直観が文化に対して不変であるとするならば、それには生物学的な基礎があるのではないかと推測されるが[30]、そのような基礎はむしろ、直観を倫理とほとんど関係ないものにしてしまうだろう。異なる直観からスタートした人々が単一の反照的均衡(reflective equilibrium)[31]に収束するかもしれない、と期待することはもしかするとできるかもしれない。その均衡点は、人間を文化的あるいは生物学的に決定された存在としてよりもむしろ合理的な存在として表現するだろう。以上のような問題があるとはいえ、私は正義の理論がどうしたらまるっきり直観抜きでやっていくことができるのかわからない。

功利主義に対する私の反論は、したがって、功利主義はこれらの考慮の両方について失敗している、というものである。序数的功利主義はいくつかのケースにおいて決定を下すことに失敗し、また基数的功利主義は時として悪しき決定を生んでしまう。序数的功利主義の優柔不断は、他のケースにおけるのと同様に、選好についての情報が不十分であることに由来する。基数的功利主義はより多くの情報を許容し、それゆえ決定問題に対して確実に解答を与える。しかし基数主義でさえ、許容する情報は少なすぎる。あきらめによってもたらされる満足は、幸福測定計（hedonometer）のうえでは自律的な欲求の充足と区別できないかもしれないが、私がここまで論じてきたのは、別の基礎のうえに立ってそれらを区別すべきだということであった。

ここで、これらの論点について、第一節において詳述したいくつかの区別を用いて考えてみよう。反適応的選好が適応的なものと比べて倫理学にとってそれほど問題とならないのは、反適応的選好からの解放が自律と厚生とを同時に向上させるからである。私がもはや新奇性や変化を求めるひねくれた衝動をもっていない（あるいはもはやそれらに魅入られていない）ときには、非自律的な欲求が充足されないことは、自律的な欲求の充足へとつながるかもしれない。反適応的選好の破壊的な性質は、フォン・ヴァイツゼッカーによるある例のなかでとてもうまく描写されている。[32]その例において、新奇性の探求にとりつかれた人物は、一連の、その変化の一つひとつは一つ前のステップから引き起こされる選好に照らして改善とみなされるような、そのような段階的な変化によって死へといざなわれる。このような執着からの解放は、明らかに、それ自体として良いことであるし、また厚生にとって良い帰結をもたらす。しかしながら、適応的選好からの解放は、自律の次元においては良いものでありながら、厚生の次元においては悪いものでありえるのである。

同様の見解は計画的性格形成にも当てはまる。すなわち、計画的性格形成は自律を損なうことなしに厚生を向上させうるものである。私は計画的性格形成がそれ自体として自律的であると論じているわけではない。というのも、非自律的な二階の欲求というものが存在することは間違いないからである。たとえば決断力に対して嗜癖的（addicted）

であることなどがそうである。[33] しかし私はそれらの事態が大きな重要性をもつとは考えていないし、いずれにせよここでは自律の程度における変化について論じようと思う。計画的性格形成が厚生を改善しうるというのは、当初の問題含みの状態と比べてのことでもあれば、代替的な解決、すなわち適応的選好変化と比べてのことでもありえる。第一に、計画的性格形成が実現可能な物事を格上げする傾向にあること、そしてそれは基数的にいえば実現不可能な物事を格下げするよりもより良いということを思い出してほしい。どちらの解決も欲求不満を縮減するのだが、計画的性格形成は人を基数的により良い状態に置くのである。第二に、計画的性格形成という戦略が、幸せのためにはわれわれは自分の財力をいくらか超える（といっても大きく超えるわけではない）欲求をもつ必要がある、という考え方と完全に両立可能だということに注意してほしい。実際のところこの概念は、計画的性格形成の仏教的なヴァージョン、すなわち、欲求不満のなかにただ悲嘆の原因のみを見出すものとは両立しえない。[34] しかしそれは質の悪い心理学であり、「不安は被造物の至福にとって本質的である」と述べた点でライプニッツは正しかった、と私は考える。[35] そしてこのことは、計画的性格形成は最適水準の欲求不満を求めていくべきであるということを意味する。すなわち、あなたを（最適以上の欲求不満をもった）初期状態よりも良い状態に置くとともに、また適応的選好――それは渇望を実現可能な水準に、あるいはそれ以下に制限する傾向にあり、最適以下の水準の欲求不満に帰結する――をもった状態よりも良い状態に置くような、そんな欲求不満を求めていくべきだということである。

学習による内発的な選好変化は、倫理学に対していかなる問題も引き起こさないどころか、倫理学によって積極的に要請されるものである。もしあなたが、自分ではそれを好きではないと信じていた物事を試してみたところ、最終的に自分はそれが好きなのだと思いいたるとしたら、そのときこの後者の［変化した後の］選好は、社会選択のための基礎に組み入れられるべきものであるし、また社会選択はこのような基礎なしには適切ではありえないだろう。このことはもちろん先に論じた制約条件のもとにある。すなわち、新しい選好はたんに欲していた対象が獲得不可能になっただけで逆転するようなものであってはならず、また知識に対する必要性は性格の内実に対する必要性によって覆されうる。また、事前制約はいかなる困難も引き起こさない。もし欲求が実行可能な選択肢の集合よりも優先されるものであり、そして選択肢集合を実際に形づくるものであるならば、渇望と実行可能性との一致はわれわれを当惑させるようなものではまったくない。恣意的な（外生的な）欲求の操作にかんしては、自律を論拠とすれば即座に批判されうるし、また厚生を論拠としてもおそらくは同様である。

しかしながら、状況の誤解と選好の誤形成との間の関係性〔つまり希望的観測と合理化をめぐる問題〕にかんして、困難な問題がいくつか残っている。ここでふたたび産業革命の代替的解釈、すなわち渇望の増大ではなく過剰な予期に依拠した解釈について考えてみよう。トクヴィル、マートン、そしてヴェーヌの研究から、次のようなことが見えてくるように思われる。現実の流動性がある特定の閾値を下回っている場合、期待される流動性は非合理に低く、実際のところゼロである。この閾値より上においては、期待される流動性は非合理に高くなり、ほぼ一定の値をとる。それゆえ、現実の流動性がほとんどない社会においては、選好は現実の状況よりもむしろ認識された状況に適応し、私がやりすぎあるいは過剰適応と呼んだものを引き起こす一因となる。同様に、ひとたび社会がその流動性の閾値を超えたならば、非合理的な期待が生成され、それに応じて高い水準の欲求が抱かれることになる。改善への欲求の強さはその成功の見込みについての信念とともに大きくなり、そしてその信念が今度は希望的観測を通じて欲求を育てる。

この見方は、もし正しいとするならば、どんなものであれ単純な方法によっては、非合理的な期待に起因する欲求不満と新しい水準での渇望に起因する欲求不満とを区分することはできない、ということを含意する。しかしながら、希望的観測への傾向性が一切存在しないものと想像してみよう。その場合、流動性の現実の比率と期待された比率とは一致するだろう（あるいは少なくとも、それらが体系的に異なるということはないであろう）。そして合理的な期待は特定の強度の欲望あるいは渇望水準を、それに対応する水準の欲求不満とともに生成するだろう。功利主義者はここで、次のように論じたがるかもしれない。すなわち、合理的な期待を伴うこの反事実的な状況においては、それほど大きな欲求不満は生成されず、それゆえ客観的な状況についての改善の後に人々が現実には〔主観的に〕より悪い状況に置かれるということはないだろう、と。私はこれが的を射た反論になっているのかどうか確信がもてない。功利主義理論の受容は、この種の経験的問題に依拠しているべきなのだろうか？〔特定の経験的条件が満たされた場合にのみ功利主義は適切である、ということでよいのだろうか？〕またいずれにせよ、その反事実的な主張が実際のところ真であるかどうかも私はあやしんでいる。成功の見込みはあくまで穏当なものでしかないということを知っている場合でさえ、激しい不満足状態が引き起こされることは十分ありえる。しかし私は功利主義者による反論へのこれらの応答のどちらについても、完全な確信をもつにはいたっていないし、それゆえ私の議論には裂け目が存在している。私は読者にそれを任せよう——読者自身にその重要性と困難を評価してもらいたい。

私がここまで功利主義理論に向けてきた批判は、本質的には次のようなものである——それは所与のものとしてのみ欲求を考慮に入れており、そこに条件があるとしても代替的選択肢を学ぶことの必要性についての条項がせいぜいのところである。私の反論は、「後方視（backward-looking）」と呼ばれうるもの、すなわち欲求の源泉の分析の必要性を論じるものであった。この反論のいくつかの方法論的な含意について詳細に述べる前に、所与の欲求という仮定は、他にも二つの方向から疑問を付されうることを指摘しておきたい——覚えやすいように、それぞれ「上方視（upward-looking）」および「前方視（forward-looking）」と呼ぼう。

方向という言葉は、選好を二つの次元に沿って考察できることを示唆している。一つは時間の次元であり、そこには選好の形成と変化がある。もう一つは階層的な次元であり、そこには高階の選好による〔一階の〕選好の順位づけがある。もし、各人の一階の選好についての情報に加えて、彼らの高階の選好についての情報ももっているなら、われわれは社会選択理論におけるいくつかのパラドックスを逃れることができるかもしれない。このアプローチはアマルティア・センによって開拓されてきたものである(36)。選好のこの「上方視」の修正はいくつかの目的にとって有益であるかもしれない。しかしそれが一般的な万能薬となる可能性はほとんどない。

しかしながら、選好はより実質的なやり方によっても修正することができる。所与の選好の総計として政治を見るのではなく、公共的かつ合理的な議論を通じた選好の変形こそが政治の本質であると論じることができる。この「前方視」のアプローチは、近年の非常に多くの著作のなかで、ユルゲン・ハーバーマスによって開拓されてきた。彼の見方によれば、さまざまな個人選好は最終的な権威ではなく、たんなる特異な欲求であって、公共善をめぐっての公共的議論のなかで具体化されたり取り除かれたりされなければならない。原則としてこの議論は満場一致が達成されるまで続けられるのだが、このことは、合理的に組織された社会においては、今では広く認識されているような社会選択の問題は一切存在しないであろうということを含意している。最適な水準での妥協ではなく、まったくの異論なき同意こそが、政治の目的なのである。〔このような考え方に対する〕明らかな反論は、満場一致を達成するには長い時間がかかるかもしれないということ、しかしその途中で決定はなされなければならないということである――さらに、われわれはいったいどのようにすれば、いかなる種類の集計手続きも用いずに済ませられるのだろうか？　加えて、満場一致は、たとえ正真正銘の満場一致であったとしても、合理的な説得ではなくむしろ順応から引き出されたという理由によって、容易に疑わしいものとなりうる。順応の原因は強制や〔他者による〕操作であると決めてかかる必要はない。相争っている少数派もたんに不協和を縮減するために行動をともにするであろうという、信用に値する心理学的証拠が存在するからである[37]。ハーバーマスは、強制がなければ合理性が効を奏すだろうという重大な仮定を置いているが、これは事実からはほとんど支持されない。私はここまで、欲求を実現可能性の限界内に抑え込むことはその自律性についての疑いを喚起するだろうと論じてきた。それと同様に、諸選好の間での満場一致はそれらの真正性についての疑念に根拠を与えることになると私は考えている。このことは、最低でも、前方視アプローチは後方視の精査によって補われなければならないということを意味する。満場一致という最終結果はそれ自体で合理性を保障するものではない。というのも、われわれは同意が受け入れられる経路を通じて到達されたものであることもまた、確かめなければならないからである。

後方視アプローチはいかなる場合においても、現実の選好の歴史を調べることを必要とする。しかしながら、歴史的な情報を考慮に入れるのに、これとは別の方法が存在することを指摘する人がいるかもしれない。すなわち、われわれは現時点での意思決定を、現時点での諸選好とその過去の歴史の関数とするよりもむしろ、現時点の選好と過去の選好の関数とするかもしれない。社会選択プロセスへのインプットとして選好の連なりを用いることの理論的根拠は、その連なりが現時点での選好の有意味な歴史的側面を何らかの形で捉えるであろう、ということにしかないだろう。そしてこれは確かにその通りでありそうである。適応的選好を抱きがちな人々が、実行可能な選択肢集合の変化に対して選好の体系的な変化を示すということをもって、特定されるかもしれない。しかし、その相互関係は良くても大まかなものにしかならないだろう。適応的選好への傾向性は個人の性格の不変の特徴であるとは限らないからである。

後方視原理は、道徳的ヒステリシス（moral hysteresis）(vi)の一つである(38)。現在時点についての情報だけでは現在時点の道徳的および政治的選択の指針となるには十分ではないかもしれないのだから、われわれは過去についての情報もまた取得しなければならないだろう。ロバート・ノージックの用語法にならえば、私は倫理学理論における最終結果原理（end-state principles）に反対する議論に与してきたのである(39)。ノージック自身の正義の実質的理論においては、現在時点において何が正しい分配であるかを決定するために、われわれは〔財の〕移転にかんする一連の歴史についての情報を必要とする。正義についてのマルクス主義理論においてもまた、現在時点での資本財の所有権を超えて、それが過去の労働によって正当化されるかどうかを確定していく必要がある(40)。さらにアリストテレスは、現在時点での行為を非難したり赦したりするためには、その人が現時点において別様に行為する自由をもっていたかどうかを知るだけでは不十分であると論じた。それよりも前のいくつかの段階において選択の自由が存在していたかどうかについても知る必要があるのだ(41)。この論文において、私は欲求と選好の歴史的次元という、いっそう掴み所のない問題を提起した。適応的選好形成は倫理学にとって問題となるものであり、そして常に選好それ自体に映し出されるものではない。それゆえ、倫理学は歴史を必要とする、という結論にいたるのである(42)。

注

（1）この論文のより早期の草稿は、オスロ大学、オクスフォード大学、およびイースト・アングリア大学において発表され、それによって大幅な改善と変更が加えられた。また、価値をつけられないほど貴重なコメントをくれたことについて、私はG・A・コーエン、ロバート・グッディン、マーティン・ホリス、ジョン・ローマー、アマルティア・セン、アーサー・スティンチクーム、そしてバーナード・ウィリアムズに感謝している。

（2）実際のところこの問題は、倫理学と正義にかんする、欲求を考慮するタイプのあらゆる理論に関連するものである。ジョン・ロールズの理論ならば、効用や選好ではなく基本財に依拠しているため、この困難を逃れていると思われるかもしれない。しかし実際には彼の理論でさえ、一方が他方に対して完全に優位にあるわけではない複数の基本財セットの間で比較を行うために選好を必要とするのであり、それゆえ酸っぱい葡萄の問題は容易に生じてしまうだろう。

（3）「適応的効用（adaptive utility）」という言葉は Cyert and DeGroot 1975 でも用いられているが、しかし彼らの用法は、ある意味では、私がここで学習による内発的な選好変化と呼ぶものによりいっそう関連している。また著者たちはその言葉を、むしろ「戦略的効用（strategic utility）」とでも呼ぶべきもの、すなわち、学習に起因する将来の効用の予測された変化が、現在時点での意思決定に取り入れられ、それゆえに現在時点の意思決定に変化が生じる、というような現象を指して用いてもいる。私は本稿で用いられているような意味での適応的選好について、経済学の文献のなかでどのような議論がなされているのかまったく知らないが、しかし Kolm 1979 における、仏教徒の計画的性格形成にかんする経済学的分析から、何らかの洞察を引き出すことができるだろう。

（4）厳密にいえば、反適応的な選好をもつことはより広い意味では適応的なふるまいである、と考えるのはもっともなことである。というのも、移ろいゆく目標から〔目標の変化に「適応」して〕動機づけの効果が生み出されているからである。

（5）Sen 1975: 43-54.

（6）この見解については Williams 1976a に多くを負っている。

（7）この点における序数的功利主義と基数的功利主義の間の決定的な違いを指摘してくれたことについて、G・A・コーエンに感謝したい。

(8) Elster 1979 の Ch. II では、多くの例を添えながら、この概念についてより踏み込んだ分析を行っている。
(9) Veyne 1976. ヴェーヌの見方についての解説および解釈にかんしては、Elster 1980 を見よ。
(10) Lukes 1974: 23. 邦訳三七～三八頁〔ただし訳文には変更を加えている〕。
(11) Veyne 1976 のさまざまな箇所で。
(12) Farber 1976 は「望みえないものを望む」という類似の概念について簡単な議論を行っている。しかしながら、彼はその考え方を、特定の状態（信念、睡眠、幸福）を自ら引き起こすことに限定して用いている。だがその考え方は特定の状態（愛、自発性、不従順）を命令によって他人にもたらすというパラドクシカルな試みにも応用することが可能である。後者の用い方については、パロアルトの精神科医たちの研究、たとえば Watzlawick 1978 を見よ。[vii]
(13) Schelling 1978.
(14) Festinger 1957; 1964.
(15) Veyne 1976: 312-313.
(16) Kolm 1979.
(17) これらのいささかわかりづらい見解について、私は Elster (forthcoming) で詳細に論じている。[viii]
(18) Stouffer 1949.
(19) Merton 1957, Ch. VIII.
(20) Boudon 1977, Ch. V.
(21) Goldman 1972 は、ロバート・ダールにしたがい、これをカメレオン問題と呼んだ。適応的選好は厚生や自由を損なうものではあるが、権力を損なうものではないということに注目せよ。もしあなたが自らの欲する物事を生じさせる権力をもっているなら、あなたの欲求が結局のところ何が生じることになるかについての予期によって形づくられたものであるのかどうかは問題にならない。先取り的な権力（preemptive power）について、空虚であるとか実体がないとかいうことはない。
(22) Berlin 1969: xxxviii-xl.
(23) 彼の見方の一つの解説として、Berlin 1969: 130 n を見よ。

(24) Elster 1978a: 196 ff ではこの議論についてより詳細な言及を行っている。

(25) Elster 1978a において論じたように、「オプティミズム」対「ペシミズム」という用語法は誤解を招くものである。現実的な問題はペシミズム対非ペシミズムであり、ここではそれについて議論されている。オプティミズム対非オプティミズムの問いは、〔ここでの文脈でいえば〕産業化の代替的かつより良い方法についての、反事実的なものである。

(26) Engels 1975: 308-309.

(27) Engels 1975: 309〔邦訳：上巻二四頁〕。

(28) バートランド・ラッセルの言葉。Kenny 1965-1966 からの孫引き。

(29) Nozick 1974: 76 n〔邦訳一一九頁〕で提起されたように。

(30) Rawls 1971: 503 で提起されたように。

(31) この概念の起源は Rawls 1971 にある。

(32) von Weizsäcker 1971、また Elster 1978a: 78。ヴァイツゼッカーは一つの例として、$\left(\frac{1}{2}, \frac{3}{2}\right), \left(\frac{3}{4}, \frac{1}{2}\right), \left(\frac{1}{4}, \frac{3}{4}\right), \left(\frac{3}{8}, \frac{1}{4}\right)$……と続いていく数列を提示している。ここでは、最小の要素が大きくなっているという意味において、それぞれの数字の対は一つ前のものよりも改善しているものとみなされる。非常に保守的な人物は、反対に、最大の要素が小さくなっているという理由から、むしろそれぞれの変化を拒否するかもしれない。そのような保守主義は適応的選好変化に類似している。というのも、それはもっとも豊富に利用可能なものを体系的に格上げする（あるいは相対的に利用しづらいものを格下げする）ことを意味しているからである。[ix]

(33) Elster 1979: 40.

(34) Kolm 1979 を見よ。

(35) Leibniz 1875-1890, vol. V: 175.[x]

(36) Sen 1974; 1977b.

(37) Asch 1956.

(38) Elster 1976では因果的ヒステリシスというより広く知られた概念についての議論を行っている。
(39) Nozick 1974: 153 ff.
(40) Elster 1978b; 1978c.
(41) 『ニコマコス倫理学』1114a.
(42) この結論は近く出版される私のエッセー「信念、バイアス、イデオロギー」の結論とパラレルである。「認識論は信念の合理性を取り扱うがゆえに、また信念の合理性はその信念から直ちに読み取ることのできるものでもなければ、その信念を証拠と比較することによって評価できるものでもないがゆえに、認識論は歴史を必要とするのだとわれわれは結論しなければならないのである[xi]。」

訳注

(i) この論文は後に、加筆・修正のうえでエルスターの一九八三年の著作『酸っぱい葡萄——合理性の転覆について』(玉手慎太郎訳・勁草書房、二〇一八年)に第三章として収められる。以下、訳注においてこの著作について言及する際には『著作版』と略記する。
(ii) 集団が有する個別的な(distributive)自由と集合的な(collective)自由との対比は、集団内の個々人の自由が両立するかどうかに関わる。たとえば、誰のものでもない土地に咲いている一輪のたんぽぽの花を摘んで帰る自由は、その集団に属するすべての人がもっているといえる(誰もがそうすることができる)が、すべての人が同時にその花を取って帰ることはできない。そのとき、この集団は、たんぽぽを摘んで帰る自由を(集合的ではなく)個別的に有している。
(iii) 「*A*する自由がない」ことと「*A*しない自由がない」こととは、実質的に同じことだと考えることができる(いずれにせよ*A*をするかしないかを自由に選ぶことができないのだから)。だとすれば、*A*する自由はないが*A*を欲することと、*A*しない自由はないが*A*を欲することとは同じであり、したがって、前者が適応的選好形成の不在を意味するならば、後者も同様に適応的選好形成の不在を意味するはずだ、というのがここでの論旨であると思われる。とはいえ後者は、結局のところそうせざるをえない物事を欲しているわけであり、むしろ適応的選好の明確な例であるように訳者には思えてならない(葡萄を食べないことはできない状況で「葡萄はおいしい」と考えることはいかにも適応的である）。訳者はここでのエルスターの議論には混乱（あるいは何らかの誤植）があると考えるが、最終的な判断は読者に委ねることとし、原文の通りに訳出した。

（iv）“P”は厳密な選好関係（より良い）、“R”は弱い選好関係（少なくとも同じくらい良い）、“I”は無差別（優越はない）の意味で用いられている。この条件をもう少し日常的な言葉遣いで述べれば、「一方の選択肢集合においては x の方が y より好ましく、別の選択肢集合においては y の方が x より好ましい、というようなことはない」、すなわち「選択肢集合に応じて選好順序が逆転したりしない」という条件である。（なお、すぐ次の文にあるように、「一方の選択肢集合においては x の方が y より好ましいが、別の選択肢集合においては y も x も同じくらいだ」という事態は許容される。）

（v）負の外部性をもつ財については通常、市場取引によっては効率的な財の配分が達成されないが、特定の条件（取引コストがないなど）のもとでは、その財を利用する権利をめぐる人々の交渉を通じて、常に効率的配分が達成されることを示したのが「コースの定理」である。経済学者ロナルド・コースが提起したためこう呼ばれる（安藤至大『ミクロ経済学の第一歩』有斐閣ストゥディア、二〇一三年、一六三～一七〇頁を参照）。ここでポイントは、負の影響を有する行為それ自体を制限したり禁止したりする必要はなく、必要なら適切な賠償金を払うようにすればよい、というのがコースの定理の発想だということである。哲学者ロバート・ノージックはそれを受けて、負の影響を有する行為に対して、賠償をする代わりに精神安定薬を与えることで問題を解決できないだろうか、という発想を提示している。エルスターが批判するのはこれである。

（vi）ヒステリシス（hysteresis）とは物理学の用語であり、「物質または系の性質が、それ以前の履歴に依存する現象のことをいう。すなわち、物質または系の性質を表す物理量 x が外部条件を表す変数 X の関数のとき、X の変化の経路により同じ X に対する x の値が異なる現象のことをいう」（『物理学辞典 三訂版』培風館、二〇〇五年）。

（vii）「本質的に副産物である状態」という概念は後に『著作版』の第二章において詳細に論じられることになる。特に命令をめぐる議論についてはその第四節で展開される。

（viii）この Elster（forthcoming）は、後にさらに手を加えられたうえで『著作版』の第四章となる論文である。

（ix）この数列の第三項は第一項の分母に2を掛けたもの、第四項は第二項の分母に2を掛けたものになっている。したがっておそらく第五項以降は$\left(\frac{1}{8}, \frac{3}{8}\right)$、$\left(\frac{3}{16}, \frac{1}{8}\right)$、$\left(\frac{1}{16}, \frac{3}{16}\right)$、$\left(\frac{3}{32}, \frac{1}{16}\right)$……と続いていくだろう。この数列は左右の数字の大小関係を反転させながら最終的にゼロに収束する。さて、ここでn番目の対において小さい方の数字は、$n+1$番目の対においては必ず大きくなっている。たとえば第一項においては左の数字が右の数字よりも小さいが$\left(\frac{1}{2} < \frac{3}{2}\right)$、第二項で左の数字は$3/4$になっており、$1/2$から改善している。エルスターはこの意味での「改善」を反適応的選好の態度と解釈する。というのも、反適応的選好は、現時点で手に入りづらいものを高く評価する態度だからである。するとどうなるかというと、nよりも$n+1$が、$n+1$よりも$n+2$が望ましいということになるので、この数列をどんどん先へ進んで行くことになるが、しかしこの数列はゼロに収束するのであるから、そのような態度は自滅的である……というのが第一の論旨で、本文および注の前半部分にあたる。これに加えて、今度は逆に適応的選好について考えてみれば、それは現時点で手に入りやすいものを高く評価する態度であるから、大きい方の数字を比べることになる。すると、n番目の対において大きい方の数字は、$n+1$番目の対（および$n-1$番目の対）においては必ず小さくなっている。よってこの数列において適応的選好は一切の移動を要請しない。保守的な態度はこれに類比的なものと捉えられる……というのが第二の論旨で、注の後半部分にあたる。

（x）原文ではフランス語のままで引用されている。フランス語の翻訳にかんしては上智大学の吉田修馬先生にお力添えをいただいた。ここに記して感謝申し上げたい。

（xi）このエッセーはElster（forthcoming）のことである。当該の文章は一四七～一四八頁にある。なお、後に『著作版』に第四章として収められた際には、当該の文章は削除されている。

（玉手慎太郎訳）

第12章　自由と厚生

アイザック・レーヴィ

アマルティア・センによれば、リベラリズム（あるいは彼が今そう呼ぶことを好むように「リバタリアニズム」[1]）は、社会にいる各個人に対して、「もしそれ以外のことが当人にとっても社会の他の人々にとっても同じ状態のままであるならば、たとえば自分自身の壁を白ではなくピンクに塗るという選択のような、少なくとも一つの社会選択を決定する自由」を認めている[2]。

センは、この例によって説明される個人的自由に付随する価値が、社会厚生関数に対して制約を課すと主張する。――社会厚生関数とはすなわち、複数の社会状態に対する、あるいはそれらの社会状態における自分たちの厚生のレベルに対する社会構成員たちの選好についての情報が与えられているとき、それらの社会状態が一般的厚生により適うか否かという観点からの社会状態の順序を特定化するルールである。このような制約は、それが「リベラリズム」あるいは「リバタリアニズム」という言葉がもつ、体系化される以前の用法のすべての側面を捉えているかどうかはさておき、「多くの人が支持するであろう、個人的自由に付随する価値を表している[3]」。

センの条件Lは、各市民は、少なくとも社会状態の一つのペアに対する自らの選好順序によって、同じペアの厚生

にかんする社会順序を決定するべきであると主張する。(4)

P・バーンホルズは、リバタリアンは個々人に社会状態の社会順序を決定する諸権利を与えるのではなく、彼らに社会状態の諸側面を決定する権利を与えるのだと指摘する。(5) 近年P・ガーデンフォールズはバーンホルズのこのような考察を、個々人に権利を保障することは、社会選択の定義域を社会状態の所与のクラスに制約する能力を彼らに譲与することであるというR・ノージックの提言とつなげている。(6)

ノージックの理念にかんするセンの面白い議論のなかで、センは社会順序の解釈上のあいまいさを指摘する。彼は社会順序とは「純粋に選択のメカニズムである」という意味にもとれるし、また「社会厚生にかんする見解を反映しているもの」という意味にもとれることを示唆する。(7)

以下の議論において、私は社会選択メカニズムと、社会的価値基準と、そして社会厚生についての見解とを区別しよう。

社会選択メカニズムは、社会状態を選ぶための制度的に認可された手続きであると理解されるべきである。リベラリズムあるいはリバタリアニズムは、社会選択メカニズムに対して制約を課すことを推奨する教説である。特定の審査員たちによって社会状態を選んでもらう代わりに、権利保持者たちは自分たちの個人選好にしたがって、社会状態のうちで自分たちが社会的に認可された権利を有している諸側面(aspects)にかんして選択をする。彼らの選択を通じて社会状態のこれらの諸側面が定まる。その結果は社会状態全体の(すべての関連する側面の)選定であるか、あるいは単数ないし複数の政府機関が定める何らかの余地が残されたものであるか、いずれかである。議論を単純にするために、リバタリアンの社会選択メカニズムのもとでは、権利保持者たちが自分たちが権利をもつ定義域を決定することで、社会状態の全体が定められると想定することにしよう。

さまざまな社会選択メカニズムのメリットを議論する際には、実現可能な選択肢ないしは社会状態の集合がさまざまであるというような、社会選択の多様な文脈に照らし合わせて、これらのメカニズムを用いて選ばれる社会状態を検討するべきである。恐らく、もしある選択メカニズムが最善の選択肢が存在するときに利用可能な社会状態のなかから最善の状態を選択するならば、そのことはそのメカニズムに賛成すべき目印となる。そして、もしそのメカニズムが最善の選択肢が存在するときにより劣った状態を選択するならば、そのことはそのメカニズムに反対すべき目印となる。

この種のことを査定するためには、社会状態がより良いか悪いかを評価する社会的価値基準が要請される。そのような基準はあらゆる実現可能集合における社会状態の完全な順序を必ずしも提供するわけではない。それは、実現可能集合のなかに少なくとも一つの最善な選択肢が存在することを必ずしも保証するわけではない。さらに、そのような基準は、社会状態が社会厚生をどれほどよりよく促進するかにしたがって、それをより良いかあるいはより悪いと順序づけなければならないと必ずしも想定されているわけでもない。社会厚生についての見解は一つの社会的価値基準として是認されるだろう。誰であれそうする人を社会厚生主義者と呼んでもよいだろう。

社会厚生についての諸見解は社会厚生関数によって表現可能であり、その関数は社会の各構成員の選好あるいは厚生の関数として、定義上は社会状態を社会厚生にかんして完全に順序づける。社会厚生についての異なる見解はそれぞれ、社会厚生関数に対する制約の異なるタイプに対応する。もちろん、社会厚生についての見解を、社会選択の文脈において実現可能な選択肢の許容性を算定する際に社会的価値基準として用いることを唱える準備がなくとも、人は社会厚生についてのある見解を受け入れることができる。しかし、そのような社会厚生についての諸見解は政策決定において何の明確な役割も果たさない。（受け入れうるたくさんのヴァージョンの一つの）社会厚生主義者であるためには、人は社会厚生関数を社会的価値基準として用いながら社会的選択の諸問題における選択肢の許容性を進んで査定するべきであり、この程度までに、社会選択メカニズムの正統性を進んで査定するべきである。(8)

非社会厚生主義者は二つのカテゴリーに分類される。一方の非社会厚生主義者は、非社会厚生主義的な社会的価値基準にもともとコミットしており、選択メカニズムがいかにその基準によって資格を与えられた諸価値を促進するかという観点からそれを査定する。もしその「適合性」が乏しければ、彼らはその価値基準よりもむしろ選択メカニズムを修正することを提案するだろう。

もう一方の非社会厚生主義者はその反対の方向に向かって行く。もしその適合性に乏しければ、彼らは選択メカニズムをそのままにして社会的価値基準を修正するだろう。

もちろん、非社会厚生主義者たちは厳密にどちらかのカテゴリーに属するわけではないかもしれない。だが、選択メカニズムと社会的価値基準の間の適合性があまりにもひどく損なわれるとき、その損なわれ方いかんによって、彼らはいずれかあるいは両方を書き換えるであろう。

いずれにせよ、ノージック、ガーデンフォールズ、そして最近ではF・シック(9)は、社会選択メカニズムを社会厚生を促進する際の効率性という点から評価するべきではないと論じてきている。そのため、彼らは明らかに非社会厚生主義者である。だが彼らの見解はそれ以上に強いように思える。彼らは選択メカニズムの査定に際して個々人の権利はとにかく根本的であるのだと主張する。彼らは、ある社会的価値基準がリバタリアンの選択メカニズムとの適合性に乏しいことがわかったとき、その基準を修正することを要請するような、非社会厚生主義的なリバタリアニズムの変わり種を是認するだろうと私は思う。これらの著者たちの正確な見解が何であれ、いずれにせよ、私は誰であれそのような立場を是認する人を粗野なリバタリアン（rugged libertarian）とみなそう。

リバタリアニズムは、（粗野なリバタリアニズムであれ、社会厚生主義あるいは非社会厚生主義的なその代案であれ、）それがどのような制約を社会選択メカニズムに課すべきと主張するかによって区別されることを心に留めておくことが大切である。そのようなメカニズムは、理想的には何らかの社会的評価基準に照らして適格である諸状態を選択するべきであることを前提とするならば、社会選択メカニズムにかんするリバタリアン的な見解は、採用されるべき社会的評価基準に対して副産物をもたらす。だが、リバタリアニズムが社会厚生主義と結びつけられない限り、リバタリアニズムは社会厚生関数に対していかなる制約も課さない(10)。

センはリバタリアニズムを社会選択メカニズムに制約を課すものとして特徴づけてはいない。彼の条件Lは社会厚生関数に対する制約として理解されてきている。そして、彼は条件Lと弱パレート原理の両立不可能性を正確に証明する。

「リバタリアニズム」という語の正しい用法をめぐる論争をすることは無益であろう。だが、普通の状況で仰向けに寝るか、あるいはうつぶせに寝るかを選択する権利を人がもつべきであることはまったく論争の余地がないように思える。この主張における論争の余地がないところとは、誰であれ自分が選ぶ通りに眠ることを妨げるようないかなる制度的な手続きも採用されるべきではなく、そのような選択に対して他者が干渉することを禁止するような制裁こそが採用されるべきであるということである。そのため、論争の余地がない点とは社会選択メカニズムについての見解であり、社会厚生についての見解ではない。それゆえセンは彼の条件Lを、もし彼が望むならリバタリアンの原理と呼んでもよいであろう。しかし、そのことは、人はうつぶせで寝ようが仰向けで寝ようが、自分が選択する通りに眠る権利をもつべきであるというまったく論争の余地がない見解によって描かれる類の「個人的自由に付随する価値」を条件Lが表現することを証明するわけではない。

他方において、センのテーゼもまた論駁されていない。解決すべき問題は、リバタリアン的な社会選択メカニズムに対するコミットメントが、条件Lが社会厚生関数への制約であるという条件Lについての一つの見解を前提にするか否かである。もしその答えが肯定的ならば、もしある人がリバタリアニズムとは社会選択メカニズムに制約を課すものであるという意味においてリバタリアンであるとしても、それでもなお、センの条件Lは「個人的自由に付随する価値」を表現している。

リバタリアニズムは社会的価値基準に対して確かに副産物をもたらすことをわれわれはすでに見てきた。他方において、採用される社会的価値基準が社会厚生主義的でなければ、リバタリアニズムは社会厚生関数に対して何の含意ももたない。粗野なリバタリアンは彼らのリバタリアニズムのせいで、社会厚生にかんするいかなる特定の見解にもコミットしないし、それゆえに条件Lにもコミットしない。

他方において、社会厚生主義的リバタリアニズムに対するコミットメントが、社会的価値基準として用いられる社会厚生関数に対する制約としての条件Lに対するコミットメントを招くことは、少なくとも考えうることである。もしそうなら、厚生主義的リバタリアンは一方で弱パレート原理Pと定義域の非限定性条件Uにしたがいながら、他方で社会厚生関数を社会的価値基準として是認することはできないことを、センの議論は確立してきたことになるのだろう。

社会厚生主義的リバタリアニズムは条件Lに対するコミットメントを含意しない。さらにいえば、含意されている制約は原理Pと、そしてバーンホルズの提案とは反対に、Uともまた両立可能である[11]。しかしながら、社会厚生主義的リバタリアニズムはまさに、社会状態の選言命題（disjunctions）に対する権利保持者の選好が、社会状態に対する社会選好に何らかの方法で連結することを前提とする。だが、これらの制約は社会状態に対する彼らの選好を制限することでみたされるのではなく、他の権利保持者のふるまいに対して権利保持者がもつ信念を制限することでみたされるかもしれない。

もしこれらの考察が正しければ、パレート主義的な社会厚生主義的リバタリアンであることは完全に可能である。この可能性は、センの条件Lに対するコミットメントを社会厚生関数に対する条件Uと条件Pに対するコミットメントとともに矛盾なく抱くことはできないというセンの証明に潜む、どのような欠陥からも導き出されるものではない。そのことは、条件Lは社会厚生主義的リバタリアニズムにとって必要な前提ではないし、必要である諸前提は条件Uと条件Pをみたすことを妨げもしないという事実に基づいている。

バーンホルズとガーデンフォールズはともに、もし主体Xが権利をもつならば、その権利が社会状態のある側面にかかわることを正しくも強調してきた[12]。社会選択メカニズムはXに対して社会状態を定める力を保障するわけではなく、そのような状態のある側面を定める力のみを保障する。Xが自らの権利を行使するとき、彼は一つの社会状態を

選択するのではなく、社会状態の一つの側面にかんするいくつかの二者択一的な決定の一つを選択する。(13)

したがって、もしXが自らの壁の色を選択する権利をもつならば、彼は自らの壁の色を選択することで、（たとえばYの壁の色を含む）社会状態全体を定める資格を与えられるわけではない。

このことはもちろん、社会選択メカニズムの一部分として、主体に保障された諸権利に適用される。

バーンホルズのこの点に対する応答として、センはバーンホルズの見解が「これらの選好が定式化されるべき空間のタイプに対する誤解に基づいているように思える。世界Ωの残りの部分を所与とすれば、仰向けに寝るという『判断尺度』とうつぶせに寝るという尺度に対するジャックの選択は二つの『社会状態』に対する選択である」と主張する。(14)

もしジャックが世界あるいは社会状態の、残りの部分の状況Ωを知っていたならば、仰向けに寝ることをうつぶせに寝ることよりも（あるいは逆に）彼が選択することは一つの社会状態をもう一つよりも選択することと確かに等しいだろう。しかし、ジャックが決定を下すとき、世界Ωの残りの部分は彼に与えられていない。ジャックが真であると選択することは、社会状態が「ジャックがうつぶせに眠り、かつ（Ω_1かΩ_2か、…Ω_nのいずれか）」として描かれるよりも、それが「ジャックが仰向けに眠り、かつ（Ω_1かΩ_2か、…Ω_nのいずれか）」としてこそ正しく描かれるに違いないということである。ジャックが決定を下し、続いて他のすべての権利保持者が決定を下し、そしてその他の制度的な主体に要請される残された決定が何であれ、それらを行うときに、一つの社会状態は完全に定まるであろう。しかし、他の権利保持者たちの決定とその他の社会的主体の決定は、ジャックに与えられていない（少なくとも必ずしも与えられてはいない）。彼は権利を行使する際に、社会状態のある選言命題が真であることを選択するのであり、そのことは、選言肢の一つが真であるということが真であると選択することとなくなされる。

説明のために、センの良く知られた例を取り上げてみよう。aとbはそれぞれ『チャタレイ夫人の恋人』を読む権利も読まない権利ももっている。次の図は四つの可能な社会状態のそれぞれにおいて二人の当事者に与えられる効用

表12－1

	Rb	$-Rb$
Ra	（1，4）	（3，3）
$-Ra$	（2，2）	（4，1）

の割り当てを表している（表12－1）。

aはRa（本を読む）か$-Ra$（本を読まない）を選択する権利をもつ。しかしRaを選択すること（すなわちRaが真であると選択すること）は、$Ra\&Rb$か$Ra\&-Rb$を選択することと同等である。選択すべきことは社会状態のある選言命題が真であることではあるが、それは特定の社会状態が真であることではない。同様のことは、必要な変更を加えれば、aの他の選択肢にも当てはまる。

確かに、もしRbが得られることをaが知っていたならば、Raが真であるという彼の選択は$Ra\&Rb$が真であるという選択と同等であるだろう。しかし、たとえRbが得られることが真であるとしてさえも、もしそのことをaが知らないならば、aの選択は$Ra\&Rb$が真であるということではなく、$Ra\&Rb$あるいは$Ra\&-Rb$が真であるということである。

すなわち、もしわれわれが選択というものを、選択とは、主体が自らの選好に照らして許容可能であると判断する選択肢を採用するに当たって行う熟慮の結果であるという意味として捉えるとしたら、右記の通りだということである。

それゆえ、もしaがbの選択を知らなければ、本を読むか否かにかんするaの選択は、右記した社会状態にかんする二つの選言命題によって表現される、選択肢のペアに対する彼の選好に基づくであろう。社会状態のいかなるペアに対するaの選好も、その選好が社会状態にかんする選言命題のペアに対する彼の選好を定めるか、あるいは定めることに対して貢献する限りにおいてのみ実際的な意味をもつだろう。aの選択を支配するべきであるのは、その選言命題に対する彼自身の選好である。同じことがbについてもいえるので、aとbによってなされる選択の最終結果が社会状態の最適な社会選択であるか否かは、社会状態にかんする選言命題の適切なペアに対する権利保持者の選好がいかに社会状態の社会選好に合致するかに依存することは明白である。$Ra\&Rb$、

$-Ra$ & Rb というペアに対する、あるいは Ra & $-Rb$、$-Ra$ & $-Rb$ というペアに対する a の選好が社会順序を形成する際にもつ決定力は、このことに何の関係もない。

それゆえ、社会順序が Ra & $-Rb$、Ra & Rb、$-Ra$ & Rb、$-Ra$ & $-Rb$ であると仮定してみよう。パレート原理 P はみたされる。a は $-Ra$ & Rb を Ra & Rb よりも選好する。しかし、社会選好は異なる方向を示す。a は $-Ra$ & 〔−〕Rb[i] を Ra & $-Rb$ よりも選好する。またもや社会は反対を選好する。社会状態の適切なペアに対する a の選好は社会にとって決定的なものではない。

このことは、a が本を読むか否かという二つの選択肢に対する自分自身の選好にしたがって決定する権利をもっていないということを意味するのだろうか。まったく違う。a に利用可能な二つの選択肢に対する彼自身の選好は、社会的に最適な社会状態の選択を妨げないような方法で選択するように彼を誘うことができるだろうか。明らかに、もし a が本を読むこと（Ra）を読まないこと（$-Ra$）よりも選好するならば、彼の選択は社会的に最適な社会状態が選ばれることを妨げはしないだろう。

今や示されるべきことは、状態の選言命題に対する a の選好（そして選言命題に対する b の選好）はきわめて制約的なので、社会的に最適な状態は諸権利の枠組み内における彼らの選好にしたがって、彼らの選択によって選ばれるし、このことは条件 U を侵害するような、社会状態に対する個人選好プロファイルの可能な集まりを除外するいかなる制約を課すこともなく、あるいは社会厚生関数のパレート条件 P を修正することもなくなしとげられるということである。制約は社会状態の選言命題に対する選好に対して必要とされるだろう。そのことは明白である。しかし、そのような制約は社会状態に対する選好に対する制限とみなされるべきではない。

バーンホルズは、a や b が直面するこのような選択問題は不確実性下での選択問題であると正しく分析してきた[15]。もし a の価値に割り当てられる数が正の線形変換にかんして一意の基数効用を表現し、そしてもし彼が『チャタレイ夫人の恋人』を自分が読むことを条件として、Rb と $-Rb$ に対して数的に明白な確率の割り当てをもち、そして自分が本を読まないことを条件とした場合の対応する割り当てをももつならば、a の二つの選択肢に対して期待効用を算出することができるし、彼の選好はそれにしたがって定まりうる。

たとえaの選好を表現する社会状態に対する効用関数が固定されたままであるとしても、彼がもつ権利のおかげで彼に開かれている二つの選択肢に対する彼の選好は、一つの選言命題のなかの各選言肢がそれ以外の選言命題のなかのすべての選言肢よりも選好されるという条件をみたさないならば、彼の確率的な判断（私はそれを彼の信念状態（credal state）と呼ぼう）の変化によって修正されうることに注意しよう。このような条件はわれわれの例ではみたされない条件である。われわれの例においては、社会状態に対するaの選好は二つの状態Rbと$-Rb$のそれぞれにおいて$-Ra$がRaを支配するが、それを上位支配（superdominate）するわけではない[16]。それゆえ、aは自分が本を読むことを条件に$-Rb$に対して一に近い確率を割り当て、そして自分が本を読まないことを条件にRbに対して一に近い確率を割り当てることで、本を読むこと〔Ra〕を読まないこと〔$-Ra$〕よりも選好する信念状態にいることができる――aの権利を行使する際に自分の選択を指示すべき選好という意味で。

この見解は選好が正の線形変換にかんして一意の効用関数によって表現され、確率が一意の確率関数によって表現されるという前提に依存するわけではない。私は他のところで、主体の選好は効用関数の集合によって表現されるかもしれないし、彼の信念状態は確率関数の集合によって表現されるかもしれないことを示唆してきた[17]。両方の集合は非空集合であるべきだが、前者は所与の効用関数の正の線形変換に制限される必要はないし、後者は単一集合である必要はない。

主体に利用可能な集合のなかの選択肢は、もしそれが主体の選好を表現する効用関数の集合のなかの一つの受容可能な効用関数にかんして、そして信念状態を表現する集合のなかの一つの確率関数にかんして、その期待効用において最高位に順位づけするとき、そしてそのときに限り、E許容可能（E-admissible）である。いくつかの特別な複雑さを無視するとすれば、一つの選択肢に対する主体の選択は、E許容可能な選択肢のなかからのマキシミン（あるいは、おそらくよりよくいうと、レキシミン）解によって制限されるべきである。

われわれの例では、もしaの信念状態が十分に不確定であるならば、両方の選択肢はE許容可能であるだろう。彼はそれゆえに、たとえ本を読まないという選択肢を期待効用にかんして選好できるものと順序づけなくとも、それがマキシミン解であるという理由によって選ぶべきである。もしbの信念状態が同様に不確定であるならば、彼は本を読むことを、それが読まないことよりも選好できるという理由によってではなく、より優れた保障レベルをもたらす理由によって選択するだろう。

二人の権利保持者の信念状態がこの種のものであるとき、選ばれた社会状態は、囚人のジレンマのように、もう一つの社会状態によってパレート支配されているだろう。権利の行使は社会厚生関数の条件Uも条件Pも侵害することを導かないけれども、aとbの権利保障を基礎づける選択メカニズムは厚生の最大化を導かない。

社会厚生主義者はそのような解法を喜ばしいと思わず、改善法を探すだろう。しかし、彼らはaとbの権利を制限し、社会厚生関数を修正し、Pを侵害し、あるいはaとbが社会状態を自分たちがするように順序づけることを妨げる、というわけでは必ずしもない。

社会状態に対するaとbの個人選好を所与としたときに、彼らが次のような信念状態をもつような諸条件を促そうと努めさえすれば、それで十分である。そのような信念状態とは、厚生にかんして最適である社会状態の決定へと導く、社会状態の選言命題に対する選好を導くような信念状態である。それゆえ、aは自分が本を読むことを条件として、bが本を読まないと選択することに対して確実性に近いものを割り当てるように説得されるべきであるし、そしてa自身が本を読まないことを条件として、bが本を読むと選択することに確実性に近いものを割り当てるように説得されるべきである。このような状況下では、aは本を読むこと〔Ra〕を読まないこと〔$\neg Ra$〕よりも選ぶはっきりした選好をえる。bの信念状態における同様の調節は、bが厚生を最大化する解を導き出しつつも本を読まないこと〔$\neg Rb$〕を読むこと〔Rb〕よりも選好することを確実にする。

そのような調整をすることは、社会厚生関数に課せられる条件Uあるいは条件Pの侵害を要請しない。そのことは、社会選択メカニズムによって作り上げられる権利の修正を要請しない。そのことは、信頼しあう環境のなかでの選言命題（alteration）を、またお互いに交流し、協力解について交渉する個人の能力こそを要請する。[18]

次のような状況は起こりうる。それは、ある権利保持者が自分の権利によって保障された他のすべての選択肢よりも一つの選択肢を選好し、いかなる彼の信念状態の修正も（社会状態の選言命題である）選択肢に対する彼の選好の正統な修正を導き出せないという状況である。このことは、ある選択肢が他のすべての選択肢を上位支配するときに起こりうる。すなわち、権利保持者はその選択肢のなかの選言肢であるどの社会状態についても、それを対抗馬である選択肢のなかの選言肢であるすべての社会状態よりも選好する。

社会厚生主義的リバタリアンは、そのようなケースにおいて、権利保持者にとって上位支配的である選択肢のなかの選言肢である社会状態の少なくとも一つに対して最大の厚生を割り当てる関数に、社会厚生関数を制約しなければならない（あるいは、少なくともその選択肢以外のいかなる選択肢も、より大きな社会厚生に値しないことを保証しなければならない）。

このことは、社会厚生主義的リバタリアンにとって、社会状態に対する権利保持者の選好は社会順序を制約するということを意味するだけである。この制約はセンのLあるいはL'よりもきわめて弱い。

リバタリアンたちが、権利をそれが他の種類の善を促進するという理由によって重んじるジョン・デューイのように、厚生主義であろうがそうでなかろうが、彼らがしばしば次のように主張するとしてもおかしなことではない。彼らは諸自由が「人間の『究極的な』価値――彼らの良心、生きる意味にかんする彼らの感覚、彼らの人格的尊厳――が公的論争の要素にならない」[19]ような方法で諸制度の編成のもとに統合されるべきであると主張する。もし彼らが社会厚生主義者であれば、彼らは厚生が誰の権利をも奪うことなしに促進されうるために、（「究極的」であろうがなかろうが）論争的な諸価値にかんする話し合いを提供する制度上の調整もまた奨励することだろう。

権利保持者にとって彼らの権利を協同的なやり方で行使することが合理的であるために、彼らの信念を適合するように仕向けるかもしれない社会的そして制度的な調整が可能であると、常に保証できるわけではない。そして時には、そのようにすることは知的統合性の要請と対立するだろう。権利の行使を通じた社会選択問題における厚生最大化の解を奨励するためだけに、良識や利用可能な最善の科学的証拠に反するように作用する方法で権利保持者の信念状態を調節するように、われわれはいやいやながら彼らを説得するかもしれない。

所与の諸自由の体系が、——社会厚生であれ他の何かであれ——ある種の善を最大化する社会状態を導くか、あるいは導く傾向があるという理由で、社会選択メカニズムに正当に統合されると主張するリバタリアンは誰でも、経済的、社会的そして関連するその他の諸条件がそのような選択メカニズムの使用を奨励しないかもしれないという危険を冒している。そのようなリバタリアンは（社会厚生主義者であろうがそうではなかろうが）彼らが擁護する自由の体系を再考察しなければならないかもしれない。これらの環境下では、選択メカニズムとそれが具現化する諸自由の体系を守るためならば社会的価値基準を修正する用意がある人々によって支持される、粗野なリバタリアニズムのラディカルな一形態のみが、選択メカニズムのラディカルな改革の支持者たちに何のためらいもなく反対するかもしれない。

しかし、社会厚生主義者はパレート主義と定義域の非限定性の条件への忠誠を残したままリバタリアニズムを支持することを、いかなる論理的あるいは概念的な根拠によっても妨げられはしない。社会厚生主義が直面するかもしれない困難が何であれ、それらはどこかで探求されなければならない。

注

（1）Sen 1976: 218.
（2）Sen 1970b: 153.
（3）loc. cit., n1.

（4） loc. cit.
（5） Bernholz 1974: 100–101.
（6） Gärdenfors 1978; Nozick 1974: 165–166.
（7） Sen 1976: 229–231.
（8） 社会厚生主義はセンが「厚生主義」と呼んできたものとは区別されるべきである。厚生主義と社会厚生主義はともに「結果の道徳」である。そのうえ、センによれば厚生主義は社会厚生関数によって表現される価値基準を要請する。それゆえ、厚生主義は私の感覚では社会厚生主義の一種である。
だが、センの意味におけるような厚生主義的ではない社会厚生主義のタイプが存在する。社会厚生関数によって表現可能な社会的価値基準を是認する人は誰でも、社会厚生主義者である。センは社会厚生関数に追加的な制約を課す。'On Weights and Measures: Informational Constraints on Social Welfare Analysis,' Sen 1977a の第八節において、センは厚生主義的な社会厚生関数が強い中立性にしたがうことを要請する。'Utilitarianism and Welfarism,' Sen 1979b: 468 において、彼はパレート原理の順守もまた要請する。最後に挙げた論文においてセンは厚生主義を、弱パレート原理にしたがう社会厚生関数を是認する弱パレート主義と対比する。弱パレート主義が厚生主義と同じ種類の見解に属しつつも、それは強い中立性を侵害しうるし、それゆえにセンが用いる強い意味（あるいは二つの厳密な意味のうちの一つの意味）における厚生主義的になりえないかもしれないことを彼は認めている。
（9） シックの主張（Schick 1980）はこの点できわめて明確である。彼は、リベラル（すなわちリバタリアン）は厚生の最大化よりもむしろ財の分配に焦点を当てており、そこでは財はその保持者に社会状態のある側面に対する支配力を授けると理解されていると主張する。彼は、そのように解釈された財にかんする二者択一的な分配の順序は、社会厚生の順序と混同されるべきではないと指摘する。社会厚生関数とそれが導き出す順序は考察から排除されるわけではない（政策形成のなかでそれらが貢献すべき目的は不明なままであるが）。しかしながらシックは、リベラルが厚生を促進する効率性の観点から財の分配を順序づけることを明白に否定し、人はリベラルであり続けながら一貫して、社会厚生関数に対して、そして社会状態の定義域全体のうえにパレート原理Pを課すことができると結論する。その理由は、社会厚生関数に対する制約は、財の二者択一的な分配の正しさや公平さの評価に何の関係もないからである。

物事を定式化するこのような方法は、ガーデンフォールズ―ノージックのアプローチよりは幾分紛らわしくないと私は考えている。彼らのアプローチによれば、社会厚生関数は権利保持者が自分たちの権利を行使し、別のものを排除した後に残る社会状態のうえで定義される。私はいかなる本質的な論点が含まれるかどうかも疑わしいと思う。

次のこともまた触れておくべきである。私が認定してきた粗野なリバタリアンは、権利の授与を善の尺度とみなすという意味以外での善にかんするいかなる意味においても、権利体系がもつ社会状態の善を促進するための効率性を参考にした、その体系に対するどのような評価をも拒絶するように思える。

(10)　社会状態の善についての自らの構想がまったく社会厚生主義的ではないリベラルあるいはリバタリアンは、粗野なリバタリアニズムに明らかに反対してきた。このことは、所有権を自由の名において擁護した人々を攻撃した、一九三〇年代から一九四〇年代におけるジョン・デューイにかんしていえば、明らかに真である。デューイは、擁護されている所有権の体系は個々人がより多くの「自由」を最大化するために効率的であるわけではないと考えた。デューイが個々人の自由という言葉を、法的に認可された権利という意味で用いていたのではなく、個々人に欠落しているかもしれないしいないかもしれない性格的な属性、すなわち人の「潜在性」を実現する能力、という意味で用いていたことは明らかである。彼はセンや私が用いる語意によって厚生という言葉を用いてもいない。しかし、社会厚生主義者と同様に、そして粗野なリバタリアンに反して、彼は制度的な権利体系がいかにうまく良い社会的帰結を促進するかという観点から、それらを選別することに関心があった。社会厚生主義的リバタリアンと粗野なリバタリアンの対立をめぐることに偏向する最近の議論の傾向を、私は残念に思う。リバタリアニズムのその他の形態は吟味される価値がある。もちろん、私が言及してきた著者の誰かが反対するだろうとは私は考えていない（Dewey 1946. 特に第九章と第一〇章を見よ）。

(11)　Bernholz 1974: 100.

(12)　Bernholz 1974: 100 ff. と Gärdenfors 1978.

(13)　ガーデンフォールズは権利を行使することと行使し損ねることを区別する。Xは自分の壁を白く塗るという権利を、何も決定しないことで――代理人やくじ引きによって色を決めてもらうことで、行使し損ねるかもしれない。私はむしろ、Xは代理人やくじ引きによって色を選んでもらうことを選択することで、まさに選択をしたのであるし、自分の権利を行使したのだといいたい。私が賛同する見解においては、権利は法的あるいは社会的に認可された選択肢の集合として特徴づけられており、その集合から主体は少なくとも一つを（法的あるいは社会的に）自由に選択でき、最大でも一つだけを選択するように制約されている。法的ないし社会的な支配を超えたその他の環境は、なおいっそう選択肢の領域を狭めるだろう。権利は選択肢の集合を実際にリスト化することで特徴づけられる必要はないが、（その人の壁を何色にするかを決める権利をもつというような）より一般的な方法で記述されてもよいだろう。しかし、その問題にかんするいかなる選択も権利の行使である。この描写方式はよく知られた法的あるいは政治的なカテゴリーに適合しないかもしれない。しかし、それが現在の議論にとって重要ないかなる論点をも損ねるとも私は考えていない。ガーデンフォールズによってなされた提案に比べて、それが論点の形式的な表現を単純化するかどうか疑わしい。しかし、私はここでそのような定式化を企てようとはしない。

（14）Sen 1976: 228.

（15）Bernholz 1974: 101.

（16）この用語はE・マックレナンによる。

（17）Levi 1974: 391-418. より詳細なヴァージョンはLevi 1980に書かれている。

（18）デューイのような、粗野なリバタリアンでも厚生主義的リバタリアンでもないリバタリアンは、個人選好が社会状態に対するものであるとき、権利保持者たちの行為を何であれ彼らが良いとみなすものを最大化することに資するように導くために、それらの個人選好を修正する用意があるかもしれない。しかしながら、私が今指摘している点は、そのような策略は狭い意味での厚生主義的リバタリアンのケースでは不要であり、そしてそれ以外の種類のリバタリアンにとっても不要かもしれないということである。

（19）Frankel 1958: 83.

訳注

(i) 原著では Rb だが、意味を考慮して $-Rb$ に変更した。

（斉藤尚訳）

第13章　どの記述のもとで？

フレデリック・シック

現代の功利主義者は快楽主義の先達たちに背を向けた。その理論は、かつてより多くのものを摂取しており、かつての功利主義に対する批判の多くは妥当しなくなっている。しかし、現行のポスト快楽主義もそれ独自の問題に直面しており、どうしても対処できない重大な問題が、少なくとも一つ存在する。

本章では、行為に焦点化するタイプの功利主義について語ることとし、それが帰結主義的であると仮定することから始める。これは現代功利主義のほとんどに妥当するが、（これから見るように）すべてにではない。功利主義者は、彼がそこに含まれる以上、正しい行動にかんして二つの命題をもっている。第一は、個人はどのように行為せねばならない場合であれ、その帰結が他のあらゆる選択肢の帰結と少なくとも同じくらい善い選択肢を採用すべきである、というもの。第二は、その帰結の比較的な善さないし悪さは、人々がその帰結に設定する効用の合計によって測定される、というものである。

第二命題の物言いは、功利主義の現代的転回を反映している。古典的功利主義者たちは、誰一人として、効用を設定されるものとしては語らなかった。効用とは、享受されるあるいは追求されるべきものであった。というのも、効用は単純に快（pleasure）であるか、（ベンサムにとっては）「あらゆる対象のうち、快……を生み出す傾向のある性質」であったからだ。今日の一般的な分析方法では、効用を選好――当人の選好順序を数値的に表現する、個人のトータルな効用関数――として解釈する。選好はどんな種類のものでもありうる。すなわち私は、自分が少ない快より多くの快をもつことを選好できるし、また、自分の多くの快より他人の多くの快を選好できる。また、そのいずれもが誰にとってもまったく快をもたらさない場合にでも、一方を他方より選好することがありうるのだ。このため、私がyよりもxに大きな効用を設定するということは、xがyよりも多くの快を私にもたらすことを意味しないのである。

功利主義の第一命題は、われわれの目を帰結へと向けさせる。われわれがここで考えねばならないことは何だろう？　ひとまず、ある行為の帰結とはその行為の因果的結果であると想定する。であれば、ある行為選択肢の帰結とは、ある意味で、そう行為することの結果、すなわち、（短くいえば）その選択肢の結果である。こう解釈するなら、功利主義者の主張とはこうである。すなわち、その結果が他のあらゆる選択肢の結果と比較して少なくとも同程度に大きな効用合計をもたらすような選択肢を常に採用すべきである。

ある主体があれやこれやをすることには、彼の知らない結果が伴うかもしれない。これは不安を誘わずにはおかないが、当の主体が生じるであろうことを知らない結果までも考慮するのは何のためなのだろうか？　確かに、一歩後退して、ある選択肢の帰結を当該主体の予見している結果に限定する、という手はある。〔だが、〕これは何の役にも立たない。つまり、予見できなかったというのが言い訳になる場合もあるが、多くの場合はそうではないのだ。問題は、その主体が前もって何を知ることが可能であったか、彼が自らの情報に照らして何を予見しえたか、である。功利主義者の見解では、帰結とは、当該主体の知っていたことを所与として、彼が予見できたであろう結果のことである。(1)

二種類の功利主義、すなわち、前望的（prospective）な分析と回顧的（retrospective）な分析が区別されるべきである。前者はある動作主体にとっての事柄であり、後者は最終審における神の事柄である。前者は、当該主体の立場から、帰結がどのようなものとなるか（または、なったであろうか）にかかわるものであり、後者は、過去を振り返りつつ、個人の知りうる帰結がどのようなものだったか（あるいはどのようになるはずだったか）にかかわる。私はここでは前望的分析のみに関心を向ける。よって、前段落での「可能であった」は、過去の出来事に対する洞察によって明らかになるようなものではない。ここでも、当該主体が気づけたであろう事柄というのは、彼の情報に基づいて、あるいは（別の言い方をすれば）、彼に入手可能な情報に基づいて、予測可能な事柄である。

功利主義を、前望的な功利主義者の観点から言い直そう。つまり、私が今述べた方法で敷衍してみよう。〔先述の〕二命題はともに拡張が必要である。第一の命題は、ここでは次のようになる。個人は、どのように行為せねばならない場合であれ、その予測可能な因果的結果が他のあらゆる選択肢のそれと少なくとも同じくらい善い選択肢を採用すべきであり、この際、何が予測可能であるかは、当該個人が十分な根拠をもって何を信じるかの問題である。第二の命題はこうである。その予測可能な結果の比較的な善さないし悪さは、人々がその帰結に設定すると当該主体が十分な根拠をもって信じる効用によって測定される。簡便のため、最初の〔本章冒頭第二段落での〕言葉遣いを続けるが、それらは、より具体的な以上の考え方を表現している。

二つの命題をどう表現するにせよ、また別の点に目を向けることが必要になる。ある選択肢の諸帰結は、実現する必要はないのである。当該主体が起こるであろうと考える諸結果は実際に起こる必要はないし、そのうえ、一つの論点に付随する諸々の選択肢のうち、採用されるのは常にただ一つである――他の選択肢は何ら痕跡を残さない。にもかかわらず、功利主義者というものは、すべての選択肢の帰結を考慮し、それらを互いに重みづけせよという。このとき、彼はある拡張された意味で帰結（consequences）といっているのであり、それは結果（effects）や出来事（events）、状況（situations）などについてもそうである。彼にとって、これらの概念は、現に起こっている状態だけでなく非実現の状態もカバーするのである。私もこれに倣おう。

議論の準備はこれくらいにして、ここで一つの難点を指摘しよう。功利主義の分析者は、人々がそれらに設定する効用という観点で帰結を順位づけする。これは十分正しいのだが、ある基本的なポイントを外している。功利主義者は帰結それ自体に焦点化しているわけではない。帰結は、それ自体では、効用の観点で順位づけすることはできない。というのも、結果それ自体をそのように順位づけすることができないからだ。結果とは出来事や状況のことであるが、人間というものは、出来事や状況それ自体に価値を付与するわけではないのである。

われわれの感覚は直接に世界とかかわる。そして、薔薇はどのような名前で呼ばれようと同じ匂いがするはずだ。もし人々が出来事それ自体に価値を付与するのだとしたら、ある出来事がどう名づけられるかはまったく重要ではないはずだ。だが、評価（valuation）というものは出来事の同一性を尊重しない。ジミー・カーターは、おそらくだが、キルケゴールの著作すべてを読破した最初のジョージア州出身者である。つまり、カーターの選挙とは、キルケゴールの著作すべてを読破した最初のジョージア州出身者の選挙と同じ出来事だった。それでも、一部の人々はこの事実を知らなかったし、彼らにとって、カーターの選挙の見込み（prospect）に対する評価と、どこぞの読書家の選挙の見込みに対する評価は違っていた。同様に、地元の宝くじで自分が当選するという見込みにあなたが付与する効用は、最後に売れたチケットが抽選されるという見込みにあなたが付与する効用と同じではない。それでも、あなた自身が（それと知ることなく）その最後のチケットを買ったということ、そしてあなたの当選という出来事は、その最後のチケットが抽選されたという出来事と同じなのである。

事実（facts）にかんすることは、われわれがそれをどう記述するかにまったく依存しない。ある選挙の結果についてわれわれが何をいおうが、誰が勝ったかに影響を与えることなどありえない。〔しかし、〕起こることをわれわれがどう評価するかについては、そうではない。たとえば、われわれが誰かの勝利をどれだけ気にかけるかは、われわれが彼をどう見ているかに依存する。つまり、われわれが何事かに付与する効用は、われわれがそれをどう理解するかに依存するのだ。われわれが設定する価値というものは、出来事や状況の自然な成り行きに焦点を当てるのではなく、われわれがそれらをどう表象（represent）するかに焦点を当てるものなのだ。より正確にいえば、そのように表象された出来事や状況に、焦点を当てるのだ。この意味で、それらの価値はわれわれが出来事や状況についてもつ見込みに関係しているし、われわれがそれらを自身に向けてどのように提示（propose）するかに関係している。私は（まさにこのような意味で）、それらは命題（propositions）に焦点を当てている、というのである。

私のここでの指摘は何ら新しいものではない。それは心的なものにかんする志向性の原理（the principle of the intentionality of the mental）の一適用例である。これにいわせれば、われわれが信じるとか、欲するとか、あるいは好むとかするものは、常に、何らかの命題なのである。つまり、われわれがここで精査の対象として取り上げるのは、ありうるリアリティ〔そのもの〕の断片ではなく、それらリアリティのさまざまな側面であるか、もっといえば、そのような諸側面のもとで考えられた当該リアリティの断片である。このような考え方が信念（beliefs）に関係することは詳細に論じられてきた。〔しかし、〕いくつかの理由から、それが価値に関係することには、まったく注意が向けられてこなかった。

〔これによって〕功利主義者がなぜ不安になる必要があるのか？　彼は帰結というものを追求するなかで、人々がそれに設定する価値について考える。このように、志向性によって彼が目を向けるのは、結果の自然な成り行きのすべてとか、当該主体が予測できたであろう結果とかではない。それによって彼が目を向けるのは、特定の記述（descriptions）がなされた、これら出来事なのである。つまり、志向性は、彼をして、これら出来事を表現している命題へと目を向けさせるのである。これは、それ自体としては厄介なことではない。

しかし、二つほど注意が必要である。第一は、諸々の出来事に対応する命題は一意ではない、ということだ。われわれには、人間ないし対象に対して（カーター大統領とか、キルケゴールを読破した最初の大統領とか）大いに異なったレッテル貼りをする可能性があるだけでなく、出来事の全体についても、諸々のまったく異なる側面を強調するようなさまざまなかたちで、それを解釈してしまえるのだ。（大統領としてのカーターの敗北は、レーガンの勝利でもある。）一つの命題は一つの表象であり、あらゆる出来事は、さまざまに異なった表象が可能である。それは一つの事態（a state of affairs）を表現してはいるが、数多あるそれにかんする表現のたった一つにすぎない。

以上も何ら厄介なことではない。厄介は第二の事実から生じるのだが、それは、人間というものは、時として、一つの出来事を表現しているさまざまな命題に対して異なる値を設定するということだ。つまり、ある一つの出来事を表現している二つの命題は、同じ人々によって異なる評価をつけられる可能性があるということだ。それらが異なった評価をされるのは、その人々がこの二つが同じ出来事を表現しているのを知らない場合に限られるが、人々はしばしばそれに気づかない。あるいは少なくとも、気づかない人がある程度存在する。であれば、われわれが帰結に注目しそれらに設定される効用を合計するとき、われわれは、どの命題を選ぶかによって変わってしまうような判断をしていることになる。たとえば、確かに私たちは特定の命題についてそれらが複数の意味をもつことを知っているかもしれないが、それを知らない人もいるだろう。これが意味するのは、帰結に目を向けよという〔功利主義の〕命令は何の限定にもならないということだ。当該帰結を表現しているたくさんの命題のうちわれわれはどれに注意を向けるべきか？　当該結果についての数多ある記述のうちわれわれにとって目を向けるべきはどれなのか？　これらは、功利主義者が適切な解答を持ち合わせない問いである。

この問題は、現代の功利主義者、つまり効用を選好の観点で解釈する功利主義者にとってのみ妥当する。ベンサムやミルはもっと単純な立場をとっており、効用とは快ないし快を生み出したものである。志向性はこれには関係なかった。それがどのように得られようと興奮は興奮なのだから。出来事というものは、それがどのように理解されようと、ともかく快を生じさせるのだ。それゆえ、適切な記述という問題はこれらの論者にはけっして生じなかったのである。(2)

現在の非快楽主義に立つ彼らの後継者たちは、この問題を回避できない。彼らにとって、効用とは数値化された選好であり、選好は出来事の諸々の側面に焦点を当てる。この新しい思想家たちは、帰結のどの側面が考慮されるべきかについて述べうる方法を見つけねばならない。効用の集計において、帰結にかんするどの記述がまかり通るべきなのか？　だが、そこには本当に困難などあるのだろうか？　主体に判断を委ねてしまえばよいのではないのか？　その場合、帰結にかんする適切なレポートとは、当該主体がその帰結に見出すものを表現するレポートである、ということになる。この問題におけるこの手法を主体‐相対主義（agent-relativist line）と呼び、それにしたがう功利主義者を主体‐相対化功利主義者（agent-relativising utilitarian）と呼ぶことにしよう。

主体が〔帰結のなかに〕見るものは、ここでは、ある単一の命題に登場すると想定されている。これが直ちに問題を生じさせる。というのも、個人はしばしば一つの出来事にかんしてたくさんの命題を認めるからだ。これらのうちの複数が、彼がその出来事に見出しているものを表現する命題であると同定されるべきなのだろうか――それとも、これらのうちの一つだけが、一意に、主体‐相対化に適したものなのだろうか？　考慮されるべき命題は、それらのうちのどれか――あるいはその選言、すなわち当該主体がコミットするもっとも弱い命題――なのだろうか？　〔それとも、〕それらの連言、すなわちもっとも強いそのような命題なのだろうか？　あるいは、その中間の強さをもつ何らかの命題なのだろうか？　それぞれの解答が、それぞれに異なる効用合計値を、つまりはそれぞれに異なる功利主義判断を生じさせる。だが、われわれの求めている解答はどれなのだろう？

また、第一の問題とは独立に、第二の問題も存在する。主体‐相対主義者が誰かの見るものをどのように同定するにせよ、彼は、自分の理論がある主体に対して命じる方針を作成しているのだ。ただしそれは、その方針が、当該帰結を当該個人が見ているものとしてレポートする命題に適合している場合である。問題は、当該主体が彼の命じる方針を怠るかもしれないということだ。この方法論は予測されるものの範囲内でのみ有効だが、帰結というものは予測を超えて拡大する。ある主体の選択肢の帰結とはその主体にとって予測可能な結果のことであるが、それは彼が実際にそれらを予測していると否とにかかわりがない。それらの結果が〔当該主体によって〕予測されようとされまいと、結果は記述を通してしか分析に入ってこないし、当該主体がそれらの結果を予測しない場合には、どの記述を使うべきかを決めるに際して彼を頼ることはできないのだ。主体が見るものなどというものは、彼が予測しない結果においては、そもそもまったく存在しないのである。ゆえに、彼がそこにおいて見るものを表現している命題などというものも、一つだに存在しないのだ。

英仏による一九三〇年代の対独宥和政策を考えてみよう。宥和論者たちは近視眼的だったのだと信じて疑わない功利主義者もいるだろう。〔その功利主義者から見て、〕彼らは〔世界の〕風向きがどうであったかを十分に知っていた。彼らの行ったことが災厄を招いたのであり、この結果は彼らにとって予測可能であった。そうして、この功利主義者は、この帰結に人々が設定する効用に基づいて、彼らの行動を判断する。しかしここでも、それはどのような記述のもとでだろうか？　この災厄にかんするわれわれの典型的なレポートは、ヨーロッパが戦争に巻き込まれた、と述べるものだ。だが、なぜそのような記述なのだろうか？　そうではなく、ヴェルサイユで成立した平和が崩壊したのだ——ほとんどの人々がこれについては注意を向けることがはるかに少ない——といってもよいはずだ。（あの戦争は、他ならぬこの平和を台無しにしたものである、ということをほとんどの人が知らない。）ここでは、主体‐相対化による責任転嫁が望めない。ここに挙げたいずれの記述を採用するにせよ、当時の政治家たちは、それら記述のもとで生じるはずのことを予見しなかったのだから。

主体の視点に立つという試みは、その主体が見るべきものを見ていない場合には失敗する。思考実験を導入することでこれに備えることができるだろうか？　次のように想定しよう。われわれは、当該主体が予測可能であるのに予測していない帰結を、彼がその帰結を予測していたならそれをどう見ていたであろうか、という形で記述することとする。この提案にはほとんど勝算がない。予測することもまた一つの精神状態であり、それゆえ、志向性を有する。何らかの記述のもとに立たない限り、ある出来事を予測することなど誰にもできない。それゆえ、この思考実験は次のように問うことにしかならないのだ。もし当該主体が何らかの記述のもとでその帰結を予測していたなら、それはどのような記述であったろうか？　ほとんどのケースにおいて解答など存在しない。彼がそれらの帰結を予測したであろう方法は、いくらでもありえたのだ。

これにより、また別の分析が示唆される。予測可能性はそれ自体で志向性をもっている。それは、ある個人のもつ情報が未来について含意することにかかわるものであり、それら含意された未来は命題としてのみ登場する。ある一つの出来事を表現している二つの命題のうち、一方はその情報から含意され、他方はそうではないことがある。つまり、一方の記述のもとで予測可能なものが、別の記述のもとでも予測可能であるとは限らないのだ。われわれはこのとき、ある主体によって予測されなかった帰結を、当該帰結が彼にとって予測可能となるような記述の観点で記述せよ、と提案してよいのだろうか？　数段落前にわれわれを妨害したのとよく似た問題が生じざるをえない。ある一つの出来事が、いくつかの記述いずれのもとであっても予測可能だということは往々にしてある。これらの記述のうちの一つがそれ以外の記述に優先するのだろうか？　これらすべてのうちの少なくとも一つ〔選言〕が効用評価にとっての適切な記述なのだろうか？　それとも、適切な記述とはそれらの連言なのだろうか？　ここでもまた、われわれは袋小路に突き当たる。

おそらく、われわれには別の方向性がある。どうにかして、主体の行為が影響を与える人々に相対化することはできないだろうか？　あるいは、何らかの中立的な当事者――ローマ法王か、大統領か、それともダライ・ラマか――に相対化できないだろうか？〔残念ながら、〕これは予測されない結果問題に対する備えにはならないだろう。これらの人々もまた、その主体が予測できたであろうことすべてを予測するとは限らないのだから。それだけでなく、それは恣意的なものになるだろう。このときわれわれは、その主体を他の誰かの展望（perspective）に基づいて判断しているのであり、それは、この展望をその主体も共有すべきであったとわれわれが思えない場合においてさえそうなのである。とはいえ、彼はその展望を共有すべきであった、とわれわれが考えるとしたら、どうだろう？　この展望が採用されるべき正しい展望であるとしたら、どうだろう？　その場合、それ〔採用されるべき正しい展望〕以上に何も必要ないだろう。正常な精神状態の他者を参照するなどということは、冗長なだけである。ここで、われわれには新しい扉が開かれる。この予測されない結果問題に対するその非常に特異なアプローチを、手短かに検討しておこう。

この新たなアプローチは次のように提案することから始まる。すなわち、判断は二つの段階からなる一つの事態であること、そして、効用集計値の比較は第二段階においてのみ行われることである。それに先行する〔第一〕段階では、その効用が集計されるべき諸々の命題が発見される。ここで示唆されているのは、方法論それ自体がある種の道徳（morals）であり、この第一段階での手続きは第二段階のそれと非常に似ているということだ。

第一段階では、どの命題がその結果をもっともよく表現しているかが問われる。帰結はどのようにすれば最善に記述されるのだろうか？　功利主義者にとってこれが意味するのは、次の二つのいずれかである。それは詰まるところ、全体の便益がより大きくなるのは、主体（任意の功利主義者と想定される）が帰結を常にこの記述とあの記述のいずれのもとで考える場合なのか、と問うことであるとするのが一方。もう一方は、詰まるところ、全体の便益がより大きくなるのは、すべての人々が帰結をこの方法とあの方法いずれで考える場合なのか、と問うことであるとする。（ここでは規則功利主義は事前準備においてしか採用されない。メインイベントはあくまでも個別的な諸行為の帰結を評価することなのだから。）

このような方向性ではわれわれはまったく前に進めない。われわれの問題それ自体が再生産されるだけである。先行段階での分析において、一般的便益（the general benefit）はどのように計算されるべきなのだろう？　功利主義者の方針は明白である。すなわち、彼は間違いなく、主体（またはすべての人々）が常にこの種のあるいは別の種の記述を用いることとの帰結に注目するはずだ。ゆえに、これら新たな帰結はどのように記述されるべきか、という問題が彼には生じる。このとき、彼は底のない問題階層の頂点にいるのだ。ある水準における適切な記述問題にかんして彼がどのような立場を採ろうと、その立場の裏づけはさらに深い水準における適切な記述問題にかんして彼が採る立場から生じている。

われわれ〔現代功利主義者〕の諸問題に対するこの第二の解答を、地球は巨大なカメの背中に支えられており、そのカメは別のカメの背中に、その別のカメはさらに別のカメの背中に支えられて云々……という理論にちなんで、カメの遡及解答（*tortoising* answer）と呼ぼう。カメの遡及解答は、それがどのような問いに対するものであれ、自らとまったく同様の問いへの解答を前提にしている――その問いの下にはカメたちがずっと存在している。むろん、われわれは単純に、さらに深掘りするのを止めることもできる。われわれにはこう述べることが可能だ。われわれはすでに十分深くまで来た。つまり、われわれが今使っているものこそが適切な記述なのであり、まさに深掘りを止めるときなのである、と。だが、われわれが七番目の遡及の後に自説を強硬に主張するのだとしたら、なぜ最初の遡及のときにそうしてはいけないのだろうか？

あるいは、すべてを断念して最初からやり直してはどうだろうか？　ここでの議論はすべて、功利主義者が帰結を追求していることから生じている。功利主義者は帰結主義を放棄すればこの問題から自由になれるだろうか？（ただし、ある個人は他のあらゆる選択肢と少なくとも同じくらい善い選択肢を常に採用すべきであること、そして、彼の選択肢の価値は人々がそれら選択肢に設定する効用の総計によって測定されること、これらについては彼は堅持すると想定しよう。ここでは、帰結というものは登場しないか、あるいは間接的にしか登場しない。選択肢というものはその結果のいくつかに言及するようなかたちで記述することもできるが、選択肢それ自体はそこから生じる出来事とは別のものである。また、選択肢に限定した分析（the option-restricted analysis）は、功利主義の分析とは別物である。というのも、人々は往々にして、何かを引き起こすある選択肢に対してと、その選択肢が採用された場合に引き起こされるであろうことに対してとでは、異なる効用を設定するものである。（ある個人が死ぬことと、彼が殺されることとに対して、われわれの反応が異なることを想起せよ。））

第二の分析〔帰結を排した功利主義的分析〕は第一の分析とは異なるが、それでもわれわれには問題がつきまとう。もし私が自分の友人か自分の祖国のどちらかを裏切らねばならないとしたら、私はどうするだろう――これはフォースターが考えた問題である。愛国的な人のなかには、フォースターは不適切な表現をしたのだという者もあろう。つまり、私は自分の祖国を裏切るであろうか否か、がフォースターの問いであるべきだったのだ、と。さらに別の人は、自分が友人を裏切るであろうか否かをフォースターは問うべきだったのだ、と主張するかもしれない。これがいずれの仕方で表現されるかは重要なのだろうか？　非帰結主義的な功利主義者にとっては重要である。というのも、彼は、ある主体が採用するであろう行為について人々がどう感じるかに注目しなければならないからであるし、人々は同じ行為をレポートする別々の命題に対して別々の値を設定する可能性があるからでもある。その主体が行うであろうことを彼がどう記述するかによって、彼がどの効用を集計の対象とするかが決まる。また、それゆえに、彼がどの行いを是認するであろうかも、それによって決まるということだ。

フォースターの苦境は仮想的なものだったが、人工腎臓の分配にかんして数年前に実際にあった問題を考えてみよう。当時、人工腎臓を必要としている患者に比して腎臓デバイスははるかに少なかった。この希少な器材を誰が得るべきなのか？　それぞれの国がそれぞれの政策をもっていた。イギリスでは、それによって便益を受ける公算がもっとも高い人々に腎臓を提供するというルールだった。医療リスクの高い人々は除外されたし、時には、その治療の一環である食事療法で努力しそうにない人々も除外された。これにより、老人や若年層、そして〔伝えられるところでは〕肉体労働に従事していた人々が、排除されたのである。結果としてこの政策は、中年でかつ裕福な人々のために腎臓をリザーブすることになった。

イギリス国民は正しく行為していたのだろうか？　間違いなく、多くの人々はそう考えたが、賛同しない人もいた。ピサのジョバネッティ教授――イギリスの政策は彼の食事療法を参照していた――は、そのようなプログラムは「あらゆる人道的な諸原理を侵害するだろう」(3)と主張した。〔とはいえ〕彼は、それによって便益を受ける公算の低い人々のために腎臓をリザーブせよとしたわけではなかった。彼の主張のポイントは、長い目で見た病状改善を基準に考えるのはこの場合には誤りだ、ということである。彼が支持した政策――イタリアの公式な政策――は、すべての疾病を同様に扱うこと、すなわち、腎臓を必要とするすべての人々に対して先着順で与えることであった。

われわれが功利主義者に助言を求めたとしよう。彼はどちらの政策を支持するだろうか？　イギリス国民は、回復の蓋然性によって決断するという立場を採用した。もしわれらのコンサルタント〔功利主義者〕が、人々が選択肢に対して設定する効用の総計を、そのように〔回復の蓋然性という観点で〕記述されたものとして算定するなら、彼はイギリス国民に味方するかもしれない。そうではなく、平等かそれとも不平等かという記述にかんして総効用を計算するなら、彼はイタリア国民に味方するかもしれない。いずれかに与するためには、当該選択肢をどのように記述するかの決定を必要とする。それら選択肢の、病状回復に寄与する見込みの大きさがレポートされるべきなのだろうか？それとも、それら選択肢が人々を公平に扱うか否かがレポートされるべきなのだろうか？（それとも、イギリス人もイタリア人もともに、物事の半面にしか目を向けていなかったのだろうか？　あるいは、言及されて然るべきだったのにいまだされていない何かが、さらにあるのだろうか？）

われわれはそれらの選択肢をどう記述すべきだろう？　先述の帰結をどう記述するかにかんする問題とは違って、この問題は少なからぬ時間をかけて大いに議論されてきた。規則功利主義者たちは、この問題をどうにか統御する必要があると気づいていた。というのも、あらゆる所与の行為をカバーする無数の規則が、つまり、それを記述するありうる方法のそれぞれすべてに対応する規則が、存在するからだ。カント主義者たちも、まさに同じ理由でこの問題に気を揉んできた。規則功利主義者たちの提案はいずれも、彼ら独自の文脈においてであれ、本稿の文脈においてであれ、まったく勝算が無いように私には思える。それらの提案はすべて、何らかのルールを遵守することの帰結に注目することになり、それゆえに、われわれが回避しようとした帰結の問題へとわれわれを引き戻すのである。(4)ここにおいてもまた、カメの遡及的な発想にとっての、つまり〔上述の、二段階からなる〕功利主義計算の第一段階において適切な記述を見つけることにとっての、ヒントは何ひとつ得られないのだ。これでは、カメの遡及的な発想が応えようとしているのと同じ種類の問題を再び生じさせるだけである。

この新しい文脈で主体‐相対化を使ってはどうだろうか？　これはカントの解決策だった。ある法律が意志可能（willable）であるためにカントが求めたのが、行為の格率——すなわち、彼自身がもっていた見解のもとで、当該主体がその法律を自ら志向すること——だったのである。〔だが、〕主体は自らの選択肢を同時に複数の見方で見る可能性があるので、それら選択肢にかんする彼の諸見解のうちいずれに注目すべきか、という問題が再び生じる。また、主体がリードしても常に上手く行くわけではないことを、われわれは知っている。ある主体の選択肢に伴ういくつかの帰結が、予測可能であるにもかかわらずその主体によって予測されない場合、その主体は、われわれが効用集計に際して注目できたはずのそれら帰結にかんする見解をまったくもたないのである。しかし、帰結主義を放棄した功利主義者であれば、これによって悩むことはない。

それでも、考察の対象となっている行為にかんして、似たような問題が生じる。非帰結主義の功利主義者はこういう。個人は常に他のあらゆる選択肢と少なくとも同じくらい善い選択肢を採用せよ、と。ここにおいてこの非帰結主義の功利主義者は、この個人の考える自分がするであろうことについてではなく、この個人がそう考える根拠となるものについて——つまり、当該主体が見ている機会についてではなく、当該主体が知っていることを所与とした場合にその当該主体が見ることのできた選択肢について——語っているのだ。当該主体が彼自身に開かれていたいくつかの未来（courses）に盲目であったとしたら、彼は、それら選択肢を適切に記述するための決定打となりえたそれらにかんする見解を、何ひとつもたないことになる。それゆえ、われわれにはそれら選択肢にかんする評価のうちいずれが算入されるべきかわからないし、どの選択肢が最善であるかもわからないのである。ここでも、主体のリードはわれわれの役に立たないのである。(5)

帰結主義を排除しても、われわれの問題に決着がつけられるわけではなく、ただ問題の向きが変わるだけである。〔当初の〕問題は、結果はどう解釈されるべきか、であった。ここでは、行為はどう解釈されるべきか、である。この場合でも、より良い種類の解答は何ひとつ浮かんでこない——やはり相対主義とカメの遡及が存在するだけである。前者は、開かれているはずのコースすべてを人々が見ない場合、あるいは、それらを各自のやり方で見る場合には、不十分である。後者は、自らとまったく同じような別の分析を必要とする分析を提案してくるだけである。非帰結主義の功利主義者たちも、けっして帰結主義者より上手く行くわけではないのである。

傍観者たちも笑ってはいられないはずだ。彼らも困難に陥る可能性がある。われわれの問題は、主体の選択肢がもたらす諸帰結に対して人々が設定する価値によって行いを判定するあらゆる理論について、生じるのである。また、選択肢についての人々の評価を直接に考慮するあらゆる理論についても、生じる。専門用語を使うなら、帰結か選択肢かどちらかに対して社会厚生関数（ないし汎関数）を提示するあらゆる理論について、生じるのである。ここには、功利主義の諸理論、最大化を命じる諸理論、そしてそれらのあらゆる変種が含まれる。それは、何らかの集団に属する人々に着目することだけが要求されるような理論も含むのである。〔さらには、〕特定のエゴイスト理論、その帰結が自らにとって最善となる選択肢（あるいはまた、よりシンプルに、それ自体で最善の選択肢）を採用するよう人々に命じるエゴイスト理論さえもが含まれるのである。

もっといえば、倫理学の枠外でも似たような問題が生じる。数年前、ネルソン・グッドマンは彼が「帰納法の新たな難題」と呼ぶものを提起した[6]。一つの壺から一〇〇個の大理石——それらはすべてブルーである——を取り出すと仮定しよう。次に取り出されるのはきっとブルーだろう。取り出されたすべての大理石はブリーンでもある。このとき、ブリーンの大理石とは、一月一日以前に取り出されかつブルーであるもの、ないし、一月一日より後に取り出されかつグリーンであるものである。類推（parity of reasoning）により、次のことが必然的に含意される。すなわち、次の大理石は大いなる蓋然性でブリーンであろうが、それは、もし次の大理石が一月一日より後に取り出されるなら、それはグリーンである公算が高いのでブルーである公算は高くない、と述べているのである。異なるかたちで記述されたエビデンスからは、形式的に同じ帰納推論を用いても両立不可能な判断が出てくるのである。われわれは、ブリーンという記述を使わないことでこのような矛盾を回避している。だが、それを保証してくれるものはどこにあるのだろう？　そのような記述を不適切としてくれるものとは何なのだろう？

本章で扱った記述の問題はグッドマンの問題と非常によく似ている。われわれもまた、相矛盾する判断を支持する、相異なる出来事の記述を見てきた。そこにあるのは次のような違いだけだ。推論判断にとって不適切な記述は、その不適切さが明らかである。「ブリーンである」および「グルーである」という述部がおかしい――そこに議論の余地はない。〔それに対して、〕われわれの問題ではそのおかしさがどこにあるのかをまだいうことができない。腎臓の政策選択にかんするイギリスの声明もイタリアの声明も、疑わしいジャーゴンなど使ってはいない。第二次世界大戦の始まりにかんするわれわれの記述のいずれについても、何ら特別なことはなかった。われわれは、ここにおいて、記述の適切さをどう定義するのかという問題のみならず、どの記述が適切なのかを言明するという、往々にしてもっと緊要な問題にも、直面しているのである。

（齊藤拓訳）

注

（1）このように述べたとしても、予見の確実性という問題の範疇である。確率を導入することでいくぶん複雑にはなるが、本質的には何も変わらない。

（2）実際には、この問題への扉を開いたのはミルだった。彼は、その両方を経験したことのあるすべての人がある快を別の快より選好する場合、前者は後者より上質である、と定義した。だが彼はこれを詳しくは論じなかった。

（3）Calabresi and Bobbitt 1978: 185 より引用。腎臓の事例にかんする本章の報告はこの本による。

（4）この問題にかんする規則功利主義の分析として、Singer 1961: 71-90 および Lyons 1965: 52-61 を見よ。

（5）これはカントにとっては問題にならない。彼は認知された選択肢についてのみ語っているからだ。カントの記述問題については、Nell 1975 を見よ。

（6）Goodman 1973 を見よ。

第14章　学校に行くことの有用性は何か？

――功利主義と権利論における教育の問題

エイミー・ガットマン

教育は、すべてのリベラルな理論に対して特別困難な問題を提起するように思われる。[1]功利主義者と、私が「権利論者」と呼ぶ人々、すなわち、市民的自由と政治的自由にかんしてあらゆる人が平等な権利をもつことを優先事項とする人々は、子どもの教育について一つの点で同意している――それは、彼らが双方ともに、少なくとも原則としては、善き生の実質的な諸構想の間で中立的な教育を提供しようと熱心である点だ。[2]だが、おそらく私たちは、特定の生き方にかんして子どもの将来の選択に偏見を与えることなしには、彼らを教育することなどできないだろう。それゆえ教育は、どんな形態のリベラリズムに対しても同じ問題を引き起こすといえるかもしれない。〔しかし〕この言い方は正確ではない。権利論者も帰結を考慮しなければならないとはいえ、さまざまな理由で、教育問題に対してより首尾一貫してリベラルな解決策を提供できる。私はその理由をここで要約し、以下で詳述することにしよう。幸福よりも自由の方が、子どもに何をどのように教えるかを決めるより善い基準を提供する。加えて、自由という基準からは、幸福という基準からは引き出すことのできない、リベラルな教育プログラムの本質的な諸特徴を引き出すことができる。その教育プログラムは、あらゆる生き方に対してではなくとも、多くの生き方に対して中立であろうし、教育者を導くのに十分なほど具体的であろう。さらに、功利主義と異なり権利論は、教育は特定の社会経済的価値を永続させ必要な社会的役割を果たすための下準備をさせなければならないとする保守的な主張にも、説得力のある仕方で応答できる。

1　幸福のための教育

幸福は各人によって主観的に定義されねばならないと想定することで、功利主義者は、善の客観的な構想を擁護する必要から解放されたものの、大きな代償を支払うことになった。社会はどうやって、子どもに彼ら自身の、自分で定義した幸福を追求する下準備をさせるのか？　子どもは、自分たちでは特定の教育目的を決めることはできない。また、彼らの現在の幸福の最大化を、教育のための理にかなった功利主義的な基準とすることはできない。彼らの残りの人生の方が子ども時代よりもずっと長くなるだろうとの理由だけからしても、そうである。だが、将来子どもを幸福にするものはたいてい不確定である。事態はさらに複雑であり、教育自体が、大人になったときに子どもが幸福をどのように定義するかをかなりの程度形作ってしまう。子どもの教育を導くために、功利主義は、善き生にかんする特定の構想に結びついていない基準、そして、子どもが幸福な大人になったならばそれに先立つ教育が善かったに違いないとの循環論から引き出されたのではない基準を見つけ出す必要がある。したがって、教育制度の目的を決定する際に功利主義者が直面する主要な諸問題は、功利主義者が権利論者から事細かに批判されてきた幸福集計の問題に先立つ(3)。これらの問題は、ベンサム的な功利主義の基礎と、子どもの教育にかんするベンサムの具体的な提案を詳細に検討することでうまく説明できる。

ベンサム的な功利主義は、個人の選好を所与とし、こうした選好への満足度を最大化する試みを「善」とみなす。「プッシュピン遊びと詩は同じくらい善い」、個人が各々から引き出す満足度が等しく、各々が他者の幸福に等しく貢献している限り。J・J・C・スマートが指摘しているように、後者の条件は、実際にはほぼ間違いなく、詩の方がプッシュピン遊びより善い活動であることを意味する。なぜなら、詩はプッシュピン遊びよりも他者の幸福を増進させるだろうから(4)。功利主義の批判者でさえ、幅広く解釈された幸福は、善き生にかんするほとんどすべての構想を包摂するため、最小限度に論争的な善だと認めている(5)。不幸な生や不満足な生を送りたいと望む人はほとんどいない(6)。功利主義は、善き生にかんする諸構想の間で中立的な立場を維持する。それが人々に求めるのは、他者にはすべて自ら定義した幸福な生を送る平等な請求権があると認めることだけである。

　もちろん、そうした要求には、相当な程度の自己犠牲が含まれるかもしれない。というのも少なくとも理論上は、最大幸福原理は、個人の幸福への請求権を、それと対立する多くの請求権の妥当性を認めることで無効にできるからである。しかし権利論もまた、そうした場合には何らかの優先順位を設けなければならない。幸福とは主観的に定義された状態であるとのベンサム的な見解と結合した中立性原理は、あらゆる人の幸福への素質が等しく考慮されることを要求する。ほとんどの権利論も極端な状況下では個人の権利を無効にする規定を有しているのだから、この平等の想定と限界効用逓減の法則は、功利主義がそうした権利論よりも一般的な善のために個人の犠牲を強いることが大きいわけではないことをほぼ保証している(7)。

　功利主義者は、教育問題に対する数少ないお決まりの解決策を拒絶しなくてはならない。彼らは、意志決定の権威を何らかの父権的主体にたんに割り当てるだけでは、子どもの教育を導く諸基準を特定する任務を免れることはできない。功利主義的な議論によると、親も国家も子どもの教育を決定する中立的な権利をもたない。子どもは親の所有物ではないし、たんなる国家の被造物でもない(8)。功利主義者は次の点にかんして正しい――すなわち、たとえもし、私たちが教育をコントロールする権利を究極的には割り当てねばならないとしても、そうした権利の行使には適切に教育する義務を果たすという条件が伴っているのである。それゆえ、教育についての諸基準は、父権的な権威の割り当てに先立って規定されねばならない(9)。

さらに、厳格な功利主義者は、教育は各人の個々の素質を最大限発展させるという完成主義的な理想によって導かれねばならないとする、ジョン・スチュアート・ミルの提案をも拒絶しなければならない。ミルが主張するところでは、人格の最大限の発展を構成するものは基準としての幸福を参照することによって決定され、それゆえ、（彼が理解するところの）完成主義は首尾一貫して功利主義的である。ミルは、彼が主張する完成主義を幸福と調和させる二つの基準を定めている。〔しかし〕これらは両者ともに不十分である。幸福にかんする彼の最初の基準──「比較的慎ましい快楽の感覚と、苦痛からの解放」──は、必ずしも完成主義的な理想を導かない──プッシュピン遊びは詩作よりも、少なくとも語の比較的慎ましい意味において、快楽をもたらすかもしれない。そして、彼の第二の基準──「高度に発展した能力をもつ人間が送りたいと望みうる」人生──は、功利主義者の観点からも、あるいは他のどんなリベラルな観点からも大いに疑問の余地がある。なぜならこの基準は、普遍的に受け入れ可能な快楽選択の尺度という装いのもとに、善き生にかんする特定の構想を忍び込ませているからである。(10) こうして完成主義は、子どもの選好の外部に何らかの幸福の基準を見つけ出すという問題から功利主義を救うだろうが、そうすることができるのは、善き生の諸構想にかんする功利主義の中立性を犠牲にすることによってのみだろう。

功利主義者は、もっぱら大人の幸福を最大化するように子どもを教育することによって、この問題をはぐらかすことができるかもしれない。子どもの将来の選好を知ることはできないが、大人の選好を知ることはできるし時を経ても比較的安定しているから、これは「安全な」功利主義的戦略かもしれない。しかし直観的にいって、これもまた魅力的な方針ではない。これでは、教育の文脈で功利主義の一般集計問題が再び生じてしまうだろう。直観的にいって、子どもの現在の選好を計算に入れないことのもっともらしい理由は、彼らが将来により大きな幸福を実現する手助けをすることであって、彼らの幸福を完全に年長者の幸福の犠牲にすることではない。ゴミ収集人であるべく子どもを「教育」することが年長者の幸福を最大化するとしたらどうだろうか？（フーリエが記しているように）子どもは泥んこ遊びをしているように見えるけれども、まともな功利主義者は、とても教育的とは呼びようがないそうした政策を支持したことはない。功利主義的な基準に基づいてさえ、大人の幸福のために子どもを教育するのは近視眼的であろう。子どもは大人より長生きするだろうから、こうした教育はいずれ意味をなさなくなるだろう。

ジェームズ・ミルによれば、教育は、各人の精神を「可能な限り、第一に自分自身の、次に他人の幸福の道具」にすることである[11]。教育は第一に子ども自身の幸福にかかわるべきだ、なぜならそうした教育は子どもの権利であるから、あるいはそれが教育的善の本来的性質であるから、と功利主義者は首尾一貫した形で主張することはできない。しかし彼らは、教育を受けた者はたいてい、自己の幸福のより善い判定者でありそれゆえにより善い「道具」であるだろうし、そして他者の幸福にかんしてもそうだろう、ともっともらしく主張できる。それゆえ、教育にかんする古典的な功利主義的計画である『クレストメイシア』は、それぞれの子どもの精神を彼と彼女自身の幸福の道具にする手段として教育に焦点を当てる。（ベンサムは、男子と同様女子にもクレストメイシアへの入学を認めるべきだと論じた。）この造語が含意しているように、教育は「有用な学習に貢献する」べきなのである[12]。

何に対して有用なのか？（功利主義者自身が認めるように）確かに幸福はあまりにも漠然とした目的であり、そのため教育プログラムの導き手にはなれない。それゆえ、ベンサムは二次的な諸目的をリスト化した。彼が想定するところでは、それらはどんな子どもの将来の幸福にも貢献する。教育は子どもに以下の事柄への手段を提供すべきである。①「過剰な情欲（とその有害な帰結）」を避けること。②利益をもたらす雇用の確保。③先行的利得を獲得できる「善い社交仲間」の一員になること。④倦怠と「精神的空虚さの苦痛」を避けること。⑤「世間一般から相応しい尊敬」をえること[13]。

ベンサムのリストを精査すると、私たちは二次的な目的のそれぞれに問題があることを発見する。これら二次的な目的は究極目的としての幸福から明確に引き出すことができない、つまり、善き生の諸構想の間で十分に中立的でないか、それとも教育目的として幸福それ自体と同じくらい漠然としているかのどちらかである。

もし過剰な情欲が長期的な幸福追求にとって逆効果になってしまう量として定義されるなら、もちろん功利主義者は首尾一貫した形で子どもに過剰な情欲をコントロールするよう教えることができる。さもなければ、情欲を避けるという目標は、功利主義の諸原理と明白に一致しているというわけではない。ベンサムは情欲が悪であるという一般的な道徳的意見にご都合主義的に譲歩したのではないかと、人は疑念をもつかもしれない。

利益をもたらす雇用の確保と善い社交仲間の一員になることもまた、最大幸福原理と一致していない。確かに、それほど利益をもたらさない多くの形態の雇用――たとえば、芸術にかかわる職業――は、快楽をもたらすことができるし、おそらくは実務的な仕事よりもずっとそうだろう。しかし、もしある子どもに独立した収入源がなかったら、収入を生み出す雇用は最低限幸福な生を営むのに本質的なものになるだろう。経済にかんするありふれた現実――独立した裕福な子どもにだけ、収入を生み出さない職を追求するように教育される余裕があること――をいったん受け入れたなら、ベンサムの教育目標が結果として導き出されるように思われる。同様に、もし善い社交仲間の一員になることが有益な雇用へのチケットを提供するならば、功利主義的な観点からいって、子どもが善い社交仲間に入れることを可能にする教育は善き生の諸構想の間で十分に中立的であるかもしれない。

けれども、こうした議論の結果はリベラリズムと調和しない。幅広い生き方の間で原則的に中立的であるはずの理論が、安定した収入と社会的承認をたまたま生み出す特定の生き方に偏っていることが判明する。さらにいえば、こうした偏りに影響を及ぼす人々は、その帰結に左右される人々と同一ではないだろう。かくして功利主義は、この意味において非リベラルであるように見えるし、教育に当てはめたとき、保守的な帰結を有しているように見える――すなわち、子どもは、既存の社会に適合できるように教育されねばならないということになる。これがリベラルな観点からの功利主義への致命的な批判であるかどうかは、リベラルな理論のいずれかがこの教育のジレンマにより善く対処できるかどうかにかかっているだろう。

倦怠を避け他者の尊敬を獲得するという目標は、善き生にかんする諸構想の間で十分に中立であり、幸福という最高善から引き出されうる。(14) しかし、どちらも幸福以上に明確なわけではない。実際、「精神的空虚さの苦痛」を避けること以上にぼんやりした教育目標を考えることは困難だろう。

2 自由のための教育

権利論者は、功利主義者の問題と類似した問題に直面する。なぜなら、子どもが大人と同等の自由を与えられないのはもっともであるし、教育は自由の縮減を余儀なくさせるからである。J・S・ミルについての講義のなかで、ラッセルはこう指摘している。「自由の擁護者が特別な困難に出会う一つの領域がある――それは教育の領域である。(15)」自由は幸福よりも、子どもに何をどう教えるかを決定するための善い基準を提供するのか？　自由という基準から、善き生にかんする諸構想の間で中立的なままである教育プログラムを引き出すことはできるのか？

教育にかんするベンサムの二次的な目標のうちのいくつかは、子どもに幸福獲得の下準備をさせるために企図された教育よりも、自由獲得の下準備をさせるために企図された教育に適合している。教育を通じてすべての子どもに利益をもたらす雇用を獲得する下準備をさせることによって、私たちは、ほとんどの価値ある財に値段をつける社会のなかで自由な選択をするための下地を子どもに提供する。さらに、善い社交仲間の一員になることが多くの価値ある財へのアクセスを容易にするならば、そうしたアクセスの確保へと方向づけられた教育は、子どもの将来の自由を拡大することにもなるだろう。事実、これら二次的な目標は、将来の幸福という最終目的よりも、将来の自由という最終目的に理にかなった仕方で結びついているように思われる。誰が考えても、親から中等教育を認められず、そのためきわめて狭い範囲の職業訓練しか受けていないオールド・オーダー・アーミッシュ(i)の子どもは、彼らよりも多くの教育を受けた同年輩の子どもと同じくらい幸福に成長するし、おそらくはより安定しているだろう。(16)しかし、親の承認や意向によって、彼らが受ける比較的少ない教育は、生き方の選択にかんして比較的少ない自由しか与えない。功利主義者は「知識を増やした者には悲しみが増える(ii)」ことを伝統的に否定してきたが、彼らは自分たちの反論を裏づける具体的な証拠をほとんど、あるいは何ひとつ提示してこなかった。その反論とは、人々がより多く教育されるべきかそれともより少なく教育されるべきかという問題は、「その代わりに幸福を考慮に入れたならば、彼らがより多く不幸であるべきかそれともより少なく不幸であるべきかという問題でしかない」というものである[17]。しかし、首尾一貫した功利主義者は、もちろん、アーミッシュのような事例における教育の必要性を否定するだろう。しかし、首尾一貫した功利主義者を見つけることは難しい。なぜなら、たいていの功利主義者は、幸福の最大化という目標追求のために子どもを教育することへのコミットメントを放棄したいとは思わないからである[18]。

しかし、功利主義者が幸福原理に忠実なままであり、アーミッシュの子どもの事例において中等教育に対する親の反対を尊重したとしよう。この場合、功利主義者は中立性の問題に直面する。アーミッシュの子どもは、伝統的なアーミッシュの生き方を追求すると自分たち自身で選択することができなかった――ところが、子どもの親には、彼らが成長したときどのような生を送るかを決定するいかなる権利もない。それではなぜ、功利主義者は、子どもの教育を否定する大人のアーミッシュの選好を尊重しなければならないのか？　アーミッシュの家庭で育てられたならば、アーミッシュの子どもは何らかの中等教育を受けることがなくてもより幸福であろうし、このため、功利主義者の基準からしてよりうまくいっていることになるだろう。それゆえに功利主義者は、アーミッシュの親の祈願を尊重せざるをえないように思われる。だが、こうすることで彼らは、生き方を自分たちで選択できるように子どもを教育することへのコミットメントを放棄することになる。

こうして、今や中立性の問題は別のレベルで再び姿を現す。アーミッシュの親は、子どもがアーミッシュの生き方の外部に幸福を見出すことを妨げるように彼らを育てる。もし幸福が主観的に決定されるものなら、社会の幸福の最大化にコミットする功利主義者は、幸福をもたらすかもしれない生き方にかんして幅広い選択を可能にする影響から子どもを隔離することを、いかなる集団にも認めることはできない。だが、あらゆる形態の教育が、子どもたちを、幸福を見出す特定のやり方へとそして他のやり方を避けるようにと予め傾向づける限りにおいて、功利主義者は、幸福な人々をもっとも生み出しそうな形態を選択しなければならない。功利主義に特有のさらに深刻な問題は、それが、根本的に異なる諸々の生き方から獲得できる満足のレベルを比較する手段を欠いていることである。

ジョン・スチュアート・ミルの快楽選択基準は、こうした通約不可能性の問題を解決する試みとして見ることができる。しかし、ある功利主義的な観点からすると、これは問題の回避にすぎない。[19] ソクラテスは、愚者と同程度に幸福になることがどのようなことかとうてい知りえなかった。そして、いったん私たちが教育を受け、世俗的な影響にさらされたならば、私たちは、アーミッシュの生き方の満足を経験する可能性を事実上奪われてしまう。私たちがアーミッシュにならないと選択することは、功利主義的な見地からしてどちらがより善い生き方かという問題とは無関係である。

デューイの教育基準は、ミルの快楽選択基準と同じ問題を共有している。功利主義者は、「共同体が子どもたち全員のために欲する［べき］」ものの基準として「最善でもっとも賢い親が自分の子どものために欲する」ものを推奨することはできない。[20] 功利主義者の見地からは、実際の選好や実際の満足のみが計算に入れられる。デューイの基準は、自由な選択という見地からも同様に疑わしくみえる。リベラルは、人民のなかの特定の集団が自分たちの子どもに提供したいと思うものを最善の教育だと想定することはできない。少なくともリベラルたちは、何が善い教育なのかについての基準を提供しなければならないし、さもなければ、なぜある特定の集団が共同体全体の教育基準を決定する権利をもっているのかを私たちに説明しなければならない。

3　自由の社会的境界

教育の問題は、通常思われているのとは違った角度から、功利主義者と権利論者の間に対立をもたらす。両思想学派における教育の擁護は帰結主義的である――つまり、どちらも義務教育はそれ自体として善である、あるいは、知識の追求はその内部から生じる諸原理によって正当化されうるとの主張に訴えることはない[21]。しかし、帰結主義的な議論の本質は、互いに著しく異なっている。功利主義者は、教育されることの主観的な結果を、教育されないままでいることの主観的な結果と比べて判断しなければならない。権利論者は、将来子どもが合理的な選択をするためにもつ機会を、教育が増やすことになるのか減らすことになるのかだけを見極める必要がある。この客観的基準の方が実際には適用しやすい。なぜならそれは、将来の精神状態についての困難な反事実的評価に依存していないからである——彼らが教育されなかったとしたら、どれだけ幸福に、それとも悲惨になったのだろうか？　それはまた、ミルの快楽選択基準のような循環論に陥ることもない。

しかし、権利論者の課題は依然として容易なものではない。彼らは、実行可能な教育課程のなかから、各子どもの将来的な市民的自由と政治的自由を最大限拡大するものをどのように選ぶのか決定しなければならない。将来の選択肢を最大化するよう方向づけられた教育は、すべての生き方の間で中立的ではありえない。たとえもし、ベンサムのカリキュラムが著しく限定的であったとしても（彼は、うるさすぎるという理由から学校で音楽を教えることに反対した[22]）、アーミッシュの共同体で農民になることとジャズミュージシャンになることの間で偏見をもたずに選択できる子どもを教育する方法はない。世俗的で科学的知識を教えるどんなカリキュラムも、宗教的な教育と比べて、宗教的な生き方を選択することをずっと難しくするだろう。さらに、教育メソッド——競争に依拠するものであれ協同に依拠するものであれ、報酬に依拠するものであれ懲罰に依拠するものであれ——もまた、子どもを将来の特定の私的選択や政治的選択へと予め方向づける。

したがって、自由のための教育は、どんな場合でもいくつかの境界内部でなされなければならない。問題はこういうことである——どの境界がもっとも正当化できるものなのか？　もし、各教育プログラムによって開かれたままでいる可能性を数え上げ、もっとも多くの（理にかなった）選択肢を開かれたままにしている教育プログラムを選ぶならば、自由それ自体が基準を提供するように思われる。けれどもこの基準が、それが適用される社会の本質に依存していることに注意しよう。理にかなった選択肢として数え上げられるものは、子どもがそのなかで将来自分たちの選択をしなければならない社会的文脈によって、部分的には決定されるだろう。私たちが一七世紀のアメリカに暮らしていたら、宗教教育は、世俗的な教育よりも、生き方を選択する多くの機会を子どもに提供するだろう。毛沢東主義の中国では、協同的な学習メソッドを採用する教育は、アメリカのほとんどの学校で採用されている競争的な教育メソッドよりも、子どもに多くの職業への下準備をさせるだろう。このように解釈すると、自由という基準にも保守的なバイアスがあることになる――つまりそれは、もっとも一般的に追求されている善き生、そしてある特定の社会の内部で収入を生み出す善き生の構想への――教育内容とメソッドの両者に反映した――偏りを許容する。(23) またもや、この非中立性それ自体は、これらすでに確立した生き方を追求しようと子どもがすでになした選択、あるいはいったん教育されたならば子どもがなすであろうそうした選択を参照することによっては正当化できない。

それゆえ私たちは、もっと保守的な理論ならば教育内容にかんしてより善い規定を提供できるのではないかと問うかもしれない。功利主義者および権利論者と異なりデュルケムは、教育は保守的な機能をもつべきだとのアイデアを明示的に擁護している。彼は、教育は個人の幸福のための手段でなくてはならないとする功利主義的見解も、教育は個人の完成のための手段でなくてはならないとする（彼がカントから集めてきた）アイデアも批判する。デュルケムが論じるところでは、幸福は主観的な状態なので、それは教育目的を個人の幻想に、それゆえ曖昧なものにゆだねてしまう。完成主義は、分業が現代の教育に課す専門的トレーニングの要求を無視している。もっと一般的にいうと、デュルケムは、政治理論家の教育哲学はすべて見当違いであると断言している――「彼らは、すべての人間に分け隔てなく適用できる、理想的で完全な教育があると想定している――そして、こうした普遍的で唯一無二の教育をこそ、理論家は定義しようと試みるのだ」。理想的な教育の代わりにデュルケムは、ある社会における一般的な生の産物であり、それゆえその社会の教育的必要をあらわしている教育を擁護する。「それを実践する社会にとって致命的であるような種類の教育を想像することがいったい何の役に立つのか？」(24)

たとえもし、「それを実践する社会にとって致命的」な教育が、くだらない——もしかしたら危険な——幻想だとしても、デュルケムの推奨がただちに結果として導き出されるわけではない。なぜ教育は、各々の特定の社会の集団的生によって要求される特定の役割を永続化しなければならないのか？　デュルケム自身、明示的な議論なしに「である」から「べき」に移行している。教育はほとんどの社会においてこうした統合的機能を果たしているのだからそうすべきなのだ、と彼は想定しているように思われる。しかし、デュルケムの結論を擁護していうべきこともある。産業化が進んだ社会においては、教育制度は、一般的で統合的な信念を永続させるように整えられている。家族を除けば、学校とテレビは、市民のうち若い世代と長期的に接触する唯一の制度である。家族の生活が私的領域——部分的には、多様性があり、介入から免れているために評価される——にとどまる限りにおいて、学校とテレビは、リベラルな国家ないしは非リベラルな国家によって（たとえ完全に制御できなくとも）効果的に規制可能な唯一の信頼できる社会化の制度である。もちろん、この機能的重要性は教育の保守的な使用を正当化するわけではない。しかしそれは、もしある社会の諸価値が保存するに値するなら、教育システムが本質的な道具であることを示唆する。

権利論者は、個人に対する多数者の専制の一形態として、こうした学校の社会化機能に反対しなければならないのか？　デュルケムは、（教育を通じた）社会化が専制であることを否定している。教育は他ならぬ人間的なものと道徳的なものを子どもに与える——それらは、彼らの性向のコントロール、社会的に決定された道徳性、そしてその道徳性を彼らの同胞に伝えることを可能にする言語である。リベラル・デモクラシー社会への社会化は、たんなるしつけと言語の習得以上のものを含む。国家はまた、子どもたちが理性、科学、そして「民主的道徳性の基盤となるアイデアと感情」を尊敬するよう教育することにも正当な関心をもつ[25]。ここで、デュルケムが選択した特定の尊敬対象（たとえば、科学への尊敬）の重要性に異議を唱えることができるかもしれない。しかし、彼の議論がリベラリズムに提起する挑戦は同じものであり続けるだろう。少なくとも初期段階では、教育は第一義的には解放的な制度ではなく、束縛的な制度である——その束縛は、社会に結合する必要があることによって正当化される——子どもはそうした束縛によって「人間化」される（デュルケムにとってこれは社会化を意味する）。デュルケムによると、社会結合というこの同一の理由が、より高いレベルでの教育の専門化をも説明する。なぜなら、「ある程度の多様性がなければ、どんな協同も不可能である——教育は、それ自体が多様化し専門化することで、こうした必要な多様性の維持を保証する」からである。[26] 子ども自身が受益者である限り、権利論者は学校の社会化機能をも受け入れねばならない。

しかし、リベラリズムに対するデュルケムの挑戦は部分的に成功しているにすぎない。権利論者は、教育が子どもの思考に課す束縛を説明できるし、こうした束縛が子どもが育てられる社会に相関的である——そしてそうあるべきである——という事実を説明できる。権利論者はまた、子どもが社会的存在になることの利益を、もっと具体的にいえば、彼らが生まれた社会の市民になることの利益を考慮に入れることによって、そうした束縛を正当化するにちがいない。しかし権利論者にとって、社会結合が一つの徳になるのは、その構成員になることが負担ではなく有益になる社会においてのみ、つまり、子どもがたんなる国家の臣民ではなく、最大限に幅広い市民的自由と政治的自由をもつ市民になる社会においてのみである。たとえもし初等教育が子どもに規律を課さねばならないとしても、権利論に基づく教育の究極目的は、他者の同等な自由と調和可能な形で、すべての子どもに生き方を選択する知的手段を身につけさせることだろう。

社会結合はこの自由に不可欠であるが、そうした結合は多くの異なる教育的、非教育的なメソッドを通じて達成される。このメソッドのうちのいくつかは自由に反している。権利論者は、子どもの将来的な自由の最大化ともっともうまく調和するメソッドを選択しなければならない。個人の自由がもっともよく守られる文脈を国家が提供する限りにおいて、デュルケムと権利論者の考え方は収斂していく。[27] しかし彼らは、民主国家内部でいかにして多様性が達成されるべきかという点の理解にかんして袂を分かつ。もし社会結合と経済的福祉が教育を専門化する唯一の理由であるならば、特定の専門化された職業プログラムというレールに子どもを乗せることは、各レールに乗る子どもの数が将来の社会的必要性を十分満たし、そのレールが個人の能力にしたがって分けられている限りにおいて正当化されるだろう。しかしながら権利論は、教育が（自然的な才能の多様性を前提として、可能な限り）すべての子どもに平等な教育の機会を提供することをも要求する。この要求は、すべての他者がもつ同様な自由と調和した生き方を選択する、各子どもがもつ自由を最大化することの価値に基づいている。[28] したがって、分業に要求されるものは、子どもが自己の自然的素質が許容する範囲の選択肢のなかでどのように専門化したいかを発見する十分な機会を与えられた後に、はじめて専門化した教育によって満たされるべきである。

自由の立場から正当化できる唯一の教育の機能が、容易に入手可能な生き方についての選択の幅を最大化することであるならば、権利論は、（私が議論したように）デュルケムが推奨し、ベンサム的な功利主義が依拠しなければならない保守的な教育機能にきわめて類似したものに依拠するだろう。しかし、子どもに順法的な市民になり、幸福を追求し、あるいは職業を選択するための下準備をさせることを超えた、正当化可能で本質的な教育の機能が存在する。教育は、子どもに、自分たちの社会のなかであるいはいずれかの現存する社会のなかで見出せる以外の、生き方やそれらの生き方に適した政治システムを思い描き評価する能力をも提供しなければならない。この教育目標はしばしば、知識はそれ自身のために追求されるべきだ、つまり知性とその論理的、想像的な素質を発展させるために追求されるべきだとの見解に基づいている。事実、私たちの生活は、私たちには選択のために容易には入手可能でないような生き方と政体の種類にかんする知識によってしばしば改められる。私たちは、ルソーの理想社会において政治参加がどれほどより拡張的であるかを知ることによって、自分たちの社会における政治参加と政治代表に対してずっと批判的になるかもしれない。功利主義者が『社会契約論』を教えるのは、ルソーの理論がユートピア的であることを子どもに確信させる手段として、あるいは大人になってからの余暇の時間をつぶすための非実践的な文学作品を子どもに紹介する手段としてかもしれない。しかし、どちらの理由にも説得力がない。ルソーやギリシア文学の知識は、社会結合を確実にするためには間違いなく必要とされないし、子どもをより幸福にすることも、自分たちの生活により満足させることも、あるいはより生産的でそれゆえ将来人々にとって有用な者にすることもまずないだろう。しかしながら、（たとえば）文学、歴史、人類学、そして政治哲学の教育は、ある種の自由――確立された私的生や政治的生の形態を超えて思考する自由――を提供する。そうした知識は、私たちが受け継いできた政治システムと生き方についての選択肢を十分に評価し批判するために必要である。それゆえこの知識は、善き民主的市民になるために不可欠であると結論づけることができるかもしれない。しかしこれは、既存の民主政府がその（たんなる）存続のために依拠するような種類の知識ではない。

4　教育の中身――職業訓練的か、理論的か？

すべての善を順位づけする一つの基準、すなわち幸福という共通の通貨を供給することを根拠に、功利主義は権利論よりも一般的に推奨される。(29) 対照的に、権利論者は単一の基準をもっておらず、それゆえ、相互に対立する諸々の自由と諸々の善を順位優先づけするルールを案出しなければならない。この必要性は、教育の事例においてまたもや生じてくる。自己の社会で利益をもたらす雇用を見つけ出せるように子どもを教育することは、既存の生の形態を超えて思考するように子どもを教育し、それによって「現在という専制から」彼らを解放するという目標とは、学校教育に対してまったく異なる要求を課す。(30) 自由の擁護者は、その理論のなかに両方の目標を受け入れることができる。しかし、何らかの優先ルールがなければ、その理論は非理想的な社会で教育実践を決定するのに不適切なものになるだろう。時間と資源の希少性に加えて、私たちの経済制度と政治制度の不完全性が、雇用を見つける手段としての教育と一般的に教養教育と呼ばれているもののどちらかを選択するように私たちに要求する。(31)

利益をもたらす雇用を子どもに授ける仕事は、学校にきわめて特殊な要求を課すように思われる――その要求とは、学校は将来の専門技術者に技術的なスキルを教え、将来の事務員に事務的なスキルを、将来の教師に教育的なスキルを教える、等々である。しかしベンサムでさえ、より実践的な科目を教えることに優先順位を与えたのは、それらが人々に特定の職業をえるための下準備をさせるからではなく、彼が（たとえば）応用諸科学は純粋科学よりも学習が容易であると信じたからであった。子どもが特定の職業へ運命づけられており、教育者はその天命を見定めることができると信じる場合のみ、職業訓練的な目標は、教育上実行するに単純なものになるだろう。さもなければ、初等、中等、そしておそらくさらに高次の教育は、子ども自身が自分たちの将来の職業計画を見定めることを可能にするに十分なほど幅広いものでなければならない。もし機会の平等がメリットに基づいて選抜される権利だけでなく選択する権利をも含むのならば、職業準備にかんするリベラルな目標でさえ、多くの種類の知的スキルに子どもを触れさせるに足る、あるいは多くの専門職において十分有用な一般的なスキルと知識に子どもを触れさせるに足る拡張的な教育を要求する。

しかしながら初等教育のレベルでは、職業訓練に要求されるものは、おそらく「教養教育」に要求されるものと対立しない――三つのR[iii]は、『マクベス』や『種の起源』を理解するためだけではなく、あらゆる望ましい職業にとって疑う余地なく不可欠である。しかし、子どもがより高いレベルに進むにつれ、職業的な教育に要求されるものと教養教育に要求されるものは、次第に分岐するだろう。精神の批判的で想像的な素質を研ぎ澄ますよう企図されたカリキュラムは、私たちの社会の職業構造を所与として生徒に入手可能なキャリアのなかから選択するための下準備をさせるよう企図されたカリキュラムよりも、文学と政治哲学にずっと重きを置くだろう。

中立性という基準自体は、より理論的なカリキュラムとより応用的なカリキュラムのどちらかを選ぶ際には、私たちの役に立たない。どちらもさまざまな生き方の間で中立的ではない。より理論的なカリキュラムは子どもたちに知的な職業を求めるよう促す可能性が比較的高いだろうし、より実践的なカリキュラムは子どもに精神の生活を追求する気を起こさせないだろう。理想的には私たちは、少なくとも子どもが自分たちで職業や自身の教育形態を選べる年齢になるまでは、学校教育が知的想像力を拡大するという機能と、すべての子どもに社会的に有用で望ましい専門職につくための下準備をさせるという機能とに等しく役立つことを求めるだろう。しかし、私たちが暮らす非理想的な社会での実践においては、ほとんどの子どもは、自分で同意できる年齢になる前に両方の課題を達成するに十分な教育を受けることはないだろう。そのため権利論者は、不完全で完璧には調和しない二つの善のいずれかを選択しなければならないという、ありふれたリベラルのジレンマに直面する。

このジレンマに解決策があるとしても、それは、子どもの精神の拡張と職業機会の拡大のうちどちらの機能がより重要かを決定することに依存しない。さらに権利論者は、社会統合が依拠する基本原理を主張する議論は、リベラルな見地に基づいていてはうまくいかない。さらに権利論者は、社会統合が依拠する基本原理を教えること以上に、専門化した職業に関連したスキルを教えることが学校教育のもっとも重要な役割である、とのデュルケムの主張を受け入れることはできない。専門化は産業社会の存続に必要かもしれないが、だからといって、リベラルな社会ではそれが広範で一般的な教育に比べてより重要な教育の機能だということにはならない。しかし、私たちがこれら二つの教育目標をその内在的重要性によって順位づけできなくとも、私たちは、学校はどちらの目的により効果的に役立てるか、そして他の社会制度の方が役立つ可能性が小さいのはどちらの目的かを判断することはできるはずである。

アメリカ人には教育をあらゆる社会的疾病に対する万能薬とみなす傾向があったが、学校教育自体が経済的な機会を平等化する効果的な手段でないことを発見してもけっして驚きはないだろう。どんな種類の教育も――職業的なものであれ、リベラルなものであれ――人種や階級に基づく意図的な差別の影響を打ち消すことなどできない。同レベルの学校教育を受けた大人の間で一般的な人々の間にあるのと同じくらいの不平等があるという事実の原因は、差別に、教育にかんする私たちの現在のメソッド（あるいは内容）に効果がないことに、あるいは、同程度の学校教育を受けた者たちの間での測定されていない、ないしは測定不可能な才能とスキルの違いにあるのかもしれない(32)。

しかしながら、たとえもし学校自体が経済的機会を平等にできないとしても、学校は依然としてそうした望ましい平等主義的な目的を達成するために必要な役割を担っている。おそらく、恵まれない子どもにより職業的な教育をすることは、彼らが現にもっているよりも多くの仕事の機会を提供するだろう。しかし、私たちが経済的機会の平等化を擁護する議論を展開するとき、私たちは、すべての子どもが何らかの仕事の下準備をすべきであると無条件的に論じているのではなく、すべての者に彼らの才能を無駄にしない満足のいく仕事を選択できるための下準備をさせる教育が与えられるべきだと論じているのである。これは、たとえもし高度に専門化された教育が特定の職業を獲得する前提条件だとしても、それが子どもに押しつけられるのではなく、選択されねばならない理由の一つである。しかし、この選択基準は次のことを示唆している。すなわち、一六歳の思春期の子どもや二〇歳の若者よりも五歳、一〇歳の子どもの方が選択能力においてずっとまちまちであるので、高度に専門化された教育は、必ずより一般的な教育の後になされなければならない。少なくとも、リベラルな観点からは、教育に何か重大な問題がある場合を除いて、こうでなければならない。この前提を受け入れたなら、私たちは、さまざまな学芸を教えることから、すなわち将来のあらゆる選択にとってもっとも本質的であるスキルと知識を教えることから教育を始めるだろう――そうした学芸にもっとも明確に含まれるのは、読み、書き、算数である。その後私たちは、生徒たちに彼ら自身の教育プログラムを決定する、より大きな、そして次第に大きくなる自由を与えるだろう。なぜなら、彼らは成熟するにつれて選択する能力を身につけるようになるし、彼らには選択する練習が必要だからでもある。この種の議論は次のことを示している。すなわち、専門化された職業教育は、リベラルな学校教育のなかに何らかの位置を占めるかもしれないが、それはより広範で専門化されていない教育の後になされなければならず、広範な教育の代替物や必修カリキュラムの一部ではなく、選択能力のある生徒による真の選択対象でなければならない。

　専門化した職業教育が経済的機会を平等化するのに効果的であるとしよう。一般的に学校は、職場でのトレーニングを用いる雇用主と比べて、そうした教育にかんしてそれほど効果的な（私たちがモチベーションを考慮に入れたなら、おそらく、それほど成功を収める）提供者ではないようだ。教育者自身は、非学術的な仕事の細部についてほとんど知らないが、職場での成功はそうした細部に注意を払うことに依存している。教育機関が予測できない仕方で分業の要求は変化しており、今やかつてないほどに、学校における職業教育は仕事の専門化に後れを取っている。教育者は、名目上は同じ仕事に求められる異なるスキルに気づきそうもない。これは、職業的な学校教育が職場でのトレーニングに比べてそれほど効果的でも効率的でもないことを示すもう一つの事実である。

私たちに可能な最善の教育でさえ善き生にかんするすべての構想に対して中立ではない、と私は論じてきた。だが、中立性という理想は、生き方の選択肢を最大化する教育の提供をリベラルが追求するよう依然として求める。この理想は、今追求されているよりも多くの生き方が可能であるとの事実と、生き方のうち実行可能な――しかし現実化していない――いくつかのものを実現するためにはしばしば集団的な活動が必要とされるという事実を承認するよう要求する。もし人々が現実の可能性だけでなく遠くにある可能性に気づくならば、集団的な行為は大いに促進される。もし彼らが人類学、歴史、哲学や文学を教えられ、政体、経済、そして他の社会制度について抽象的に考えることができるならば、そうした可能性にもっと気づくようになるだろう(33)。

職業教育よりも理論的な教育を選択すべきもう一つの積極的で、より政治的な理由もある。リベラル・デモクラシーの（正義と区別される）正統性は、一般的に、民主的支配への市民の同意にかんする理論に依存している。けれども、リベラル・デモクラシーにおけるたいていの市民は、彼らが生まれ、育てられ、教育された社会の政府に服従する以外の現実的な選択肢をもたない。彼らにはそこから退出するという現実的な選択肢はないけれども、少なくとも無批判に彼らの国家を受け入れるよう要求されているわけではないだろう。この選択肢が現実的なものになるのは、彼らが代替的な政治システムと、他の政治システム内でのより一般的な生き方に知的に触れる場合のみである。学校には、代替的な政治哲学と生き方を評価するに必要な知識と知的スキルを子どもに与えるための独特な備えがある(34)。こうしたものに触れる機会を促進すべく企図された教育は、職業教育よりも、伝統的な教養教育の方に近いだろう。とはいえ、リベラルは、教養教育の古典的アイデアを支えていた形而上学的な重荷を拒否できる――その形而上学的重荷とは、精神は「事物の本質的自然を知る」ようになれるし「究極的に現実的で不変的なものを把握できる」というもの、そして、それゆえに知識の獲得はそれ自体として善き生の現実化であるというものである(35)。

功利主義者と同様、自由の擁護者は教養教育を帰結主義的な諸理由から支持する――その理由とは、子どもたちに代替的な私的生と政治的生のなかで選択する――あるいは少なくとも評価する――ための下準備をさせるのに有用だというものである。しかし、自由の擁護者は自由の総量を最大化するよりもすべての子どもに平等な教育機会を提供することに専心しているので、ある集団の教育機会を別のグループのそれを拡大するために抑制することによってどれだけの自由を獲得できるか比較考量する必要はない。それゆえ、権利論者の帰結主義は、功利主義者のそれとは形態と内容の双方において異なる。教育の権利は、他の子どもの平等な権利によってのみ制約される。そして、教育上の諸権利は、将来の幸福ではなく、将来の自由を参照することによって正当化されねばならない。

リベラルは、教育内容は学校が機能する社会的文脈によって決められるべきだとするデュルケムの主張を受け入れることができる。子どもの将来の自由を最大化するための教育に要求されるものは、間違いなく社会によって多様であろう。現代の社会条件に適合する教養教育は、ギリシア語とラテン語の学習が第一に要求される古典的な教養教育の複製ではないだろう。しかし教育は、現状の社会組織と政治組織を維持することだけに役立つべきではない。現状の社会組織と政治組織が批判的な知的能力を発展させる教育を前にしてなおも生き残ることができるなら、教育は批判的機能だけでなく、統合的な機能にも役立つことになるだろう。そうでなくとも、教養教育は、子どもに「将来改善されるかもしれない人間の条件への」下準備をさせることに役立つだろう。[36] いずれかの既存の社会がこの種の教養教育を十全な形で提供できるかどうかは、別の問題である。ここで私が示そうと試みたのは、功利主義者と異なり権利論者は、リベラル・デモクラシーの社会において学校の有用性をたんに保守的な社会制度としてではなく、批判的な社会制度として首尾一貫した形で擁護できるということである。[37]

注

(1) 本稿が依拠しているリベラリズムの定義にかんしては、Dworkin 1978: 127 を見よ。

（2）権利論の最近の例として、以下を参照せよ。Rawls 1971; Dworkin 1978; Fried 1978; Donagan 1977. Nozick 1974 におけるノージックの理論も権利論ではあるが、干渉されない権利のみを基盤とする国家がどのように子どもの教育を規定するのかを想像するのは困難である。

（3）功利主義の集計的側面に対する批判については、以下を参照せよ。Rawls 1971: 187–192; Williams 1973: 82–118, 135–150; Dworkin 1977: 231–238, 272–278.

（4）J. J. C. Smart in Smart and Williams 1973: 24 を見よ。

（5）たとえば、Williams 1972: 91 を見よ。

（6）功利主義のこの評価は、幸福が主観的に決定された諸個人の状態として理解される限り、幸福の意味の理解から独立している。幸福を諸個人が熟慮に基づいて是認するものだとしても、彼らに快楽を与えるものだとしても、同じ問題が生じる。

（7）帰結主義者と権利論の収斂にかんする最近の解説として、Barry 1979: 629–635 を見よ。

（8）Fried 1978: 152 と比較せよ。また、*Pierce v. Society of Sisters*, 268 U.S. 535 におけるマックレーノルド判事の判決を見よ。

（9）Gutmann 1980 において、私はこの立場を擁護する議論をより徹底的に行っている。

（10）Mill 1950: 358 を見よ。

（11）Burston 1969: 41.　強調は引用者。

（12）Jeremy Bentham, *Chrestomathia* in Bentham 1843, Vol. 8: 8 を見よ。

（13）Ibid.: 8–10.

（14）幸福を見つけるように子どもを教育する他の方法と対立するような、教育を通じて自尊心を獲得するいくつかの妥当な条件を挙げることができるだろう。もし、いくつかの教育メソッドが、疑問を受けつけず近づきがたい権威に子どもを服従させることによって、また知的メリットのヒエラルキーのなかで子どもを継続的に順位づけすることによって自尊心を損なうならば、この二次的な目標はベンサムの教育計画が示すほど無害ではない。事実、ベンサムが支持する教育におけるモニトリアル・メソッドとクレストメイシアのパノプティコン的なデザイン（そのなかでは教官が、自分は見られることなく、すべてのクラスを観察することができる）は、これら非功利主義的見地から異議を申し立てられるだろう——たとえもし、クレストメイシア的な教育が人々の最大の幸福を提供するとしても。「彼らが幸福な者である［あるいは、教育の場合、彼らがそうなる］限り、彼らを兵士と呼ぼうが、修道士と呼ぼうが、機械と呼ぼうが、私は気にしない」という発言は、自尊心を分配的正義にかんする厳格な基準とみなし、その発展を教育の目標とする者が受け入れられる返答ではない。

(15) Russell 1955: 56.

(16) Hostetler and Huntington 1971; Erickson 1969: 15–59 を見よ。

(17) James Mill in Burston 1969: 105.

(18) アーミッシュの親の立場を擁護する者たちは、宗教の自由に基づいてそうしている。*State of Wisconsin v. Yoder* 406 U.S. 205 におけるバーガー判事の多数派意見を見よ。私は、Gutmann 1980 において、この立場を検証し批判した。

(19) Mill 1962, Ch. 2, para. 6 を見よ。

(20) Dewey 1943: 7.

(21) Hirst 1972: 391–414 と比較せよ。

(22) *Chrestomathia* (Bentham 1843): 40 を見よ。

(23) 私は、「保守的」という語を、リベラルであろうとマルクス主義者であろうと、ある社会の価値を保持しようと意図しているものという厳密な意味で用いている。

(24) Durkheim 1956: 64.

(25) Ibid.: 81.

(26) Ibid.: 70. もっと正確にいうとこうなる——ある程度の多様性がなければ、ある重要な種類の協同は不可能だろう。

(27) しかしながら、このことは、リベラルな国家の文脈の外では、デュルケムと権利論者の立場は対立するということを意味する。

(28) たとえば、Rawls 1971: 101, 107 を見よ。

(29) 功利主義のこの特徴に対する批判として、Williams 1972: 92 ff. を見よ。

(30) Postman 1979: 37 を見よ。

（31）あるいは、後者を「一般」教育と呼ぶことができるかもしれない。The Report of the Harvard Committee, *General Education in a Free Society*, Cambridge, Mass., 1945; Hirst 1972を見よ。

（32）Jencks 1972: 218; Duncan 1967: 85-103を見よ。

（33）この議論と三八九～三九一頁における議論に私の注意を向けてくれたことにかんして、Stanley Kelley, Jrに感謝する。

（34）もちろんこれは、アメリカとイギリスの学校はこの目標の達成にまだ成功していないというものではないが、それらの失敗の原因は力の欠如というより、むしろ意志の欠如に帰せられるのが妥当だろう。ラディカルな批判者でさえ、批判的な政治哲学と代替的な生き方に生徒たちを触れさせるという学校がもつ独特な能力を認めている。たとえば、Bowles and Gintis 1977: 5, 277 ff.を見よ。また、Jennings 1980: 336; Hyman, Wright and Reed 1975; Hyman and Wright 1979を見よ。

（35）Hirst 1972: 392.

（36）Kant 1803 (1960 edn: 14).

（37）初期の草稿への多くの有益なコメントにかんして、私はMichael W. Doyle, Stanley Kelley, JrそしてDennis Thompsonから恩恵を受けている。

訳注

（i）キリスト教メノー派の戒律を厳格に守りながら、アメリカ・ペンシルヴァニア等で小規模なコミュニティを形成している人々。電気・自動車・電話などの科学技術を導入することを拒否し、農業中心の牧歌的な生活を営むことで知られている。高等教育を含め、こうした生活にそぐわない教育を行っていない。

（ii）旧約聖書「コヘレトの言葉」1・18。新共同訳では、「知識が増せば痛みも増す」。

（iii）Reading（読み）、Writing（書き）、Arithmetic（算数）のこと。

（近藤和貴訳）

解説に代えて

後藤玲子

1　出会い

かつてこれほど、哲学と経済の間で、熱く真摯に議論を闘わせたことがあっただろうか[1]。それも時々の耳目を引く特定の論点をめぐってではなく、まさしく人文・社会科学が依拠する学問の方法論的土台をめぐって。もしも、今、人文・社会科学のゆくえにいくばくなりとも不安を感じているのだとしたら、ぜひ本書を手にとってほしい。ここには人文・社会科学だからこそできることがある。それは、自分たちの拠って立つ（理論はもちろんのこと）方法的基礎を公共的な批判に曝そうと努めることである。公共とは何か、それ自体を問うことから始めなければならないところが、社会科学のやっかいな点であり、まさしく醍醐味でもあるのだが。

はじめに、筆者の想像による仮設的空間のもとで本書の魅力を紹介したい。一九八〇年代の幕開け、イギリス・ケンブリッジで、「功利主義と合理性——経済と倫理」をテーマに知の闘技場（アリーナ）が開かれた。一方には、「合理的な学としての哲学」&「信頼に足る形式の功利主義」をと叫ぶ陣営がおり、他方には、彼らの構築した壮大な学問パラダイムの底に潜むモニズム（一元論）を警戒する陣営がいる。両者の間には、功利主義推進派の論理の飛躍と実装上の難点に気づきながらも、社会改良に深く魅了されている厚生経済学者たち、また、先人たちの理論を自家薬籠中の物としながらも、〈私〉の視点から脱構築を試みる野心的な哲学者たちがいる。少し近くに寄って彼らの位置取りを捉えよう。筆者自身の立ち位置により、遠近法に偏りが出るおそれのあることをお断りしたうえで。

中央にジョン・ロールズがいる。その両脇をリチャード・ヘア、ジョン・ハルサニー、チャールズ・テイラー、スチュアート・ハンプシャー、フランク・ハーン、フレデリック・シックら第一世代が囲む。彼らは、共通に、第二次世界大戦の苦難を潜り抜け、全体主義に抗する個人尊重主義的な新たな理論を開拓していた。左端にオーガナイザーのバーナード・ウィリアムズとアマルティア・セン、そして、ジェームズ・マーリース、アイザック・レーヴィら第二世代がいる。彼らは、第一世代が開拓した理論の地平を豊潤化する一方で、そこで暗黙の前提とされていた普遍・一般、あるいは、その反動としての特殊・個別をこえる理論を探究していた。今回の企画は彼らの発案によるものだった。レーヴィのすぐ横に、ヤン・エルスター、ピーター・ハモンド、パーサ・ダスグプタ、そして紅一点エイミー・ガットマンら第三世代が並ぶ。彼らは未来から新奇のアイデアを吹き込むことが期待されていた。

注記すれば、これはまだ、ハルサニー（一九九四年）、マーリース（一九九六年）、セン（一九九八年）が、それぞれ最適課税とインセンティブ（誘因両立性）理論、ベイズ合理性と不完備情報ゲーム理論、厚生経済学と社会的選択理論などの業績でノーベル経済学賞を受賞する前のことであった。(2) 今回の彼らと他の経済学者たち（ハーン、ハモンド、ダスグプタ）の言葉豊かな報告は、この三人が前に押し出されていった理由の一端を物語るだろう。本書は経済哲学史・経済思想史の観点からも興味深い。

オーガナイザーの哲学者のウィリアムズと経済学者のセンの間には、今回、序文を共著したこと以外に、直接的な接点はない。だが、二人には似たところがあった。一つは、学問は人と社会が直面する困難な現実から離れすぎてはだめだという信念を強くもつ点において。他の一つは、困難な現実をシンプルなモデル（エピソード形式あるいは論理形式で）に落とし込み、その論理的な構造を徹底的に解明する能力を備える点において。(3)

二人は、功利主義の本質がモニズム（一元主義）にあること、それはいきすぎた還元や抽象化、理想化と関連しながら、倫理と経済の間に不毛な亀裂をもたらす根本問題であることを見抜いた。(4)この文脈で、モニズムとは倫理や道徳、規範を合理性により経験的事実や論理的事実に還元しきること、あるいは、(経済学のジャーゴンを使えば)外部性としての倫理を市場メカニズムに内部化しきることなどを意味する。他にも、「単一要素関数」(テイラー)、「削ぎ落しの論証」(ハンプシャー)、「動かぬ証拠(hard evidence)」(テイラー)信仰などにもモニズムの徴候が見られるかもしれない。

時代は、ヨーロッパ、アジア、アメリカなど世界中で着手された大きな社会実験、大きな物語に対する異議申し立てがなされ、マイノリティ運動と共振してポスト・モダンが興隆した直後であり、あたかも時代の混乱のすきまを縫うように、国家主導の市場メカニズム推進政策が現れ、「新自由主義」の名のもとに、またたくまに世界を席巻していく、その前夜であった。ウィリアム・レプケ、フォン・ミーゼス、フリードリッヒ・ハイエク、ミルトン・フリードマンらの学術的には高い価値をもった経済理論が、政治の前面に引っぱり出されて、国家主導の市場メカニズム推進政策(「新自由主義」)の背景思想とされかねなかった。同時代の経済学者たち――自由と分権化を擁護する一方で、市場メカニズムの行き過ぎを憂慮する経済学者たち――は、時代に翻弄される彼らの姿を他山の石としながら、自らの立ち位置を模索せざるをえなかった。本セミナーに集った経済学者たち(ハルサニー、ハーン、セン、マーリース、ハモンド、ダスグプタ)もその例外ではない。

彼らが、正しく見抜いていたように、功利主義が高い倫理性をもつことは間違いない。だが、一方でそれは、再度、大きな社会実験・大きな物語に回収されるおそれがあった。たとえば、個人の私秘的な情報をくまなく観察するベンサム=フーコー型パノプティコンに邁進しかねない。他方でそれは、不確実性下における合理性の論理と市場的な倫理に解体されるおそれがあった。たとえば、あらゆる個人的特徴(境遇、性格から嗜好まで)が記載されたライフチャンスくじ引き大会を催しかねない。本セミナーの争点もここにあった。複数の報告者が個人の権利と社会的目標との両立不可能性の問題に挑んだ。(5)その関心は、法的な合理性の様相と言語的(詩的)な想像力の様相との両立不可能性の問題へと拡げられた。功利主義のみならず、それを批判する側の理論にも伏在する難問があぶり出されていった。

ウィリアムズとセンが共有する危機感は深い。その緊張感は報告者たちにも共有されていた。以下では、報告者たちの議論を簡単にスケッチしよう。残念ながら、紙面の関係で、ここでは初日の報告者（目次の順番とはずれる）にしか言及できないが、提起された難問に向かう個性的な探究がこの後に続く点を注記しておく。なお、以下では報告のなかの専門用語等について、適宜、間に「解説」を挟んだ。読者の関心に応じて読み飛ばしていただいても構わない。

2　二人の巨人

はじめに現代功利主義の立役者リチャード・ヘアが立った。次の言葉に彼の問題関心が凝縮されている。「非常にあいまいな自然主義を経由しつつ、ほとんど認めがたいような直観主義へと後退していくなかで、……合理的な学としての哲学はどこかに置き去りにされてしまっている」（傍点は筆者による）。

つづくヘアの功利主義論は豊かで柔軟だった。彼は、まず、緊急に判断し即答しなければならないケース（レベル1）と十分な時間的余裕をもって判断できるケース（レベル2）を分ける。そのうえで、緊急のときは、直観に頼るのではなく、普遍的な確からしさが担保された一般規則にしたがい、時間的余裕があるときは、「個々の事例における正しい答え」を求めて、一般規則を明細化せよ、という実践的アドバイスをする。

彼は、直接行為を規定する基準としての「行為功利主義」と、規則を明細化する基準としての「明細的な規則功利主義」を分ける。後者の特徴は、たとえ非功利主義的な規則であれ、それに反応する人々の行為が、結果的に総効用を最大化するのだとしたら、その規則を採用する点にある。ヘアの壮大な構想は、規則を明細化したうえでそれらを総合することによって、明細的な規則功利主義＝普遍的な行為功利主義理論を構成することにある。(6) かくも壮大な構想を打ち出したあとで、ヘアは理論の適用範囲を限定する但し書きを忘れない。「あまりにも異常な事例をこの議論から排除する」必要があろうと（本書四七頁）。最後の点は、人道主義を理論の外に但し書きするハルサニー、あるいは、ケイパビリティ保障を公正としての正義の外に但し書きするロールズとも共通する方法で、テイラー、センらによる批判の対象とされる難問だ。

つづいてゲーム理論家のジョン・ハルサニーが立ち上がった。ヘアと同様に、彼は新しい学問パラダイムの登場を力強く宣言する。(7)「現代意思決定理論の出現によって、倫理学は合理的行動の一般理論の有機的な一部分となった」（本書五六頁）、そして、「合理的行動」という概念は、意思決定理論、ゲーム理論、そして、倫理学という規範的学問領域のまさに土台となっている、と（本書五七頁）。

ハルサニーが求める理論は分析の道具である前に、発見の道具であるという。人が切迫した道徳的「選択を通じて自らが解決しようとしている現実の知的問題が何で、あるのかを知る」（本書六二頁）ための道具である。彼にとって確かに実在するものは個人の欲求であり、選好である。ハルサニーはいう。「われわれの形式的なゲームの分析は、各人は彼自身の利得を最大化するというただ一つの利益をもつのでなくてはならない」。確かに、個人は自己の利益を捉え損ねる場合がある。だが、そのような推測が成り立つ根拠もまた本人の真の選好に照らしてのことであろう、と。彼の倫理学の定義は単純だ。「社会全体の共通利益を目指す合理的行動の理論」（本書五八頁）であり、合理性（または道徳性）の二次定義は、「期待効用最大化」（本書五九頁）にある。

功利主義倫理を個人の合理的行動に組み込む方法を彼は二つ示した。一つは「道徳的価値判断の等確率モデル」（本書六一頁）である。すなわち、①社会の全個人は誰になるかわからないとしたら個人間に等確率を付与するだろう、②合理的な個人は自己の期待効用を最大化するだろう（「ベイズ意思決定理論による」という）、これより、③「社会の全個人の効用水準の算術平均最大化」が帰結する。他の一つは公理的方法である。すなわち、①少なくとも一人の個人が社会厚生関数（全個人の個人的選好にかんする選好）をもつ。②個人的選好、ならびに、社会厚生関数は一定の性質（公理）を満たす。この二つの公理を満たす社会厚生関数は功利主義に他ならない。(8)

この推論を支える鍵は次の信念にある。「私たちは社会の共通利益が何であるかを決める際には、自分自身の個人的利益を扱う場合と少なくとも同程度に高い合理性の基準に当然、したがうはずである」(9)。アダム・スミスやカントに立ち返りながら、論理実証主義の縛りを解いて、個人間比較を必須とする倫理の領域へと一歩、踏み出した、そして、それを社会科学のあるべき方法として認識していたハルサニーの洞察は、経済&哲学を大きく跳躍させる可能性を秘めていたことは確かだ。

だが、残念ながら、その豊かな方法的土壌のうえで彼が実際に描いてみせた、合理性に基づく一元化モデルは、一方で、「道徳的選好」を個人の合理的な受容可能性に限りなく近づけ、他方で、「個人的選好」の理想化を可能な限り推進することを要求するものだった。はたして、そのような一元化は、一方で道徳の公共的性格を狭め、他方で個人の多様性と自由を制約することにならないのだろうか。参加者の多くはそのような疑問を抱いたに違いない。

解説1　社会厚生関数について

社会厚生関数は、一般に、選択肢に対する諸個人の選好（効用関数）をもとに、選択肢（政策候補など）を順序づける倫理的方法を指す。厚生経済学のテキストにはしばしば次の三つの概念が登場する。バーグソン＝サミュエルソン社会厚生関数、アロー型社会厚生関数（「憲法（constitution）」と呼ばれる）、そしてセン型社会厚生汎関数である。

バーグソン＝サミュエルソン社会厚生関数は諸個人の効用関数を所与として、各選択肢のもとで実現される諸個人の効用に社会厚生を対応させる方法を表す。アロー型社会厚生関数は諸個人がとりうるさまざまな選好表に対してそれぞれ社会的選好を対応させる手続きを表す。セン型社会厚生汎関数は、諸個人がとりうるさまざまな効用関数に対してそれぞれ社会厚生関数を対応させる手続きを表す。これはアロー型の情報的基礎（序数的かつ個人間比較不可能な選好）を拡張し、さまざまなタイプの基数的な選好、また、個人間比較可能な選好を包含する点に特徴がある。

センン型社会厚生汎関数は功利主義を次のように定義する。「n人の個人の任意の効用関数と任意の選択肢x, $y \in X$について、より少なくない総効用をもたらす選択肢を、より悪くないとする、すなわち、$\sum_{i=1}^{n} U_i(x) \geqq \sum_{i=1}^{n} U_i(y)$のとき、そしてその時のみ$xRy$とする」[10]。この功利主義は、定義域の普遍性、強パレート条件、匿名性、そして、基数的な単位比較可能性といった公理で特徴づけられる。ただし、匿名性は、人々の間で効用関数を並び替えても、社会的順序には影響を与えないことを意味する。強パレート条件は、ある個人において、xにおける効用がyにおける効用よりもよく、どの個人においても逆向きでないならば、社会的にもxがyよりよいとする。

それに対して、ロールズ格差原理的厚生関数は、定義域の普遍性、弱パレート条件、匿名性、ハモンド衡平性、そして序数的水準比較可能性を満たす社会厚生汎関数として特徴づけられる。ただし、弱パレート条件は、どの個人においてもxにおける効用がyにおける効用よりもよいならば、社会的にもxがyよりよいとすることを、ハモンド衡平性はより高い水準とより低い水準の増減が相克する場合には、より低い水準（匿名性があるので個人ではなくポジション）の増加を優先することを要請する。

両者の違いのポイントは、どの水準にある個人（ポジション）の増加に因るとしても全体の増加をもたらす変化をよりよいとする（功利主義）か、より低い水準にある個人（ポジション）の増加をつねに優先するか格差原理にある。基数的な単位比較可能性と序数的な水準比較可能性の相違については解説3で説明したい。

3　経済学の良心

つづいてケネス・アローとの共著『一般均衡分析』（一九七一年）などで知られるフランク・ハーンが立ち上がった。彼は手短に、けれども見事なまでに鋭利にハルサニーを批判する。功利主義は個人の効用関数が基数的に表現される（これはｖＮＭ条件で満たされる）だけでなく、個人間で比較可能であることを要請する。だが、個人間比較の方法をめぐって功利主義者の意見が一致する保証はない。しかも、不確実性下で主観的確率を付す個々人の合理的行動（事前的アプローチ）は、個々人の効用を等しいウェイトで集計する功利主義（事後的アプローチ）と一致する保証もない。彼の結語はきわめて控えめで実践的なものだった。すなわち、「功利主義は唯一のランキングを導出できない」、かといって、「帰結を度外視した道徳的な計算を考案することは容易ではない」、「われわれはこの難題とともに生きねばならない」（本書二七六頁）。

事前的・事後的についてのハーンのコメントは、ハモンドの業績をふまえた発言だ。ここで、若きハモンドが登場。ハモンドは、ケネス・アローやミルトン・フリードマン、サヴェッジの理論を引きながら、事前的アプローチと事後的アプローチの論理的整合性を否定する。その返す刀で、フリードマンらが金科玉条として掲げる「リスクを負う権利」を批判する。そして彼は結論づけた。功利主義は事前ではなく事後に適用されるべき倫理であると。すると、どこかから、「事後に功利主義が採用されると知ったら、合理的な個人は事前にリスクを負おうとするだろうか」という声がした。ハモンドはその声に向かってきっぱりという。「社会的目標は、最終的な社会的選択を束縛するとわかっている諸制約から切り離され」るべきだ、と（本書一一六頁）。

誘因制約（インセンティブ）問題は、マーリースの最適課税論の中心テーマであった。広くインセンティブ理論と呼ばれる彼の仕事は、諸個人の最適化行動を所与としながら社会的な最適化を探究するという意味で、規則功利主義の仕事と符合する。だが、ハモンドからバトンを渡された彼の言葉は慎重だった。「功利主義者は、自らが信じる効用関数が経済政策を実際には左右することを主張すべきではない」（本書一〇七頁）。その理由を彼は、リスク選好について個人間の相違を浮き彫りにする逸話で示した。もし、ハルサニーがいうように、個人的選好と道徳的選好（たとえば、不平等回避にかんする）が類推的に語れるのだとしたら、この逸話は、不平等回避にかんしても個人間の相違が大きいことを示唆する。したがって、功利主義であれ何であれ、自己のリスク選好を不平等回避選好の決め手とする論理は、類似的・同型的な個人間以外では、合意の基礎となりえない、これが彼の結論だった。報告のなかで、マーリースは経済学セミナーではけっして言わない言葉を口にした。「分析を試みた後でさえ、わからないという答えが正しい可能性はある」と（本書一〇五頁）。本書のタイトルは、彼の次の考えをもっともよく表しているのかもしれない。「功利主義は使える、ただし、ほどほどに」。

解説2　事前アプローチと事後アプローチについて

不確実性な状況下での個人間の交渉に関心をもつゲーム理論家たちは、その後、ハルサニーのモデルを、①誰になるか、と、②どんなライフチャンスをもつか、という二つの局面に分けて分析を試みた。たとえ誰になるかは等確率であったとしても、個々人がどんなライフチャンスをもつかが等確率ではないとしたら、それは平等なくじとはいえないという判断が成り立つからだ（Diamond 1967）。社会的選択理論家たちは、ここにもう一つ、③どんなライフを実際に送るか（所得格差）という局面を加えて、公理的な分析を重ねた。これら三つの局面のうち、①と②が「事前的」、③が「事後的」と称される。誰になり、どんなライフチャンスをつかむかを、リスクのある賭け（幸運のくじびき）と捉えると、①と②は賭ける前に直面する出来事、③は賭けの後に実現する出来事とみなしうるからである。

ハルサニー自身は批判に答えて、②は①に還元されると主張した。どんなライフチャンスをもつかは、結局のところ、個人の主観的・経験的なベイズ合理性確率に統合されるからと。それに対して、①と②を区別することの意味は、上記の三つの区分を、ロールズの「正義の二原理」における「①平等な基本的自由の保証、②公正な実質的機会の均等、③所得と富の望ましい分配」に対応させるとわかりやすい。個々人のライフチャンスを等確率とすることは、ロールズのいう「公正な実質的機会の均等」に相当する。そこには、「リスクを負う権利」(平等な基本的自由の保証)の平等をこえた規範がある。(11)

なお、ハモンドが「フォン・ノイマン＝モルゲンシュテルン社会厚生関数」(事前的社会厚生関数)と呼ぶものは、社会厚生が個人の事前的期待効用の関数で定まるものを指す。ハルサニーは事前的期待効用を等確率と仮定した。だが、彼がいうように、その確率は主観的確率に基づくものだとしたら、等確率である必然性は薄れる。個人ごとに異なるウェイトで重みづけされた(weighted)功利主義が自然と導出される。後に、たとえば、ケン・ビンモアらによって、事後的期待効用において、一定の規範的基準に基づいて重みを決める(たとえば、障がいの有る人により高いウェイトを与えるなど)功利主義が提唱された。

4　ロールズの真意

『万民の法』の執筆後であれば、ロールズは「現実的ユートピア」の語でハモンド、マーリースを励ますことができただろう。ハモンドがいうように、現実の制約条件が厳しいからといって目標を断念する必要はない、なぜなら、目標を掲げて公共的討議を繰り広げるまさにそのプロセスで、われわれはユートピアを現実とする条件を生み出す可能性があるのだから、とも。あるいは、こういってわれわれを鼓舞することができたかもしれない。ときに、人は自己利益への関心を離れて、あるべき社会世界について思いを馳せることがある。すべての人に基本的な自由を、すべての人に公正な実質的機会を、そして、（どういう制度のもとにも必ずや存在するであろう）もっとも不遇な人々に最大限の期待をと。われわれが描くありうべき社会世界の構想を形にして、とどめおくものが正義原理なのだと。だが、この日のロールズの関心は、合理性をてこにした功利主義の一元論的な立論方法を批判することに置かれた。それは彼自身の『正義論』（一九七一年）第Ⅰ部の論述――私的情報が「無知のヴェール」で覆い隠された状況に置かれたら、合理的な個人は正義の二原理を選ぶであろう――に影を落としていた、一元論的ニュアンスを払拭することでもあった。[12]

彼は経済学者コルムが提出する「根源的選好」との対照をもとに、自らの立場（「公正としての正義」）を明確にしていく。コルムの根源的選好は、個人の選好に差異をもたらすあらゆる要因（客観的境遇から好みや嗜癖までをも）を定義域に入れてつくられた非人称的な（名前のつかない）効用関数を指す。これが、通常の個人の効用関数と同様の合理的性質（推移性や完備性）を満たすなら、水準比較可能な序数効用に基づく功利主義が定義される。

それに対して、自分の提唱する「公正としての正義」においては、正義への関心は善への合理的関心には還元されない。各個人は、「道徳的人格性（moral personality）のもつ二つの能力」に「最高次の関心」を抱く。すなわち、自分なりに善の観念を追求する合理性と、正義原理を制定し遵守する公正性への関心である。ここで、合理性と公正性という二つの能力、あるいは、善と正義という二つの対象が、合理性あるいは善の概念のもとで一元的に統合されることはない。両者は異なる質の政治的価値として区別される。[13] また、二つの能力に対する最高次の関心が、さまざまな善への具体的関心と代替されることもない。両者は異なる種類の関心として区別される。

このように一元化を拒否し、二元論に踏みとどまろうとする理由をロールズはこう説明する。それは、個人の独自性（distinctiveness）と自律性を守るためなのだ、自ら定めた枠内で多様な善を追求する自由にこそ個人の自律があるのだと。自由・権利・機会・所得と富・自尊といった「社会的基本財」は二つの能力にとって必要な、いわば「市民的ニーズ」であり、「自律性と両立しうる個人間比較のベース」とされる。[14]

解説3　水準比較可能な序数効用に基づく功利主義

社会政策の実施において考慮される個々人の状態が、社会的選択の情報的基礎と呼ばれる。個々人にはさまざまな差異と等しさがある。そのなかの何を社会的に測定可能な差異とみなすかは、どんな分配基準を採用するかと不可分の関係にある。そして、どんな分配基準を採用するかは、個人の選好をどのような粗さの情報レンズで捉えるかと関連する（センの「不変性原理」参照）。情報レンズの精度が上がると、アロー型ではぼんやりと同型とみなされていた個々人の選好を一定の倫理的観点から識別できるようになるのである。

上述したように、通常、功利主義は基数的かつ個人間で単位比較可能な効用関数で定義される。効用の変化（増加や減少）については個人間で共通の目盛りを適用できるが、（個々人は自己の原点を自由に変えられるので）効用の水準の個人間比較には意味がないとされる。そのため実際には効用水準がより低い人のさらなる効用減少が、効用水準がより高い人のさらなる効用増加で相殺されることにもなりかねない。

それに対して、ロールズの「格差原理」は、「水準比較可能な序数効用」で定義されうる。すなわち、各選択肢で実現される個々人の効用水準の最低水準を選択肢間で比較して最低水準のより高い選択肢をよりよいと評価する。ロールズがコルムの根源的選好と合わせて言及した「水準比較可能な序数効用に基づく功利主義」は、同様に水準比較可能な尺度を用いる。すなわち、各々の選択肢のもとで実現するであろう各人の状態をすべて比較し、優位なものから順位づける。たとえば、選択肢xでの個人1の効用が一番優位で、選択肢yでの個人1の効用が二番で、選択肢xでの個人2の効用が三番で、選択肢yでの個人の2の効用が四番だとすると、選択肢xの順位の総計（1＋3）と、選択肢yの順位の総計（2＋4）を比較して、選択肢xがより総効用が高いと評価される。

ただし、ここには効用の変化（増加や減少）を個人間で比較する共通の目盛りはない。どちらの個人の効用がより高いか（「序数」）は評価できても、どちらの個人の効用がどれだけ高いか（「基数」）を評価すること、たとえば、各選択肢において一番効用の低い人と一番効用の高い人の格差を基数的に測ることはできない。

5　モニズムへの抵抗

功利主義へのもっとも深い批判は、チャールズ・テイラーによってなされた。経済学者に引きずられて形式的論理に走った感のあるロールズとは違って、テイラーの報告は、終始、平易で日常的な言葉で語られた。だが、穏やかな口調とは裏腹に、彼の次の言葉は辛らつだった。功利主義の登場によって倫理学は、「動かぬ証拠」を手にして語ることができるようになった。いつでもどこでも「証明可能な経験的量に対する計算」（本書一七七頁）を提供できるようにもなった。だが、「この種の正確さはインチキである。実際、それはただ、自らが計算できないすべてのものを除外することによって、妥当性の見せかけを有しているだけなのだ」（本書一九七頁）。

彼の批判の矛先は功利主義にとどまらない。彼が形式主義（「デカルト主義と経験論」が名指されるが、おそらくロールズ、スキャンロンも含まれる）と呼ぶものすべてに向かう。彼は断定する。功利主義であれ、あるいは理想的契約に基礎づけられた正義の理論であれ、いかなる単一的な考察手続き（「単一要素関数」と呼ばれる）も諸善の多様性を尊重できないだろう。そもそも単一の正義構想を求める「認識論的潔癖さ」（本書一九七頁）には危うさがある。それらは、良心の呵責や畏れなど様態間の差異——おうおうにして、他人が論難してきたときに正当化しづらいもの——を軽視する傾向があるからだ。そして、その傾向は道徳の境界は開かれた問いであることを覆い隠してしまうからだ。

テイラーによれば、本来、道徳は「潜在的に終わりなき論争に開かれている」ものであり、「定式化することは非常に困難な仕事」（本書一八三頁）であるはずのものだ。ところが、道徳の普遍的適用可能性を想定する理論は、それらの道徳的な問題をはじめから排除してしまう傾向がある（上述のヘアの但し書きはまさにそうである）。具体例として、テイラーはアパルトヘイトを挙げる。歴史的・社会的な特殊で根深い不平等が、（機会の平等な保証といった）普遍的理念のもとで、（残された不平等は個別特殊な差異として）正当化されている現実があると。

テイラー自身の提示する対抗案は、いわば合理的推論の関節を外す方法だった。すなわち、道徳的思考を「対照的言語」による質的区別にとどめることである。たとえば、統合されているという価値は、分断されている、あるいは、放任されているという価値には勝るとしても、自由であるという価値との間には順位がつけられない。そうだとしたら、両者は順位づけられることなく質的区別にとどめられる。

彼の方法的立場をハンプシャーの次の言葉で補うことは有益であろう。「正義あるいは効用の最大化は、論証に基づいた、種々の徳の涵養へと向かって一つに収斂する普遍的傾向」をもつ。それに対して、「一つに収斂することを要求せず、独特さを認可する傾向」をもつ道徳的要求がある。愛、友情、忠誠、そして記憶、地域の愛着、歴史的つながりなどたとえそれらが「さまざまに実現することで混沌するとしても、その重要さが失われることはないのである」（以上、本書二一八頁）。

解説4　功利主義と経済学

かつてアーサー・ピグーら厚生経済学者たちはいった。もし、個々人の効用関数が同一で、限界効用逓減的だとしたら、より豊かな人からより貧しい人への所得移転は善い政策といえるだろう。なぜなら、すべての人の効用の総和である社会厚生が最大化されるからだと。彼らは功利主義を所与の参照基準としながら、平等化政策を正統化しようとしたのである。だが、このからくりはライオネル・ロビンズらに見破られて批判された。もし、個々人の効用関数が違ったら？　しかもどれだけ違うかを比較することができないとしたら？　その場合には、所得移転政策の評価は至難の業となるだろう。しかし、だからといって、「私にとって、x は y よりもよい（同じくらいよい）」という評価以外に共通言語がないとしたら、「パレート効率性条件」のみを倫理とする市場メカニズムに撤退するしかないことになる。第八章でロールズが引用するアローの言葉は、個人の「個人性」の尊重と個人間分配の望ましさの狭間で葛藤する経済学者の真摯な姿を映す。

周知のように、ハイエクは、知識や情報の交換の場としての市場メカニズムの利点、個人的ニーズの表出の場としての市場の利点を挙げ、理性的設計主義の難点を指摘する。彼が市場メカニズムを支持した理由は、たんに他によい制度を見つけられないからだった。彼への第一〇章ダスグプタのコメントは鋭い。「気がかりなのは、無制限の市場の力こそ、進歩を生み出す正しい力であるという想定の擁護論を、ハイエクが著書で結局のところ何ら提示していない事実よりも、むしろ議論を提供する義務はないとする彼の信念である。彼の逃げ道は完璧である。彼は市場メカニズムを理解しているように装わないし、皆に対して理解を試みないように警告するのだ」。

ピグー以降の厚生経済学の貢献は、社会厚生関数の規範的性質にかんする事実的解明だった。一つは、公理的アプローチである。上述したように、功利主義型とロールズ格差原理型の社会厚生関数は、匿名性と弱パレート条件を満たす点では共通する。功利主義は受益する人が誰であれ、効用の純増加の最大化に寄与する政策を受容せよと、ロールズ格差原理は受益する人が誰であれ、効用の最小水準（ポジション）の最大化に寄与する政策を受容せよ、と言明する。いずれも、個人の合理性を制約する規範（倫理）のありかを示す。

他の一つは、インセンティブ（誘因）分析である。功利主義が適用されたとしたら、人々はどのように反応し、その結果どのような解がもたらされるか、それはロールズ格差原理型の場合とどう違うかを示すことだった。たとえば、もし、余暇と所得に対する人々の選好が一定の形状をとり、しかも労働能力が観察可能であるとしたら、功利主義政策は、能力の高いタイプの人よりも能力の低いタイプの人により高い効用をもたらす。労働能力が私秘だとしたら（通常はそうだが）、功利主義でもマキシミンでも個人は自己の労働能力を低く申告する誘因をもつが、所得と労働時間が観察可能だとしたら、両タイプは等しい効用を得る(15)。

他にも、効用最大化を図る個人の合理性を基底としながらも、さまざまな規範（安定性、相互性など）や慣習を明示化することで、個人の合理性を制約する試みがなされている。市場メカニズムと社会厚生関数の間に、多様な、合理性―規範（倫理）スペクトルが拡がりつつある。メカニズム・デザイン、マッチング理論、契約理論、実験経済学、行動経済学など。その多くは、基本的にはハルサニーと同様に、たとえば、ある組織・集団で共有されている慣習・習慣・ルーティンなどを採用しながら、規範を事実として語ろうと努めている。

6　再会を期して

日が暮れて、空が濃紺色に染まった。オーガナイザーの一人であるセンが経済学の視点から初日の会を締めくくった。ヘアやハルサニーが構築した合理性の哲学・意思決定理論は、アロー、ハーン、ドブリューらが精緻化した自由な競争市場の一般均衡理論と並ぶ体系をもってそびえ立つ。ロールズ、スキャンロンの構築した正義・契約理論も同様の体系をもって拮抗する。それらをすべて批判するテイラーやハンプシャーの共同体・慣習・徳理論も（おそらくは当初の彼らの意に反して）体系化される予兆があった。これらは社会科学のテキストとして将来世代に手渡されていくに違いない。

だが、そうだとしたら、次の点が憂慮される。はたして、この体系化のプロセスそれ自体に、モニズム（一元論）が忍び込みはしないだろうか。倫理を左端におき、個人の合理性を右端におき、両者を対照させつつ整合性をつけていく、そのプロセスで、依然としてはじきだされていくハード・ケースにどう対処していくのか。

ロールズが引用しているように、センは同時期に、「潜在能力（Capability）アプローチ」を提示する（Sen 1980）。彼の意図は、従来の所得と効用に基づくアプローチに加えて、潜在能力指標を用いることだ。発想はごく単純だ。個人の自由と主体性を尊重する場面では序数的で個人間比較不可能な効用指標を従来通り用いればよい。それと並行して、個人を制約する客観的条件を捉える指標を新たにつくろう。認識的基盤を十分豊かにしたうえで、公共的推論を重ねて、市場を補完する価値評価をつくっていこう。

本セミナーが開かれた後、「哲学と経済学」との本格的な対話はめっきり少なくなった。二〇年後の二〇〇一年、ドイツのビーレフェルドで、アマルティア・センのノーベル賞受賞を記念して「経済学と哲学セミナー」が開催された。そこで、センがロールズの弟子のトーマス・ポッゲと旧友のマーサ・ヌスバウム、そして自身の弟子のカウシック・バスーに、数十分にわたって厳しい批判をなしたことは筆者の記憶に新しい。あれからまた二〇年経って、そろそろ本格的な対話が始められる頃だ。今度は、恒常的なものとなるとよい。本翻訳書がその一つのきっかけになることを願って筆をおく。

注

（1）本書の「はしがき」にあるように、第一章リチャード・ヘアと第二章ジョン・ハルサニーだけは本書に向けた書下ろしではなく、再掲である。

（2）付記すれば、後にチャールズ・テイラーは京都賞を、ダスグプタはブループラネット賞（地球環境国際賞）を受賞する。ロールズの弟子のエイミー・ガットマンはペンシルヴァニア大学初の女性学長となった。

（3）ウィリアムズはヘアの弟子であること、センはケネス・アローから深く影響を受けていることと無縁ではないだろう。

（4）たとえば、センの論文集『合理的な愚か者』の訳者の一人である大庭健は解説においてこれこそがセンの問題意識だと指摘する。

（5）センのいわゆるリベラル・パラドックスが複数の論者によって言及されている。序章で軽く言及されているように、これは一元論的な選好概念では解くことができないという意味で、本書のテーマと深くかかわる。ただし、残念ながら、本書は自由あるいは権利概念そのものについて、論者の間で十分な討議が尽くされたとは言い難い。本書第八章でロールズが言及している彼の社会的基本財アプローチとセンが提唱する潜在能力アプローチとの比較検討についてはSen 1985; 2009などを待つ必要があった。

（6） このあたりの議論は、「指令的言語」の概念をもって事実と規範を仲介しようという彼の関心とつながる。

（7） ハルサニーは、社会学と経済学の博士号を併せもつ。経済学博士号はケネス・アローのもとで取得した。

（8） センは、ハルサニーの一つ目の説明については、個人の効用関数の性質によってはこの説明は功利主義以外のもの（たとえば、ハルサニー自身は合理性に反すると断言する「マキシミン原理」などをも）を広く含む点、ならびに個人の効用値がくじ引きの賞に還元されている点を批判している。そのうえで、センは二つ目の説明、公理的方法の改良版を提示する（Sen 2017）。

（9） ただし、ハルサニーもまた、合理性道徳に還元しきれない領域を完全に否定しているわけではない点に留意する必要がある。彼はその領域を「人道主義的道徳」と呼び、次のように注記する。どれだけ慎重に合理性の概念を分析しても、合理性が人道主義的道徳への関与を含意するということは示せない。私たちには両者の組み合わせが必要であると。

（10） 本書の序章で言及されている功利主義の三つの要件、「厚生主義、帰結主義、総和主義」の一つの数理的表現である。

（11） 近年、実験経済学、行動心理学などで、よりハルサニーに忠実に、個人内と個人間を結びつけて説明しようという試みが現れた。すなわち、個人は、自分の個人内での不確実性下での行動原理と、公共的視点に立った個人間分配において、同じ原理、たとえば危険回避型の人はマキシミン原理をとる傾向があるといったような実験研究である。

（12） ロールズは別の箇所で本書に収録されたスキャンロンの論文に次のようにコメントしている。「他者が公共的に是認できるような仕方で、あるいは、相互的に、ということは、彼らとわたしたち双方にとって正当化できるような仕方で、彼らと交際したいという欲求をわたしたちはもつが、その動機は、T・M・スキャンロンの契約主義の基礎的前提と捉えられる」（Rawls 2000=2005: 296）。

（13） ロールズは善をpoint、正義をlimitと呼ぶ。つまり、善がなければ正義は空虚であり、正義がなければ善は枠づけられないと説明する。

（14） 読者はここでハルサニーの次の言葉を想起するかもしれない。「選好功利主義こそ選好の自律性という重要な哲学的原理と衝突しない唯一の功利主義の形態である。この原理が意味するのは、ある個人にとって何が良いか、何が悪いかを決める際に究極の基準となるのは、彼自身の欲求、彼自身の選好以外にない、ということである」。次のハルサニーの言葉も興味深い。「人は非常に『自分にとって悪い』ものごとを不合理に欲する可能性がある。しかし、このような表現が意味をもつためには、何らかの適切な意味において、彼自身のもっと奥深いレベルの選好は、彼がいま実現しようとしていることと衝突する、ということが実質的に主張されていると解釈する他はないように思われる」。ここでハルサニーがいう「奥深い選好」はロールズの「最高次の関心」と重なる。

(15) この点にかんして、第一〇章ダスグプタが第三章マーリース、第四章ハモンドらの研究結果を手際よくまとめている(原著二九一頁の表10-1参照のこと)。

参考文献

Sen, A. K., 1985, *Commodities and Capabilities*, Amsterdam: North-Holland.(鈴村興太郎訳『福祉の経済学——財と潜在能力』岩波書店、一九八八年)。

Sen, A. K., 2009, *The Idea of Justice*, Allein hane Penguin Books.(池本幸生訳『正義のアイディア』明石書店、二〇一一年)。

Rauls, J., 2000, *Lectures on the History of Philosophy*, ed., B. Herman: Cambridge: Harvard University Press.(坂部恵監訳『ロールズ哲学史講義 上』みすず書房、二〇〇五年)。

監訳者あとがき

「夢はいつもかへつて行つた　山の麓のさびしい村に」。
（立原道造「のちのおもひに」）

古典を訳すとはそういうことなのだろう、と思う。夢がなんどでもかえって行けるように、なつかしの名著をそこに用意しておく。本書は一九八二年に刊行された Sen and Williams (eds.), *Utilitarianism and beyond*, Cambridge University Press の訳である。

でも、いったいだれの夢がかえって行けるようにするのだろうか？　多くの原著者たちが鬼籍に入ってしまった今日、おそらく、それは本書を手にしてくれた人たちの夢であるに違いない。その夢に、訳者たちの夢が重なる。各章の訳者たちは関連する分野で自ら先端的業績を挙げている。多忙ななか、原著論文と何度も対話しながら、訳語を選び、校正の労を重ねてくれた。監訳者の役割は最小限で済み、内容の精査に専念することができた。この場を借りて深く御礼申し上げたい。残る本書の不備は、いうまでもなく監訳者の責任である。

昨年、マーリースとレーヴィの訃報が届いた。残念でならない。他の著者たちと同様に、彼らが本書で公表した独創的なアイディアは、正直なところ、文体の冗長さや（逆に）説明不足などの難によって、見えづらくされている。けれども、もし、彼らが本書で伝えようとしたことがらの真意が人々に十分汲みとられてきたとしたら、また、本書で公表したアイディアの意義を著者たち自身が疑うことなく、それぞれのやり方で、その後、展開し続けられたとしたら、経済学あるいは哲学における〈倫理〉の位置づけは、もう少し変わっていたかもしれない。著者たちとそんな話をしたかった。

編者の一人であるアマルティア・センとは、本年三月、ご自宅近くのイタリアンで、ランチをとりながら話すことができた。センはいま、病の治療で多く時間を制約されているものの、明晰な知性と暖かなユーモアには少しも変わりがない。聞きたいことは山ほどあった。自由の価値を説いてやまない一方で、リベラリズムの呼称を用いることはついぞなかった理由は何か、ケイパビリティアプローチを含むセンの仕事を「新・新厚生経済学」の名で位置づけ直すことはできるか、愛において何より大切なことは歴史である、と（この点だけはノージックに賛同できるか）など。けれども、今回は本書の「日本語版に寄せて」に代えて、本書の成り立ちに関連することがらをインタビューすることに徹した。以下にその内容を簡単に紹介する。

はじめに、経済学者であるセンと哲学者であるバーナード・ウイリアムズが、本書を共同編集することになったきっかけを尋ねた。回答は次の通りである。主著である *Collective Choice and Social Welfare* を刊行して間もなく、センは、ブリストル大学（UK）で開催された実践理性（Practical Reason）のコンファレンスに招かれた（招聘者はカント哲学者の Stephan Körner）。彼は、そこで、“Choice, Orderings and Morality” という論文を報告した。その場にウイリアムズがおり、二人は共通のテーマで深く議論する機会をもった(1)。そこには、ケンブリッジ大学出版会の気鋭の編集者であり、後に、ウイリアムズの妻ともなる Patricia Law Skinner も同席していた（前夫は Quentin Skinner）。このパトリシアが、センとウイリアムズに本書の企画をもちかけたのだという。

センとウイリアムズは、いうまでもなく、専門的な知識において大きく異なる。巧みな例を構成しながら精緻な議論を進めていくウイリアムズと、証明を伴う数理的論理を駆使するセンでは、アプローチが違った。けれども二人の間には明らかな類似点があった。学問は現実の倫理的難問から遊離したものであってはならないという信念、並外れた分析力と構想力、論理の前に女も男もないという、ごく当たり前の、徹底した平等観。それに付記すれば、正統的な分析哲学あるいは近代経済学を正しく継承しながら、それらの方法的拡張を図っていた点であろうか。これらはふたりを共同の仕事に向かわせるうえで十分だった。

功利主義に対する体系だった批判という意味ではウイリアムズの方が一歩先んじていた。当時、ウイリアムズはすでに、行為&選好功利主義を標榜する哲学者J. J. C. Smartとの論戦を、彼との共著に仕立て上げていた（*Utilitarianism: For and Against* 一九七三年）。ウイリアムズの批判の要点は「功利主義的バランス・シート」という語で象徴的に示される。本書の序章の冒頭に登場する「モニズム（一元主義）」の語がそれに対応する。その語義的なつい概念は「多元主義」であるが、ニュアンスとしては脱関節化の方が近い。ついつい一つにつなぎ合わせてしまいそうになる理論家の跡を追って、不要なつなぎ目を丁寧に外していく役を担う。本書の隠れた主題はこの「モニズム（一元主義）」とのたたかい」ではないか、という筆者の問いかけに、センは、まさにそのとおり！　と膝を打った（日本的比喩だが）。

だが、実のところ、「モニズム」はきわめてやっかいな代物であることを、当時、センらは気づいていた。それは、功利主義を批判するロールズやスキャンロンはもちろんのこと、そのロールズやスキャンロンをひっくるめて批判するテイラーやハンプシャーらの議論にも影を落としかねない勢いがあった。（彼らが、個別性・特殊性・文脈依存性を光源とする「質的対照」法の模索にとどまらず、〈共同体の価値〉などに特権的な地位を与えてしまうとしたら、この間のフェミニズムの努力が水泡に帰すおそれがある）。

本書の刊行前後に、セン自身はケイパビリティアプローチを提唱する。それは、彼なりの「モニズム」克服法であった。付記すれば、同アプローチの根底には平等への実践的関心が色濃くあり、前妻エヴァ・コロニィの影響がうかがわれる。この点についてチャットする時間は、今回、残念ながらとれなかったが、関心のある読者は下記のノーベル経済学賞サイトを参照されたし（なお、「経済学と哲学の道具を結合することにより、センは重大な経済問題の論議に倫理的次元を入れた」点が授賞理由とされている、https://www.nobelprize.org/prizes/economic-sciences/1998/sen/facts/）。

タイトルについては、本書第5章の著者であるピーター・ハモンドから次のエピソードを聞いた。ハモンドは、たまたまセンと同時期に客員研究員としてＬＳＥに滞在していた。そんなある日、彼はセンから本書の執筆に加わらないかと声をかけられた。当時、まだ四〇歳前後であったハモンドは、シニア執筆陣のそうそうたる顔ぶれを見て戦慄したという。

当初のタイトル案は*Beyond Utilitarianism*だった。これを*Utilitarianism and beyond*に替えようと提案したのはハモンドだという。理由は当時、若きゲーム理論家たちを深く魅了していたハルサニーへの配慮にあった（不完備情報の導入でゲーム理論の歴史を大きく変えた一人）。実は、ハモンドもハルサニーに魅了されていた一人であり（彼はセンから、ハルサニーへのその「危険な陶酔ぶり」をやんわりと注意されたらしい）、功利主義を批判こそすれ、完全に捨て去ることはできないと感じていたという。ハモンドの改訂案を聞いて、センはにっこり笑ったそうだ。

本書が時代を画する名著の一つであることは間違いない。モダンへの挑戦を再度、真摯に受けとめて現代のリベラリズムを立て直すヒントがここにはある。末筆ではあるが、この本の真価をただちに見抜いてくれたミネルヴァの堀川健太郎氏、ならびに石原匠氏に心から感謝申し上げたい。お二人の、いつもながら、辛抱づよく、献身的なご貢献なくして本訳書が世に出ることは不可能であったろう。

なお、原著にはないものの、本訳書には索引をつけた。特定の概念について一五本の論考を比較対照するなど、縦横無尽にご活用いただければ幸甚である。

二〇一九年八月

後藤玲子

注

（1） Sen, K. A., 1974, "Choice, Orderings and Morality," in Korner, S. (ed.), *Practical Reason*, Oxford: Blackwell Stephan Körner Bristol, United Kingdom 参照のこと。

人名索引

あ　行

か　行

さ　行

た　行

な・は　行

ま・ら　行

事項索引

さ　行

た 行

な 行

は 行

ま　行

や　行

ら・わ　行

参考文献

Allais, M., 1947, *Economie et Interêt,* Paris: Imprimerie Nationale.

Allingham, M., 1975, 'Towards an Ability Tax', *Journal of Public Economics,* 4, pp. 361–376.

Anscombe, F. J. and Aumann, R. J., 1963, 'A Definition of Subjective Probability', *Annals of Mathematical Statistics,* 34, pp. 199–205.

Anscombe, G. E. M., 1958, 'Modern Moral Philosophy', *Philosophy,* 33, pp. 1–19.

Archibald, G. C., 1959, 'Welfare Economics, Ethics and Essentialism', *Economica,* 26, pp. 316–327.

Arrow, K. J., 1950, 'A Difficulty in the Concept of Social Welfare', *Journal of Political Economy,* 58, pp. 328–346.

——, 1951, *Social Choice and Individual Values,* John Wiley and Yale University Press. Second edition, 1963.（長名寛明訳『社会的選択と個人的評価』日本経済新聞社，1977年。）

——, 1953, 'Le rôle des valeurs boursières pour la repartition la meilleure des risques', *Econometrie,* 11, pp. 41–48. Translated as Arrow 1964.

——, 1963, See Arrow 1951.

——, 1964, 'The Rôle of Securities in the Optimal Allocation of Risk-Bearing', *Review of Economic Studies,* 31, pp. 91–96.

——, 1971, *Essays in the Theory of Risk Bearing,* Amsterdam: North-Holland Publishing Co.

——, 1973, 'Some Ordinalist-Utilitarian Notes on Rawls' Theory of Justice', *Journal of Philosophy,* 70, no. 9, pp. 245–263.

——, 1974, *The Limits of Organization,* New York: W. W. Norton and Company.（村上泰亮訳『組織の限界』筑摩書房，2017年。）

——, 1977, 'Extended Sympathy and the Possibility of Social Choice', *American Economic Review,* Supplementary issue of the Proceedings, pp. 219–225.

——, 1978a, 'Extended Sympathy and the Possibility of Social Choice', *Philosophia,* 7, Sec. 2, pp. 223–237. This is a longer version of Arrow 1977.

——, 1978b, 'Nozick's Entitlement Theory of Justice', *Philosophia,* 7, pp. 265–269.

Asch, S., 1956, 'Studies of Independence and Conformity. I. A Minoriry of One Against a Unanimous Majority', *Psychological Monographs: General and Applied,* 70, no. 9.

d'Aspremont, C. and Gevers, L., 1977, 'Equity and the Informational Basis of Collective Choice', *Review of Economic Studies,* 44, pp. 199–209.

Atkinson, A. B., 1974, 'Smoking and the Economics of Government Intervention' in *The Economics of Health and Medical Care,* edited by M. Perlman pp. 428–441, ch. 21, London: Macmillan.

Barry, B., 1973, *The Liberal Theory of Justice,* Oxford: Oxford University Press.

——, 1979, 'And Who Is My Neighbor?', *The Yale Law Journal,* 88, pp. 629–635.

Basu, K., 1979, *Revealed Preference of Government,* Cambridge: Cambridge University Press.

Bentham, Jeremy, 1843, *The Works of Jeremy Bentham,* edited by John Bowring, vol. 8, *Chrestomathia,* Edinburgh: William Tait.

——, 1948, *An Introduction to the Principle of Morals and Legislation,* Oxford: Blackwell.

Bergson, A., 1938, 'A Reformulation of Certain Aspects of Welfare Economics', *Quarterly Journal of Economics,* 52, pp. 310–334.

Berlin, Isaiah, 1969, *Four Essays on Liberty,* Oxford: Oxford University Press.（小川晃一，小池銈，福田歓一，生松敬三訳『自由論』みすず書房，2000年。）

Bernholz, P., 1974, 'Is a Paretian Liberal Really Impossible?', *Public Choice,* 20, pp. 99–107.

Boudon, R., 1977, *Effets Pervers et Ordre Social,* Paris: Presses Universitaires de France.

Bowles, Samuel and Gintis, Herbert, 1977, *Schooling in Capitalist America,* New York: Basic Books.（宇沢弘文訳『アメリカ資本主義と学校教育——教育改革と経済制度の矛盾』岩波書店，1986年。）

Brandt, R. B., 1955, 'The Definition of An "Ideal Observer" Theory in Ethics', *Philosophy and Phenomenological Research,* 15, pp. 407–413; 422–423.（この論文には Firth 1952に対する論評等が含まれる。）

——, 1959, *Ethical Theory,* Englewood Cliffs, N. J.: Prentice-Hall Inc.

——, 1963, 'Towards a Credible Form of Utilitarianism', *Morality and the Language of Conduct,* edited by H.-N. Castaneda and G. Nakhnikian. Detroit.

——, 1979, *A Theory of the Good and the Right,* Oxford: Oxford University Press.

Broome, J. A., 1978a, 'Choice and Value in Economics', *Oxford Economic Papers,* 30, pp.

313-333.

——, 1978b, 'Trying to Value a Life', *Journal of Public Economics,* 9, pp. 91-100.

Buchanan, Allen, 1975, 'Revisability and Rational Choice', *Canadian Journal of Philosophy,* 3, pp. 395-408.

Buchanan, J. M., 1976, 'The Justice of Natural Liberty', *Journal of Legal Studies,* 5, pp. 1-16.

Buchanan, J. M., and Tullock, G., 1962, *The Calculus of Consent,* Ann Arbor, University of Michigan Press.（米原淳七郎訳『公共選択の理論――合意の経済論理』東洋経済新報社，1979年。）

Burston, W. H.（ed.）, 1969, *James Mill on Education,* Cambridge: Cambridge University Press.

Calabresi, G. and Bobbitt, P., 1978, *Tragic Choices,* New York: Norton.

Cohen, G. A., 1977, 'Robert Nozick and Wilt Chamberlain: How Patterns Preserve Liberty', *Erkenntnis,* 11, pp. 5-23.

Cyert, R. M. and DeGroot, M. H., 1975, 'Adaptive Utility', in *Adaptive Economic Models,* edited by R. H. Day and T. Groves, New York: Academic Press.

Daniels, Norman, 1979, 'Wide Reflective Equilibrium and Theory Acceptance in Ethics', *Journal of Philosophy,* 76, pp. 256-282.

Dasgupta, P., 1980, 'Decentralization and Rights', *Economica,* 47, no. 186, pp. 107-124.

Dasgupta, P. and Hammond, P., 1980, 'Fully Progressive Taxation', *Journal of Public Economics,* 13, pp. 141-154.

Dasgupta, P., Hammond, P. and Maskin, E., 1979, 'The Implementation of Social Choice Rules: Some General Results on Incentive Compatability', *Review of Economic Studies,* 46, no. 2, pp. 185-216.

——, 1980, 'A Note on Imperfect Information and Optimal Pollution Control', *Review of Economic Studies,* 47, pp. 857-860.

Deaton, A. S. and Muellbauer, J., 1980, *Economics and Consumer Behaviour,* Cambridge: Cambridge University Press.

Debreu, G., 1959, *Theory of Value,* New York: John Wiley.（丸山徹訳『価値の理論――経済均衡の功利的分析』東洋経済新報社，1977年。）

Deschamps, R. and Gevers, L., 1978, 'Leximin and Utilitarian Rules: A Joint Characterisation', *Journal of Economic Theory,* 17, pp. 143-163.

Dewey, John, 1943, *The School and Society,* Chicago: University of Chicago Press.（宮原誠一訳『学校と社会』岩波書店，1957年。）

——, 1946, *The Problems of Men,* New York: Philosophical Library.

Diamond, P. A., 1967a, 'Cardinal Welfare, Individualistic Ethics, and Interpersonal Comparisons of Utility: A Comment', *Journal of Political Economy,* 75, pp. 765–766.

——, 1967b, 'The Role of a Stock Market in a General Equilibrium Model with Technological Uncertainty', *American Economic Review,* 57, pp. 759–776.

Dixit, A. and Norman, V., 1978, 'Advertising and Welfare', *Bell Journal of Economics,* 9, pp. 1–17.

Donagan, Alan, 1977, *The Theory of Morality,* Chicago: University of Chicago Press.

Drèze, J. H., 1962, 'L'utilité sociale d'une vie humaine', *Revue Française de Recherche Operationelle,* pp. 93–118.

——, 1970, 'Market Allocation Under Uncertainty', *European Economic Review,* 2, pp. 133–165.

——, 1974, 'Axiomatic Theories of Choice, Cardinal Utility and Subjective Probability: A Review', in *Allocation under Uncertainty: Equilibrium and Optimality,* edited by J. H. Drèze, London: Macmillan, ch. 1, pp. 3–23.

Duncan, Otis Dudley, 1967, 'Discrimination Against Negroes', *Annals of the American Academy of Political and Social Science,* 371, pp. 85–103.

Durkheim, Emile, 1956, *Education and Sociology,* translated by Sherwood Fox, New York: The Free Press.（佐々木交賢訳『教育と社会学』誠信書房，1982年。）

Dworkin, Ronald, 1977, *Taking Rights Seriously,* Cambridge, Mass.: also London: Duckworth, 1977. A new impression（corrected）with an appendix came out in 1978, Duckworth.（木下毅，小林公，野坂泰司訳『権利論（増補版）』木鐸社，2003年。）

——, 1978, 'Liberalism', in *Public and Private Morality,* edited by Stuart Hampshire, Cambridge: Cambridge University Press.

——, 1981, 'What is Equality? Part One: Equality and Welfare', *Journal of Philosophy.*

Edgeworth, F. Y., 1881, *Mathematical Psychics — An Essay on the Application of Mathematics to the Moral Sciences,* London: Kegan Paul.

Elster, J., 1976, 'A Note on Hysteresis in the Social Sciences', *Synthèse,* 33, pp. 371–391.

——, 1978a, *Logic and Society,* London: Wiley.

——, 1978b, 'Exploring Exploitation', *Journal of Peace Research,* 15, pp. 3–17.

——, 1978c, 'The Labour Theory of Value', *Marxist Perspectives,* 1, no. 3, pp. 70–101.

——, 1979, *Ulysses and the Sirens,* Cambridge: Cambridge University Press.

——, 1980, 'Un historien devant l'irrationel; Lecture de Paul Veyne', *Social Science Information,* 19, pp. 773–803.

——, (forthcoming), 'Belief, Bias and Ideology', in *Rationality and Relativism,* edited by M. Hollis and S. Lukes, Oxford: Blackwell.

Engels, F., 1975, *The Condition of the Working Class in England,* in Marx and Engels, *Collected Works,* vol. 4, London: Lawrence and Wishart.

Erickson, Donald A., 1969, 'Showdown at an Amish Schoolhouse: A Description and Analysis of the Iowa Controversy', in *Public Controls for Nonpublic Schools,* edited by Donald A. Erickson, Chicago: The University of Chicago Press, pp. 15-59.

Farber, L., 1976, *Lying, Despair, Jealousy, Envy, Sex, Suicide, Drugs and the Good Life,* New York: Basic Books.

Farrell, M. J., 1976, 'Liberalism in the Theory of Social Choice', *Review of Economic Studies,* 43, pp. 3-10.

Festinger, L., 1957, *A Theory of Cognitive Dissonance,* Stanford: Stanford University Press.（末永敏郎監訳『認知的不協和の理論――社会心理学序説』誠信書房，1965年。）

——, 1964, *Conflict, Decision and Dissonance,* Stanford: Stanford University Press.

Firth, Roderick, 1952, 'Ethical Absolutism and the Ideal Observer', *Philosophy and Phenomenological Research,* 12, pp. 317-45.（Brandt 1955 による本論文への論評に対する再批判あり。）

Fishburn, P. C., 1973, *The Theory of Social Choice,* Princeton: University Press.

Fisher, I., 1927, 'A Statistical Method for Measuring Marginal Utility', in *Economic Essays in Honor of J. B. Clark,* New York.

Frankel, C., 1958, *The Case for Modern Man,* Boston: Beacon Press.（河上民雄，早乙女忠訳『近代人の擁護――マリタン・ニーバー・マンハイム・トインビーの近代批判に答えて』東海大学出版会，1968年。）

Frankfurt, Harry, 1971, 'Freedom of the Will and the Concept of a Person', *Journal of Philosophy,* 67, no. 1, pp. 5-20.

Fried, Charles, 1978, *Right and Wrong,* Cambridge, Mass.: Harvard University Press.

Friedman, M., 1953, 'Choice, Chance and the Personal Distribution of Income', *Journal of Political Economy,* 61, pp. 277-299.

——, 1962, *Capitalism and Freedom,* Chicago: University of Chicago Press.（村井章子訳『資本主義と自由』日経 BP 社，2008年。）

Friedman, M. and Savage, L. J., 1948, 'The Utility Analysis of Choices Involving Risk', *Journal of Political Economy,* 56, pp. 279-304.

Friedman, M. and Savage, L. J., 1952, 'The Expected Utility Hypothesis and Measure-

ment of Utility', *Journal of Political Economy,* 60, pp. 463–474.

Gärdenfors, P., 1978, 'Rights, Games and Social Choice' (mimeo.).

Gaertner W., and Krüger, L., 1981, 'Self-supporting Preferences and Individual Rights: The Possibility of Paretian Liberalism', *Economica,* 48, pp. 17–28.

Gibbard, A., 1974, 'A Pareto Consistent Libertarian Claim', *Journal of Economic Theory,* 7, pp. 399–410.

——, 1979, 'Disparate Goods and Rawls' Difference Principle: A Social Choice Theoretic Treatment', *Theory and Decision,* 11, pp. 267–288.

Goldman, A., 1972, 'Toward a Theory of Social Power', *Philosophical Studies,* 23, pp. 221–268.

Goodman, Nelson, 1973, *Fact, Fiction, and Forecast,* 3rd edition, Indianapolis: Hackett.（雨宮民雄訳『事実・虚構・予言』勁草書房, 1987年。）

Gorman, W. M., 1968, 'The Structure of Utility Functions', *Review of Economic Studies,* 35, pp. 367–390.

Gottinger, H. W. and Leinfellner, W. (eds.), 1978, *Decision Theory and Social Ethics: Issues in Social Choice,* Dordrecht: Reidel.

Graaff, J. de V., 1957, *Theoretical Welfare Economics,* Cambridge: Cambridge University Press.（南部鶴彦, 前原金一訳『現代厚生経済学』創文社, 1973年。）

Gutmann, Amy, 1980, 'Children, Paternalism and Education: A Liberal Argument', *Philosophy and Public Affairs,* 9, no. 4, pp. 338–358.

Hahn, F. and Hollis, M. (eds.), 1979, *Philosophy and Economic Theory,* Oxford: Oxford University Press.（編者による重要な序文あり。）

Hammond, P. J., 1976a, 'Changing Tastes and Coherent Dynamic Choice', *Review of Economic Studies,* 43, pp. 159–173.

——, 1976b, 'Equity, Arrow's Conditions and Rawls' Difference Principle', *Econometrica* 44, pp. 793–800. Reprinted in Hahn and Hollis 1979.

——, 1980, 'Some Uncomfortable Options in Welfare Economics Under Uncertainty', Stanford University mimeo.

——, 1981a, 'Liberalism, Independent Rights and the Pareto Principle', in *Logic, Methodology and the Philosophy of Science,* edited by L. J. Cohen, J. T'os, H. Pfeiffer and K. -P. Podewski, Amsterdam: North-Holland, vol. VI, chapter 45, pp. 221–234.

——, 1981b, 'Ex-Post Optimality as a Consistent Objective for Collective Choice Under Uncertainty', Economics Technical Report, Institute for Mathematical Studies in the Social Sciences, Stanford University.

——, 1981c, 'Consistent Dynamic Choice Under Uncertainty and Bayesian Rationality', Economics Technical Report, Institute for Mathematical Studies in the Social Sciences, Stanford University.

——, 1981d, 'On Welfare Economics with Incomplete Information and the Social Value of Public Information', Economics Technical Report, Institute for Mathematical Studies in the Social Sciences, Stanford University.

Hare, R. M., 1952, *The Language of Morals,* Oxford: Oxford University Press.（小泉仰，大久保正建訳『道徳の言語』勁草書房，1982年。）

——, 1963, *Freedom and Reason,* Oxford: Oxford University Press.（山内友三郎訳『自由と理性』理想社，1982年。）

——, 1971, *Practical Inferences,* London: Macmillan.

——, 1972a, *Applications of Moral Philosophy,* London: Macmillan.（小泉仰監訳『倫理と現代社会——役立つ倫理学を求めて』御茶の水書房，1981年。）

——, 1972b, 'Rules of War and Moral Reasoning', *Philosophy and Public Affairs,* 1, pp. 166-181.

——, 1972c, *Essays on the Moral Concepts,* London: Macmillan.

——, 1972d, *Essays on Philosophical Method,* London: Macmillan.

——, 1972/3, 'Principles', *Proceedings of the Aristotelian Society,* 73, pp. 1-18.

——, 1973a, 'Language and Moral Education', in *New Essays in the Philosophy of Education,* edited by G. Langford and D. J. O'Connor, London: Routledge & Kegan Paul.

——, 1973b, 'Critical Study-Rawls' Theory of Justice', *Philosophical Quarterly,* 23, pp. 144-155; 241-252.

——, 1974, 'Some Confusions about Subjectivity', Lindley Lecture, University of Kansas.

——, 1975a, 'Abortion and the Golden Rule', *Philosophy and Public Affairs,* 4, pp. 201-222.

——, 1975b 'Contrasting Methods of Environmental Planning', in *Nature and Conduct,* edited by R. S. Peters, London: Macmillan, pp. 281-297.

——, 1976, 'Political Obligation', in *Social Ends and Political Means,* edited by T. Honderich, London: Routledge & Kegan Paul, pp. 1-12.

Harrod, R. F., 1936, 'Utilitarianism Revised', *Mind,* 45, pp. 137-156.

Harsanyi, John C., 1953, 'Cardinal Utility in Welfare Economics and in the Theory of Risk-Taking', *Journal of Political Economy,* 61, pp. 434-435. Reprinted in Harsanyi 1976.

——, 1955, 'Cardinal Welfare, Individualistic Ethics, and Interpersonal Comparisons of Utility', *Journal of Political Economy,* 63, pp. 309–321. Reprinted in Harsanyi 1976.

——, 1958, 'Ethics in Terms of Hypothetical Imperatives', *Mind,* 67, pp. 305–316. Reprinted in Harsanyi 1976.

——, 1967/8, 'Games with Incomplete Information Played by "Bayesian" Players', *Management Science,* 14, pp. 159–182; 320–334; 486–502.

——, 1975a, 'Can the Maximin Principle Serve as a Basis for Morality? A Critique of John Rawls' Theory', *American Political Science Review,* 69, pp. 594–606. Reprinted in Harsanyi 1976.

——, 1975b, 'The Tracing Procedure: A Bayesian Approach to Defining a Solution for *n*-Person Noncooperative Games', *International Journal of Game Theory,* 4, pp. 61–94.

——, 1975c, 'Nonlinear Social Welfare Functions: Do Welfare Economists Have a Special Exemption From Bayesian Rationality?', *Theory and Decision,* 6, pp. 311–332. Reprinted in Harsanyi 1976.

——, 1976, *Essays in Ethics, Social Behaviour, and Scientific Explanation,* Dordrecht: Reidel.

——, 1977, 'Rule Utilitarianism and Decision Theory', *Erkenntnis,* 11, pp. 25–53.

Hart, H. L. A., 1979, 'Between Utility and Rights', 79 *Columbia Law Review,* pp. 828–846.（矢崎光圀，松浦好治ほか訳『法学・哲学論集』みすず書房，1990年，「効用と権利の間」として収録。）

Haslett, D. W., 1974, *Moral Rightness,* The Hague: Martinus Nijhoff.

Hayek, F. von, 1945, 'The Use of Knowledge in Society', *American Economic Review,* 35, pp. 519–530.（嘉治元郎，嘉治佐代訳『個人主義と経済秩序』（新版ハイエク全集Ｉ－３）春秋社，2008年，「社会における知識の利用」として収録。）

——, 1948, *Individualism and Economic Order,* Indiana: Gateway Edition.（嘉治元郎，嘉治佐代訳『個人主義と経済秩序』（新版ハイエク全集Ｉ－３）春秋社，2008年。）

——, 1960, *The Constitution of Liberty,* London: Routledge & Kegan Paul.（気賀健三，古賀勝次郎訳『自由の条件Ｉ　自由の価値』（新版ハイエク全集Ｉ－５），春秋社，2007年。）

——, 1976, *The Mirage of Social Justice: Law, Legislation Liberty,* vol. 2, London: Routledge & Kegan Paul.（篠塚慎吾訳『法と立法と自由Ⅱ　社会主義の幻想』（新版ハイエク全集Ｉ－９）春秋社，2008年。）

Hirschman, A. O., 1982, *Shifting Involvements,* Princeton: Princeton University Press,

chapter 4.（佐々木毅，杉田敦訳『失望と参画の現象学――私的利益と公的行為』法政大学出版局，1988年。）

Hirst, P. H., 1972, 'Liberal Education and the Nature of Knowledge', in *Education and the Development of Reason,* edited by R. F. Dearden, P. H. Hirst and R. S. Peters, London: Routledge & Kegan Paul, pp. 391-414.

Hostetler, J. A. and Huntington, G. E., 1971, *Children in Amish Society: Socialisation and Community Education,* New York: Holt, Rinehart and Winston.

Hurwicz, L., 1972, 'On Informationally Decentralized Systems', in *Decision and Organzation,* edited by C. B. McGuire and R. Radner, Amsterdam: North-Holland, ch. 14, pp. 297-336. Also in *Studies in Resource Allocation Processes,* pp. 425-459, edited by K. J. Arrow and L. Hurwicz, Cambridge: Cambridge University Press, 1977.

——, 1973, 'The Design of Mechanisms for Resource Allocation', *American Economic Review* (Papers and Proceedings), 63, pp. 1-30.

Hyman, Herbert H. and Wright, Charles R. 1979, *Education's Lasting Influence on Values,* Chicago: University of Chicago Press.

Hyman, Herbert H., Wright, Charles R. and Reed, John Shelton, 1975, *The Enduring Effect of Education,* Chicago: The University of Chicago Press.

Jeffery, R. C., 1965, *The Logic of Decision,* New York: McGraw-Hill.

——, 1974, 'Preference among Preferences', *Journal of Philosophy,* 71, pp. 377-391.

Jencks, Christopher (with M. Smith; H. Acland; M. -J. Bane; D. Cohen; H. Gintis; B. Heyns; S. Michelson), 1972, *Inequality: A Reassessment of the Effect of Family and Schooling in America,* New York: Basic Books. Also published London: Allen Lane, 1973; Peregrine Books, 1975.

Jennings, M. Kent, 1980, 'Comment on Richard Merelman's "Democratic Politics and the Culture of American Education"', *American Political Science Review,* 74, pp. 333-338.

Jones-Lee, M. W., 1974, 'The Value of Changes in the Probability of Death or Injury', *Journal of Political Economy,* 82, pp. 835-849.

——, 1976, *The Value of Life: An Economic Analysis,* London: Martin Robertson. Also published Chicago: University of Chicago Press.

——, 1980, 'Human Capital, Risk Aversion, and the Value of Life', in *Contemporary Economic Analysis,* edited by D. A. Currie and W. Peters, London: Croom Helm. vol. 2, ch. 10, pp. 285-321.

Kahneman, D. and Tversky, A., 1979, 'Prospect Theory: An Analysis of Decision Under

Risk', *Econometrica,* 47, pp. 263-291.

Kanbur, S. M., 1979, 'Of Risk Taking and the Personal Distribution of Income', *Journal of Political Economy,* 87, pp. 769-797.

Kant, Immanuel, 1785, *Grundlegung zur Metaphysik der Sitten,* translated by H. J. Paton as The Moral Law, London: Hutchinson, 1948.（中山元訳『道徳形而上学の基礎づけ』光文社，2012年。）

——, 1803, *Pädogogik,* translated as On Education, Ann Arbor, Michigan, 1960.（湯浅正彦，井上義彦，加藤泰史訳『論理学・教育学』（カント全集17）岩波書店，2001年。）

Kelly, J. S., 1978, *Arrow Impossibility Theorems,* New York: Academic Press.

Kenny, A., 1965/6, 'Happiness', *Proceedings of the Aristotelian Society,* N. S. 66, pp. 93-102.

Kolm, S. C., 1969, 'The Optimum Production of Social Justice', in *Public Economics,* edited by J. Margolis and H. Guitton, London: Macmillan.

——, 1972, *Justice et Equité,* Paris: Editions du centre national de la recherche scientifique.

——, 1979, 'La philosophie bouddhiste et les "hommes economiques"', *Social Science Information,* 18, pp. 489-588.

Koopmans, T. C., 1957, *Three Essays on the State of Economic Science,* New York: McGraw-Hill.

Körner, S., 1976, *Experience and Conduct,* Cambridge: Cambridge University Press.

Laffont, J. J. (ed.), 1979, *Aggregation and Revelation of Preferences,* Amsterdam: North-Holland Publishing Co.

Laffont, J. J. and Maskin, E., 1981, 'The Theory of Incentives: An Overview', mimeo., University of Cambridge.

Leibniz, G. W. F., 1875-1890, *Die Philosophische Schriften,* 7 vols, edited by C. I. Gerhardt, Berlin; Weidmannsche Buchhandlung.

Lerner, A. P., 1944, *The Economics of Control,* London and New York: Macmillan.（桜井一郎訳『統制の経済学——厚生経済学原理』文雅堂書店，1961年。）

——, 1972, 'The Economics and Politics of Consumer Sovereignty', *American Economic Review* (Papers and Proceedings), 62, pp. 258-266.

Levi, I., 1974, 'On Indeterminate Probabilities', *Journal of Philosophy,* 71, pp. 391-418.

——, 1980, *The Enterprise of Knowledge,* Cambridge, Mass.: MIT Press.

Lewis, C. I., 1946, *An Analysis of Knowledge and Valuation,* La Salle, Ill.: The Open

Court Publishing Company.
Little, I. M. D., 1950, *A Critique of Welfare Economics,* Oxford: Oxford University Press.
Lukes, S., 1974, *Power. A Radical View,* London: Macmillan.（中島吉弘訳『現代権力論批判』未來社，1999年。）
Lyons, David, 1965, *Forms and Limits of Utilitarianism,* Oxford: Oxford University Press.
Mackie, J. L., 1977, *Ethics: Inventing Right and Wrong,* Harmondsworth: Pelican.（加藤尚武監訳『倫理学――道徳を創造する』晢書房，1990年。）
――, 1978, ‘Can there be a Right-based Moral Theory?’, *Midwest Studies in Philosophy,* 3.
Malinvaud, E., 1972, *Microeconomic Theory,* Amsterdam: North-Holland.
Marschak, J. and Radner, R., 1972, *Economic Theory of Teams,* New Haven: Yale University Press.
Mas-Colell, A., 1978, ‘An Axiomatic Approach to the Efficiency of Non-cooperative Equilibrium in Economics with a Continuum of Traders’, IMSSS Technical Report No. 274, Stanford University.
Maskin, E., 1978, ‘A Theorem on Utilitarianism’, *Review of Economic Studies,* 45, pp. 93–96.
――, 1980, ‘On First-Best Taxation’, in *Limits of Redistribution,* edited by W. R. C. Lecomber.
――, 1981, ‘Randomization in the Principal-Agent Problem’, mimeo, Cambridge University.
Meade, J. E., 1964, *Efficiency, Equality and the Ownership of Property,* London: George Allen & Unwin.
Merton, R. K., 1957, *Social Theory and Social Structure,* Glencoe, Ill.: Free Press.（森東吾，森好夫，金沢実，中島竜太郎訳『社会理論と社会構造』みすず書房，1961年。）
Mill, John Stuart, 1950, *Philosophy of Scientific Method,* a selection of Mill's writings, edited by E. Nagel, New York: Hafner.
――, 1962, *Utilitarianism*（1861）, London: Collins.
――, 1974, *On Liberty*（1859）, Harmondsworth: Pelican Classics.（斎藤悦則訳『自由論』光文社，2012年。）
Mirrlees, J. A., 1971, ‘An Exploration in the Theory of Optimum Income Taxation’, *Review of Economic Studies,* 38, pp. 175–208.

——, 1974, 'Notes on Welfare Economics, Information and Uncertainty', in *Essays on Economic Behaviour under Uncertainty,* edited by M. S. Balch, D. McFadden and S. Y. Wu, Amsterdam: North-Holland.

——, 1981, 'The Theory of Optimal Taxation', in *Handbook of Mathematical Economics,* edited by K. J. Arrow and M. Intriligator, Amsterdam: North-Holland.

Mishan, E. J., 1971, 'Evaluation of Life and Limb: A Theoretical Approach', *Journal of Political Economy,* 79, pp. 687–705.

Moore, G. E., 1903, *Principia Ethica,* Cambridge: Cambridge University Press.（泉谷周三郎，寺中平治，星野勉訳『倫理学原理』三和書籍，2010年。）

Mueller, D. C., 1979, *Public Choice,* Cambridge: Cambridge University Press.

Myerson, R., 1980, 'Optimal Coordination Mechanisms in Principal-Agent Problems', mimeo, Kellog Graduate School of Management, Northwestern University.

Nagel, Thomas, 1979, *Mortal Questions,* Cambridge: Cambridge University Press.（永井均訳『コウモリであるとはどのようなことか』勁草書房，1989年。）

Nell, Onora [Onora O'Neill], 1975, *Acting on Principle: an essay on Kantian ethics,* New York: Columbia.

Nelson, Leonard, 1917–1932, *Vorlesungen über die Grundlagen der Ethik,* 3 vols, Leipzig: Veit.

Ng, Y. -K., 1975, 'Bentham or Bergson? Finite Sensibility, Utility Functions, and Social Welfare Functions', *Review of Economic Studies,* 42, pp. 545–69.

Nozick, R., 1974, *Anarchy, State and Utopia,* New York: Basic Books.（嶋津格訳『アナーキー・国家・ユートピア――国家の正当性とその限界』木鐸社，1992年。）

Parfit, D., 1973, 'Later Selves and Moral Principles', in *Philosophy and Personal Relations,* edited by A. Montefiore, London: Routledge & Kegan Paul.

——, 1976, 'On Doing the Best for Our Children', in *Ethics and Population,* edited by M. Bayles, Cambridge, Mass.: Schenkman Publishing Company Inc., pp. 100–115.

Pattanaik, P. K., 1968, 'Risk, Impersonality and the Social Welfare Function', *Journal of Political Economy,* 76, pp. 1152–69. Also appears in *Economic Justice,* edited by E. Phelps, London: Penguin, 1973.

——, 1971, *Voting and Collective Choice,* Cambridge: Cambridge University Press.

——, 1978, *Strategy and Group Choice,* Amsterdam: North-Holland.

Phelps, E. S., 1973, 'Taxation of Wage Income for Economic Justice', *Quarterly Journal of Economics,* 87, pp. 332–354.

Piaget, Jean, 1962, *The Moral Judgement of the Child,* New York: Collier.

Plott, C. R., 1976, 'Axiomatic Social Choice Theory: an Overview and Interpretation', *American Journal of Political Science,* 20, pp. 511–596.

Postman, Neil, 1979, *Teaching as a Conserving Activity,* New York.

Radner, R., 1979, 'Rational Expectations Equilibrium: Generic Existence and the Information Revealed by Prices', *Econometrica,* 47, pp. 655–678.

Radner, R. and Marschak, J., 1954, 'Note on Some Proposed Decision Criteria', in *Decision Processes,* New York: Wiley, pp. 61–68.

Ramsey, F. P., 1926, 'Truth and Probability', in *The Foundations of Mathematics and Other Logical Essays,* edited by R. Braithwaite, London: Kegan Paul, 1931, pp. 156–198.（伊藤邦武，橋本康二訳『ラムジー哲学論文集』勁草書房，1996年，「真理と確率」として収録。）

Rawls, John, 1955, 'Two Concepts of Rules', *Philosophical Review,* 64, pp. 3–32.

——, 1957, 'Justice as Fairness', *Journal of Philosophy,* 54, pp. 653–662.

——, 1958, 'Justice as Fairness', *Philosophical Review,* 67, pp. 164–194.

——, 1971, *A Theory of Justice,* Cambridge, Mass.: Harvard University Press. Also published by Oxford University Press, 1972.（川本隆史，福間聡，神島裕子訳『正義論』紀伊國屋書店，2010年。）

——, 1974–1975, 'The Independence of Moral Theory', *Proceedings and Addresses of the American Philosophical Association 47.*

——, 1975, 'A Kantian Conception of Equality', *The Cambridge Review,* 96, no. 2225 (February), pp. 94–99.

——, 1980, 'Kantian Constructivism in Moral Theory', *The Journal of Philosophy,* 77, no. 9, pp. 515–572.

Richards, D. A. J., 1971, *A Theory of Reasons for Action,* Oxford: Oxford University Press.

Roberts, K. W. S., 1980a, 'Price Independent Welfare Prescriptions', *Journal of Public Economics,* 13, pp. 277–297.

——, 1980b, 'Interpersonal Comparability and Social Choice Theory', *Review of Economic Studies,* 47.

Ross, Sir W. D., 1930, *The Right and the Good,* Oxford: Oxford University Press.

——, 1939, *Foundations of Ethics,* Oxford: Oxford University Press.

Rowley, C. K. and Peacock, A. T., 1975, *Welfare Economics: a Liberal Restatement,* London: Martin Robertson.

Runciman, W. G., 1966, *Relative Deprivation and Social Justice,* London: Routledge &

Kegan Paul.

Russell, Bertrand, 1955, *John Stuart Mill,* Oxford: Oxford University Press.

Samuelson, P. A., 1937, 'A Note on Measurement of Utility', *Review of Economic Studies,* 4, pp. 155-161.（宇佐美泰生，篠原三代平，佐藤隆三編訳『消費者行動の理論（サミュエルソン経済学体系　2）』勁草書房，1980年，「効用測定にかんするノート」として収録。）

——, 1938, 'A Note on the Pure Theory of Consumers' Behaviour', *Economica,* N. S. 5, pp. 61-71. See also the addendum on pp. 353-354 of same volume.（宇佐美泰生，篠原三代平，佐藤隆三編訳『消費者行動の理論（サミュエルソン経済学体系　2）』勁草書房，1980年，「消費者行動の純粋理論に関するノート」として収録。）

Savage, L. J., 1954, *The Foundations of Statistics,* New York: John Wiley. Second revised edition — Dover, 1972.

Scanlon, T. M., 1975, 'Preference and Urgency', *Journal of Philosophy,* 72, pp. 665-669.

Schelling, T. S., 1978, 'Economics, or the Art of Self-Management', *American Economic Review,* 68, Papers and Proceedings, pp. 290-294.

Schick, F., 1969, 'Arrow's Proof and the Logic of Preference', *Journal of Philosophy,* 66, pp. 127-144.

——, 1980, 'Welfare, Rights and Fairness', in *Science, Belief and Behavior: Essays in honour of R. B. Braithwaite,* pp. 203-216, edited by D. H. Mellor, Cambridge: Cambridge University Press.

Sen, A. K., 1970a, *Collective Choice and Social Welfare,* San Francisco: Holden Day. Also London: Oliver and Boyd, 1970.（志田基与師訳『集合的選択と社会的厚生』勁草書房，2000年。）

——, 1970b, 'The Impossibility of a Paretian Liberal', *Journal of Political Economy,* 78, pp. 152-157.（大庭健，川本隆史訳『合理的な愚か者　経済学＝倫理学的探究』勁草書房，1989年，「パレート派リベラルの不可能性」として収録。）

——, 1973, *On Economic Inequality,* Oxford: Oxford University Press.（鈴村興太郎，須賀晃一訳『不平等の経済学——ジェームズ・フォスター，アマルティア・センによる補論「四半世紀後の『不平等の経済学』」を含む拡大版』東洋経済新報社，2000年。）

——, 1974, 'Choice, Orderings and Morality', in *Practical Reason,* edited by S. Körner, Oxford: Blackwell.（大庭健，川本隆史訳『合理的な愚か者　経済学＝倫理学的探究』勁草書房，1989年，「選択・順序・道徳性」として収録。）

——, 1975, *Employment, Technology and Development,* Oxford: Oxford University

Press.

——, 1976, 'Liberty, Unanimity and Rights', *Economica,* 43, pp. 217–246.（大庭健，川本隆史訳『合理的な愚か者　経済学＝倫理学的探究』勁草書房，1989年，「自由・全員一致・権利」として収録。）

——, 1977a, 'On Weights and Measures: Informational Constraints in Social Welfare Analysis', *Econometrica,* 45, pp. 1539–1572.

——, 1977b, 'Rational Fools: a Critique of the Behavioural Foundations of Economic Theory', *Philosophy and Public Affairs,* 6, pp. 317–344.（大庭健，川本隆史訳『合理的な愚か者　経済学＝倫理学的探究』勁草書房，1989年，「合理的な愚か者　経済理論における行動理論的な基礎への批判」として収録。）

——, 1979a, 'Personal Utilities and Public Judgements: Or What's Wrong with Welfare Economics', *Economic Journal,* 89, pp. 537–558.（大庭健，川本隆史訳『合理的な愚か者　経済学＝倫理学的探究』勁草書房，1989年，「個人の効用と公共の判断　あるいは厚生経済学のどこがまずいのか？」として収録。）

——, 1979b, 'Utilitarianism and Welfarism', *Journal of Philosophy,* 76, no. 9, pp. 463–489.

——, 1979c, 'Informational Analysis of Moral Principles', in *Rational Action: Studies in Philosophy and the Social Sciences,* edited by R. Harrison, Cambridge: Cambridge University Press, pp. 115–132.

——, 1980, 'Equality of What?', in *Tanner Lectures on Human Values,* I, edited by S. McMurrin, Cambridge: Cambridge University Press.（大庭健，川本隆史訳『合理的な愚か者　経済学＝倫理学的探究』勁草書房，1989年，「何の平等か？」として収録。）

——, 1981, 'Plural Utility', *Proceedings of the Aristotelian Society,* 81.

——, 1982, 'Rights and Agency', *Philosophy and Public Affairs,* 11.

Sharp, Lynda, 'Forms and Criticisms of Utilitarianism', thesis, deposited in the Bodleian Library at Oxford.

Sidgwick, Henry, 1962, *Methods of Ethics,* 7th edition (reissue), London: Macmillan.

Simon, H., 1957, *Models of Man,* New York: John Wiley & Sons.（宮沢光一訳『人間行動のモデル』同文館出版，1970年。）

——, 1960, *The New Science of Management Decision,* New York: Harper & Brothers.（稲葉元吉・倉井武夫訳『意志決定の科学』産業能率大学出版部，1979年。）

Singer, Marcus George, 1961, *Generalization in Ethics,* New York: Knopf.

Singer, Peter, 1972, 'Famine, Affluence and Morality', *Philosophy and Public Affairs,* 1, pp. 229–243.

——, 1974, ‘Sidgwick and Reflective Equilibrium’, *The Monist,* 58, pp. 490–517.
Smart, J. J. C., 1961, *An Outline of a System of Utilitarian Ethics,* Melbourne: Melbourne University Press. Also in Smart and Williams 1973.
Smart, J. J. C. and B. A. O. Williams, 1973, *Utilitarianism: For and Against,* Cambridge: Cambridge University Press.
Smith, Adam, 1976, *The Theory of Moral Sentiments,* Clifton, N. J.: Kelley.（水田洋訳『道徳感情論　上・下』岩波書店，2003年。）
Starr, R. M., 1973, ‘Optimal Production and Allocation Under Uncertainty’, *Quarterly Journal of Economics,* 87, pp. 81–95.
Stiglitz, J. E., 1976, ‘Utilitarianism and Horizontal Equity: the Case for Random Taxation’, IMSSS Technical Report No. 214, Stanford University.
Stouffer, S.（with E. A. Suchman, L. C. De Vinney, S. Star and R. M. Williams Jr.）, 1949, *The American Soldier,* Princeton: Princeton University Press.
Strasnick, S., 1976, ‘Social Choice Theory and the Derivation of Rawls’ Difference Principle’, *Journal of Philosophy,* 73, pp. 85–99.
——, 1978, ‘Extended Sympathy Comparisons and the Basis of Social Choice Theory’, *Theory and Decision,* 10, pp. 311–328.
Strotz, R. H., 1956, ‘Myopia and Inconsistency in Dynamic Utility Maximization’, *Review of Economic Studies,* 23, pp. 165–180.
Suppes, Patrick, 1966, ‘Formal Models of Grading Principles’, *Synthèse,* 16, pp. 284–306.
Suzumura, K., 1978, ‘On the Consistency of Libertarian Claims’, *Review of Economic Studies,* 45, pp. 329–342.
Taylor, Charles, 1977, ‘What is Human Agency?’, in *The Self: Psychological and Philosophical Issues,* edited by T. Mischel, Oxford: Blackwell.
Thomson, Judith J., 1976, ‘Self-defence and Rights’, *The Lindley Lecture,* University of Kansas.
Tinbergen, Jan, 1957, ‘Welfare Economics and Income Distribution’, *American Economic Review,* Papers and Proceedings, 47（May）, pp. 490–503.
Varian, H. R., 1974, ‘Equity, Envy and Efficiency’, *Journal of Economic Theory,* 9, pp. 63–91.
Veyne, P., 1976, *Le Pain et le Cirque,* Paris: Seuil.
Vickrey, W. S., 1945, ‘Measuring Marginal Utility by Reactions to Risk’, *Econometrica,* 13, pp. 319–333.
——, 1960, ‘Utility, Strategy, and Social Decision Rules’, *Quarterly Journal of Econom-*

ics, 74, pp. 507–535.

Von Neumann, J. and Morgenstern, O., 1944, *Theory of Games and Economic Behaviour,* Princeton: Princeton University Press; 3rd edition — 1953.（武藤滋夫訳『ゲーム理論と経済行動――刊行60周年記念版』勁草書房，2014年。）

Von Weiszäcker, C. C., 1971, 'Notes on Endogenous Change of Taste', *Journal of Economic Theory,* 3, pp. 345–372.

Warnock, G. J., 1971, *The Object of Morality,* London: Methuen & Co.

Watzlawick, P., 1978, *The Languasge of Change,* New York: Basic Books.（築島謙三訳『変化の言語――治療コミュニケーションの原理』法政大学出版局，1989年。）

Weiss, L., 1976, 'The Desirability of Cheating Incentives and Randomness in the Optimal Income Tax', *Journal of Political Economy,* 84, pp. 1343–1352.

Weitzman, M., 1978, 'Optimal Rewards for Economic Regulation', *American Economic Review,* 68, pp. 683–691.

Williams, B. A. O., 1972, *Morality: An Introduction to Ethics,* New York: Harper & Row. Also published: Harmondsworth: Pelican Books, 1973; Cambridge: Cambridge University Press, 1976.

——, 1973, 'A Critique of Utilitarianism', in Smart and Williams 1973.

——, 1976a, 'Persons, Character and Morality', in *The Identities of Persons,* edited by A. Rorty, Berkeley: University of California Press, pp. 197–216. Reprinted in Williams 1981.

——, 1976b, 'Utilitarianism and Moral Self-Indulgence', in *Contemporary British Philosophy,* Series 4, edited by H. D. Lewis, London: Allen and Unwin, pp. 306–321. Reprinted in Williams 1981.

——, 1978, *Descartes — The Project of Pure Enquiry,* Harmondsworth: Pelican.

——, 1981, *Moral Luck,* Cambridge: Cambridge University Press.

Wollheim, R., 1973, 'John Stuart Mill and the Limits of State Action', *Social Research,* 40, pp. 1–30.

主　著　*Socrates' Understanding of his Trial: The Political Presentation of Philosophy,* ProQuest, 2011.

『権利の哲学入門』（共著），社会評論社，2017年。

"Reputation and Virtue: The Rhetorical Achievement of Socrates in Xenophon' *Apology,*" *Interpretation: A Journal of Political Philosophy,* Vol. 42, 2015.

主　著　「ロールズにおける平等と友愛」『倫理学年報』第61集，日本倫理学会，2012年。
「ロールズのメリトクラシー批判——機会の平等論の転換に向けて」『教育学研究』第82巻第１号，日本教育学会，2015年。

齊藤　拓（さいとう・たく）　**第８章・第13章**

1978年　生まれ。
2009年　立命館大学大学院先端総合研究科公共専攻博士課程修了。
2009年　学術博士（立命館大学）。
現　在　立命館大学大学院先端総合学術研究科非常勤講師。
主　著　『ベーシックインカムの哲学』(Philippe Van Parijs)，勁草書房，2009年。
『ベーシックインカム——分配する最小国家の可能性』（共著），青土社，2010年。
『平等主義の哲学』(Hirose, Iwao)，勁草書房，2016年。

山崎　聡（やまざき・さとし）　**第９章**

1970年　生まれ。
一橋大学大学院経済学研究科博士課程修了。
2008年　経済学博士（一橋大学）。
現　在　高知大学教育研究部人文社会科学系教育学部門准教授。
主　著　「創設期の厚生経済学の一側面——ピグーと優生思想」『経済研究』第65巻２号，2014年。
「ケンブリッジの厚生経済学」（高見典和氏との共著）西沢保・平井俊顕編著『ケンブリッジ知の探訪』ミネルヴァ書房，2018年。

玉手慎太郎（たまて・しんたろう）　**第11章**

1986年　生まれ。
2014年　東北大学大学院経済学研究科経済経営学専攻博士課程修了。
2014年　経済学博士（東北大学）。
現　在　東京大学大学院医学系研究科特任研究員（医療倫理学教室）。
主　著　『政治において正しいとはどういうことか』（共編著）勁草書房，2019年。
『支配の政治理論』（共著）社会評論社，2018年。
『酸っぱい葡萄——合理性の転覆について』(Jon Elster)，勁草書房，2018年。

斉藤　尚（さいとう・なお）　**第12章**

2013年　早稲田大学大学院政治学研究科博士後期課程修了。
2013年　博士（政治学）（早稲田大学）。
現　在　東北学院大学経済学部共生社会経済学科准教授。
主　著　『社会的合意と時間——「アローの定理」の哲学的含意』木鐸社，2017年。
"The Transformation of Kenneth Arrow's Attitude toward War," in *War in the History of Economic Thought: Economists and the question of war,* （共著）, Routledge, 2018.

近藤和貴（こんどう・かずたか）　**第14章**

1978年　生まれ。
2011年　Ph. D. Political Science (Boston College).
現　在　拓殖大学政経学部法律政治学科准教授。

《訳者紹介》（翻訳・執筆分担順，＊は監訳者）

＊後藤玲子（ごとう・れいこ）　**はしがき・序章・解説に代えて・監訳者あとがき**

監訳者紹介参照

佐藤岳詩（さとう・たけし）　**第１章**

1979年　生まれ。
2010年　北海道大学大学院文学研究科博士課程修了。
2010年　博士（文学）（北海道大学）。
現　在　熊本大学大学院人文社会科学研究部准教授。
主　著　『R・M・ヘアの道徳哲学』勁草書房，2012年。
　　　　『メタ倫理学入門』勁草書房，2017年。

栗林寛幸（くりばやし・ひろゆき）　**第２章・第３章・第４章・第10章**

1971年　生まれ。
1998年　英国ケンブリッジ大学大学院経済学研究科修士課程修了。
現　在　一橋大学経済研究所規範経済学研究センター研究員。
訳　書　『正義のゲーム理論的基礎』（Ken Binmre），NTT 出版，2015年。
　　　　『見えざる手をこえて』（Kaushik Basu），NTT 出版，2016年。
　　　　『健康格差』（Michael Marmot，監訳），日本評論社，2017年。

森村　進（もりむら・すすむ）　**第５章**

1955年　生まれ。
1978年　東京大学法学部卒業。
1997年　法学博士（一橋大学）。
現　在　一橋大学法学研究科特任教授。日本法哲学会理事長。
主　著　『法哲学講義』筑摩選書，2015年。
　　　　『幸福とは何か』ちくまプリマー新書，2018年。
　　　　『権利と人格』創文社，1989年。

高田宏史（たかだ・ひろふみ）　**第６章**

1978年　生まれ。
2010年　早稲田大学大学院政治学研究科博士後期課程修了。
2010年　博士（政治学）（早稲田大学）。
現　在　岡山大学教育学研究科准教授。
主　著　『世俗と宗教のあいだ――チャールズ・テイラーの政治理論』風行社，2011年。
　　　　『理性の両義性（岩波講座　政治 哲学５）』（共著），岩波書店，2014年。
　　　　『ポスト代表制の政治学――デモクラシーの危機に抗して』（共著），ナカニシヤ出版，2015年。

児島博紀（こじま・ひろのり）　**第７章**

1985年　生まれ。
2016年　東京大学大学院教育学研究科博士課程満期退学。
現　在　富山大学人間発達科学部講師。

パーサ・ダスグプタ（Partha Dasgupta） **第10章**

1942年ダッカ（当時はインド）生まれ。デリー大学卒業（物理学），ケンブリッジ大学博士（経済学，指導教官はマーリース）。LSE，ケンブリッジ大学，スタンフォード大学，マンチェスター大学で教授を歴任。専門は開発経済学，環境経済学など幅広い。父は著名な経済学者で，センを教えた。義父はジェームズ・ミード。2015年ブループラネット賞（地球環境国際賞）受賞。著書に『サステイナビリティの経済学』（1993＝2007），『経済学』（2007＝2008）等。

ヤン・エルスター（Jon Elster） **第11章**

1940年生まれ。その研究領域は多岐にわたり，合理的選択理論や分配的正義論を軸としつつ，合理性の概念分析や心の哲学にも業績がある。さらには分析的マルクス主義の論者として，マルクス主義を方法論的個人主義によって基礎づける研究でも知られる。本書において彼が提唱した「適応的選好形成」の概念はすでに現代倫理学の基本タームとして定着しており，さらに本書の編者センがこれを開発経済学の文脈で援用したことで経済学領域でも注目されている。著書に *Ulysses and the Sirenes*（1979），『酸っぱい葡萄』（1983＝2018），『社会科学の道具箱』（1989＝1997），『合理性を圧倒する感情』（1999＝2008）等。

アイザック・レーヴィ（Isaac Levi） **第12章**

1930～2018年。アイザック・レーヴィは，決定理論を用いた認識論の再構築を目指す *Gambling with Truth*（1967/1973）という著作をはじめ，数々の著作や論文を発表してきた。彼の関心は認識論，科学哲学，決定理論，プラグマティズムなどと多岐に及ぶ。本論文においては，レーヴィはアマルティア・センの「パレート派リベラルの不可能性定理」に対して，センとロバート・ノージックの間の論争を踏まえつつ，不確実性下における期待効用仮説を用いたゲーム論的アプローチによって，その定理の回避方法を示している。

フレデリック・シック（Frederic Schick） **第13章**

1929年生まれ。コロンビア大学で文学の学士号・修士号およびPh.D.を取得。ラトガース大学で長く哲学教授を務め，最終的には同大の名誉教授。決定理論に関する多くの論文を執筆し，一時期は *Theory and Decision* 誌の編集を務める。単著に *Having Reasons: An Essay on Rationality and Sociality*（1984），*Understanding Action: An Essay on Reasons*（1991），*Making Choices: A Recasting of Decision Theory*（1997），*Ambiguity and Logic*（2003）等があるが，いずれも未邦訳。

エイミー・ガットマン（Amy Gutmann） **第14章**

1949年生まれ。エイミー・ガットマンはロールズの平等主義的リベラリズムから影響を受け，主として教育の分野で議論を展開している。その特徴は，最新のデモクラシー理論——参加デモクラシー論や熟議デモクラシー論——を取り入れ，あるいはそれらを発展させながら，市民社会のなかでの教育のあり方を模索するというものである。翻訳されている著書に『民主教育論』（1987/1999＝2004）が，編著に『マルチカルチャリズム』（1992＝1996）がある。マーサ・ヌスバウム編『国を愛するということ』（1996＝2000）にも，彼女の論文「民主的市民権」が収録されている。

to each other (1998), *The difficulty of tolerance* (2003), *Being realistic about reasons* (2014), *Why does inequality matter?* (2018) などの大著のほか，倫理学や法哲学や政治哲学に関する多くの論文集をもつ。本書（第5章）で提唱した「契約主義」を1998年の本で体系化した後，2014年の本ではメタ倫理学で構成主義的なある種の実在論（「理由ファンダメンタリズム（Reasons Fundamentalism)」「責任転嫁論法（Buck-passing Account)」等と呼ばれる）を提唱した。

チャールズ・テイラー（Charles Taylor） **第6章**

1931年カナダ・モントリオール生まれ。マギル大学名誉教授。主著は，『ヘーゲルと近代社会』（1979＝1981)，『自我の源泉』（1989＝2010)，*A Secular Age*（2007）等。オックスフォード大学でアイザイア・バーリンの指導の下，博士号を取得。以後，言語哲学や解釈学の方法を用いて政治哲学，道徳哲学，宗教哲学，自我論，歴史哲学等の幅広い分野にわたる著述活動を行いつつ，ケベックにおいて分離独立反対運動をはじめとしてさまざまな政治活動にも関与した。2007年にテンプルトン賞を，2008年には京都賞を受賞。現代を代表する哲学者の1人として知られ，数々の著書が邦訳されている。

スチュアート・ハンプシャー（Stuart Hampshire） **第7章**

1914～2004年。英国出身の哲学者。オックスフォード大学で学んだ後，オックスフォード，プリンストン，スタンフォード等の各大学で研究・教育生活を送る。心の哲学にかんする業績 *Thought and Action*（1959）で著名なほか，スピノザ研究書の邦訳『スピノザ』（1951＝1979）がある。スタンフォード大学の追悼文が伝える，「真なる，不変の，時間を超越した道徳」という西洋の政治・道徳思想の想定が誤りであるとするハンプシャーの信念は，本書での彼の主張とも重なるものである。

ジョン・ロールズ（John Rawls） **第8章**

1921～2002年。プリンストン大学で文学士号を取得後，第2次世界大戦に従軍。除隊後，プリンストン大学でPh.D.を取得。言わずと知れた規範的政治哲学の再興者。倫理思想における長い功利主義支配の伝統を終わらせた。彼抜きに現代の政治哲学を語ることはできない。『正義論』（1971＝2010)，『万民の法』（1999＝2006)，『ロールズ哲学史講義』（2000＝2005)，『公正としての正義・再説』（2001＝2004)，『ロールズ政治哲学史講義』（2007＝2011）等主要業績の多くが邦訳されているが，前期と後期に大別される研究歴後期の集大成 *Political Liberalism*（1993）は未邦訳。

フランク・ハーン（Frank Hahn） **第9章**

1925～2013年。一般均衡論にかんする慧眼の士である。一般均衡論は，理論経済学にあっても，特に数理性，論理性が際立つ領域であり，その精緻性を極めるべく俊英たちが奮闘した。ハーンがその斯界の権威たることは，アローとの共著『一般均衡分析』（1971＝1976）が立証している。高度に抽象的な思弁に精通する彼であったが，同時に現実経済との繋がりにも心を砕いた。『貨幣とインフレーション』（1982＝1987）では，（いわゆる）マネタリズムを真っ向から糾弾し，マネーサプライの管制のみによる失業解消の不可能性，および政策がその教義に依拠することの危険性を訴えた。

《執筆者紹介》

＊アマルティア・セン（Amartya Kumar Sen）　**はしがき・序章**

編著者紹介参照

＊バーナード・ウィリアムズ（Sir Bernard Arthur Owen Williams）　**はしがき・序章**

編著者紹介参照

R・M・ヘア（Richard Mervyn Hare）　**第1章**

1919～2002年。主著に『道徳の言語』（1952＝1982），『自由と理性』（1963＝1982），『道徳的に考えること』（1981＝1994）等がある。道徳概念の独自の分析に基づいた普遍的指令主義を掲げ，当時流行していた情緒主義や自然主義を厳しく批判し，20世紀後半のメタ倫理学の発展の礎を築いた。また，功利主義を支持し，医療，教育，戦争，宗教，都市計画にいたるまで，さまざまな実践的な問題を功利主義的な観点から論じた。終生，ロールズの正義論には強く反対していた。

ジョン・C・ハルサニー（John C. Harsanyi）　**第2章**

1920～2000年。ハンガリー生まれ。1947年にブダペスト大学で哲学の Ph.D. を得て社会学の助教授となる。1994年にジョン・ナッシュ，ラインハルト・ゼルテンと共に非協力ゲーム理論における功績によりノーベル経済学賞を受賞する。とりわけ1960年代半ばにハルサニーが定式化した不完備情報ゲームとベイジアン＝ナッシュ均衡概念（「ベイジアン・ゲーム」と呼ばれる）は，ゲーム理論の歴史の新しい扉を開いたと言われる。本書第2章は次の論文の採録である。Harsanyi, John C.（Winter 1977）. “Morality and the theory of rational behavior”, *Social Research, Special Issue: Rationality, Choice, and Morality.* 44（4）: 623-656。

J・A・マーリース（James Alexander Mirrlees）　**第3章**

1936～2018年。スコットランド生まれ，エジンバラ大学卒業（数学），ケンブリッジ大学博士（経済学，指導教官はR・ストーン，ハーンの指導も受ける）。1962～1963年，センの勧めでインドに研究滞在。オックスフォード大学教授，ケンブリッジ大学教授，香港中文大学晨興学院長。専門は公共経済学，最適課税論。1996年ノーベル経済学賞受賞。英国の抜本的税制改革案 *The Mirrlees Review*（2010）作成を指揮。著書に *Welfare, Incentives, and Taxation*（2006）等。

ピーター・J・ハモンド（Peter Jackson Hammond）　**第4章**

1945年生まれ。1974年にケンブリッジ大学から経済学の博士号を取得。“Equity, Arrow's Conditions, and Rawls' Difference Principle”, *Econometrica,* 44（1976）で「ハモンド衡平性原理」を提唱し，一躍著名となる。本書第10章の執筆者パーサ・ダスグプタならびにノーベル経済学賞受賞者であるエリック・マスキンとともに記した “The Implementation of Social Choice Rules: Some General Results on Incentive Compatibility”, *Review of Economic Studies,* 46（1979）も記念碑的論文である。

T・M・スキャンロン（T.M. Scanlon）　**第5章**

1940年米国生まれ。ハーバード大学で哲学の博士号取得。ハーバード大学哲学教授。*What we owe*

《編著者紹介》

アマルティア・セン（Amartya Kumar Sen）

1933年生まれ。1959年にケンブリッジ大学から経済学の博士号を取得。現在，ハーバード大学の経済学と哲学の教授。本書執筆当時はオックスフォード大学の政治経済学教授。『自由と経済』（1999＝2000），『合理性と自由』（2002＝2014），『集合的選択と社会厚生』（1970＝2000），（2017年拡張版）など約30冊の著書のほとんどが邦訳されている。貧困・不平等・不正義などの問題への接近を可能とするセン型社会的選択理論，潜在能力（ケイパビリティ）アプローチなど独自の理論を開発するとともに，倫理と哲学の視点から経済学理論の枠組みを大きく拡張した。

バーナード・ウィリアムズ（Sir Bernard Arthur Owen Williams）

1929～2003年。2002年にケンブリッジ大学から哲学の博士号を取得。*Problems of the Self: Philosophical Papers*, 1956-1972, 1973, *Moral Luck: Philosophical Papers* 1973-1980, 1981,『生き方について哲学は何が言えるか』（1985＝1993）等の単著のほか，*Utilitarianism: For and Against, Cambridge University Press*（1973）などの共著をもつ。分析哲学が得意とする論理的アプローチならびに倫理学が得意とする事例的アプローチの両方を駆使して，具体的現実を象徴的に捉える独自の倫理学・哲学を構築した。

《監訳者紹介》

後藤玲子（ごとう・れいこ）

1958年　生まれ。

一橋大学大学院経済学研究科理論経済学専攻博士課程修了。経済学博士。

現　在　一橋大学経済研究所教授（経済哲学）。

主　著　『アマルティア・セン』（共著）実教出版，2001年。

『正義の経済哲学』東洋経済新報社，2002年。

『福祉の公共哲学』（共編著）東京大学出版会，2004年。

『福祉と正義』（共著）東京大学出版会，2008年。

Against Injustice: The New Economics of Amartya Sen, (coeditor), Cambridge University Press, 2010.

『福祉の経済哲学』ミネルヴァ書房，2015年。

『潜在能力アプローチ』岩波書店，2017年。

功利主義をのりこえて

——経済学と哲学の倫理——

2019年11月10日　初版第1刷発行　〈検印省略〉

定価はカバーに
表示しています

監訳者　後藤玲子

発行者　杉田啓三

印刷者　中村勝弘

発行所　株式会社　ミネルヴァ書房

607-8494　京都市山科区日ノ岡堤谷町1

電話代表（075）581-5191

振替口座　01020-0-8076

中村印刷・新生製本

ISBN978-4-623-08609-2

Printed in Japan

福祉の経済哲学
◎個人・制度・公共性
後藤玲子 著
A5判四〇八頁
本体五〇〇〇円

正義
橘木俊詔 監修
宮本太郎
後藤玲子 編著
B5判二〇四頁
本体二五〇〇円

モラル・サイエンスとしての経済学
間宮陽介 著
A5判二八八頁
本体六〇〇〇円

野蛮から生存の開発論
◎越境する援助のデザイン
佐藤仁 著
四六判三四四頁
本体三〇〇〇円

福祉と格差の思想史
橘木俊詔 著
四六判二八二頁
本体二八〇〇円

現代経済思想
◎サムエルソンからクルーグマンまで
根井雅弘 著
A5判三〇八頁
本体二八〇〇円

ミネルヴァ書房
http://www.minervashobo.co.jp/